枫落白衣 著

细说五千年
写给普通人的中国史 肆

目录

CONTENTS

- 152　成化年间事 001
- 153　皇帝不正经 014
- 154　圣人王阳明 023
- 155　海禁与倭寇 033
- 156　严嵩升迁路 044
- 157　徐阶的逆袭 055
- 158　隆庆开关口 065
- 159　张居正改革 075
- 160　万历三大征 086
- 161　东林与阉党 096
- 162　又是东北人 106
- 163　打倒九千岁 117
- 164　五个大问题 127
- 165　袁崇焕之死 137
- 166　内忧复外患 147
- 167　景山死社稷 157
- 168　冲冠为红颜 167
- 169　南明小朝廷 178
- 170　大明郑成功 189
- 171　弊政与汉化 198
- 172　清初四大案 211
- 173　辅政四大臣 218
- 174　大乱起西南 224
- 175　施琅复台湾 234
- 176　北域击蒙俄 244
- 177　圣祖的文治 254

178	科举案中案 264
179	新皇四阿哥 273
180	吏治与摊丁 283
181	初创军机处 292
182	托言文字狱 302
183	辟土名新疆 310
184	和珅纪晓岚 320
185	英国人访华 329
186	和大人升天 338
187	皇帝也抠门 347
188	林则徐禁烟 357
189	丧权还辱国 367
190	金田太平军 377
191	火烧圆明园 387
192	垂帘听政始 397
193	同治话中兴 407
194	慈禧独掌权 418
195	兵败甲午年 429
196	戊戌频变法 440
197	八国起联军 449
198	帝崩太后死 460
199	起义在武昌 473
200	帝国的谢幕 482

写在最后 491

152. 成化年间事

朱祁镇通过夺门之变，重新当上了皇帝，并且把于谦逮捕入狱，这时候，夺门之变功劳最大的徐有贞说了一句话，导致于谦被杀，这句话是："不杀于谦，此举为无名。"

一、为什么要杀于谦

很久以来，对这句话的解释一般都是：因为于谦拥立明代宗朱祁钰上台，现在哥哥复位了，那么，于谦必须去死。

我觉得这个解释是不对的，即便朱祁镇心里是这么想的，也绝不会拿这件事当借口。原因很简单，他弟弟明代宗朱祁钰之所以能当上皇帝，是因为孙太后点头了，中华帝国以孝治国，太后可以废立皇帝，这是一条虽不成文，但绝对有效的法则。

徐有贞这句话的重点在后半句，此举为无名。翻译过来就是：必须为今天的行为找一个冠冕堂皇的理由，也就是必须师出有名。这个理由就是于谦有罪，要杀掉他。那么，给于谦安一个什么罪名呢？四个字："迎立外藩"。这也是于谦最后被杀的正式罪名，就是说于谦想趁着代宗朱祁钰病重的时候，让外面的藩王进京，接任皇位。

前面说过大宗和小宗的问题，从宣宗朱瞻基算起，朱祁镇和朱祁钰都算是大宗的，在这一宗还有继承人的情况下，让其他藩王即位，那就是十恶不赦的篡逆大罪。所以,杀掉于谦变得名正言顺,而粉碎了于谦这个阴谋的大宗子弟朱祁镇,自然可以理所当然地重新坐上皇位。

这里面的逻辑是,为了我们行动的正义性,所以于谦必须有罪,必须去死,这就是"不杀于谦,此举为无名"的真正意思。

这样一来,可能你又会问了,这个"迎立外藩"的罪名扣在任何一个人的脑袋上都可以让朱祁镇师出有名,为什么一定是于谦?

这里面有三个原因:一来徐有贞、石亨等人和于谦有仇,可以说是嫉妒羡慕恨兼而有之;二来于谦当时位高权重,说他迎立外藩比较容易让人信服;第三个原因是朱祁镇内心对于谦也是有不满的,想当年于谦坚持不和瓦剌议和,根本不顾及朱祁镇在大草原上吃牛羊肉的痛苦,他心里对这事儿还是有根刺儿的。

无论如何,1457 年 2 月 16 日,大明王朝的保卫者于谦于少保,以迎立外藩的罪名被抄家砍了脑袋,妻子流放。实事求是地说,老朱家真的很对不起于谦,没有于谦,大明王朝很可能在朱祁镇这儿就完了。

一个月后,朱祁钰驾崩在西苑,也就是他被软禁的地方。《明史》和所有史书都承认他就是明朝的第七位皇帝,可是朱祁镇不同意,给他的谥号是"郕戾王"。这是一个相当差劲的谥号,表示朱祁钰这辈子一直坚持做坏事,从不做好事。并且,他还不让弟弟死后进入皇陵,按亲王的礼仪葬在了北京西山。可怜的朱祁钰,活着的时候就在十三陵那地方刨好了一个大坑,就等着死了之后舒舒服服地躺进去,结果却不如人意。不过他刨的那个坑也没浪费,那是另一个故事了,这个后面再说。

如何评价这场夺门之变呢?后世有人评价说:"明代皇位之争,而甚无意义者,夺门是也。"也就是这是一场毫无意义的行动。

为什么这么说呢?《明史》里记录了这样一件事。

朱祁镇重新上台之后不久,和大臣李贤聊天,问起他对夺门之变的看法。李贤说,当初也有人叫我去,我没去。

朱祁镇一听就变了脸色，你什么意思？李贤解释道，当时朱祁钰已经病重，马上就要见阎王了，他死了之后没有儿子，这个皇位只能交回到您，为什么您要冒险去夺呢？也就是您当时成功了，如果万一不成功，石亨、徐有贞这些人死一万次，能弥补您的损失吗？说到底，那些人就是把本来属于您的天下，假装夺过来，然后再交到您手里，最后他们获得一场大功劳。

朱祁镇也不是白痴，细细回想一下，一下子就开悟了，说李贤你说得太对了，然后将冒功的四千多人全部革除。当然，石亨、曹吉祥功劳也没了，最后以谋反罪被杀。徐有贞侥幸逃脱之后，也当不成官儿了，革职回家之后，天天晚上都看星星，估计是心里不服气，我一身本事，怎么就不能飞黄腾达呢？

李贤说得对不对呢？我个人观点是，大部分是对的。但朱祁钰死了，皇位并不能保证一定会回到朱祁镇手里，另一个可能性是传给朱祁镇的儿子朱见深，要是于谦横插一手，传给别的藩王，也不是不可能的事情。所以，从结果来看，夺门之变对朱祁镇来说，并不能算是完全无意义的行动。

朱祁镇重新执掌政权之后，定年号为天顺。令人想不到的是，此人对他老师王振，公认的土木之变的罪魁祸首，一直念念不忘。他在王振早些年建造的智化寺里，给他立了一个香木雕刻的木像，并且立碑"以旌其忠"。在纪念碑上，朱祁镇说王老师是他的"腹心扈从"，但是因为大臣们都不遵守纪律，所以土木之战失败了，而王振最后壮烈地自刎殉国，当时朕就在一旁看着，目睹了王老师的悲壮行为云云。

就这样，王振神奇地从一名祸国殃民的太监变成了忠心耿耿的大臣，这块纪念碑今天还在北京智化寺内立着，感兴趣的可以去看看。

有人说明英宗真是糊涂，要我说，才不是。这从侧面证明了一件事，那就是土木之变的真正幕后罪人就是明英宗自己，王振只不过是替他背锅而已。

又过了八年，1464 年，明英宗 37 岁的时候，驾崩在北京。他在遗诏里明确规定，妃子们不要殉葬，等于废除了明代自从朱元璋开始的后妃殉葬的陋习，这一点获得了史学家们的一致点赞。

从 1435 年明英宗上台以来，英宗和代宗两位皇帝总体来说，都属于比较勤政，也不是十分糊涂的皇帝。他俩的人生虽然跌宕起伏，但除了北京保卫战，大明王朝老百姓的日子，总体上过得还是不错的。史书上的记载是"海内富庶，朝野清晏"，当然，这其实大部分归功于他俩祖宗们积攒下的家底儿。不过家底儿这玩意，就好比银行存款，你只往出取，不往里存，早晚有用完的一天，幸运的是，明朝接下来的两位皇帝，多少又往里面存了一些。

二、成化年间的爱情

接任明英宗的，是他的长子朱见深，历史上称其为明宪宗，年号是成化。所以，你也可以叫他成化帝。

在收藏界，有一句俗语，叫作"明看成化，清看雍正"，说的就是明朝成化年间官窑烧制的瓷器，尤其是青花瓷，是很多人的最爱。一般来说，像这类奢侈品，只有盛世才能造得出来。那么，明朝成化年间是盛世吗？这个问题，我们细细来说。

朱见深是一个苦孩子，他两岁那年，老爹朱祁镇就跟着王振北上蒙古，然后做了俘虏。叔叔朱祁钰当上皇帝之后，虽然他被立为皇太子，但实际上是朝不保夕的。当时的孙太后十分可怜自己这个随时可能看不见明天太阳的孙子，就派了一名叫万贞儿的宫女去照顾小小的朱见深。

让孙老太太和所有人都想不到的是，这个命令催生了一场旷世恋情。

朱见深长到 5 岁的时候，太子的位置被废掉，已经懂事的小朱同学每天都活在恐惧里。当时他爹被关在南宫，尚且要靠着老婆做手工补贴家用，更何况他自己一个废太子？身边唯一一个能让他感觉到温暖的，就是万贞儿。这个二十几岁的女孩子对朱见深已经不能用忠心来形容了，那应该是一种掺杂了母爱、异性情感和忠君三种思想的混合体，异常坚定。

在朱祁镇重新掌握了权力之后，朱见深再一次被立为太子。可是，朱祁镇不止他一个儿子，而且他也不是嫡子。自古以来，太子的位置随时可能丢掉，更何况朱见深小时候还有那样痛苦的经历呢？我们完全可以理解，从重新被立为太子到18岁登基这八年时间里，朱见深表面风光，内心却没有任何安全感；同时，生理上，这也是一个男孩成为男人最重要的八年，他需要一个怀抱，让他既能感受到母亲的温暖，又能享受到拥有异性的快感。

能满足他的这个人是万贞儿，也只能是万贞儿。

1464年，朱见深当上了皇帝。他第一件事，就是想立万贞儿为皇后。可是，这种事，他老娘怎么可能同意？别说是那时候的皇帝，就算是现在，你回家说我要娶一个大我十六七岁的女人，你妈都可能转身拿起擀面杖，瞪着你问，你说啥？

他老娘最后是以死相逼，朱见深也明白了，这事儿好像办不到，只好改立万贞儿为贵妃，立了另一个女人吴氏为皇后。可是吴氏智商情商都不在线，没搞清楚状况，觉得自己差哪儿啊，怎么就吸引不了正值血气方刚的老公？偏偏是那个34岁的老女人，勾引得老公天天往她的屋里跑。

吴皇后借着权势，大发淫威，让人狠狠抽了万贵妃一顿鞭子。结果很不美好，朱见深宁可不做皇帝了，也要把吴皇后废掉，最后大家也只好依了他，但朱见深也知道见好就收，没有强行让万贞儿上位，而是又立了另一个姓王的女人为皇后。从此之后，包括新的王皇后在内，所有人都知道了，后宫里面，有一个快40岁的女人，是皇帝陛下的宝贝疙瘩，谁都不能碰，谁碰谁死。

三、朱见深的政绩和施政败笔

朱见深上台不久,做了一件令人瞠目结舌的事情——给于谦平反。这种一上台就打脸自己亲爹的事情,在以孝治天下的中华帝国时代,并不多见。不仅如此,十年后,1475年,朱见深还恢复了他叔叔朱祁钰的帝号,等于是又一次否定了他爹。而且这次比上次还过分,因为你要是承认朱祁钰是帝国正派皇帝,那么你爹当年的夺门之变就是篡位夺权,逆臣贼子的行为,进而你的位置是不是合法,也都要打上一个大大的问号。

况且,于谦对国家有大功,天下人都知道,你给他平反情有可原,景泰帝朱祁钰可是曾经把你的太子之位都废掉了的。所以,恢复景泰帝的帝号,不仅仅需要相当大的勇气,而且还要有无比的胸怀和气魄。

那么,明宪宗是一个有大气魄的人吗?应该说是的。实际上,他接手的是一个正在溃烂的帝国。当时除了天灾,还有各种起义,包括荆襄流民起义、两广壮族和瑶族起义、四川湖南的苗族起义、陕西流民起义。就连江浙,那么富裕的地区,盐贩子们都造反了,对外也说是起义了。此外,蒙古鞑靼部重新占了河套地区,而东北的建州女真多次入侵辽阳。

要是你在20来岁的时候,面临这样的局面,心情如何?气魄要是不大,软弱一点儿的,估计都吓傻了,只能转身钻进万贵妃的怀里了。

朱见深镇静自若,亲自选派将领,看人眼光也很准,派出去的大将都是可以平定叛乱的。等打完仗,乱局平定了,他就再换一个人去治理,平叛的同时,还能安抚当地百姓,实现和平。

荆襄流民起义是一个典型的例子。流民就是因为各种原因离开自己家乡的人。那时候不像是现在,工业和手工业极其发达,农民离开土地可以搬砖,可以当保安,还可以送外卖;在古时候,农民一旦离开土地,往往就成为另一种人——非法获利者,民间蔑称为"贼",史书上说"流民为贼,是为流贼"。

朱见深即位的时候,天灾多,加上他爹也没给他打下好的基础,很多流民就聚集在荆襄一带,聚众闹事,靠打劫为生。

在派出了朱永、白圭等人平复了武装叛乱之后,朱见深又任命了左副都御史原杰去做巡抚的工作,给他的指示是"用图经久之计,毋循目前之谋",意思是,你的目标是让那个区域共同富裕,长治久安,不要和我玩一锤子的买卖,糊弄我。

原杰也不负所望,亲自深入大山区,四处考察,听取民情,然后因地制宜,用极其灵活的政策,硬是让从元朝开始就流民不断的荆襄地区稳定了下来,史书上说"流人得所,四境乂安",谈迁在《国榷》上说:"原杰之经略者,百世之利也。"很可惜,原杰最后积劳成疾,第二年就病死了,称得上是一位好干部。

除了对内平乱和安抚,朱见深对外也丝毫不手软,在红盐池大捷中,明军大破蒙古鞑靼大营;威宁海大捷中,夜行昼伏,直捣蒙古可汗王庭,导致达延汗巴图蒙克几乎是单身逃跑;后来又两次和朝鲜联手,进攻屡次犯边的东北建州女真部落,史称丁亥之役,这些都取得了胜利。

这些对外战争,比起他爹那一仗就被人俘虏的战绩,实在是不知道强了多少倍。

根据上面的描述,如果你认为朱见深这小伙子就是一个政治人物,甚至是位赳赳武夫,那就错了。此人实际上是一个文艺青年,不仅精于琴艺,擅长音乐,还是一个制造古琴的大师。中国古琴三十八种样式,其中的洛象就是朱见深的专利。他的文章也写得不错,山东曲阜孔庙里的大大小小石碑很多,来自帝王的更是不少,但其中公认的"孔庙第一碑"就是成化碑,也就是朱见深写的文章,开篇就写道:"朕惟孔子之道,天下一日不可无。"我认为孔夫子的学问,一天都不能没有。

不过,他虽然推崇孔子,但并不是唯儒家而独尊。

他登基之后，曾经画了一幅工笔画，名字叫作《一团和气图》。这幅画现在在很多场合都能看到，远看是一个大肚子弥勒佛，浑圆一团，像一个球；凑近了仔细看，就会发现，上面还有另外两个形象，左边是一个道人，右边是一个儒生。整个作品的线条自然流畅，相当有功底，现在保存在故宫，也是国宝之一。

撇开朱见深深厚的绘画功底不说，且说他想表达什么——其实就是三教合一，儒释道三家要和谐相处，大家一团和气地过日子。

这种思想早在东汉的时候就有了，据说朱见深这幅画的原型就是东晋时期的陶渊明、陆修静与慧远法师，分别代表了儒家、道家和佛家。不过，三教合一真正被普罗大众接受，应该是在明朝。在朱见深创造了这幅画之后不久，著名的哲学大师王守仁横空出世，他的心学本质上就是三教合一，这个到时候我会详细讲解。再往后，林兆恩创立了"三一教"，听名字就知道这是三教合一的意思。到了嘉靖年间，一本著名的小说问世，直接把三教合一这事推到了顶峰，这就是吴承恩的《西游记》。

为什么说《西游记》三教合一？

吴承恩很早就因为富有才气而名声在外，后来娶了曾经的户部尚书叶琪的曾孙女，然而在科举上却连连败北，一连考了二十几年都名落孙山。他五十来岁才补上了岁贡生，有了做官的资格，可是到北京后，却没有选上。后来他陆陆续续地做过县丞、通判这类县处级干部，最后被人诬告，告老还乡。晚年生活比较贫穷，经常喝酒。1582 年，76 岁的吴承恩穷困潦倒而死。

吴承恩写《西游记》断断续续写了三十多年，快 70 岁才写完。中国古代四大名著，《水浒》《三国演义》《红楼梦》描写的都是人间的事儿，但《西游记》是以唐朝玄奘大师去天竺留学这件事为蓝本，写的全都是神仙鬼怪的故事。你要是说它影射官场和社会上的一些现实现象，也对，但是更加准确地说，它是中国历史上，第一本三教合一的小说。

玉皇大帝是儒家代表，太上老君是道家，灵山佛祖是佛家，他们之间往往都是通力合作的。就连主角孙悟空本人，也有两个师傅，第一个叫菩提老祖，名字听起来是佛家的，但既不住在西天，也不住在灵山，而是住在一个名叫"灵台方寸山，斜月三星洞"神仙洞府，这明显是道教的福地。在教孙猴子的时候，小说里明确说了，他"说一会道，讲一会禅"，佛道双修。孙悟空的后一个师傅唐僧，是一个和尚，可是他取经这事儿却是东土大唐皇帝下的命令。也就是说，这是一个佛家弟子，被儒家帝王命令，又在一个佛道双修的徒弟保卫之下，去灵山留学的故事。唐僧明显有忠君报国、舍生取义的儒家思想，日常里的种种表现，更是一副"迂儒"的形象。周星驰的《大话西游》把他描绘成碎碎念的形象，明显是个佛儒双面人。

所以，《西游记》既是玄幻小说的巅峰，也是明朝三教合一的具体体现。这种三教合一意义十分重大，今天所说的中国传统文化，实际上是（也必须是）三教合一的文化。

看完上面的文字，你可能会说，明宪宗朱见深是一位好皇帝，文治武功搞得都挺好。历代史学家也是这么说的。可是他有三件事情为明朝留下了巨大隐患，被认为是他的施政败笔。

第一件，他搞了一个特务机构，叫西厂。朱元璋建立了锦衣卫，晚年撤销了，可是朱棣认为这玩意挺好，不仅恢复了锦衣卫，还搞出了东厂。到了朱见深这里，他也觉得这玩意好用，可是锦衣卫和东厂都是老字号了，关系盘根错节，自己使用起来就不那么顺手，于是西厂应运而生，头目叫汪直。

汪直本是小太监，因为巴结万贵妃，进入了朱见深的视野，又因为人聪明能干，被朱见深委任为西厂厂公。西厂在他手里，权力无限增加，不仅把锦衣卫和东厂踩在脚下，而且权力范围更是远远地超出了二者。西厂调查范围从京城和地方的封疆大吏，延伸到了全国的平民百姓，甚至到了国外，士大夫"益俯首事直，无敢与抗者"，大多数官员根本不敢和汪直叫板。

不过，也有例外，此人叫商辂。

商辂的出身很不简单，在明代科举考试里，他是1435年的乡试第一，1445年的会试和殿试第一，是传说中"三元及第"的知识分子。纵观整个明朝历史，如果不算那个后来被剥夺学位的黄观，他就是唯一一个官方承认的"三元及第"大才子。这样的人才当然不会被皇帝放过，朱见深封他为吏部尚书和谨身殿大学士。

明朝的大学士是什么官职？

"大学士"本义是非常有学问的人，不过，在明代，这是一种官衔，而且是相当高的官衔。"大学士"三个字前面一般都有一个殿阁的名字，这是因为在朱棣开始内阁制度的时候，这些人在文渊阁办公，皇帝让你进入文渊阁，你就属于内阁成员了，所以称之为文渊阁大学士。后来皇帝觉得自己家房子这么多，随便拿出几个作为称号，也不是大问题，就增加到四殿二阁，分别是华盖殿、谨身殿、文华殿、武英殿、文渊阁和东阁。

凡是明代的入阁大学士，称号前面肯定有这六座殿阁中的一个。后来到了清朝，变成了三殿三阁，而且名字也有变化。总之，在明代，成为四殿二阁的大学士是通往宰相之路的必经途径。

作为谨身殿大学士，商辂的权力相当大，朱见深对他也有足够的信任，因此他就带着内阁重臣万安、刘珝、刘吉等人，一起弹劾汪直和西厂。

明宪宗思前想后了一番，当天下旨废除了西厂。可是西厂虽然废了，明宪宗心里也清楚，想要对抗商辂这些文官集团，还是要依靠汪直，所以对他的宠信一直都在持续。商辂在这样的情况下，只好自请退休，于是君臣客客气气地分手，商辂回家养老。

汪直没有商辂聪明，他完全没有意识到，自己的存在，本来就是宪宗对付文臣集团的一把武器，现在商辂走了，他却不知道收敛，依旧是飞扬跋扈，最后朱见深一道圣旨，把汪直打发到南京养老去了。

从这一点来说，我个人不认为汪直的上位和建立西厂是朱见深施政的败笔，相反，我认为这是他很聪明的地方。无论汪大人，还是商大人，都是他手里的一个棋子，是他搞权力平衡的工具。

除了宠信太监建立西厂，史学家公认朱见深的第二大弊政是"皇庄"。所谓皇庄，就是没收了犯罪大臣们的田地之后，不归国家，而是直接进了朱见深的口袋，成为他的私产。上行下效，皇帝都这么干，下面的大臣们自然是个个效仿，从他开始，明朝的土地兼并越来越严重，不夸张地说，明末流民四起，土地兼并绝对是一个重要的原因。

最后一个让史学家诟病的，就是"传奉官"。朱见深上位不到一个月，就下了一道旨意，任命一个名叫姚旺的手工业者为文思院副使。你要是问，皇帝任命一个官员，这不是很正常吗？错了。中国古代的皇帝，任命宰相可以，可是任命下面的官员，却不是他的活儿，或者说他没有那个权力，因为那属于宰相和吏部。一般来说，就算是皇帝比较强势，他想委派的官员也要经过吏部的选拔、廷推和部议等过程。朱见深违反了这个传统，他执政期间，成百上千个官员在他的任命下走上了领导岗位，对于制度的破坏，实在是不小。

虽然有这三个弊政，但总体来说，朱见深还算是一个有作为的皇帝，他本来也想着多干几年，可是到了1487年，被朱见深宠爱了一辈子的女人万贞儿去世了，这让他伤心欲绝，觉得活着都没意义了，整个人也迅速地垮了下去。

在大多数老百姓眼里，比朱见深大了十六七岁的万贞儿，是一个标准的狐狸精转世的形象。《明史》上对她更是没什么好话，说她自从36岁那年生下的孩子夭折之后，就痛恨宫中所有女人，凡是怀孕的，一律强迫打胎，甚至直接弄死怀孕的后妃，连朱见深自己都阻止不了。有一次，朱见深对着镜子哀叹自己快要老了，却没有子嗣。这话恰巧被旁边的太监张敏听说了，扑通一声跪下说，陛下，您有儿子，您还记得当年库房里面的纪丫头吗？那一次您去看自己的私房钱，一时兴起，临幸了她，现在孩子都好几岁了。听到这个消息，朱见深马上让人把孩子带了过来，据说这娃长得和朱见深小时候一模一样，一看就是他儿子。很快，这件事就被万贵妃知道了，随后，孩他娘纪某某和太监张敏相继死去，据说万贵妃到处搜找这个孩子，想害死他。最后是在宫中的太监宫女们齐心合力保护之下，才让这个名叫朱祐樘的孩子平安长大，成为了后来的明孝宗。

上面的这段历史，虽然清楚地记载在《明史》里，也被很多人引用，但在我看来，99.99%是假的，剩下的0.01%是我对《明史》的一点儿尊敬。

我的证据有三个：第一，朱见深的儿子女儿很多，记录在案的就有二十多个，他是明朝历史上生孩子第二多的皇帝，第一名是他的老祖宗朱元璋。仅仅从这一点，说万贞儿到处残杀他的后妃和龙种，就是一件值得高度怀疑的事情。

第二，《明史》上这一段，现在已经被证明，完全是抄袭一本叫作《胜朝彤史拾遗记》的书，连句子都没变。这本《拾遗记》又是抄另一本叫作《谷山笔麈》的书，而《谷山笔麈》的作者于慎行在开篇中就声明，自己是听南京一个老太监说的。一百多年前北京紫禁城里发生的事儿，在一百多年后，南京的一个老太监居然清清楚楚，详细地描绘出来，这事儿相当可疑。就连后来清朝乾隆皇帝看完自己家编的这本《明史》，都忍不住吐槽，写了一篇叫《驳明宪宗怀孕诸妃皆遭万妃逼迫而堕胎》的文章加以反驳，这个历史文献今天还在，千真万确。

第三，除了《明史》，其他史料，包括《明实录》和《国榷》都没这么写，甚至在同一部《明史》的《商辂传》中还这样写道，"重以贵妃保护，恩逾己出"，万贵妃实际上承担了抚养朱祐樘的责任。

不过，有一件事是肯定的，那就是朱见深对万贵妃的爱，完全超越了年龄、容貌、身份，是一种真正的灵魂之爱。当57岁的万贞儿死时，他不仅按照皇后的礼仪给她举行了葬礼，而且这个才40岁的男人以一种万念俱灰的口气说道："万使长去，吾亦安能久矣。"万贵妃死了，我恐怕也活不长了，果然，一语成谶，几个月后，他因为悲伤过度，驾崩在紫禁城。

153. 皇帝不正经

对于朱见深的统治，有两个描述很有意思：一个是"闾里日益充足，仁、宣之治于斯复见"，意思是他干得好，老百姓家里逐渐富裕起来，就好像是明仁宗和明宣宗那时候一样；另一个描述却有点寒碜，来自当时民间的段子手们，"纸糊三阁老，泥塑六尚书"，讽刺朱见深在位的时候，三位内阁成员万安、刘珝和刘吉，还有六部的六位尚书，尸位素餐，白领工资。

大臣们都不管事，国家还治理得不错，不就是传说中的"无为而治"吗？但是很显然，新上位的、年号为弘治的明孝宗朱祐樘，并不欣赏这种无为而治的模式。

一、"弘治中兴"

朱祐樘是上一节所说的纪姑娘的孩子，他继承了朱见深的帝位，成了大明王朝第十位皇帝。

他很勤政，除了每天早朝必到之外，还设立了午朝，一天之内，开两次群臣大会。不仅如此，他还开创了文华殿议政，在早朝和午朝的间歇时期，时不时召见一些大臣，和他们聊聊如何治理国家。比起他那个结巴的老爹，他的勤劳程度简直是不可同日而语，因为他爹除了早朝，一年也不会见一次大臣。

对于那些干活不认真，不出力的行为，朱祐樘也不能容忍，所以，他一上台，就把内阁首辅万安罢了官，然后罢免了一千多名官员，这里面很多都是他爹当年直接任命的"传奉官"，不过朱祐樘也没有大开杀戒，只是让他们下岗了事。

之后，朱祐樘开始大量起用正直贤能之士，《明史》上记载："当是时，帝更新庶政，言路大开。新进者争欲以功名自见。"也就是那些想当官的，刚当上官的，都知道皇帝换人了，新皇帝的思路和老皇帝不一样了，喜欢干事的，能拿出成绩的，于是人人都抢着干活了。

本来老爹给打下的底子就不错，再加上自己努力，随之而来的，就是经济繁荣，天下富裕，历史上称之为弘治中兴。

在很多史学家眼里，这位明朝的孝宗皇帝朱祐樘，是可以和汉文帝刘恒和宋仁宗赵祯相媲美的人物。那两位，一个是文景之治的开创者，另一个死了的时候，全国老百姓都哭，自然都是好皇帝。

不仅如此，朱祐樘还有两个美好的品质，一个是他对儒家知识分子相当地尊重。前面说过，他爹是一位文艺青年，可能是受此影响，朱祐樘也对琴棋书画十分着迷。有一次，他觉得一个画师水平高，就给了人家几匹彩缎，可是却偷偷地对那个画师说："急持去，毋使酸子知道！"意思就是，哥们，你赶紧拿走，可别让大臣们知道，要不然，我又会被批评了。这件小事至少体现了那时候大臣们是敢于批评明孝宗，并且孝宗也能够虚心地听取这些批评的。

实际上，在孝宗在位期间的1502年编成的《大明会典》，主要就是删除了原来《大明律》中限制言论的部分。在这种氛围下，东厂、锦衣卫这些特务机构也规规矩矩的，你在电影里看到的那些太监们动不动就半夜进入别人家里，刑讯逼供，几乎没有发生在弘治一朝的。

朱祐樘的第二个美好品质是专情，他是坚定的一夫一妻无妾制的拥护者。在漫长的中国帝制社会里，男人三妻四妾是常事，也是旧伦理道德允许，并受国家法律保护的。就算是普通人家，多收了几斤粮食，有的男人还要娶一个小妾，更不用说像唐玄宗和晋武帝那样的，其后宫佳丽数量差不多可以组建成一个整编师。

相比于上面的这些人，朱祐樘就是一个另类，他一辈子只有一个老婆，张皇后。他从没有纳过宫女，也没封过贵妃、美人，每天只和皇后同起同卧，读诗听琴，写字作画，像一对现代夫妻一样，朝夕与共，相濡以沫。《明朝那些事儿》的作者当年明月对此评价说，"朱祐樘是一个好皇帝，也是一个好人"，这可能是他留给后人的最大印象。

原则上，我是同意这句话的。宽厚、仁慈、专情，还有执政的能力，无论如何，这样的皇帝都应该算作是好皇帝，好人。可是我们必须了解一点，朱祐樘多多少少被人为地理想化了，至少他放纵老婆张皇后的家族大肆贪污，跑马圈地是不争的事实。他的两个小舅子光天化日之下，在皇宫内强奸宫女，被太监何鼎抓住，上奏给朱祐樘之后，何鼎反而被锦衣卫抓进诏狱，折磨死了，两个小舅子啥事没有，事后照旧飞扬跋扈，欺男霸女，也是事实。

所谓的弘治中兴，细细地推究，也是靠不住的。永乐盛世和仁宣之治开始，一直到朱祐樘的弘治朝，一些知识分子所说的明朝衰败，并不存在，即便是土木之变，普通老百姓的生活也没受什么影响。皇帝上不上朝，宦官是不是跋扈，大臣们干了多少活儿，北京城郊区被圈了几块皇庄，这些事儿，实际上对于蒸蒸日上的大明帝国影响不大，或者说，它们的弊病那时候并没有显现出来。

知识分子之所以说朱祐樘前面的两个皇帝让帝国有衰败的迹象，一个重要原因是他们的言谈举止，不太符合儒家的行为规范。朱祁镇跟在太监王振后面亦步亦趋，朱见深宠爱一个比他年长十六七岁的女人，还利用太监汪直对付文官集团，这些事情，让士大夫们觉得受到了侮辱。朱祐樘却不一样，非常注意自己的形象，仁君、慈父、好丈夫，完全符合了知识分子们对一个君主的幻想，自然地，他就受到了后世的热烈吹捧，给了他一个"弘治中兴"的美名。

牙刷是谁发明的？

我们现在普遍使用的牙刷，据说是朱祐樘在 1498 年发明的。当时他把硬的猪毛插进一支骨头做的把手上，和他媳妇儿张皇后每天早上起来一起洗刷刷，后来牙刷就渐渐流行开来。

1505 年 6 月 8 日，一夫一妻的坚定支持者和实践者，儒家好皇帝朱祐樘因病在北京逝世，享年 35 岁。全国人民极其伤心，史书上说，"深山穷谷，闻之无不哀痛"，和宋仁宗去世时一样。

遗憾的是，朱祐樘这个如此符合儒家规范的皇帝，生下的儿子朱厚照登基后，完全跳到了另一个极端，完全不符合儒家的规范。

二、皇帝不正经

朱祐樘和张皇后有两儿一女，其中一个儿子早夭，只剩下朱厚照。那就没得挑了，14 岁的朱厚照就这样走上了领导岗位，这就是明武宗，年号是正德。

朱祐樘在临死的时候，很动感情地对着大臣们说，"东宫年幼，好逸乐，先生辈善辅之"。我儿子厚照年纪还小，喜欢玩乐，诸位先生可要多辅导他啊，这里面的"先生"包括了内阁的一干大学士们，比如刘健、谢迁和李东阳。这几个臣子也是朱祐樘留给儿子的班底。

朱祐樘还是很了解儿子的，一句"好逸乐"是他儿子这辈子最生动的写照。

喜欢玩乐的孩子，一般都很聪明，朱厚照也不例外，他 7 岁进入学校，几天的工夫，所有老师的名字就都烂熟于心。要是某位老师没来，他就会问，某某老师今天去哪儿了？朱祐樘觉得这孩子就是天才，喜爱得不得了。

后来的事实也证明了，朱厚照确实很聪明，从斗鸡走狗、骑马射猎到吹拉弹唱，甚至于印度的梵文、阿拉伯文，还有葡萄牙文，都是一学就会。

可是聪明人一旦把聪明用在不正当的地方，也令人头疼。他当时唯一的爱好就是玩，上台四个月，就开始微服私访，到紫禁城外面去游玩，把大臣们吓得不轻。可是无论谁说他，他该玩还是玩，这里就有正德元年六月大学士刘健的一个上书为证，他说："陛下近日以来，视朝太迟，免朝太多，奏事渐晚，游戏渐广。"一句话，您不干正事啊。

朱厚照觉得，你个老先生管啥闲事？于是在几个朋友的撺掇下，继续玩乐。这几个好朋友都是朱厚照小时候就在一起玩耍的太监，包括刘瑾、马永成、高凤、罗祥、魏彬、丘聚、谷大用和张永。刘瑾是老大，八个太监组成的朱厚照助玩团有一个响亮的称号，"八虎"。

在"八虎"的推波助澜之下，朱厚照玩得也越来越新奇，在皇宫之中，开设店铺，太监们扮演小商小贩，他朱厚照则装成大富商，和人家讨价还价。他甚至还开了几家妓院，宫女们演妓女，他拿银子去嫖娼。

当然，这里面最受后世史学家批判的，就是他在紫禁城外给自己修了一个别墅，取名叫作"豹房"，里面只有花豹一只，土豹子三只，剩下的都是直立行走的人。大概有三类，妖媚艳丽的女人，年轻俊美的小男孩，还有太监。正德皇帝朱厚照每天在豹房里面花天酒地。

这中间不是没有大臣们弹劾过刘瑾等"八虎"，可是没用。这些太监在朱厚照面前别说是虎，比猫还乖，比祥林嫂还可怜，结果大臣们弹劾过后，八个人反而升官了，西厂、东厂、神机营等重要部门都掌握在了他们手里。虽说朱厚照并没有难为那些弹劾太监的大臣们，可是这批知识分子却感到极度憋屈，纷纷辞职。刘健和谢迁这两位顾命大臣，先后卷铺盖走人，李东阳也多次请求退休，但最终还是被朱厚照给留了下来。

从这一点看，朱厚照并不糊涂，他心里完全明白，这些白胡子老头子是为了他好。可是他也改不了自己贪玩的特性。

能够体现这家伙不糊涂的还有两件事。第一件是，他无论在哪里，所有朝廷上的重大奏章，他必须过目，人在豹房，就送到豹房，在皇宫里他开的妓院，就送到妓院。有一段时间，他迷上了往边境跑，经常到前线去视察蒙古人的敌情，北京城里的奏章就要快马加鞭地送到宣府。这从侧面说明了一个问题，他玩乐归玩乐，正事也不能说都耽误了。

第二件事是关于杨廷和的。打从朱厚照出生的时候起，杨廷和就是他的老师，官方名头叫太子侍讲，今天称之为帝师。朱厚照当了皇帝之后，杨廷和就进入了东阁，成为大学士。他仗着老师的身份，就经常在朱厚照面前说"八虎"的坏话。刘瑾对他恨之入骨，就耍了一个心眼，趁着朱厚照有段时间不在京城，把杨廷和赶到南京去当差。明朝是两京制，北京有一套班子，南京也有一套，只是不管事而已，杨廷和到南京的职位是户部尚书，没什么实权。

当时朱厚照看起来好像对这事没什么反应，但却貌似不经意地问刘瑾，杨大学士哪里去了？刘瑾被问得心惊胆战，只好又把杨廷和调了回来。杨廷和回来后，朱厚照不断给他的加官晋爵，头上多了一连串的头衔，光禄大夫、柱国、太子太保，同时还是吏部尚书、武英殿大学士，是外廷里面，仅次于李东阳这个辅政大臣的人物。明眼人完全明白，朱厚照这是告诉别人，我喜欢玩，也不喜欢老师劝我学习，但是我的老师，你们动一个试试？

除了头脑不糊涂，朱厚照的身体也不差。1517年，他又跑到宣府大同一带玩，正赶上蒙古人南下孙天堡，与大同总兵官王勋等人在边境交战。朱厚照马上就来了兴趣，一顿调兵遣将地忙活，不仅把蒙古人打了回去，而且《明史》里还明确记载了，"后岁犯边，然不敢大入"。也就是说，鞑靼部落后来抢劫的时候，不敢太深入明朝国境，这是因为在这次被称为"应州大捷"的战役里，蒙古人死伤不少。朱厚照回去之后，还很兴奋地说"斩虏首一级"，意思是他自己也亲手杀了一个蒙古强盗。这事很多人都说他吹牛，但我认为倒可能是真的，如果是吹牛，何不多说一点？就说自己砍了十个，周围也没人敢反对不是？

顺便说一句，在这场战争之前，他自封为"威武大将军总兵官朱寿"，用这个名义来指挥作战。战争结束之后，因为胜利了，他就想应该给自己升官，最后周围的人都说，您要是再升官，就要追封自己的祖宗，可是您的祖宗都是皇帝，他们可能未必喜欢当大将军什么的。朱厚照想想也是，况且自己要是一路升上去，最后是不是要篡了自己的位做皇帝？那还真是一个令人头疼的事情，这才作罢。

从上面的这些事情里，可以得出几个结论：第一是他不糊涂；第二是无论内政还是打仗，他都有一套；第三就是他身体也没被女色掏空，即位的十二年之后，还能上马和蒙古人打仗；第四是流行的史书极有可能夸大了他的负面行为，他虽然不靠谱，但并不是一位彻底的昏君。当然，最后一个结论是，朱厚照也确实不是什么正经皇帝，而他也正是因为这种不正经的玩乐行为，最后送了小命。

三、才子拒宁王

正德十四年，1519 年农历六月十四，宁王朱宸濠在南昌起兵造反。

朱宸濠的高祖是第一任宁王朱权，就是当年朱棣造反之后，拉拢的一个兄弟。当时朱棣说，成功之后，和宁王平分天下；等到真的当上皇帝，却把朱权封到了江西南昌这个当时比较贫瘠的地方。朱权自己倒也没啥，但是他的后人因此一直都不服气，尤其到了朱宸濠这一代，自认为有经天纬地之才,生下来就应该是当皇帝的,于是网络了一大堆所谓的才子,积极准备造反。

才子这种人,有真有假,真才子一接触,就知道朱宸濠是什么水平,就不会和他共事了。当时,还真就有这样两位才子,那就是民间传说的江南四大才子里面的文征明和唐伯虎。

文征明诗、文、画无一不精,想当年我动了学习书法的念头,就是因为看见了此人的小楷作品《滕王阁序》,惭愧的是,练了不到半年,就放弃了。据说文征明小时候很笨,一直到十来岁还不会说话,后来考了很多次科举,也没考上,只好到处游学,写字画画。就在他最不得志的时候,宁王朱宸濠对他伸出了橄榄枝。宁王原以为他不过是一个落第秀才,还不是一招就来,结果文征明冷冷地拒绝了。《明史》里记载,"慕其名,贻书币聘之,辞病不赴",当时人们对这件事的评价就是给脸不要,但几年之后,大家都对文征明的先见之明伸出了大拇指。

比起文征明,另一位才子唐伯虎就显得更加不容易。唐伯虎的本名叫唐寅,家境很不好,在他给文征明写的信里,说自己小时候"居身屠酤,鼓刀涤血",原来他家是开饭店的,他经常在店里帮忙,杀狗宰鱼,弄得一身腥臭。他就在这样的环境里,读书读出了名堂,28岁时高中应天府乡试第一名,解元,搁在今天,就是省高考状元,相当了不起。

可惜的是,第二年,他跟着一个叫徐经的人,去京城参加会试。徐经来自梧塍徐氏,家里很有钱,两人都很高调,在京城酒馆里高谈阔论,令很多人看他们不顺眼。结果考试一结束,就起了个谣言说,江阴富人徐经通过贿赂提前知道了考题。这事甚至惊动了当时的首辅李东阳,虽然一番调查之后,发现是子虚乌有,可是老百姓不接受,富人勾结官府人员在高考上作弊,这是老百姓最愿意相信,也最气愤的事情,认为官府现在说没有,肯定是在替富人隐瞒实情。在这样的舆情之下,政府不得不屈服,唐寅和徐经被判了终生不得参加科举,只能去县衙门里当小吏。

这件事对徐、唐二人影响都很大，徐经的梧塍徐氏从此就开始衰落，好在几代之后，他的玄孙徐霞客寄情山水，一不留神，成了中国最了不起的驴友，写了一本《徐霞客游记》，名垂后世。

唐伯虎从此卖文画为生，纵情酒色。就是在这时候，宁王朱宸濠也对他伸出了橄榄枝。和文征明不一样的是，唐伯虎马上就从了，跑到南昌给朱宸濠当幕僚。可是他很快就发现宁王想造反，于是他马上喝酒嫖娼赌博，并且装疯裸奔，朱宸濠一看，这就是一个祖宗，养不起，就把他送回了苏州。唐伯虎从此低调生活，一直到几年之后去世。

现在流传的唐伯虎点秋香的故事，实际上来自明朝冯梦龙的小说集《警世通言》，和唐寅本身没有任何关系。但周星驰的电影里说这人没事就画男人的下半身，倒是事实。在唐伯虎留下的很多传世画作里，有一部分就是春宫图，今天也算是国宝了。

两大才子的离去，并没有影响朱宸濠的雄心壮志，但他没想到的是，老天爷安排了一个更大的、堪称圣人的才子，在前方等着他。

154. 圣人王阳明

中国台湾省台北市郊区有一座山，原名草山。1949年蒋介石败退到台湾后，觉得这个名字实在是太晦气了，有落草为寇的味道，就以自己最佩服的一位思想家的号为名，把山改成了阳明山。

这位思想家的本名叫作王守仁，号阳明子，于是后世也叫他王阳明。他就是老天爷安排的，在朱宸濠造反道路上，静悄悄等着他的大才子。

一、早年王阳明

1472年10月31日，王守仁出生在今天的浙江省宁波余姚市，据说他们家是东晋的那个特别了不起的宰相王导的后代，也就是琅琊王氏后裔，中华帝国历史上真正的贵族。

王守仁小时候也不叫这个名字。史书上说，他奶奶在他出生之前，梦见有人从云彩里钻出来，捧着一个孩子送到了他们家，所以他出生之后本来叫王云。可是长到四五岁，还不会说话，家人相当着急，莫非是一个傻子，人家不要了，才从云彩里送到我们家里来？后来有一天，一个长得奇形怪状的人路过他们家，抚摸着王云的脑袋说，"好个孩儿，可惜一语道破"，他爷爷是个读书人，马上就明白过来了——咱必须改名字了，不能让你出生的秘密泄露出去。于是，他改名成了王守仁，后来就会说话了。这事清清楚楚记载在《明史》里,"异人拊之,更名守仁,乃言"。

我在这里说这件事,不是为了宣扬封建迷信,而是提醒大家,我们大中国的史书,对于那些历史上的厉害人物,往往都能探究出来他们出生或者小时候的异常。王守仁被安上这个故事,说明在《明史》的那些清朝作者眼中,他已经厉害到需要祥瑞和传说的地步了。

王守仁9岁那年,他爹王华在科举考试里夺了状元。老子英雄儿好汉,王守仁从小书也读得特别好,而且他读书的理想既不是考取功名,也不是光宗耀祖,他觉得"天下第一等事或读书学圣贤耳",他要当一个圣人。

除了志向,他和一般读书人不一样,经常跟着他爹游历天下。他不是死读书,而是什么书都读,什么学问都想探究一番。据说结婚那天,他还因为和一个老道学习养生学而错过良辰吉时,一直到第二天,家人才把他找回去。

婚后第二年,和老婆回家的路上,王守仁去拜访了著名的学者娄谅。娄谅是儒家理学的传人,朱熹的信徒,两个人聊了一通"格物致知"的道理,王守仁当即就坚信不疑。回家之后,他把朱熹的著作全都看了一遍,然后就对着院子后面的一片竹林发呆,说朱圣人说了,"一草一木皆具至理",也就是天地之间最根本最原始的道理蕴藏在所有事物之中,只要你下苦功,你就会在任何一件物品上发现这个道理——今天我王守仁就和这片竹子杠上了,因为我要知道这个"天地至理"。

可是老天爷觉得,我辛辛苦苦地把你从云彩里送出来,不是让你成为一个标准神经病的,于是七天之后,一场大雨,把他浇了一个透心凉,马上就感冒发烧,最后差点没直接去见朱熹老先生。病好之后,王守仁醒悟了,朱圣人可能说错了,格物未必能致知,倒是很容易致病。如果你听过我的音频节目《佛门史话》,你会发现,这和释迦牟尼那个差点儿饿死自己的行为,简直就是如出一辙。

此后，王守仁就一心一意地准备科举考试，27 岁那年他考中了二甲第七名进士，随后就开始了宦海生涯。不过，他的官运似乎不太亨通，做过的最大的官就是兵部主事。听起来官职不小，好像是个管事的，可实际上，明朝的六部主事只是一种文书工作，最高正六品，比尚书、侍郎、郎中、员外郎这些职位品级低得多。

1505 年，明武宗朱厚照上台，紧跟着，大太监刘瑾开始在官场上兴风作浪，排除异己。33 岁的王守仁还是有一腔热血的，站出来上疏反对刘瑾等"八虎"迫害南京给事中戴铣，结果被打了四十大板，然后一纸调令，发配到贵州龙场当驿丞。这个官儿现在翻译过来，类似于贵阳市西北的一个小山沟里的邮电所所长。

同一时间，他的状元老爹王华也被逐出京城，去南京当了吏部右侍郎，相当于半退休养老。

到此为止，除了小时候的那个成圣人的志向，30 多岁的王守仁和普通官吏没有任何不同；但接下来，中国思想史上最重要的事件之一发生了，那就是"龙场悟道"。

二、龙场悟道

"龙场"指的是王守仁上班的驿站，"悟道"说的是他明白了天下的大道理。那么，这个道理是什么呢？很多人可能会回答"心即理"，或者说"心外无物"，这也是网上流传的王阳明心学的核心部分。用现代人的话来说就是，天下至理就在你的内心之中，你不用天天研究竹子去知道这个道理，只需要修炼你的内心就足够了。

不过我个人观点是，"心即理"这个概念和王阳明的关系不大。很多圣贤都提出过类似观点，比如孟子就说过，有四样东西，都是存在你内心深处的，"恻隐之心，羞恶之心，辞让之心，是非之心"，对应着仁义礼智,称为四端,这是天生就有的,不需要外求的。传说佛祖释迦牟尼觉悟的时候,说的第一句话是,"一切众生皆有如来智慧德相,乃因妄想执着而不能证得",意思也是你的本心就足够你成佛了,由着这个思路,后来发展出禅宗。就连"心即理"这三个字,都不是王阳明发明的,而是宋代大儒陆九渊最先提出来,专门和朱熹对着干的学说。陆九渊这样说过:"人皆有是心,心皆具是理,心即理也。"王阳明只不过是给孟子、释迦牟尼、陆九渊这些人点赞,说没白给你们磕头,你们说得太对了。所以,现在我们提起心学,往往会说"陆王心学",必须把陆九渊加上。

如果"心即理"不是王阳明的,他在龙场究竟悟出了一个什么道呢?为什么又有"阳明学"这种说法呢?

在我看来,重要的是,王阳明把"心即理"和"致良知"结合到了一起。什么叫良知?和我们通常以为的不同,它的意思既不是好的知识,也不是善良的本性。《孟子》这本书里也有解释,"人之所不学而能者,其良能也;所不虑而知者,其良知也"。就是你根本不需要思考就知道的东西,就是良知。王阳明说的"致良知"就是这个良知,这一点在他的《大学问》这本书里有写:"是非之心,不待虑而知,不待学而能,是故谓之良知。"他说的致良知,是指你要到达一种境界,一种根本不需要思考就知道,并且自动去做的思想和行为。

举个例子,你早上起床,需要思考我是要穿睡衣,还是穿正装去见老板吗?根本就不需要,因为这是天经地义的事情。如果对于任何事情,你都能达到这个类似本能,却又符合道义的境界,那就说明你完全"致良知"了,这和孔子那个"随心所欲而不逾矩"是一个境界。

那如何达到这个境界呢?王阳明进一步点明了,要"知行合一"。如果说"致良知"的"致"字是他对朱熹"格物致知"的一种认可,那么,"知行合一"就是对朱熹的否定。朱熹说人这种动物,必须先知后行,你想要做饭,必须先知道如何做饭,然后才能开火。可是王阳明说,对不起,您那样的话，一辈子都是一个按照菜谱抡大勺的厨子。他的观点是"知"和"行"是不能分割的，一体的。我们可以认为，王阳明鼓励大家在实践中出真知，并且真知反过来又指导实践，最后到达"致良知"那个境界。

在我看来，王阳明的"知行合一"至少有三层意思：

第一，这是一个修行方法，读了书，知道了一个道理，要去实践，而不是夸夸其谈，纸上谈兵，只有这样，才能到达"致良知"的彼岸。

第二，"知行合一"是天地至理，是不需要证明的公理，知和行是一体的，不可分的，知会驱使行，行反过来会补充你的知。

第三，这是一个评判尺度，天天说自己知道礼义廉耻，要做忠臣孝子，可是敌人一给你用美人计，你就招了，那证明你根本就没领悟什么叫忠臣孝子。

上面的内容，"心即理""致良知"和"知行合一"就是王阳明心学的主要内容。有一些朋友可能觉得很奇怪，这好像也没什么，虽然听起来很好，但基本都是前人提出过的观点，为什么王阳明后来的名气会那么大？

我的观点是，第一，中华民族有几千年的文化，你若是能够把前人的思想精髓总结出来，找出其中最有用的东西，并且形成一套逻辑自洽，还有自己独创部分的理论，那就相当地不容易。就凭这一点，王阳明就可以说是圣人了。

第二，王阳明自己成功了，他是中国古代少有的三不朽圣人。"三不朽"这个说法出自《左传》，是春秋时期鲁国的叔孙豹说的，原话是："大上有立德，其次有立功，其次有立言，虽久不废，此之谓不朽。"也就是说，为后世树立一个道德榜样，或者建功立业，或者留下经典的言论，这三件事，都能让你死了之后，永远活在人们心中，也就是不朽。叔孙豹说这话的时候，孔子才两岁，后来儒学吸收了这句话，成为中国古代文人毕生追求的目标。

王阳明一辈子道德不错，也提出了自己独特的儒家思想，立德立言都达到了,那他是如何立功的?那就需要宁王朱宸濠来送人头了。

三、平定宁王之乱

龙场悟道不久,大明王朝迎来了一场政治地震。1510年,也就是王守仁在龙场驿驿丞这个位置干了四年之后,在大臣杨一清和太监张永的谋划之下,明武宗朱厚照下令将大太监刘瑾凌迟处死,可谓是霹雳手段。这件事也说明了当时的明朝朝廷,是在朱厚照的掌控之下。以刘瑾为首的八虎平日里好像权势熏天,不可一世,但在朱厚照的雷霆一击之下,毫无还手之力,真的就和碾死一只蚂蚁一样。

这里顺便说一句,很多人都说明朝太监专权,这个你可以说是,也可以说不是。原因是,明朝确实有很多太监,十分嚣张地祸害了大臣和百姓,但他们也只是皇帝的狗腿子,远远不像是唐朝后期那样,可以左右皇帝,甚至废立皇帝。只要明朝皇帝一声令下,太监就可能小命不保。

言归正传,据说抄刘瑾的家抄出来大量金银,最多的说法是黄金一千多万两,白银两亿六千万两,前些年《华尔街日报》把他列为1000年来,最富有的50人之一。这从另一个侧面,也反映了一个问题,那就是大明王朝那时候是真的有钱,一个太监身上,都能划拉出这么多钱财。

刘瑾死后,王守仁的春天就来了,先是升任庐陵县令,再调南京刑部,后来又任南京鸿胪寺卿。到了1516年,当时的兵部尚书王琼,举荐王守仁为都察院左佥都御史。如果你一直仔细阅读本书,可能就知道,这个官帽子后面往往跟着另一个官职,那就是巡抚。明朝的都察院左佥都御史巡抚地方,这是一个不成文的规矩。

王守仁巡抚的地方是江西、福建、广东交界,原因是这里盗贼横行。很快地,他的"知行合一"就派上了用处。他的办法就是在大山沟里转来转去,实地考察一番之后,再制定相应的政策。他的智谋妙计层出不穷,效果相当不错。同时,对于那些走投无路而造反的穷苦百姓,他经常网开一面,还让人来扶贫,效果也很好。很多讲历史的人都说王阳明有一身武功,甚至还说他半夜在军营里练气打坐,然后像过杨大侠、郭靖郭大侠那样纵声长啸,一营皆惊,这事儿我查了半天史料,也没找到是哪本书上说的。

因为剿匪相当成功,1519年,正德十四年,朝廷让他去福建继续剿匪,走到半路,就听到了前面所说的那个天大的消息——宁王朱宸濠造反了。

王阳明一面竖起大旗,表明自己和叛贼势不两立的决心,一面虚张声势,放出风声,说自己有十几万兵马,准备活捉朱宸濠。当时他最怕的就是这个造反派顺着长江东下,一路打进南京去,那样的话,朱宸濠就有了和北京朝廷分庭抗礼的势力。王阳明琢磨了一下,又派出间谍,秘密地散布一个消息,说自己已经和朱宸濠的丞相刘养正联系好了,就等着宁王去打南京,然后自己好趁势占了朱宸濠的南昌王府。

朱宸濠得到这些真假难辨的情报后,就和手下人商议对策。刘养正慷慨陈词,说咱们必须立刻、马上,现在就去打南京,晚了就来不及了。朱宸濠一听马上就起了疑心,你什么意思,莫非谣言是真的,你和王守仁那家伙私通了?结果是打不打南京就变成了一件犹豫不决的事情。宁王举起造反大旗之后的十几天,按兵不动,哪也没去。王阳明趁着这段时间,集合了八万大军。

等到朱宸濠终于明白自己被忽悠了,便开始行动,向东一路打了过去,很快攻克了九江、南康,接着就开始围攻安庆。可惜的是,兵法上有句话,叫作"虚则实之,实则虚之",他没想到的是,王阳明的大军还真的就是去打南昌的。

因为事先做了很多准备,南昌的攻坚战相当顺利。朱宸濠没有办法,只能停止东进,回去救自己的老窝。王阳明这时候已经兵分五路,其中四路明目张胆地驻守在朱宸濠回来的路上，剩下一路是伏兵，以有心杀无心，朱宸濠这个倒霉蛋的每一步行动都被王阳明算得死死的。经过一系列的战役，朱宸濠在起兵短短43天之后，兵败被俘，这场战乱彻底结束。

说句不客气的话，宁王就好像是上天派下来故意成全王阳明的，或者说是像是游戏里为了王阳明打怪升级，而产生的怪物。

王阳明的平叛速度如此之快，意外地引起了明武宗朱厚照不满。他在北京城里听说朱宸濠造反的时候，兴奋得差点乐死，马上封自己为"威武大将军朱寿"，然后坚持要亲征——多好的一个打仗机会，你们谁也别拦我。大臣们谁能犟过他？只好让这位爷御驾亲征。

刚刚走到涿州，就听说叛乱平定了，朱宸濠被王阳明抓起来了，朱厚照心里这叫一个郁闷。皇帝一郁闷，下面自然就有人想办法，争取让皇帝不郁闷。在武宗的宠臣，锦衣卫指挥使江彬的暗示之下，太监张永带人来到江西，说让王阳明把朱宸濠放了，最好再给他一点儿兵马，让他在鄱阳湖上等着"威武大将军朱寿"来亲自抓他。

王阳明思前想后了一番，一个人去见了张永，经过苦口婆心的劝说，最后张永同意，为了老百姓，他去皇帝面前说好话，不用再演一出"捉放曹"了，前提是朱宸濠要交给他，这事儿从此和王阳明没关系了。换句话说，王大人什么功劳也没有了。不过，王阳明没有丝毫犹豫，马上就把朱宸濠交给了张永，自己回家喝酒去了。

一直到明武宗去世，明世宗嘉靖皇帝上位，王阳明才得到了应有的封赏，被封为新建伯兼南京兵部尚书。前面说过，明朝除了皇亲国戚之外，无军功者都不得享受爵位，而作为一名文官，你官当得再大，也没有一个爵位来得荣耀。纵观明朝二百多年历史，不算开国的功臣，以文官而封爵的，只有三位，王阳明是第二位，另两位是王骥和王越，都是老王家的人。

后来，王阳明创立了绍兴阳明书院，给人讲学。这段时间他的"心学"广泛传播，收了无数的弟子，用现代的话讲，属于顶级的人气网红兼知识大咖。也是这段时间，他留下了后世著名的"王学四句教"："无善无恶心之体，有善有恶意之动；知善知恶是良知，为善去恶是格物。"

这四句话网上有很多解释，也许都对，也许都错。在我看来，这四句都是围绕着善恶两个字在进行阐述，只是在对他的"致良知"三个字进行进一步的解读，远远比不上我们前面所说的王学精髓。

1529年1月9日，在以两广总督的身份平定了又一场动乱之后，王阳明在返回故乡的途中，病逝在今天江西省大余县境内的一艘小船上。当时他的弟子们在他身边，问他还有什么要交代的，他用尽最后一点力气，说了八个字："此心光明，亦复何言！"当我看完他的一生经历后，我真切地感受到，如果没有这八个字，王守仁去世前应该是相当遗憾的。

人这一辈子，肮脏的、龌龊的、伟大的、善良的念头，都只不过是心念或者说意念的一动而已。王阳明这最后一句话，说明他即便是汲取了佛家和道家的学问营养，但本质上还是儒家的一分子，无论是致良知，还是知行合一，都是修身的一部分，用孟子的话说就是，"吾善养吾浩然之气"。

如果用王阳明自己的话说，就是"发动处有不善，就将这不善的念克倒了，需要彻根彻底，不使那一念不善潜伏在胸中"。他承认，我们都有不善的念头，但只要遵循"知行合一"，最终必然能致良知，达到他临死之前的那个境界，"此心光明，亦复何言！"他的一生，很圆满。

四、为何备受推崇

应该说，王守仁这一套理论并不十分难以理解，也不是十分有独创性，为什么他在后世受到那么多人的推崇？推崇他的这一连串长长的名单里，包括张居正、毛泽东、蒋介石这些政治家，而且阳明心学对于日本的明治维新，影响也很大。

我想，这里面有三个原因：第一个就是中国古代的儒家，一直到朱熹，都没有提供一套行之有效的方法，让知和行统一起来，王阳明不仅提出了这个思想，还在他的著作，比如说《传习录》《大学问》等书里系统地论述了如何知行合一。

第二个原因是他成功了。人们追求成功学的动力，要远远大于追捧一种哲学思想。而王阳明成功的人生，足以让很多人相信他的学问就是成功学，虽然实际上不是。这就好像大人物写本书，不用宣传就能畅销百万，而我枫落白衣叫破了喉咙，最多也就是朋友买两本，还是看在小时候一起撒尿和泥的面子上。

最后一个原因就是明朝后来经历了一个从思想禁锢到大开放的过程。王阳明去世后不久，小说《金瓶梅》就问世了，在这个过程中，宣扬个性解放的人们很快就发现，"心即理"简直就是最好的解放个性的思想基础。我的心就是天理，那我的心说了，要吃好的，喝好的，玩好的，这当然就是天理。这样一来就有更多人宣扬王大圣人的思想，这里面就包括了明朝另一个大思想家李贽。

李贽比王阳明更加极端地强调人心的作用，"私者，人之心也，人必有私而后其心乃见"，你连私心都没有，那也就别谈什么"心即理"了。感兴趣的，可以去看看他的著作。

155. 海禁与倭寇

王阳明小时候,认定天下第一等事是成为圣贤;明武宗朱厚照心里也有一个天下第一等事,那就是玩。对朱厚照来说,什么皇权天下,四海宇内,统统都不如一个玩字。

朱宸濠造反这事,本来可以让他好好地玩一场,可惜被王圣人给搅黄了,但既然出宫了,看见什么好玩的事情,自然就要去玩一玩。返回北京的途中,在淮安清江浦,他看见渔夫捕鱼挺好玩,就下去学人家撒网,一不留神,掉进了河里,就此染上了病,从后来的症状来看,应该是细菌进入肺部,引起了肺感染。

回到北京之后,朱厚照咳血的症状越来越严重,拖到正德十六年,也就是1521年的春天,他预感到自己不行了,就写下了遗诏,第二天就驾崩在他自己修的豹房里,终年30岁。

一、嘉靖"大礼议"事件

明武宗在历史上的争议很大,受《明史》的影响,现在网络上流行的评价基本都是负面的。关于他坏的、荒唐的一面,前面也说过了,我这里讲一点历史上对他的积极评价。

谈迁的《国榷》里是这样说的:"好佚乐……又不罪一谏臣,元相呵护,群吏奉法……夜半出片纸缚瑾。"这里先说朱厚照喜欢玩乐,但也说了他的两个优点：一个是不惩罚敢于进谏的官员，让大家可以随便说话；另一个是对朝堂的掌控能力很强，抓刘瑾这件事，是在半夜写了一张小纸条，就把刘瑾拿下，这说明朱厚照心里相当清楚下面这些人之间的关系，有点"吕端大事不糊涂"的意思。

这一点在朝鲜的史书里也有记载："在此闻之，意必危亡。而及其赴京见之，则百姓不甚愁怨，朝廷百执事莫不谨事矣。"这段记载在《李朝实录》上的文字，翻译过来就是，我们在半岛上听说了朱厚照干的那些事儿，都拍着大腿说，大明朝就要完了，可是到北京看看，根本不是那么一回事，老百姓过得还不错，大臣们都恭恭敬敬，谨小慎微地做事，没有要灭亡的迹象啊。

这可能就是武宗一朝的真实写照。《明史》上用的是最经常的春秋笔法，只让你看到一部分事实，而那一部分恰好是坏的。就好像对明孝宗的弘治中兴，它给你看的也是事实，但只是好的一面。

朱厚照死的时候，已经30岁，但没孩子，不仅是儿子，连女儿也没一个。太后和大臣们一商量，只好立了明宪宗的一个孙子朱厚熜为帝，这就是明世宗，也就是所谓的嘉靖皇帝，因为他的年号是嘉靖。

朱厚熜上位并不像野史说的那样充满了阴谋诡计，当时的内阁首辅是帝师杨廷和，这位老先生只是举着一本书说，"兄终弟及，谁能渎焉"，哥哥死了没儿子，要兄弟即位这件事，谁敢反对？没人敢反对。因为他手里的那本书是朱元璋写的，叫作《皇明祖训》。老朱当年立下的，超越了法律的铁律。

朱厚照的堂弟那么多，为什么偏偏是朱厚熜选上了？这里面有一个小原因，朱厚熜的爹兴献王朱祐杬前两年刚刚去世，从太后和首辅杨廷和的角度来看，这就是无根的浮萍，把你扶上皇帝的位置，你还不是啥事都听我们的？至少，不可能像朱厚照那么能折腾；而且，你爹已经没了，你可以心安理得地拜明孝宗为爹，这就是儒家传统中的小宗入大宗，属于升级了。

可是让杨廷和等人大跌眼镜的是，朱厚熜这个14岁的少年，展现了无比执拗的一面。他坚定地认为，爹只能有一个，就应该是自己的亲爹。

这一幕无比熟悉，前面讲宋朝的时候，就说过一件类似的事情，叫作濮议。可是宋朝那时候的濮议，朝廷上的元老重臣还分为两拨，有一拨人支持宋英宗不认其他人当爹的举动；到了明朝嘉靖皇帝这里，经过理学的洗礼，儒家的禁锢更深，几乎没有任何一个高官支持朱厚熜，清一色地高呼：皇上，换一个爹吧。

身体里流淌着朱重八血液的嘉靖帝并不想认输。在他看来，这除了认谁为父，还涉及权力分配问题，他不想做一个傀儡皇帝。

于是，刚一上位，他就下诏，称自己老爹为"皇考兴献帝"。杨廷和等大臣说，皇帝您错了，应该叫"皇叔考兴献大王"，然后把嘉靖帝的这道诏书给驳回了。中华帝国历代宰相，或者说有宰相之实的大臣，是有权驳回皇帝命令的，这是制度的规定，只有到了帝国最后的一个朝代清朝，皇帝才是大权独揽的。

嘉靖帝也不生气，你驳回，我就再下诏，然后杨廷和就再驳回。

一来二去，有一个叫张璁的新科进士就看出了门道，于是上书说，您是"继统不继嗣"，也就是您继承的是皇统，而不是皇嗣，你还可以管你亲爹叫爹。

嘉靖皇帝一听，在一片反对自己的大臣之中，居然还有这么悦耳的声音，于是对张璁刮目相看。但当时杨廷和等人的势力实在太强大，张璁一个小小的进士根本起不到什么太大的作用，最后还把自己的官帽子弄丢，被贬到南京刑部当闲差去了。

朱厚熜也不着急，就这么慢悠悠地和大臣们耗了三年。1524年，嘉靖皇帝旧事重提，透露出他要再给自己亲爹正名的意思，远在南京的张璁心领神会，马上和几个同僚上书，说应该称呼兴献王为"皇考兴献帝"。这个时候，和三年前不一样的是，嘉靖举行了成人礼，皇位相当牢靠了，朝廷内外，投靠皇帝的大臣也多了起来，这一派叫作"议礼派"。当然，其中大多数都是官帽子比较小的投机分子，准备在政坛上捞一笔的。

杨廷和心灰意懒之余，提出了退休申请，朱厚熜马上就坡下驴，说您辛苦了，想辞职？我批准了，你回家吧。

这样一来，剩下的大臣们群龙无首，吵吵嚷嚷之下，拿不出什么主意来。反倒是嘉靖，在这一年的农历七月十四日，不顾大臣们的反对，公然称呼自己老爹为"皇考恭穆献皇帝"，并且为父母上册文，公开祭告天地、宗庙和社稷各路神仙。

这一下就激怒了群臣，这些儒家的知识分子们在吏部左侍郎何孟春和翰林院修撰杨慎的倡导之下，做出了一件相当令人惊奇的事情：二百多位朝廷大臣齐刷刷地跪在紫禁城里的左顺门前，请求皇帝，不要称呼亲爹为皇帝老爸。

史书上说杨慎等人"撼门大哭"，"声震阙庭"。这情形确实很壮观，可惜，17岁的嘉靖皇帝根本不为所动，命令锦衣卫把这二百多人全都逮捕。最后的处理结果是，四品及以上官员停发工资，五品及以下的官员当廷杖责。

所谓杖责，就是用竹杖、木棒之类殴打责罚。有人说这是朱元璋发明的，这不对，这种刑罚自古就有。汉明帝时期"九卿皆鞭杖"，而公认宽厚的皇帝隋文帝杨坚更是"每于殿廷打人，一日之中，或至数四"。一句话，古代很多皇帝，都喜欢使用这种刑罚。

朱元璋反而是杖责大臣比较少的一位，现有的史料只记录了他打过一个叫茹太素的大臣。这人上了一篇奏章，朱元璋听了一个多小时，16000字之后，还不知道到底要说啥，气得狠狠地打了他一顿板子。不过他后来也说，"六卿贵重，不宜以细故辱"，我错了，以后不要因为小事情让他们受辱。所以，大明王朝后来的建文、永乐、洪熙、宣德这些时代都没有廷杖的记录。

现在嘉靖这小伙子年轻气盛，根本不管朱元璋说过啥，直接把五品以下的一百多名官员按倒在大殿之上，舞起了木棒，血花飞溅之后，甚是悲惨，十八位大臣被打死，史称"左顺门事件"。

这场风波之后，朝廷上就没有人对嘉靖说三道四了，一个月后，嘉靖公开称呼自己亲爹为"皇考"，这场历时三年，被称为"大礼议"的事件以嘉靖的获胜而宣布结束。

二、杨慎和张璁

补充说一下，那个鼓动大家跪在左顺门闹事的杨慎，是退休首辅杨廷和的儿子。此人从小就是一个神童，他去参加科举的时候，根本就不用杨廷和去打招呼，因为凭实力他就可以当状元。当时的人甚至说，杨廷和的那个儿子如果不中状元，那这个科举就有问题了。才气大到这个程度，任何一个老爹都会感到脸上有光，而且杨慎还不是一时的名气大，在历史上，他也很厉害，和前面说的解缙，还有马上就要出场的徐文长合称为"明朝三大才子"。

才子归才子，左顺门这么一跪，他的前程被彻底断送了。在被打了两次板子之后，贬到了云南，终其一生，嘉靖皇帝都没有原谅他，一直不肯赦免，他最后老死在云南，终年71岁。

杨慎曾经创作过一首《临江仙》词，后来清朝的毛宗岗在批注《三国演义》的时候引用过，结果现在全中国的人都很熟悉这首词：

滚滚长江东逝水，浪花淘尽英雄，是非成败转头空。青山依旧在，几度夕阳红。

白发渔樵江渚上，惯看秋月春风。一壶浊酒喜相逢。古今多少事，都付笑谈中。

是的，这首词和罗贯中没有任何关系，是官二代杨慎被贬到云南，晚上睡不着觉的时候，心有所悟而写的。它本来是杨慎《廿一史弹词》中的《说秦汉》，但放在《三国演义》中，也是无比贴切。

大礼议中的另一位大臣张璁，学问不如杨慎，但因为对嘉靖皇帝的坚定支持，事件结束之后，一路高升，最后做到了吏部尚书、华盖殿大学士、内阁首辅这样的高位，不折不扣的宰相，一人之下，万人之上。

这里你完全可以鄙夷地说他一声，投机分子。我不反对，因为他当年就是一个投机分子，他所学的儒家经典，其中的任何一本都不可能告诉他去支持嘉靖，可是咱们在下定论之前，先来看看他做过什么。

历史学家有一个共识，就是在宋朝王安石之后，明朝张居正之前，有一位名字叫张璁的改革家做过很多事情。下面我就简单地概括一下他做过什么。

第一件，清理皇亲国戚占用的土地，也就是前面说的皇庄。嘉靖时期，京城附近大概有一半的土地已经是皇庄了，这些皇庄是免税的，为了维持开支，就只能给其他老百姓的土地加税。张璁在入阁之后，清查这类案件五百多起，大概几万顷良田被收回，转交给那些交税的老百姓。我这里说得好像很轻松，不过你想一下就知道，占据这些土地的都会是什么人；你也就知道，小小的张璁当年冒了什么样的风险去做这件事；而他居然能做成，又表现了什么样的能力。

第二件，改革人才选拔制度。选拔官员要看能力，不看资格，每年按"八计"对地方官进行考核，然后上报吏部查实。

第三件，整治宦官。嘉靖年间，宦官总数二十多万，很多都不在京城，不仅把手伸到了军政，还在地方有自己的政治网络。张璁从清查贪污舞弊入手，一旦核实，立刻开始株连，大规模地裁员，因此查办了一大批宦官。

第四件，提出了一条鞭的赋役制度，也就是后来张居正改革"一条鞭法"的雏形。

上面这四件事，只要对明朝政治形态有所了解的人就知道，都是把脑袋或至少脑袋上的帽子置于巨大风险之下，但却能给老百姓带来巨大实惠的事情。就凭这些，说一句张璁伟大过分吗？当然不过分。

史书上说他，"清勋戚庄田，罢镇守内臣，一时苞苴路绝，百吏奉法"。更有明朝人直接赞扬说："士官得行其志，黎庶得安其寝，天下鼓舞若更生，其功万世不可泯也。"

讲完张璁和杨慎的故事，请重新回顾一下王阳明心学的"心即理""知行合一""致良知"，以及"此心光明，亦复何言"这句话，也许我们对于"怎样的心才是一颗光明的心"，会有更深的体会。

三、海禁与倭寇

就在嘉靖皇帝和大臣们闹闹哄哄地讨论叫爹还是不能叫爹这样的"重大"问题的时候，遥远的西方，一个叫作葡萄牙的国家，已经引领欧洲开始了大航海时代。

什么叫大航海？就是驾着船，航行世界各地，遇到弱小的国家，就抢一笔，遇到强大的，就做生意。

一百多年前，当郑和出海的时候，葡萄牙人别说远航，离开地中海的能力都没有；可是短短一百年后，他们的达·伽马就发现了绕过非洲到达亚洲的航线，而这段航线里非洲到东南亚的部分，就是当年郑和的航线。

在嘉靖上台的这一年，1521年前后，麦哲伦的船队又完成了环球旅行，小小的葡萄牙如日中天，光芒万丈。不过，它却在中国碰了一个钉子，因为大明王朝实行"海禁"，"片帆不许出海"。

"海禁"这个政策不能怪到嘉靖头上，因为这是朱元璋下的命令。为什么？当年朱元璋在南京附近和张士诚、方国珍等人死战，最后虽然打赢了，可是很多被打散的割据势力武装分子不愿意投降，依赖当时中国航海业的发达，全都驾船出海，到海上做起了没本钱的生意，俗称海盗。

此外，就是明朝建立的这段时间，恰恰是日本南北朝时代，日本国内整天打来打去，一大批武士和浪人输了之后，也流落到海上，做起了海盗。朱元璋上台的时候，东南沿海密密麻麻的，全都是海盗，有日本的，有中国的，还有不知道哪个国家的。大明王朝实力虽然强悍，但这些人偶尔上来抢一把，抢完了就跑回海上，还是很轻松的，毕竟"只有千日做贼的，没有千日防贼的"。面对这些家伙，朱元璋也是相当头疼，思来想去，他就决定封海，要求老百姓都不许私自出海，海上只要出现了船，那就是敌人。

同时朱元璋也知道，和东南亚的国家做买卖是一件相当划算而且必须的事，所以，他搞出了一个朝贡贸易——来我们大陆的人，必须手里拿着我们发的贸易交易证，一种叫作勘合的东西，这个前面说过了。

这个海禁政策虽然断断续续，但一直都在执行。

也就是因为这个政策，骄横的葡萄牙人在广州碰了一个大钉子后，就决定用枪炮说话。令他们没想到的是，这一次不好使了。在1521年和1523年的屯门海战和茜草湾海战两场战役中，嘉靖皇帝手下的海军将领们，打得称霸欧洲和印度洋的葡萄牙人狼狈不堪，两战皆输。

既然打不过，葡萄牙人就顺着中国漫长的海岸线一直向北移动，想找一个三不管的地方，和中国人做买卖，也就是开始走私。

最后，他们在今天的舟山群岛附近，找到了一个叫双屿岛的地方。不久后，这里就成了亚洲最负盛名的国际贸易港口。在西方文献里，有大量对这个小岛的描写——岛上有一千所房屋，常驻的葡萄牙人几百名，还有两所医院，一所教堂，甚至市政厅，经常有上千只船在这里进行交易。你说它是贸易天堂，或者走私圣地，都对。这伙人除了做贸易之外，烧杀抢掠，什么事都干，时不时地上岸，在明朝沿海抢个村子什么的，见人就杀。

无论是走私，还是杀人，都不符合大明王朝的法律。于是，1548年，浙江巡抚朱纨派都指挥卢镗率兵进攻双屿岛，一个小小的双屿岛，可以说是没有任何抵抗能力，很快就灰飞烟灭。几百名葡萄牙人全都被砍了脑袋，葡萄牙也没办法：第一，这些人确实是触犯了明朝法律，走私抢劫啥事都干；第二，葡萄牙打不过明朝。

这些走私贩子只好另找地方，很快他们就找到了另外两个好地方，都离大明王朝腹地比较远，一个是广东的澳门，另一个是日本的平户，它们继双屿岛之后，成为了亚洲走私贸易的天堂。

那么浙江巡抚朱纨是不是就此高升了？事实恰好相反，在他拿下双屿岛之后的第二年，御史陈九德和大理寺的周亮等人就弹劾他"举措乖方，专杀启衅"，意思就是朱纨没事找事，挑衅西方人。

嘉靖皇帝说那就抓进京城来审一审吧，结果朱纨留下了一句："纵天子不欲死我，闽、浙人必杀我。"就算是皇帝不想杀我，福建和浙江的这些家伙也肯定会干掉我，我的命我自己掌握，然后在狱中自杀。

朱纨留下的这句话，其中含义相当深。

现在谁都知道，明朝有一个很头疼的问题，那就是倭寇。倭指的是日本，寇就是强盗，合起来好像是说来自日本的强盗。实际上，最开始的时候，日本的武士和浪人都是为中国人和葡萄牙人打工的。当时的海上贸易，因为明朝的闭关锁国，导致利润极大，而这些走私生意，很大一部分都被福建、浙江沿海一带的豪门大户垄断了。这种事从朱棣当皇帝的时候就开始了，只不过朱老板当时极其强势，派郑和下西洋，等于是把贸易这件事从这些豪门大户手里抢了过来。

朱棣死后，朝廷上儒家的知识分子们一致要求不能再下西洋了，嘴里说的是不能再折腾了。实际上，他们分两种人，一种是揣着明白装糊涂的沿海豪门大族、走私集团的代言人，这些人或者出身豪门，或者收了好处，为了利益阻止政府的贸易行为；第二种就是不明真相，一腔热血的纯真知识分子。

政府不再下西洋之后，明朝沿海贸易就彻底被这些豪门垄断了，利润惊人。现在朱纨居然把他们最重要的中转站给连窝端了，那他怎么可能不去死？

刚刚说过，双屿岛之后，日本平户成为了新的国际贸易中心，控制这个中心的，却是一个中国人，叫作王直。

王直本来是双屿岛大海盗许栋的手下，许栋被朱纨灭掉之后，他把剩下的残兵败将组织在一起，靠着卓越的领导才能，逐渐成为日本、明朝和东南亚的海上霸主。当时所有人，想在这块区域做生意，必须得到他的许可，"海上之寇，非受直节制者，不得自存"。

这样一个海上的扛把子，却偏偏有一种家国情怀，当闽浙两省新的总督胡宗宪派人联系，希望招抚他的时候，他居然就信了。现在我们从资料中可以知道，他确实是希望和政府合作，开放海禁，大家自由做生意的；而且他天真热血地希望可以为大明王朝出一份力，保证帝国海上的绝对平安。

结果，王直一回到杭州，就被抓了起来。两年之后，1560年1月22日，被当众斩首。

你可能会有一点点疑惑，为什么抓起来两年之后才处死他？这事儿史书上没说，但是说了一个细节，那就是嘉靖皇帝手下的大臣们对如何处置王直讨论了很长时间。所以，我的猜测是，一些大臣背后的利益集团是和王直有生意往来的；而另一些坚决要求处死王直的，也许就是那些和王直有冲突的走私集团的代言人。

现在很多人都在讨论一个问题，王直到底是不是该杀？这事其实很简单，按照法律，必须杀。当时的判决书里是这样写的："以射利之心，违明禁而下海，继忘中华之义，入番国以为奸。勾引倭寇，比年攻劫……恶贯滔天，神人共怒。"也就是说，王直为了钱，违反国家法律下海，到日本去当大海盗，和日本人一起在海上走私抢劫，恶贯满盈。这个判决书一句也没说错，都是事实，这样的人不杀，置国家法律于何地？

可是从另一个角度来说，又不应该杀，这可以用他临死之前的一句话来概括，"死吾一人，恐苦两浙百姓！"我死了没什么，但沿海的老百姓可能就要遭殃了。果然，王直脑袋一掉，沿海马上大乱，相当于黑社会老大没了，现在满大街都是想当老大的。

从那时候起，大明王朝的沿海才真正陷入无秩序的、倭寇横行的混乱状态，一直等到戚继光出现，以绝对的武力镇压，情况才有所好转。这是后话了。

对于王直的死，最愤愤不平的是两个人，一个是总督胡宗宪，另一个就是明朝三大才子的最后一位，徐渭徐文长。为什么这两人会痛惜王直的死，且听下回分解。

156. 严嵩升迁路

明朝三大才子中的最后一位徐文长，1521年出生在浙江绍兴府，十岁时"指掌之间，万言可就"，一会儿的工夫，就能写一篇万余字的文章，完美诠释了什么是天才。

这样一个神童，20岁中秀才之后，开始正式参加科举考试，却考了八次都没中，最后只好去给胡宗宪当幕僚。据说他对王直的死愤愤不平，因为诱捕王直，完全出自他的谋划，而且后面还有无数的后手。徐文长的计划是通过王直，一举解决海上倭寇问题。可惜的是，这样一盘大棋，被大明王朝的一些官僚和利益集团彻底破坏了，你说他郁闷不郁闷？

后来，严嵩倒台，胡宗宪被抓进监狱自杀，徐文长虽然没被牵连，但从此精神上出了问题，多次尝试自杀。《明史》的记载极其惨烈，说他自己"引巨锥刺耳，深数寸；又以椎碎肾囊，皆不死"。这些行为似乎反映出他当时精神上确实有问题。

再后来，他又怀疑妻子出轨，在一个中秋夜，把她杀死，因此进了监狱，被革去秀才的功名，判刑七年。他出狱后开始游历天下，因为很有才华，其间得到了东北总兵李成梁的赏识，给李成梁的孩子李如松和李如柏讲了一段时间兵法。

徐文长生命的最后二十年以卖画为生，但因为他痛恨官员，从来不给有钱有势的人作画，所以过得极其穷困。1593年，72岁的他在贫困交加中死去。

徐文长活着的时候，说自己是"书第一，诗二，文三，画四"，但后世的评价恰好相反，他的画公认是当时最高水平的。他自称是"青藤老人"，后来的郑板桥经常对外宣称自己是"青藤门下一走狗"。现代绘画大师齐白石说恨自己晚生，没有机会为徐文长"磨墨理纸"，由此可见，他在绘画方面确实造诣不凡。

一、嘉靖关闭外贸交易

言归正传，徐文长的愤恨，改变不了王直死了这个事实，透过前面的介绍，我们也可以看到，明朝沿海倭寇的形成和壮大，和明朝僵化的海禁政策有很大关系。

嘉靖皇帝和他之前的明朝皇帝一样，完全没有意识到"对外贸易"四个字的重要性，不仅在海上不和外国人做生意，陆地上也是如此。

16世纪初的世界，拜欧洲掀起的大航海时代所赐，各国贸易如滔滔江水，汹涌澎湃。虽说这背后存在着大量的抢劫、掠夺和杀戮，但只要一个地区稍稍有些自保的能力，别人还是宁愿和你做生意的。毕竟抢劫是一个高风险职业，以麦哲伦环球旅行的实力，一不留神，还在菲律宾被一名土著一斧子把脑袋给劈开了，更何况那些小商小贩们，所以大家还是渴望做生意这种双赢的局面。

这个情况，就连北方草原上的蒙古人都看出来了。这时候的蒙古，最有实力的是土默特部的俺答汗，此人是成吉思汗黄金家族最正统的继承人，本身能力也强。他很清楚地得出一个结论，世界贸易不但阻止不了，同时也会给大家带来无穷无尽的好处。

于是俺答汗向西打下了甘肃，等于是恢复了古老的丝绸之路，也就是当年汉武帝时期，霍去病、卫青和无数大汉男儿用鲜血和生命打出来的贸易之路。

不过，这条丝绸之路如果没有中原汉族老百姓的参与，等于没有，因为西方人对牛羊肉实在是没多少兴趣，他们最希望得到的，是中原的茶叶、瓷器和各种精美的手工业产品。所以，俺答汗必须向东扩展，琢磨着如何把丝绸之路和大明王朝连在一起。

嘉靖皇帝和他的很多大臣们就是死心眼加上老顽固，冷冰冰地回绝了蒙古人。俺答汗想了很多招数去诱惑明朝，都没用，最后他实在没办法，决定铤而走险，动用武力。

1550年，俺答汗率领军队一路奔袭，打到了北京城下，史称"庚戌之变"。他提出的口号是"予我币，通我贡，即解围"，意思是，我就是想和你做生意，真没别的意思。

明朝也没办法了，第一次看到这种想做生意想得快发疯的主儿，于是就答应了在宣府、大同开放马市的要求，也就是可以用蒙古的马匹换大明的日用品，可是俺答汗随后就要求牛羊也可以交易。明朝这时候北京之围也解除了，说你们这是得寸进尺，不仅没同意，就连马市也关闭了，重修武备，两边又一次开打，这一次因为明朝有了准备，双方斗了一个旗鼓相当。

嘉靖皇帝朱厚熜死活不开放外贸交易的原因，我们今天并不是很清楚，但有三点应该是可以推理出来的：第一就是祖宗成法，朱元璋早年的海禁政策，深刻地影响了这些后代们；第二是此时明朝的日子还不错，农业帝国自给自足，没到欧洲那种过不下去的地步；第三就是怕麻烦，多一事不如少一事，一旦开放，各种新事情都需要处理，费心费力，还不一定有好处，何必多事？所以，结论就是一句话，大明王朝在全球大航海时代开始，全世界人民都在经商的时间点上，非常目光短浅地选择了关上大门，趴在被窝里数钱。打个比方，这就好像我们前些年改革开放之后，一个墨守成规，照旧在工厂上班的工人，每个月拿到固定薪水，以为很稳妥，可是今天再和当年那些下海经商成功的人相比，就有了天壤之别。

二、夏言之死

嘉靖皇帝怎么想的,不仅我们猜不到,当时的大臣们也猜不到。在我看来,他的名字应该改叫"朱靠猜"。他心机极深,有什么想法,从来不会明说,总是含含糊糊,模棱两可地表达自己的意思。改革家张璁当年就是靠猜中了朱厚熜的心思,才在嘉靖三年的时候,从南京突然上书重新提起大礼议事件,从而飞黄腾达的。

在张璁之后,很快就有另一个人,也猜中了嘉靖的心思,也发达了。这事儿,和今天北京的天坛公园有关系。

这个公园应该算是明成祖朱棣建造的,最开始的时候,它不叫天坛,而是叫天地坛,是皇帝祭祀皇天和后土的场所。1530年,嘉靖忽发奇想,觉得朱棣这事做得不对,怎能把天和地放在一起拜祭呢?

朱靠猜有了这个想法,却憋着不说,把各种暗示和谜语传递给大臣们,看最后谁能猜中他心思。就在他憋得相当难受的时候,一位叫夏言的大臣猜中了。

夏言,字公瑾,出生于军户家庭。军户就是世代都要当兵的家族,在明朝,这是一个苦差事,因为政府只是给你几亩地,可当兵的衣服盘缠都需要自备。所以到了明朝后期,军户们因为贫困大量逃亡,这也是大明灭亡的重要原因。

不过,军户家里除了要出人当兵,其他的子弟也可以参加科举,要是考中了,就可以当官了;最后要是祖坟冒青烟,当上了兵部尚书,或者皇帝认为你不错,那你家就可以脱离军籍了。

夏言就是创造了这个奇迹的人。他在1517年中举,几年后升为兵科右给事中。1524年,因为母亲去世,他回家守孝,又请求豁免军户身份,得到皇帝允许。

1530年,夏言敏锐地觉察到嘉靖帝想把天地分开祭祀的念头极其强烈，于是马上上书，请求皇帝分开祭祀天地。嘉靖帝龙颜大悦，接着就委派夏言在天地坛位置上修建圜丘，在安定门外修建方泽坛。三年后，圜丘改名天坛，方泽坛改名地坛，也就是因为这件事，继张璁之后，轮到夏言飞黄腾达。

1531年，经过一系列的争斗，夏言顶住了张璁对他的疯狂打压，成功上位，升职为礼部尚书。夏言从七品的六科都给事中，爬到了二品的六部尚书用了不到一年，此人的升迁速度绝对可以说屁股下面带着双火箭。

又过了八年，张璁、李时等人退休的退休，病死的病死，夏言终于迎来了他职场最光辉的时刻，以武英殿大学士的身份，担任内阁首辅，一人之下，万人之上。

内阁首辅，就是明朝内阁里面排名第一的官员。其实，明朝的制度并没有这个官。在刚刚有内阁这班人马的时候，朱棣给内阁写信，称呼往往就是"解缙等"，隐含的意思，自然就是内阁中解缙的意见比较重要，不过大家地位相近，并没有什么明显的区分。而且那时候大家也都不想争第一，因为当时内阁的实际地位还在六部之下，没什么权力，你争一个秘书中排行第一，说出去也没啥光彩的。

到了后来，尤其从是嘉靖一朝开始，内阁明显比六部要高出很多了，任何一个内阁成员，都比六部尚书的权力要大。嘉靖帝也在圣旨中开始使用"首辅""元辅"或者"首相"这样的词汇。当然，不是随便用的，是要加在他喜欢的内阁成员身上。

前面说过，内阁成员的一个重要职责就是票拟权，也就是在下面大臣交上来的奏章里写上自己的意见，然后让皇帝定夺。嘉靖帝这么一搞，相当于官方承认，内阁中的某一个人有了首席票拟权，一段时间之后，虽然官方没有制度规定，但拥有首席票拟权的这个人，就被称为内阁首辅，实际上，就是宰相了。

明清两朝大多数皇帝统治期间，内阁首辅这个职称并不流行，可有可无，而且权力也不大，那么为什么今天提起这个职位，老百姓都点头说知道，老厉害了？原因很简单，因为它在嘉靖和紧随其后的隆庆、万历三个皇帝时期，是超级了不起的存在；这三个皇帝的统治时间又很长，几乎一百年，故事也多，许多耳熟能详的明代人物，都出在这三朝。所以，内阁首辅在历史上的名气才那么大。

夏言在内阁首辅最风光的时候，出任了内阁首辅，可是他也是最悲剧的一个，因为他是明代唯一一个掉了脑袋的内阁首辅。

事情是这样的，夏言当上了内阁首辅之后，他把自己的礼部尚书一职交给了严嵩。严嵩也是江西人，和夏言是老乡。嘉靖最重视拜天地、祭祀祖宗这类礼仪问题，礼部尚书往往就是通往内阁的代名词。夏言让严嵩接任自己，意思很明显，想培养严嵩做自己的接班人。

可是夏言没想到的是，严嵩这个老乡，却是不折不扣的两面三刀白眼狼。

1538年，有一名大臣在嘉靖帝的暗示之下上书说，应该给嘉靖的亲爹一个某宗的庙号，放到祖庙里享受香火。这实际上就是前面说的大礼议事件的延续，也就是说，嘉靖还想给他死去的爹也弄一个皇帝的称号。很多大臣就又开始反对。本来开始的时候，严嵩在众位大臣面前表了态，说坚决反对没当过皇帝的人进入老朱家的皇家祖庙，可是他一看嘉靖皇帝雷霆万钧的气势压了过来，拿出一副要再次"脱你裤子，打你屁股"的姿态，马上就翻脸把同事出卖了，上书说"条画礼仪甚备"——令尊进宗庙，绝对是天经地义，合理合法。

嘉靖当然是非常高兴，觉得严嵩还是很有觉悟的，随即他的老爹就变成了明睿宗，牌位也进入了祖庙，和其他皇帝一起吃冷猪头。所以，中国历史上有着某宗的庙号，在位时间最短的皇帝就是嘉靖他爹，时间为零。

从上面这件事，我们就可以知道，严嵩只在乎一件事，就是官帽子，为了它，可以不要脸，不择手段。果然，当上礼部尚书之后，严嵩就开始了和夏言争权的过程。

三、严嵩的升迁

这时候的嘉靖皇帝，已经开始痴迷于道教，一心琢磨着死之后能羽化，变成神仙，而且是谁劝也不听。1540年的时候，太仆卿杨最上书直言，引经据典，论证求仙这事儿是荒谬的，结果被"杖死"，在那之后，谁也不敢劝嘉靖了。大臣们倒不一定是怕死，可是被打屁股打死这个死法实在是太疼，也太屈辱了。

为什么明朝列祖列宗从来都是鼓励三教合一，到了朱厚熜这里，他就偏偏痴迷道教了呢？我个人觉得，这事应该是和嘉靖十五年年底的一件事有很大关系——朱厚熜终于有了自己的孩子。

嘉靖皇帝即位之后很长时间都没有孩子，不仅他自己急，大臣们也跟着着急，怕他万一突然去世了，后面的事情又相当麻烦。

于是，在他上台几年之后，满朝文武一致决定，就在钦安殿建坛，给皇帝求子，当时的礼部尚书夏言为监礼官，文武大臣们都心甘情愿地轮流去值班，以保证坛上的香火不断，一连弄了五六年，也效果不显。

到了这一年，主持仪式的道士邵元节突然说，咱们前面的程序不对，老天爷根本就没看懂我们要做什么，必须改变一下，改后肯定能生儿子。于是，这位邵老道上去一顿忙活，神奇的事情就此发生，嘉靖后宫妃嫔接二连三地怀孕生孩子，大胖儿子生了好几个。

在这件事之前，朱厚熜对道教也是无可无不可，即便是信，也就是装装样子；但这件事之后，他马上就跪倒在三清祖师的脚下，高喊着，我信了，你们是真神仙。

1542年的一天晚上，十几名宫女趁着嘉靖睡着的时候，进了他的卧室，先是想用绳子勒死他，可是慌乱之下，绳子打了一个死结，怎么勒也勒不死；然后大家没办法，就拔出金钗或者银簪子，对着嘉靖一顿乱刺，可是那些东西本身就没有什么杀伤力，慌乱之下，这些女孩子更是使不出力气来。看着床上的男人挣扎得越来越厉害，有一个宫女害怕了，最后跑到皇后的坤宁宫跪下自首了。

虽然被刺了一身血，惊吓之余，还昏了过去，但朱厚熜只能算虚惊了一场，没什么实质上的身体损失，也没留下后遗症。宫女们却厄运难逃，全都被绑到闹市，凌迟处死，就连家人，也都被砍了脑袋。历史上把这件事称为"壬寅宫变"。

关于这件事的起因，现在比较令人信服的说法还是因为道教。嘉靖找了很多年轻女孩子，要用她们的经血来炼制仙丹，为了保证仙丹的质量，这些宫女们不能吃饭，只能吃桑叶，喝清水，而且只要有一点不守规矩，就拖出去用皮鞭乱打。据说在这些宫女动手之前，已经死了好多个，宫女们是在不堪忍受，彻底绝望之下，才下决心鱼死网破的。

这件事的后果至少有三个：第一，嘉靖从此独居西苑，深居简出，连大臣们都很少见了；第二，他坚决认为，自己前段时间修道成功了，靠三清神仙们保佑，才逃过了宫女们的"魔爪"，从此是更痴迷道教；第三，就因为信道，所以严嵩得宠了，导致严嵩专权乱政的局面出现，大明王朝也开始向衰败不堪转变。

你要是问，为什么信道教就能导致严嵩得宠呢？战国时的韩非曾经说过，"君无见其所欲，君见其所欲，臣自将雕琢"，作为一名君主，你千万不能让下属看出来你喜欢什么，一旦他们猜中了你的心意，那些家伙就会投其所好。

严嵩就是一个这样的人。嘉靖曾把一种沉香水叶冠赐予夏言和严嵩等大臣，夏言可能觉得这种东西有失身份，就不戴，但严嵩就美滋滋地把这帽子戴在头上，还特地用轻纱笼住以示郑重。嘉靖看着下面戴帽子的和不戴帽子的，心里的天平倾向谁，自然是不用说了。

再比如说，嘉靖经常进行一种斋醮的宗教仪式，也就是一群道士们穿着各色法衣道袍，拿着法器，吟唱着古老的曲调，在所谓的坛场里走来走去，俗话说就是做"道场"。这需要特定的场所，叫作斋宫。皇帝的斋宫当然不能寒酸了，嘉靖更是到处修建华丽的斋宫，每年要花二三百万两白银。当时皇宫每年的预算才二百万两，除去其他花销，所剩无几，那自然是要从政府，也就是老百姓手里拿。别的首辅大臣也许会劝阻一下，或者干脆就少批甚至不批这笔钱，但严嵩从来不拒绝，绝对是为皇帝大开绿灯。

除了花钱，道教斋醮仪式上还需要一种叫作青词的文章。因为你花钱做斋醮，自然是想和老天爷神仙们说话，你想说的话，就要书写在青藤纸上，所以叫青词。这东西唐朝的时候就有，大多数时候，都是一些华而不实的词语。不过万事都有例外，后来清朝就有一首青词，被我们现在广泛传颂，可以说家喻户晓，那就是龚自珍《己亥杂诗》中的一首，这首诗最后两句是"我劝天公重抖擞，不拘一格降人才"，当初就是作者应道士请求作的"青词"，想让老天爷像下雨一样降下人才。

严嵩相当擅长写这种青词，而且他也有那种为了嘉靖皇帝奋不顾身，舍生忘死的劲头，史书上说"非嵩无当帝意者"。"庚戌之变"发生时，俺答汗的大军都包围了北京，严老爷子还一本正经地坐在家里写青词，外面将领求见商量如何御敌，他都不见。

一个官员，若只是溜须拍马、贪财好色，问题还不算很大，张璁、夏言都溜须拍马，也都贪财好色，可是为了溜须拍马而不干正事儿，甚至作恶，那就另当别论了。

这时候的严嵩想走上帝国首辅的位置，除了会写青词，必须除掉夏言。机会说来就来，1546年，陕西总督曾铣请求出兵收复被蒙古人占领的河套地区，对于曾铣的这个建议，夏言极力支持，可是嘉靖皇帝却磨磨唧唧，既不说答应，也不说不答应，而是反复问两个问题，钱从哪里来？能不能打赢？这一次大家都猜到他的意思了：不同意。

严嵩一看，这不就是机会吗？于是一年多都对这个话题不闻不问的严大人看准时机，突然上书说："铣以好大喜功之心，而为穷兵黩武之举，在廷诸臣皆知其不可，第有所畏，不敢明言。"这话的指向简直是不要太明显，先是说曾铣想打仗的原因就是好大喜功，而这事肯定劳民伤财，然后说朝里大臣都明白收复河套这件事做不得，可是都怕一个人，所以不敢说话，当时的内阁首辅是夏言，大家怕谁，那是一目了然。

严嵩这道奏章太及时了。嘉靖皇帝正郁闷，我用这么明显的暗示提醒你们这些家伙一年，居然没有一个人站出来支持我，难道真的是都怕夏言那小子，不怕我"朱靠猜"？就这样，夏言被剥夺了首辅的头衔，以六部尚书的身份退休回家了。

当上了内阁首辅的严嵩觉得，让一个比自己小两岁的前任首辅这么风光地离开，有点儿不甘心，也有点儿害怕——万一哪天嘉靖又想起了这位夏大人怎么办？于是一场惊天大阴谋展开了。简单地说，严嵩伙同锦衣卫都督陆炳，找到了关押在锦衣卫里的一名将领仇鸾，给曾铣捏造了两个罪名，一个是贪污军饷，打败仗不向上汇报，另一个是勾结内阁大臣，贿赂首辅。结果，曾铣和夏言都被砍了脑袋。

夏言的死，让严嵩的权势达到了顶峰，而且他把这个顶峰保持了十四年之久。从嘉靖二十七年到嘉靖四十一年，大明王朝内阁首辅严嵩，一直是一人之下万人之上。最令人无语的是，这家伙正经事几乎没做，除了全力支持嘉靖皇帝的斋醮事业，就是拉帮结派，大肆侵吞民脂民膏，把朝廷弄得天怒人怨。

这中间有很多官员都试图弹劾他，都失败了，还有很多人为之献出了生命，最惊天动地的一位，叫杨继盛。

杨继盛并不是一个聪明的人，31岁才考中进士，不过官运倒是不错，34岁就成了大明王朝兵部车驾司的员外郎，也就是"副司长"。可是他刚当上这个官，就赶上前面说的蒙古俺答汗和明朝商量开放边界马市的事情，他强烈反对这件事，上书说，和蒙古人做买卖有"十不可五谬"。简而言之，这个孔夫子的好学生认为搞国际贸易这事，既荒唐又不可行。

当蒙明之间最后因为俺答汗的强悍而达成协议，开放马市之后，杨继盛就被贬到了甘肃狄道县做典史。什么叫典史呢？当时县长是七品，县丞、主簿等这类副县级的八品九品不等，典史没有品，不入流。不过这个位置也很特殊，当县丞和主簿缺人时，它可以顶上，而且它必须由中央政府吏部选拔，皇帝签字认可，所以，也属于"朝廷命官"。

从一个"副司长"一下子变成了"不入流"，这个落差非常大，但杨继盛还是在典史这个职位上为老百姓干了很多实事。他疏通河道，开发煤矿，最重要的是兴办学校，为了给老百姓更好的教育，他媳妇儿张贞甚至变卖了自己的珠宝，资助一百多名儿童上学。

不久之后，蒙古和明朝的马市办不下去了，双方重新开战，嘉靖突然觉得，这个"不入流"的杨继盛有先见之明啊，于是重新起用了他。一年之内，杨继盛连着升了四次官，跳了多少级不知道，反正很快就回到了兵部武选司员外郎的位置。

杨继盛被感动了，皇帝这么看重自己，必须要誓死相报，史书上说他"一岁四迁官，思所以报国"，决定干一件大事，四个字：弹劾严嵩。

1553年正月十八日，杨继盛在斋戒三日后上《请诛贼臣疏》弹劾严嵩，历数其"五奸十大罪"，要求砍了这个大奸臣的脑袋。

157. 徐阶的逆袭

杨继盛和严嵩并没有私仇，严嵩在官场上也没有压制杨继盛，反而是积极拉拢杨继盛，想收杨继盛为自己的门生，极力提拔他。杨继盛之所以弹劾严嵩，只是因为他觉得他应该这样做。

一、杨继盛慷慨赴死

嘉靖皇帝收到这封告状信，有点儿不高兴。据我个人的猜测，不高兴的原因可能有两点：第一点，奏章说得相当不客气，其中有一句是这样说的："不意陛下聪明刚断，乃甘受嵩欺，人言不信，虽上天示警亦不省悟，以至于此。"这一句应该对嘉靖的刺激很大，这不仅仅是说嘉靖是一个老糊涂，被人骗了还帮人数钱；更重要的是，杨继盛说老天爷多次警告过您了，您也不听。你要知道，嘉靖可是一位天天琢磨着跟上天沟通，想成仙的主儿，现在杨继盛相当于说，老天爷对您相当不满意，那还怎么成仙啊？所以，嘉靖生气是必然的。

第二点，杨继盛居然让嘉靖去问问他的两个儿子裕王和景王，说那两个孩子都知道严嵩是奸臣。这里面的问题并不在于他暗示嘉靖连儿子都比不上，问题是，你杨继盛是怎么知道我的两个儿子对严嵩不满呢？你经常和我儿子们联系？这就麻烦了。我们都知道，大臣私下里结交皇子，是一件最让皇帝心惊胆战的事情。所以，严嵩看到杨继盛上书里面居然有这样的话,"喜谓可指此为罪",就下令把杨继盛打了一百板子,随后扔进了刑部的大牢。

《明史》上记载,当时有人在他被打板子之前,偷偷送他蚺蛇胆,说这玩意可以止疼,但杨继盛拒绝了:"椒山自有胆,何蚺蛇为!"我自己有胆子做,就有胆子承受,不用这玩意。被打之后,两腿创伤腐烂,半夜疼醒的时候,杨继盛让狱卒拿着灯,摔碎瓷碗,用碎片一点点地把腐烂的肉割掉,然后又把好肉上面连着烂肉的肉筋割断,旁边的狱卒看得心惊胆战,站都站不稳,杨继盛却是"意气自如"。

实事求是地讲,嘉靖并没有想过要杀杨继盛。所以,此人除了开始受了刑,随后在监狱里的三年,几乎就没人搭理他。但三年之后的1555年,也就是嘉靖三十四年,一件意外的事情发生,导致杨继盛最终没逃过一死。

这件事就是严嵩和他干儿子赵文华因为索贿不成,以"糜饷殃民,养寇不战,冒领军功"三个罪名,弹劾闽浙总督张经。现在看来,这自然是一件冤案,可是当时张经的下属胡宗宪选择了落井下石,事后连升三级,成为右佥都御史;内阁里的其他宰相,包括徐阶、李本这样后来被认为正直的人,也全都选择了沉默。

这么多大臣都不反对,在嘉靖这个皇帝看来,那就是铁证如山,张经只能去死了。严嵩在陷害张经的阴谋得逞之后,仔细揣摩了一下嘉靖的心思,觉得他应该有一个疑惑,那就是一个两省总督的贪腐案,同案犯是不是少了一点儿?当他对自己的这个想法很笃定之后,就开始往死刑犯的名单里加人了,这里面就包括了杨继盛。就这样,杨继盛在被关了三年之后,突然之间陪着张经一起被砍了脑袋。

在被执行死刑之前,杨继盛的老婆张贞委托他的好友王世贞给嘉靖写了一封信,说我老公和张经根本就不认识,怎么能跟他一起搞腐败呢?信的结尾写道,"倘以罪重,必不可赦,愿即斩臣妾首,以代夫诛"。意思是我愿替我老公去死。严嵩当然不可能让嘉靖看见这封信。就这样，杨继盛上了刑场。他依旧十分从容，还留下了一首著名的五言诗，开头两句是："浩气还太虚，丹心照千古。"他死后不久，张贞也上吊自杀，等于是殉夫了。

现在的人对杨继盛的评价很高，《明朝那些事儿》里是这么说的："明知不能成功，明知必死无疑，依然慷慨而行……这正是我们这个伟大民族的魂魄。"对于这一点，我觉得毫无疑问，也不需要讨论。

需要讨论的是，对于严嵩这样的权臣，到底要怎样才能给他最致命的一击，让他从那个位置上滚蛋？大明王朝，谁又能做到这一点呢？

二、严嵩父子倒台

1554年，嘉靖三十三年，一位年轻的翰林院编修给自己的老师留下了一封信，然后辞职，飘然而去。在那封长信里，他对老师充满了感恩之情，但是也留下了一个疑问，那就是，为什么尊敬的老师在国家政治污浊、弊病丛生的时候，不挺身而出，而是成天唯唯诺诺，一副谨小慎微的样子？

这个15岁中举人，22岁中进士，不到30岁就担任翰林院编修的天才，名字叫张居正；他的老师徐阶，就是最后给了严嵩致命一击的人。

当时徐阶的身份相当显赫，有一连串的头衔，是吏部尚书、太子太傅和武英殿大学士，是仅次于严嵩的内阁成员，简称内阁次辅，也就是副宰相。

在年轻的张居正看来，您都是副宰相了，就算扳不倒严嵩，也可以时不时地站出来反对两下，而不是现在这副唯严大人马首是瞻的奴才相。

不过徐阶自己心里相当清楚，他这个副宰相的得来，全靠做对了两件事：第一，揣摩好嘉靖的心思；第二，拍好内阁首辅严嵩的马屁。

想当年，徐阶也是一个白衣飘飘的热血少年，刚登上官场的时候，当时的首辅张璁上书说，孔子从宋朝开始，就被封为"文宣王"，但这个称号不对，孔子他怎么能是王呢？他是老师，是所有皇帝和王的恩师，所以，我们应该称呼他为"至圣先师"。年轻的徐阶立马跳出来，写了一篇《论孔子祀典》加以驳斥，气得张璁指着徐阶的鼻子说，你小子居然敢背叛我？徐阶的回应绝对让今天很多大学生热血沸腾，《明史》记载，当着满朝文武大臣，年轻英俊的徐阶，长身而立，朗声答道："叛生于附，阶未尝附公，何得言叛？"别看你张璁是内阁首辅，我徐阶从来都没想依附你，没有依附的关系，你怎么能说我背叛？然后"长揖出"，对着张璁行了一个礼，转身就走。

这行为简直就是酷毙了，可是结局很不美好：徐阶被贬到了穷山僻壤的大西南，费了好大的劲儿，才重回中央。从那以后，徐阶的思路就变了，若想实现自己的抱负，必须先掌握权力。

那怎样才能掌握权力呢？一是不能和现在有权力的人硬碰硬，二是要想办法让皇帝喜欢我，嘉靖皇帝不是喜欢写青词吗？那我就仔细研究青词，至少要写得和严嵩一样好。

徐阶不是杨继盛那样30多岁才考中进士的一般人才，他19岁中举人，20岁就在殿试上夺得第三名，也就是一甲进士榜里的探花，相当聪明，是可以跻身古往今来神童行列的人物。要知道，他参加科举考试的时候，必须使用八股文，不像唐宋时期，自由文体，诗词歌赋啥都行，想写好八股文，除了人聪明，还要有相当深厚的文学功底。

需要还八股文一个公道吗？

所谓八股文，就是给你一个题目，你不能随便写，开篇必须是两句话，叫作"破题"，也就是提出论点，比如说题目叫《鸭子》，开篇你可以写"鸭子者，厚毛扁嘴善水动物也"，这就算破题了。接下来就是"承题""起讲",围绕你的论点进行阐述。再往下的"起股""中股""后股""束股"这四股必须用对偶的句子,即便是你在这四部分只是想讲鸭子的叫声,那也只能是"呱呱呱,嘎嘎嘎"这样的对偶句式。最后一部分叫"大结",总结性陈述,可以采用任意形式。算下来,这种文章一共八个部分,所以俗称八股,字数上一般也都有规定,300字到500字不等。

今天说起八股文,铺天盖地的,全是骂声,甚至这个词都成了封建腐朽的代名词。这其实对"八股文"是很不公平的。实事求是地说,八股文自从在大明成化年间确定下来之后,明清两朝都用它作为考试的文体是有原因的。第一是它很公平,所有人必须按照这个格式去写,这样写出来的文章很容易比较出高下;第二个是实践发现,凡是八股文写得好的,任何文章都能写得好,尤其是议论文,因为在这个体裁下,你必须十分清楚自己的论点、论据和总结,才能写好一篇文章。

民国以来对八股文的批判,实际上是对科举考试的批判,因为科举考试把广大学子宝贵的青春都消耗在研究"四书""五经"、程朱文章上了。开始的时候,人们是用八股文三个字代指科举考试,结果长时间的口诛笔伐之后,一些根本不知道什么是八股文的人长大了,接过了批判的长枪,使劲地对着八股文乱扎,实际上是搞错了对象,还不自知。

科举榜上的探花郎,写得一手好八股文的大才子徐阶,很快就把青词也练到了很高的境界地,获得了嘉靖的高度赞赏,随之而来的,就是官帽子不断变大。

除了青词,徐阶还对严嵩保持着极大的顺从和尊重,一般来说,只要是严嵩定下来的事情,他都不会反对,这就是为什么张居正会对他有着些许的不满。可是徐阶心里想的是,居正啊,我老徐也有年轻的时候,但那不好使,不管用啊。

就这样,到了嘉靖执政后期,徐阶已经隐隐约约有和严嵩并驾齐驱的势头,而且这个势头居然没让严嵩有任何警觉,老徐也算是本事了得。

机会也是说来就来,嘉靖四十年(1561),嘉靖住的西苑永寿宫发生大火,嘉靖随后就搬到了玉熙殿,可是这地方实在是太小。就在这时候,严嵩的脑子进水了,他居然建议嘉靖暂时去南宫居住。南宫是当年明英宗朱祁镇被从蒙古放回来之后,他弟弟朱祁钰囚禁他的地方。现在你居然想让我住到那里去,什么意思?

就在嘉靖心里翻腾着万丈怒火,外表不动声色的时候,徐阶也出了一个主意,说我们可以用这些被烧宫殿的石料木材,再重新盖一座宫殿,花费不大,时间也不长,您很快就能得到一座新的宫殿。嘉靖心里马上觉得,徐阶才是真正为自己着想的人,既盖了新房子,还让天下人看到我是勤俭节约的好皇帝。

从这之后,就好像是中了邪,不仅是严嵩自己昏招不断,经常理解错皇帝的意思,而且围绕着严大人,一件件看似不大却很重要的事情也接连发生。

1562年的一天,一名嘉靖皇帝比较信任的,名叫蓝道行的道士,在做斋醮仪式的时候,看着那些他随手乱画出来,嘉靖却非常相信的图案,一本正经地说,老天爷告诉您,"今日有奸臣奏事",意思是接下来向您汇报工作的,是大奸臣。好巧不巧,很快太监就报告说,内阁首辅严嵩请求觐见。

嘉靖看看那个图案,再想想最近发生的一系列事情,心里面终于把严嵩划到了白脸曹操那一类人里。

就在这种情况下,徐阶的最后一击终于出手:他的学生御史邹应龙在1562年的秋天,上书弹劾严嵩和严世蕃。严世蕃就是严嵩的宝贝儿子,时任工部侍郎,也就是大明朝主管各种工程的二把手,那捞钱的速度是杠杠的。

邹应龙的告状信里,除了把严嵩结党营私、横征暴敛、糊弄嘉靖的事情说了一遍之外，主要还有针对严世蕃的两个罪名，一是"凭借父权，专利无厌。私擅爵赏，广致赂遗"，也就是贪污腐败；第二个罪名就值得玩味了，说他"聚狎客，拥艳姬，恒舞酣歌，人纪灭绝"。

喝酒玩女人为什么会成为严公子大逆不道的罪名呢？这就要看一下当时的背景了。严嵩这家伙有一点是那些有道德洁癖的人喜欢的，他只有一个老婆，没有任何姬妾，两口子也只有一个儿子，就是严世蕃。

严世蕃是一个独眼龙，可是人却相当聪明，而且博学。他聪明和博学到什么程度呢？很多时候，嘉靖给内阁的旨意，大家都猜不到是什么意思，严嵩就会说，没事，让我儿子看看。结果，严世蕃几乎每次都能猜到嘉靖的真实意思，即便是嘉靖从某一本根本就没人知道的古书上摘抄一个段子，严世蕃也能在第一时间指出是哪一本书，哪一卷的第几页。在没有互联网的明朝，这份本事，简直就是超人。严嵩之所以能够获得嘉靖那么长时间的宠信，史学家认为和严世蕃有很大关系，甚至有人说，皇帝不能没有严嵩，严嵩不能没有严世蕃。

邹应龙上疏弹劾的前一年，严嵩的老婆死了，按照礼法，严世蕃这个唯一的儿子必须护着老娘的灵柩回老家安葬，然后守孝三年，可是已经八十岁的严嵩对皇帝说，我老了，希望儿子能陪在我身边。嘉靖就下诏特批严世蕃可以继续待在京城为老娘守孝，扶灵安葬这事交给了严嵩的孙子。

可是严世蕃这个人，除了聪明和博学，就没有其他优点了。缺点倒是不少，最主要的三个毛病就是贪财、狂妄和好色，这三个毛病让他在京城守孝期间还夜夜欢歌，女人不断，邹应龙正是抓住了这个问题，上疏弹劾严世蕃。

嘉靖帝一看，气得火冒三丈——你小子不顾九泉之下你娘的感受也就算了，但是你不应该骗我啊，我是特批了你可以留在京城的，你这样一弄，岂不是天下人都认为我和你一样，是一个不忠不孝之徒？

徐阶在这个时候，就站在嘉靖皇帝的旁边，不失时机地献了一言，说,陛下应该赶快下定决心,以免生出其他祸患来。徐老爷子心里十分清楚,准备了这么久,如果这一次失败,那就是彻底失败了,自己将万劫不复。

嘉靖最终做出了如下判决,严世蕃流放,严嵩退休。

严氏父子权倾天下近二十年,导致严世蕃这个人狂妄惯了,居然在流放的路上贿赂押送人员,偷偷地跑回了老家。跑回老家也就罢了,他还不消停,组织了黑社会,每天欺男霸女,无恶不作。两年之后的1564年,也就是嘉靖四十三年,巡查江南的御史林润上书,向皇帝告发了这件事,严世蕃马上重新下狱。

这小子确实很聪明,他在下狱之后,让手下人到处宣扬当年他爹严嵩是如何迫害杨继盛等人的,把这些大臣在狱中的惨状和冤屈描写得活灵活现。于是,天下人都群情激愤,说必须砍了严世蕃的脑袋,刑部尚书黄光升及大理寺卿张守直也觉得,按照这个罪名,严世蕃必死。

关键时刻,徐阶出现了,他说你们赶紧把这些什么迫害大臣、诬陷忠良的罪名从判决书里删掉,一条也不能留。你们仔细想想,别管杨继盛当年是如何惨,是谁下令砍了他脑袋的?大家一听,如梦初醒,对于嘉靖这个刚愎自用的皇帝来说,你说他当年被严嵩父子蒙蔽,整死了杨继盛,他是一定不会承认的;反过来,为了维护他高大上的形象,他很可能会把所有提起这件事的人治罪,而把严世蕃无罪释放。

那怎样才能整死严世蕃呢?徐阶说简单,只要说他对两年前的判决不满,现在结交倭寇和蒙古人,试图害死皇帝就行了。

史书上记载,严世蕃听到这个莫须有的罪名,大哭说道"必死矣",随后就被砍了脑袋,终年52岁。

如果《明史》上的记载是可信的,那严世蕃这个人绝对不是凡人,此人精力旺盛到了极点。博览群书,过目不忘,且他姬妾成群,《明史》上说他一年要和九百多个女人上床,平均每天3个。很多人都相信,明代奇书《金瓶梅》里西门庆的原型,就是这位严大公子。这可能确实是真的,因为《金瓶梅》的成书时间就是嘉靖末年，并且严世蕃有一个雅号叫作东楼，而"西门"两个字正好与"东楼"相对，这不太像是一个巧合。

言归正传，严世蕃死后两年，严家被没收了所有财产。无家可归的严嵩，只能在自己老伴的孤坟旁边，临时搭建了一个茅草屋，最后以87岁的高龄，凄凉地死在了这间草屋里，别说葬礼，连口棺材也没混上，相当惨。

拜《明史》所赐，现在大多数人都认为严嵩是一个绝对的奸臣，不过在书法诗词的文艺界，很多人却非常喜爱他的诗词书画，尤其是他的字，经常被认为是正气凛然，甚至"充满了浩然正气"。这就很奇怪，我们经常说字如其人，为什么一个公认的大奸臣，他的字会充满正气？答案不复杂，我们先看看严嵩临死之前写的两句诗，"平生报国惟忠赤，身死从人说是非"，意思是，我严嵩一直到死，都是忠心报国的，对皇上有一片赤胆忠心。一个人心里有这样坚定的信念，在书法上显出浩然正气就很正常。

可惜的是，无论是作为首辅，还是宰相，职责里面都包含了一项，那就是纠正皇帝的错误。他严大人这辈子对嘉靖是忠心耿耿，可所有精力都用来迎合上意了，那这个首辅就是无比糟糕的，说一句奸臣，不为过。

三、怎么评价嘉靖

严嵩倒台之后，徐阶终于当上了首辅，他的治国基本方针极其简单，那就是"尽反严嵩之政"，这可以概括为一句话，那就是不要大权独揽。他在自己办公室挂了一幅字，是这样写的："以威福还主上，以政务还诸司，以用舍刑赏还公论。"意思是把决断的权力还给皇帝，把处理政务的权力还给百官，最后把官员升迁赏罚的权力还给公论。

1566年，也就是嘉靖四十五年的二月，户部有一个云南司的主事上了一份奏疏，叫《治安疏》，你也可以说它是弹劾书。弹劾谁？嘉靖本人。

此人在《治安疏》里，严厉批评嘉靖痴心妄想长命百岁，根本就不顾父子、君臣、夫妇的情分："天下人之不直陛下久矣！"老百姓都瞧不起你，你知道不？甚至说，"嘉靖者，言家家皆净而无财用也"，顺便地，这人把徐阶也埋汰了一下，说徐阶和严嵩没什么两样，都是祸国殃民的大奸臣。

嘉靖看完之后，气得发了疯，大声喊道，"趣执之，无使得遁"，快去把这家伙抓过来，千万别让他跑了。

这时候，司礼监掌印太监黄锦说，那人吧，是个精神病，他在上书之前，已经知道自己肯定活不了了，买了一副棺材，和妻子儿女告别完毕，把家里的仆人也都赶走了，所以他绝对不会跑的，反而您要是不派人去抓他，他会失望得痛不欲生。

史书上说，"帝默然"。虽然最后还是把这个户部主事抓了起来，却迟迟没有判决，嘉靖有时候脾气上来了，就说要杀掉这个混蛋，可是有时候也会感慨："此人可方比干，第朕非纣耳。"意思是，他的忠心可以和商朝的比干相比，可惜，我不是纣王，不会杀他。

这位超级大胆，也超级幸运的从六品小芝麻官，名字叫海瑞。

还没等到嘉靖最后决定是不是杀了海瑞，他自己就先不行了。1567年，嘉靖四十五年的腊八这一天，嘉靖皇帝感觉自己大限已到，于是时隔二十多年，重新搬回了紫禁城；六天之后，十二月十四，驾崩在乾清宫，终年60岁。

嘉靖执政的这45年，内阁首辅虽然换了好几个，而且他给他们的权力也极大，可是大明王朝的最终决断权始终牢牢掌握在他自己手里。史书上说他"虽深居渊穆而威柄不移"，几十年不怎么召见大臣，但是做到了"大张弛，大封拜，大诛赏，皆出独断，至不可测度"。也就是张璁、夏言、严嵩、徐阶等人斗来斗去，基本上都是围着他的指挥棒在转，他想让谁胜利，谁就能胜利。这和汉唐宋时期被权臣或者太监操控的皇帝完全不一样，可以说，嘉靖是政治斗争的高手，天赋极高。

158. 隆庆开关口

1567年，嘉靖皇帝驾崩。这位神神道道的"朱靠猜"皇帝并不是没有能力，只是对道教太痴迷了，执政45年，内阁辅臣14位，居然有9位是靠着写青词起家的，除了严嵩、徐阶等人，像高炜、李春芳也是民间赫赫有名的"青词宰相"。为了和老天爷顺利对话，有大概30年的时间，他都在大兴土木，兴建各种斋醮场所和宫殿，不理朝政，这无疑让帝国的统治能力下降，老百姓的生活一年不如一年，如果没有前十年张璁的改革富国强民，后面能不能撑下来，都很难说。

一、明代小说的烟火气

不过他在位的这段时期，却是民间出版业蓬勃发展的时期。《三国演义》《水浒传》和《西游记》，全都是在这段时间大量印刷，走进千家万户的。除了这些，在众多的出版物里，还有一本在后世相当有名，那就是《金瓶梅》。

《金瓶梅》这部在后世以色情描写闻名的著作，到现在连作者都不知道是谁，封面上倒是印着五个大字，"兰陵笑笑生"，可惜，这是笔名。

从行文风格看，《金瓶梅》的作者应该是嘉靖朝的南方大才子无疑。最可能的，是王世贞，也就是前面提到过的，那个在杨继盛被陷害的时候挺身而出，不仅资助杨继盛的家属，还帮着他老婆给嘉靖写信的那位。他爹被严嵩砍了脑袋,和严家父子仇深似海,所以,用西门庆来影射号称东楼的严世蕃,既合情也合理。

《金瓶梅》的内容很简单,就是把《水浒传》中的西门庆勾引潘金莲,杀了武大郎,最后被武松所杀的情节展开,稍加改动,描写了西门庆从发迹到纵欲而死的故事。关于这个书名,除了代表了西门庆的三个女人,潘金莲、李瓶儿和庞春梅之外,还有更深一层的意思,"金"是金钱,"瓶"是酒,"梅"代指色情。用这个作书名,等于是告诉你,他写的就是各种赤裸裸的欲望,书中有很多性描述,所以它面世之后,经常被政府列为禁书,严禁传播。

但今天我们应该承认,这本书是中国第一部细致描写家庭琐事和市井生活的小说,这一点很重要。

唐朝的时候流行大气磅礴的唐诗,大家都希望建功立业,所以后人说,唐在马背上;到了宋朝,推崇宋词,这种体裁大多描写春愁秋怨,甚至无病呻吟,所以说宋在闺房里;到了明朝,开始流行小说,或者叫话本,从《三国演义》《水浒传》到《西游记》《金瓶梅》,还有冯梦龙和凌濛初的"三言二拍",一路下来,终于落到了平民的生活,不仅大量描写普通市民的城市生活,还在文学创作里大量使用市井老百姓平时用的俚语,所以我们会说,明在市井中,全都是人间烟火气。

我个人认为,之所以明朝的文化会向着市井转变,一个重要的原因就是城市化。从嘉靖朝开始,由于生产力提高了,社会有三个新的特征:自给自足的小农经济向商品经济的转型,农业社会慢慢向手工业和小工业社会转变,资本主义生产关系的萌芽。三者都是由下向上,根本不需要政府去推动的,可是它们都需要政府政策的扶植。

很可惜,嘉靖根本就没有意识到这一点,我们现在说他不是一个好皇帝,绝不单单说他大兴土木建造斋醮场所,也不仅指他在位时候贪污腐败横行,最重要的问题是他在北边拒绝和俺答汗的蒙古乃至西亚巨商们做买卖，在南面禁止和海外的葡萄牙以及西方搞贸易。人家要卖给你东西，也要买你的东西，你说人家是胡虏，是倭寇，一顿炮火把人家打回去了，这不仅导致了随后巨大的国防开支，而且也让明朝错过了世界历史上最好的发展机遇。

二、"隆庆开关"和"俺答封贡"

嘉靖之后，事情有了一些变化。

这要从嘉靖驾崩谈起。嘉靖活着的时候，有道士告诉他，说"二龙不相见"，也就是两位真龙天子不能互相看见，一旦看见了，就要死一条，所以嘉靖不立太子，甚至连儿子都不见，这也是为啥海瑞批评他"断绝亲情"。

等到他驾崩的时候，内阁首辅徐阶在他身边，十分着急，因为不知道应该让谁来接替面前要死的这位。情急之下，徐阶找来了他那个已经回到中央的学生张居正，两个人密谋之后，共同起草了一份遗诏，模仿嘉靖皇帝的口吻，大意是，我这辈子不该搞了一些神神道道的东西，"既违成宪，亦负初心"，等我死了之后，让那些因为批评我而遭到惩处的官员恢复官职吧，驱赶道士，停止一切斋醮活动，让我的第三个儿子朱载垕接替我的皇位。

实际上，这里面没有任何一句是嘉靖自己的意思，全都是徐阶和张居正的主意。当时就有大臣说，应该按照诽谤罪，把徐阶的脑袋砍了。但这也就是说说而已，无论是权力，还是民心，都在徐阶这一边，史书上说，这个遗诏一发表，"朝野号恸感激"，大家全都哭了——"朱靠猜"啊，你终于认错了，还认得如此彻底，我们终于不用瞎猜了，真不容易啊！刚死不久的嘉靖如果在半空中看到这情形，也不知作何感想。

大明王朝新皇帝朱载垕在《明史》里有另一个名字，叫朱载坖。原因是他的"垕"字相当生僻，导致后来朱国桢在写《皇明大政记》时写错了，写成了朱载垕，再后来的清朝人官修明史的时候跟着抄，结果在《明史》里，他就变成了朱载垕。这就导致今天大多数史料上都写的是朱载垕，堂堂一位大明天子，连名字都差点没保住。

上位之后，朱载垕定年号为隆庆，然后就发布了一个诏令：先朝政令有不便者，可奏言予以修改。以前我爹天天修道琢磨成仙，如果有什么问题处理得不对，你们现在提出来。结果有人就没客气，马上扔了一个问题给他，这个人就是福建巡抚涂泽民，他上书说，"请开市舶，易私贩为公贩"，意思是开放海禁，允许海上贸易。

其实这个问题从朱棣那个时代就开始讨论，虽然大多数大臣，包括那些正直善良的大臣，都说必须保持祖宗成法，实行海禁。可是历任福建的地方一把手都坚持上书说，应该开放海上贸易。有的官员在奏疏中说得很明确，"市通则寇转而为商，市禁则商转而为寇"。什么倭寇啊，都是我们不允许人家做生意，而被迫走私，进而成为强盗的。

现在涂泽民又一次抛出了这个问题，隆庆皇帝朱载垕认为可以试一试，于是下旨开放福建漳州月港口岸，私人可以和洋人们做生意了，不过日本人除外。

这件事被称为"隆庆开关"，现在学者普遍认为，这是一件对于明朝很重要的事情，原因并不是开放了月港这个港口，而是私人可以和外国人做生意。有学者考证过，从这时候一直到明朝灭亡，七十多年里，海外贸易迅猛增长，并且明朝保持着绝对的贸易顺差。结果是，欧洲人因为哥伦布发现新大陆而从美洲搞到的大量白银中，有5亿多两流入中国，占世界白银总量的三分之一还多，这直接导致了白银成了大明王朝合法货币，它的重要意义是什么，我们一会儿就会说到。

隆庆开关的另一个后果就是"倭渐不为患"。这个很自然，黑社会老大发现做生意积累财富的速度远远高于抢劫，同时风险还远远低于抢劫之后，大概很快都会从"某爷"变成"某总"。

尝到了甜头的朱载垕在四年之后，又做了一件差不多的事情，那就是"俺答封贡"。俺答就是俺答汗，封贡的意思就是接受明朝的封号，和明朝实现朝贡贸易。促成这件事的，是当时的内阁首辅高拱和另一名内阁成员张居正，在他俩的全力斡旋下，大明和蒙古达成了隆庆和议，主要内容就是不打仗了，明朝封俺答为顺义王，开放十一处边境贸易口岸，大家开始做生意。

"隆庆开关"和"俺答封贡"两件事的意义就在于它们让明王朝从封闭走向了开放，而且是陆地和海上同时开放，虽然这种开放仅仅相当于把大门打开一道细缝，但总归是实现了空气流通。

三、徐阶、高拱、张居正

朱载垕上台的时候，内阁首辅是徐阶，但内阁却不是他徐阶一个人的，当时内阁里面排第二位的大人物就是高拱，他本来是朱载垕的老师，早在1566年，就在徐阶的推荐下，进入了内阁，任文渊阁大学士。

嘉靖归天的时候，首辅徐阶没找高拱这个二号人物商量，而是直接和学生张居正起草了嘉靖遗诏，这被高拱视为奇耻大辱，所以从此之后，他就和徐阶杠上了。不过那时候，徐阶的声望完全不是高拱能比的，在两个人斗得你死我活，都上疏请求退休之时，徐阶得到的是大臣们的一致挽留，而高拱收获的却是三十多份弹劾他的告状书。朱载垕最后没办法，只好让自己老师保留官职，以礼部尚书和大学士的名义回家养病，等于是带薪休假了。

谁也没想到的是，一年之后，1568年夏天，徐阶重新提出了辞职申请，而且相当坚决。朱载垕几次不批准，徐阶几次三番地重新提交申请，理由就一个，身体不好，最后隆庆皇帝也只好批准了他的请求。

现在对于徐阶退休这事有很多说法，有人说他就是身体不好，但这个理由有点牵强，他当时只有 65 岁，退休后一直活到了 80 岁。你说他当时身体有大毛病，应该不对。而且那时候当官也没有年龄限制这一说，想当年严嵩 80 多岁了，还坚挺并且坚决地留在首辅的位置上。

也有人说是朱载坖不喜欢徐阶，这个有可能。不过从辞职的整个过程来看，皇帝也没有不喜欢到想让他退休的份上，反而是真情实意地挽留了几次。

我个人的看法是，徐阶这个举动是明哲保身。这个精明的人完全明白激流勇退的道理。无论是声望，还是权势，他都达到了顶点，高拱被迫回家养病这件事也足以证明他徐阶是打不倒的。在政治生涯的顶点转身走人，应该可以保住晚节，最重要的是保住晚年的幸福生活。

事实也是如此，对于他的退休，无论皇帝还是内阁大臣，在表达惋惜的时候，也同时送上了无数赞美之词，朱载坖甚至专门写了一封敕书，表扬徐阶的生平。这些东西，全都是徐阶的护身符，将来若有什么事，想要治徐阶的罪，就相当于打自己的嘴巴。

徐阶回家之后，自己倒还老实，可是管不住儿孙们，这些二世祖横行乡里，大量购置田产，徐家田亩一度达到了 24 万亩之多。这时候前面提过的海瑞已经从监狱里放了出来，还当上了应天巡抚，面对堆积如山的告状信，他强烈要求徐阶退地。结果徐阶一边说好，退就退，一边拿出金钱贿赂官员，同时通过自己的学生张居正，罢免了海瑞。当时的人评论这件事说，"家居之罢相，能逐朝廷之风宪"，"风宪"是指朝廷中监察执行法纪的官员。这话说的是，一个退休了的宰相，完全不把朝廷的监察官员当回事。

顺便说一句，在这件事里被罢官的海瑞从此十几年都在家里吃糠咽菜，一直到 1585 年张居正去世几年之后，才重新被启用，当上了南京吏部右侍郎这样一个没有实权的官儿，两年之后就去世了。他死的时候家里一贫如洗，连丧葬费都是同事们给他凑的。

比较严嵩、徐阶和海瑞这三个人，是一件很有意思的事情。按照民间的名声来说，海瑞好于徐阶，严嵩最差；按照贪污犯定罪的标准，徐阶是当之无愧的大贪污犯，严嵩其次，海瑞是清廉如水的清官；可是按照对朝廷的贡献和政绩来说，徐阶就要好过海瑞和严嵩了。

严嵩和徐阶相比，严嵩对皇帝很忠心，徐阶随意"制造"皇帝遗嘱，在遗嘱里以皇帝的口吻痛骂皇帝，并且他贪污的钱财，也比严嵩多得多。那为什么我们现在说严嵩是奸臣？答案不复杂，这涉及宰相的责任。

作为宰相，最重要的责任有三个：第一，你要维持国家整个官僚体系的正常运转。什么叫正常运转？内阁集体负责，六部各司其职，政府法度森严。严嵩当权的时候，他一个人说了算，别说六部官员，就是内阁成员，也都形同虚设，帝国的官僚体系应该说很不正常。换了徐阶之后，至少内阁和六部之间做到了互相合作，相互制衡，这一点无法否认。

宰相的第二个职责是抑制皇权，或者说劝勉皇帝。严嵩对皇帝是死忠到底，嘉靖无论做什么，他从来都不会违背。前面说过，他在临死的时候，还在那间破茅草屋里，艰难地对皇帝表达忠心，但这样的忠心，却害了国家，害了百姓，也害了皇帝自己。反观徐阶，就经常对皇帝的不合理做法说不。嘉靖晚年想去江南溜达一圈，这个劳民伤财的举动，最后在徐阶的坚决反对之下，只好作罢。《明史》中对徐阶的概括很是贴切："嘉、隆之政，多所匡救。间有委蛇，亦不失大节。"

最后一点，宰相的重要责任就是为国家选拔人才，这一点上，徐阶更是比严嵩强出几个数量级。严嵩提拔的人，最后被证实，除了个别官员，几乎都是白脸大奸臣；而徐阶提拔了很多对国家有用的人，这些人里面，最著名的，当然就是张居正。

张居正在早年辞职之后不久，就悟出了一个道理，不管官场有多么黑暗，要想做点儿事儿，还是要回到官场。在老师徐阶的照顾之下，他重入官场，隆庆皇帝上台的 1567 年，他升任为吏部左侍郎兼东阁大学士，正式进入了明朝权力的顶级机构——内阁。

不过，在徐阶退休之后，张居正做了一件令天下人略感吃惊的事情，那就是他极力上书，请高拱回来，重新入阁。

朱载垕对于这个建议当然是满口答应，高拱可是他的老师。至于说为什么张居正要把自己老师的政敌请回来，原因很简单，因为这时候的内阁，还有李春芳、赵贞吉这些大佬在，张居正这个小字辈根本就没有说话的权力；而高拱不仅仅是皇帝的老师，资历足以和李、赵两人相比，最重要的是，他虽然和徐阶有仇，但个人的能力不差，并且和张居正的关系也相当不错。想当年两个人一起在国子监工作，闲暇时就经常在一起喝酒爬山，谈论抱负和理想。高拱的回归，在张居正看来，是一件对国家和自己双利好的事情。

果然，高拱这个老愤青回来之后，仗着朱载垕对自己的支持，拳打脚踢，赵贞吉和李春芳很快就败下阵来，告老还乡了。到了隆庆五年，朝堂之上，内阁首辅是高拱，次辅是张居正。张居正从内阁里排名最后一名，一跃而升为老二，同时晋升为吏部尚书，建极殿大学士。

在这期间，张居正只干了两件事，一件是协助高拱，搞定了俺答封贡，另一件是在他的努力之下，广州被允许一年两次举办交易会，让大明帝国的商人们和洋人们进行贸易往来。这大概可以说是最早的广交会雏形，是张居正主导的。

到了隆庆六年，高拱几乎把除了张居正之外的其他内阁成员全都踢回家里养病去了，大权在握。一方面，他确实为明王朝干了很多实实在在的事情，尤其是对两广、云贵和北方少数民族地区的发展，做出了很大的贡献；但另一方面，渐渐地，高拱就和严嵩父子一个德行了，擅权专政，看谁不顺眼，就拿掉他的官帽子，而且公开索贿。王世贞记载，他经常对人说：" 日用不给，奈何？" 工资不够花啊，咋整？还能咋整，当朝宰相对你说钱不够花,你要是不明白是什么意思,说明你智商和情商都不及格,只能回家种地了。

四、朱载垕驾崩

1572年,以宽厚著称的朱载垕因为长时间的积劳成疾,突然病倒。他的这个积劳成疾可不是因为工作累的,实在是因为他太喜欢美酒和女色了。他临终前留下遗言,让太子朱翊钧即位,辅政大臣是高拱、张居正和高仪,并且朱载垕还拉着高拱的手说,"以天下累先生",让您受累了,感人之处,和刘备托孤诸葛亮有得一拼。

麻烦的是,与这个场景同时出现的,还有三份诏书。第一份是给太子朱翊钧的,里面有这样的话,"依三辅臣,并司礼监辅导,进学修德";第二份是给三位顾命大臣的,上面写着"付之卿等三臣,同司礼监协心辅佐";第三份是一个委任状,上面明明白白地写着,任命冯保担任司礼监掌印太监。

这几份诏书合在一起,说明了一件事,朱载垕对高拱实在是不放心,提拔了冯保担任司礼监太监,和高拱领导的朝廷共列辅政大臣,平摊权力。

高拱鼻子差点气歪,不仅仅是因为权力被弱化了,还因为这个冯保和他是仇人。

两年之前,就是高拱阻挡了冯保的升迁之路,不然的话,冯大宦官早就是司礼监掌印太监了。现在冯保居然和他平起平坐了,目中无人的高拱当然不能允许这样的事情发生。

可是,还没等高拱做什么,农历六月十六,也就是朱载垕驾崩的第20天,大臣们还穿着孝服上早朝的时候,太监就捧出了一张圣旨,大声宣读,"大学士高拱专权擅政……着回籍闲住,不许停留"。史书上说,高拱听旨后，"面色如死灰"，"汗陡下如雨，伏不能起"，最后还是张居正上前，把他从地上扶起来了。就这样，极其戏剧性地，首辅高拱下课了，和被他斗倒的李春芳等人一样，也回家养老去了。

这份圣旨当然不可能是9岁的小皇帝朱翊钧写的。现在比较流行的说法是，张居正和冯保合谋，在两宫太后，也就是朱载垕的陈皇后和朱翊钧的亲妈李贵妃面前说了高拱的坏话，两人说高拱在外面宣扬"十岁孩子，如何作人主"，并且联络其他的藩王想要造反。所以，当时的陈皇后这才当机立断，通过小皇帝下了一道圣旨，让高拱滚蛋。

史书上对于这个说法，并没有给出真实与否的明确答案，不过，张居正从自身利益出发，和冯保联手，驱赶高拱绝对是最好的选择。同时，陈皇后和李贵妃这两个女人，都不简单，属于既精明能干，又识大局，眼光深远的女人；更难得的是，两个人之间相处得很融洽，铁了心一致对外。

这样的两个女人，在当时的局势之下，应该是很容易就能看明白一件事，那就是飞扬跋扈的高拱，和弱小不懂事的皇帝，很容易让帝国的权力失去平衡，并且高拱和冯保之间的矛盾极容易让外廷和内宫产生巨大的分歧，而驱逐高拱，保留张居正，对皇权稳定有极大的好处。

所以，我个人的看法是，高拱被清算，应该是两宫太后和冯保一起谋划的结果，张居正应该是一个顺水推舟的角色。不过这件事还产生了一个让张居正惊喜的副作用，那就是高拱被驱逐的这一幕，让另一名辅政大臣高仪惊吓过度，回家就生了一场大病，最后没熬过去，吐血而亡。一个月前，朱载垕临终前眼含热泪给儿子留下的三名辅政大臣，现在只剩下了张居正一个了。

159. 张居正改革

1572年，大明王朝迎来了一个9岁的小皇帝，朱翊钧，年号万历。他27岁的老娘李贵妃随即被上尊号慈圣皇太后，和正牌的陈太后并列。不管这两个女人在隆庆皇帝活着的时候关系如何，现在老公死了，她们出奇地团结。她们的策略很简单，对内严格教育明神宗朱翊钧，对外依靠太监冯保和已经成为内阁首辅的张居正，让朱翊钧称呼张居正为老师，开口就是"元辅张先生"。

张居正是一个有想法，有抱负，想为国家和黎民百姓做点儿事情的人。五年以前，他就给当时的隆庆皇帝上过一个奏章，叫作《陈六事疏》，明确提出了他的政治主张，概括起来，就是"省议论、振纪纲、重诏令、核名实、固邦本、饬武备"，每一条，张居正都详详细细地说了为什么要这么做，以及怎么去做，相当地中肯。可惜，当时的隆庆皇帝面对这份奏章，只批了三个字，"知道了"，然后，就没有然后了。

现在张居正掌握了帝国的最高权力，马上就开始了改革。

一、考成法与清丈土地

张居正《陈六事疏》的核心思想是，整饬吏治，富国强民。所以，他改革的第一炮就轰向了整个官僚集团。1573年，朝廷颁布了考成法。所谓考成法，就是六部和都察院把下面各级官员应该办的事情设定好期限，登记在三本账簿上，一本留在六部，一本送到六科给事中手里，最后一本放到内阁；然后由六部监督下面的官员，六科监督六部，内阁再监督六科，从而形成了一种层层监督的机制。实践证明，这是一套比较有效的方案，可以说既打击了官僚集团，提高了政府工作效率，也挖掘了一批干实事的官员，比如说后面要出场的辽东大将李成梁，就是这时候发现的人才。

考成法实施几年之后，张居正看准时机，推出了"清丈土地"的措施。历朝历代，到了一定的时候，只要出了一个稍微有点儿常识的君主或者宰相，都会实行类似的政策，针对的，就是民间土地兼并的情况。

原因很简单，历史上，只要社会是和平发展的，最终财富必将流向少数人手里。在现代，财富的主要形式是货币，在古代就是土地。历朝历代，能够解决土地兼并问题的很少，原因主要是吏治不严。皇帝和宰相都不可能自己动手去量土地，下面的官员如果和大地主大乡绅勾结在一起，你怎么量？

不过，由于张居正推行了"考成法"，官员们正为了头上的乌纱帽而拼命保业绩，量起土地来就比较卖命。就这样，三年之后，这项任务完成，全国土地新增140余万顷，比起十年前的隆庆时代，更是多出了233万顷。张居正让人把多出来的土地详细地记录在政府的登记簿，变成了真金白银的税收。

二、一条鞭法

在这之后，张居正的又一项政策顺势出炉，那就是在全国推行一条鞭法。什么叫一条鞭法？在古代，一般来说，农民交税要交实物，除了交实物，还要服徭役，免费给政府干活。比如唐朝的租庸调制，规定每年每个农民交小米2石，叫作"租"；绢2丈、棉3两，为"调"；成年男子服役20天，要是不去，就每天交粗布3.6尺，这叫作"庸"，合起来称为"租庸调"。这种各种物品一起收，还要计算服役日期的税收系统相当复杂，可是历朝历代也没办法，因为货币系统一直都不发达，底层老百姓大多数时候，都是以物易物，对他们来说，交实物比交钱要容易得多。

现在张居正的"一条鞭法"规定，以后米、面、布这些东西都不用交了，也不需要给政府免费做工了，只交一样东西，那就是白银。

这个方法既不是张居正提出来的，也不是他命名的。早在嘉靖年间，内阁首辅桂萼就提出了这个主张，并且在一些省份实行，效果还相当不错，御史傅汉臣总结了一下，命名为"一条鞭法"。但从嘉靖到隆庆，再到万历，新办法推行得很缓慢，因为这个政策依赖三点：首先是下面的官吏要比较能干；其次，田地的所属要明确清晰，否则你那个"鞭子"就算不准；最后一点很重要，要有足够的货币。

前两件事恰恰是张居正前两项改革的目标，已经不是问题了。而第三条，要有足够的货币，一直都是困扰中国历朝历代的难题。唐朝就曾经做过尝试，实行两税法，可是最后却只能不了了之，没有足够的货币是其中重要的原因。这件事在张居正改革的时候，却不是个事儿了，因为这时候大明王朝民间的白银突然多了起来。

中国钱币的历史其实很简单，商朝是贝壳，周朝是布币，春秋战国时什么都有，秦朝开始就是铜钱，一直使用到元朝，纸币正式发行。想当年马可·波罗在监狱里给别人讲故事的时候，吹嘘最多的，就是大元朝的钞票，一堆纸片子可以娶一个大闺女，那时候欧洲人还真没见过，钞票要在四百年后，才出现在欧洲。

大明王朝开始的时候，朱元璋也发行了大明宝钞，为了捍卫这套纯法币的货币体系，一开始，禁止金银流通，必须使用纸币。可是朱元璋和他的子孙们不太会玩，最后掉了链子，没钱了就印，刹不住车，60年之后，大明宝钞贬值了1000多倍，民间就开始纷纷使用铜钱和银子来代替大明宝钞。

也就在这个时候，欧洲人在美洲发现了银矿，这些人在和沿海一带的中国人走私的时候，纷纷拿出银子，说用这个换你们的丝绸、棉布、茶叶和瓷器，换不换？中国人当然纷纷点头，换！

隆庆开关后，大家可以和洋人光明正大地做生意了，大量的白银以极快的速度流入了中国，大家纷纷抛弃铜钱和大明宝钞，开始使用银子了。流行到什么程度呢？据外国传教士记载，那时候，江南地区的任何一个人，甚至儿童，身上都带着一把大铁剪刀和一个蜡盒，买什么东西，直接从口袋里拿出一块银子，几钱银子的商品，一剪子下去，基本没什么误差；剪下来的碎末，可以收集到蜡盒里，到一定分量了，融化蜡盒，银子就又回来了。商行里的学徒，只要学上几个月，拿到任何一个银块，手里掂量一下，就知道成色好坏，误差可以控制在千分之几。

就在这种白银经济蓬勃发展的背景下，张居正以白银为单位的一条鞭法得以顺利实施。到了1582年，大明王朝太仓库银达到七八百万两，而存粮可以供政府使用十年以上，对比嘉靖时候的"家家干净"，实实在在地发了大财。

这里不得不说一句，当政府默认了白银是流通货币之后，实际上等于是创造出了另一个皇帝，也就是白银，此后白银的多少，就可以主宰这个国家了。后来明朝的灭亡，有很大一部分原因就是政府没办法控制市场上的白银，货币失控，导致整个国家财政崩溃，这是后话了。

三、威名赫赫戚家军

除了经济政治改革，张居正不为人所知的还有军事改革。他的军事政策是"外示羁縻，内修守备"，就是对外开放，积极友好地和所有少数族往来,同时内部加强武备,让那些野蛮人看到大明朝肌肉很结实,不敢动歪脑筋。

对他的这一政策执行得最好的,是镇守北方的将领戚继光。

戚继光的祖上是跟着明朝创始者朱元璋打天下的,但是还没等全国胜利就牺牲了,老朱也很惋惜,让戚家从此世袭山东登州卫指挥佥事。这个官并不大,一个卫编制 5600 人,佥事是副职,你可以认为类似于旅长或副师长一级。

戚继光从小就在军营里长大,长大后考中了武举人。1553 年,25 岁的他被任命为山东都指挥佥事,相当于副军长或者师长了。1555 年,他被调往浙江,受到当时的浙江总督胡宗宪的赏识,升职为参将。

前面说过,自从明朝砍了最大走私犯王直的脑袋之后,中国沿海一带就开始海盗横行,这些海盗在明朝人的嘴里,有一个统一的称呼,叫倭寇。1555 年,正是倭寇疯狂烧杀抢掠的时候,而浙江也是倭寇折腾得最厉害的地方,戚继光无论愿意还是不愿意,都要面对这些极其凶残的海陆两栖强盗。

戚继光很快就发现,靠着现有的明朝士兵根本对付不了倭寇。这些老爷兵平时根本不训练,倭寇来了就跑,打敌人不行,祸害老百姓一个顶三个。于是,他跑到义乌乡下,招募了很多小伙子,并且创造了一种叫作"鸳鸯阵"的战术。这是一个以 12 人为一个作战小分队的阵法,小队里结合了不同的兵种,长短兵器都有。在这 12 人中,还有一个人是不打仗,扛着一口大黑锅,专门负责大家饮食的伙头兵。以这三千名义乌农村的男孩子为班底,戚继光创建了后来大名鼎鼎的戚家军。

戚家军厉害到什么程度呢?这支军队成立之后,转战浙江、江西、福建等地,一次败仗也没打过,到了 1567 年,彻底肃清了福建沿海的倭寇,可谓是战功赫赫。

1568 年,戚继光被调到北方,担任蓟州总兵,负责北方的防务。开始的时候，戚继光是想打出去的，也就是向北进攻蒙古，但在张居正的劝说之下，他接受了张居正的军事和外交政策，并且坚决执行，训练出一支能够打胜仗的军队，但是不主动出击，核心是为对外贸易保驾护航。

这期间蒙古人曾经试图攻打过明朝一次，让戚大将军一顿狠揍，撵了回去。从此之后，只要戚继光在蓟州总兵的位置上坐着，蒙古人就没再来过。大明王朝在他镇守北方的14年里，风平浪静，边境无事，戚继光的功劳很大。

戚继光最后的职位是明王朝军队的最高官衔，左都督加太子太保，但他的结局并不美好，这个等我们先把张居正的故事讲完再说。

四、死后清算

在各种改革成功推行之后，张居正又提出了"省征发，以厚农而资商""轻关市，以厚商而利农"这一农商并举的口号。张居正的下一个目标是让帝国的商业更加发达，至少，要达到和农业一样的地位。

可惜，老天爷觉得他的使命已经完成了，人间不值得。1582年7月9日，大明王朝的太师、太子太师、吏部尚书、中极殿大学士、内阁首辅张居正病逝，享年57岁。

比较北宋王安石的改革和张居正的改革，不难看出，差异就在于"循序渐进，顺势而为"这八个字。张居正是在得到了两宫皇太后、小皇帝、满朝文武大臣的支持，再加上自己成为内阁首辅之后，进行了官吏考成法改革，并且在考成法已相当成熟之后，才开始丈量田亩，最后在前面两项都成功之后，才大力推广一条鞭法为政府创收。这还是在嘉靖、隆庆、万历三朝积累之下进行的。可以说，每一步基本上都是水到渠成。相比之下，当年的王安石，确实太仓促着急了。

张居正去世六个月之后，江西道御史李植上疏，弹劾司礼监太监冯保十二大罪状，万历皇帝朱翊钧马上动手，把冯保抄了家，赶到南京孝陵去种菜了。随后，李植再接再厉，联合了很多御史和宦官，一起弹劾刚死了的张居正，罪名有"贪滥僭奢，招权树党""交结恣横"等，朱翊钧的批示是，"姑贷不究，以全终始"。这八个字说明朱翊钧抛弃了他的老师张居正，说那家伙就是一个大坏蛋，只不过朕宽宏大量，不追究了。

一年之后，1583年正月，又有大臣弹劾张居正，这一次的罪名是，当年张居正的两个儿子都在科举考试里面金榜题名，他有走后门的嫌疑；并且说，张居正曾经诬陷辽王朱宪㸅。后来朱宪㸅的老婆还千里迢迢地赶到了京城，在皇帝面前哭诉，说以前辽王府里可有钱了，都被张居正这个贪污犯拿走了，现在变成了穷光蛋。

实际上，张居正的孩子能中进士，还真不一定是考官开了绿灯，接任张居正的内阁首辅就上书说，"士论所嫉，谤议失实"，意思是，那些人就是妒忌张家孩子学习好，纯属污蔑。辽王朱宪㸅被抄家，废为庶人，这事儿虽然是张居正弹劾所致，但那是14年前朱翊钧的爹朱载垕刚刚上台的事情，别说辽王府有没有钱，即便有，当时在内阁排名垫底，正在夹着尾巴做人的张居正有没有胆子贪污，那绝对是一个问题，更别说抢夺整个家产了。

万历皇帝仿佛等的就是这一刻，他先是把张居正的儿子们"都教革了职为民"，然后命令把张家抄了。想当年抄严嵩家的时候，嘉靖皇帝可是得到了白银200多万两，那时候的大明王朝可远远没有现在富足，现在抄张居正的家，怎么还不弄个几百万两？可实际上，在张居正家里，只抄出了10多万两白银，加上两个儿子家里的，合在一起是27万多两。于是负责的官员们严刑逼供，封门，不给吃的，不断逼问银子藏在哪里。结果是张家17口人活活饿死，其中三个还是婴儿。大儿子张敬修写下了"活阎王"三个字之后，上吊自杀，二儿子张嗣修投井自杀未遂，又绝食，也没死成，最后被发配边疆。

这里就要问一句，张居正为何死后落得这样一个下场，或者说幕后黑手是谁？其实，答案一点儿都不像今天很多人讨论的那样复杂，就是一个人，明神宗朱翊钧。

这事儿从极力弹劾张居正的三个人后来的发展轨迹就知道了，江西道御史李植事后晋升太仆寺少卿，山东道御史江东之迁光禄寺少卿，云南道御史羊可立升任为尚宝司少卿，全都升了官，这当然是论功行赏。

那么，为什么朱翊钧要这样对待张居正？

首先要问一句，朱翊钧最讨厌、最忌惮的人是谁？在我来看，就是司礼监太监冯保。我们先来看一件事，朱翊钧十几岁的时候，晚上和太监一同游玩，喝醉了调戏宫女，并且拔出剑来要砍死一名小太监。这个行为被冯保汇报给了李太后。李太后当即把张居正叫了进来，两个人当面叱责朱翊钧，"天下大器，岂独尔可承耶？"你以为你是皇帝就可以为所欲为吗？然后又是让朱翊钧在慈宁宫之外跪了几个小时，又是让他起草"罪己诏"，向全天下承认，朕昨晚喝多了，调戏小宫女了，错了。

十几岁的朱翊钧对他妈可能没招，对张居正当时也只是有点儿恨，可是对冯保，这个告密的，绝对是苦大仇深地恨。从这件事不难看出，冯保在后宫里一直都是太后和皇帝老师张居正的眼线，朱翊钧的一举一动都被他汇报给那两位。所以，当万历皇帝在张居正死后，看到有人状告冯保，乐得大叫了一句，"吾待此疏久矣"，终于等到这一天。

可是这时候的朱翊钧还没想到要清算张居正，所以才有上面的"姑贷不究"的批语。那么，是什么让他两年之后又决定整张居正呢？我个人觉得，是两个原因：第一就是偶像的逐渐坍塌，张居正无疑是少年时期朱翊钧的老师和偶像，《明史》里有很多处都记录了小时候的万历皇帝对张居正的崇拜和言听计从，而张居正每次出现在朱翊钧面前，都是一副道德模范的模样，教育少年天子要节俭，要勤政，要好好学习，天天向上，甚至为了节约，把小皇帝晚上的课程改到了白天，就为了节省几个灯火钱。

可是张居正自己却生活奢靡，虽说他被抄家抄出来的钱不是特别多，但是房产无数，姬妾成群，可以说过着酒池肉林的生活。张居正回家安葬父亲的时候，坐的轿子是32个人抬着的，里面有卧室、会客室、厨房和厕所。轿子属于古时候的"政府公车"，朱元璋有明确规定，官员最多可以乘坐4个人抬的轿子，超过4人，都察院这个监察机构就要介入了，可是张居正当年威名赫赫，谁敢查他？

那么，张居正活着的时候，朱翊钧不知道他老师生活腐败，私生活糜烂吗？实事求是地讲，还真不一定知道。一是张居正权势很大，在大多数人都是贪官的情况下，用生活奢靡这个罪名告不倒他，反而可能受打击报复；二是张的盟友冯保在宫中权势熏天，皇帝自然听不到张居正的负面新闻。那为什么现在皇帝就听到了呢？这就涉及第二个原因——张居正生前得罪的人实在太多了。

他得罪的人有两种，一种是反对清丈田亩和一条鞭法的大地主和大官绅们，这些家伙可都是在朝廷里有代理人的，毕竟家里有钱当官就比较容易。这些因为张居正改革而利益受损的人，时刻都想着反攻倒算，替自己家族把利益挣回来。第二类痛恨张居正的人，就是朝廷里的那些"正直"的士大夫们。除了生活奢华，他们对张居正的痛恨还来自一件很特殊的事情，那就是"夺情"事件。

万历五年（1577），张居正父亲去世，按照规矩，他应该回家守孝，但当时改革正如火如荼，张居正完全知道，只要他一离京，改革肯定就半途而废了，而且等他回来，首辅的位置肯定也没了。所以，万历皇帝下了一道夺情诏书，意思夺去张居正的父子之情，让他留在京城戴孝办公。

当时很多大臣都认为，这就是自编自导的一出戏。你别看张居正贪污受贿没人弹劾，但给父亲服丧是涉及儒家根本的礼仪大事，知识分子们马上就来了精神。于是那一年，有无数官员争先恐后弹劾张居正，万历皇帝和老张也没客气，打的打，贬的贬，最惨的就是一个叫邹元标的新科进士，被打断了一条腿，终身残疾，永不录用。

这件事让张居正从此被彻底孤立了。大多数大臣虽然按照他改革的指挥棒去做事，但心里面对他充满了愤恨。

现在张居正死了，冯保倒台了，这些人憋在心里的怨气自然就要发泄出来。可以这样说，张居正死后这两年，万历皇帝收到说张居正品行不好的上书，用车载斗量来形容，都不过分。朱翊钧越看越气愤，你张居正忽悠我要如何如何，自己却那样那样，简直是白脸大奸臣。

此外，宫中还时不时有流言说张居正和万历的亲娘李太后有不正当的关系，是可忍孰不可忍，万历对张居正进行清算，可以说是早晚的事儿，有辽王这件事作为引子，那这把火一点就着，也就不奇怪了。

就这样，张居正死后两年，一切荣誉头衔都被剥夺，偌大的一个张家，转瞬之间土崩瓦解，落得和霍光差不多的下场。不同的是，张居正死后，他的家人没有做错任何事情。

更可惜的是，万历皇帝在清算了冯保和张居正的同时，在保守派和利益集团的忽悠下，还废除了考成法，张居正的很多政策也都停止了，只留下一个孤零零的一条鞭法，因为朱翊钧认为一条鞭法给他弄来了大量的银子。可是就像前面说的，没有了考成法等一系列措施的保驾护航，一条鞭法最终只能成为一个摆设，政府收不上来钱，老百姓的日子也更加贫困。

据说，那个被张居正赶回了家，当时还吃糠咽菜的海瑞，听到张居正被清算，深思良久，说了这样一句话，"工于谋国，拙于谋身"，意思是张居正对国家的贡献是无人能比的，是有大功的，只是不善于修身和齐家。

其实，几百年以来，大多数人对于张居正的改革都是认可的。梁启超和柏杨都提出过中国六大政治家的概念，梁启超的版本是管仲、商鞅、诸葛亮、李德裕、王安石和张居正，而柏杨的版本是把李德裕换成五胡十六国的王猛。但无论谁的版本，张居正都是中国古代最后一个大政治家，愿他安息。

现在可以说说戚继光的结局了。戚继光最大的靠山就是张居正，现在张居正倒台，戚继光自然也不能幸免，最后以向张居正行贿的罪名被革职。戚继光给张居正送过钱，这也许是真的，但他自己一贫如洗，也是真的。晚年的戚继光连医药费都付不起，最后贫病交加而死，终年60岁。

160. 万历三大征

张居正被抄家之后的第三年，1586 年，万历十四年正月初五，朱翊钧最喜欢的女人郑贵妃生下了一个儿子，取名叫朱常洵；九月，朱翊钧忽然说自己"头昏眼黑，力乏不兴"，身体不好，要请假，然后取消了早朝。

谁也没想到的是，从此开始，他就请假上瘾了，原因是生病，什么"时作眩晕""腰痛脚软，行立不便"，五花八门。更神奇的是，从万历十七年开始，朱翊钧彻底休假了，从那时候开始，一直到他去世，整整三十年，他只在 1615 年，勉强在金銮殿上露了一下脸，算是上了一天班，然后就又缩了回去，史称"万历怠政"。

不过，他不上班并不代表不办公，和新冠疫情期间很多朋友一样，他是在家办公，靠着批阅奏章和大臣们沟通，只是不出去见人而已。

关于朱翊钧怠政的原因，历史上有很多种说法，最流行的是两个：第一个是说他身体确实有病。据史书记载，万历特别肥胖，联系到他自己说的头晕脚软，应该还有肥胖导致的并发症，比如糖尿病或者高血压。另外，万历的陵墓曾经被挖开过，利用现代科学检验他的尸骨，得出了一个结论，他左右脸不对称，患有多种牙科疾病，而且还是一个瘸子。按照这些事实想象一下，这就是一个患有多种慢性病，一条腿长，一条腿短，口歪脸斜，张嘴就是一口黑牙的大胖子。所以，他没心情坐在大臣面前，似乎也是可以理解的一件事。

另外一个说法跟前面说的郑贵妃给他生了个儿子有关。在这之前，万历皇帝已经有了长子朱常洛，不过这是他一时兴起，和一个宫女所生，因为不喜欢那个宫女，他也就不喜欢这个长子。在郑贵妃生下朱常洵之后，万历决定要立这个孩子为太子，可无论是大臣们，还是他娘李太后都不干，说按照朱元璋的《皇明祖训》，有嫡立嫡，无嫡立长，既然你的大老婆王皇后生不出儿子来，那么，按照规矩，你必须立长子朱常洛为太子。

在历史上，让哪个儿子当皇帝，被称为"国本之争"。朱翊钧改变不了他娘和大臣们，他娘和大臣们也改变不了他，双方就这样杠上了。拖来拖去，万历皇帝被拖烦了，索性就不去上朝了，就这样，产生了万历怠政。

无论是上面说的哪一个原因，总之，从那以后，大臣们就看不见皇帝了，甚至有那些当了二十几年高官的公务员，回家之后，老婆一脸期待地问他皇帝长啥样，他也只能一脸懵懂地回答，对不起，俺也没见过啊。这些没见过万历皇帝的大臣里面，就包括了一名来自意大利的外国人，他的名字叫利玛窦。

一、利玛窦和徐光启

利玛窦不远万里，从意大利来到中国的目的是传教，也就是所谓的"传福音"。此人属于天主教耶稣会的成员。在16世纪之后，由于欧洲的宗教改革运动，天主教被基督新教打击得够呛，内部诞生了多支强烈呼吁改革的力量，这个耶稣会就是其中的一支。

关于耶稣会，我们这里只需要知道两点就够了：第一，耶稣会的成员必须保持对天主教的绝对忠诚，而且为了传道，要具有献身精神；第二，想要成为耶稣会成员，往往要经过长达十多年的漫长学习过程，学习内容包括了各种语言、文学、哲学、神学、法学、医学以及自然科学知识。

利玛窦就是这样一位人物，他在 1582 年，也就是张居正死的那一年，和几个同事来中国，在澳门登陆，然后辗转于肇庆、韶州等地传教。

一开始，他们听说佛教在中国的信众很多，就建了一个寺庙，叫作仙花寺，然后穿上佛教徒的衣服，在寺庙里挂上了圣母玛利亚的像。

这一招挂羊头卖狗肉很见效，很多明朝人进来给圣母磕头。可是好景不长，利玛窦他们很快就意识到了，这些人虽然看起来挺虔诚，跪下来磕头，其实是不怎么相信的，要是祈祷的事情不灵，一转身还对圣母骂骂咧咧的。几个传教士就很郁闷，最后有的去世了，有的离开了，只剩下利玛窦还在坚持。

利玛窦很会反省，当他认识到靠佛教达不到宣传天主教的目的之后，马上改弦易辙，穿上了中国儒家的传统衣服，开始积极学习中国文化，甚至熟读了"四书"。当他彻底地明白了儒学在中国的意义之后，就为传扬天主教立下了六字方针，"合儒、趋儒、补儒"，也就是所有天主教的经义都用儒家的思想来解释，比如把基督里的"爱"与儒家的"仁"等同，发现居然毫无违和感，以至于他到了南京之后，结交的好朋友之一徐光启感慨地说："百千万言中，求一语不合忠孝大旨，求一语无益于人心世道者，竟不可得。"意思是，你的天主教居然和孔夫子说得一模一样！

顺便说一下徐光启，在我佩服的明朝人里面，徐光启位列前三。

第一，他是一位百科全书般的人物，在儒学、西学、天文学、数学、水利、农学、军事方面都堪称天才，曾编著《农政全书》和《崇祯历书》等书籍。《农政全书》不仅描述了中国自古就有的农作物，还就大航海时代引进中国的红薯、土豆和玉米等做了全面的教学，从种植、贮藏到育苗、加工的方法，无所不包，玉米这个词也是他首先提出来的。

第二，他是中国基督徒的先驱，自身加入了天主教，被信教之人称为中国"圣教三柱石"之一。

更神奇的是,他还是崇祯朝的内阁大臣之一,头衔是礼部尚书兼文渊阁大学士、太子太保,这一连串的头衔意味着,他是不打折扣的大明王朝宰相。

在我看来,他上面所有成就都比不上他和利玛窦翻译的一本书,那就是来自欧洲的《欧几里得原本》的前六卷。翻译完之后,徐光启觉得这个名字会让中国老百姓糊涂,那也就没人看了,所以改了一个名字,叫作《几何原本》,我们现在上中学学的"几何"这个词,就来自这里。

不仅仅是"几何"这个词,包括"点、线、多边形、平行线、直角、对角线"等一系列数学词汇,都是老徐和利玛窦这一中一外两大牛人一边喝下午茶,一边给我们创造出来的。

除了徐光启,利玛窦在南京又结交了很多达官显贵,无形之中,他自己就成了一个著名人物;最后,就连那个不上朝的万历也听说了他,就让他来北京。利玛窦马上上书:"大西洋陪臣利玛窦,谨献土物于皇帝陛下。"这话一听就是中国官场上的老官油子。

为了让朱翊钧喜欢自己,利玛窦精心准备了两件礼物,一个是报时钟,另一个是《万国图志》。《万国图志》就是世界地图,是利玛窦根据欧洲大航海之后形成共识的地理知识画出来的。可是他也耍了一个小心眼,原来的欧洲世界地图上,中国并不在中间的位置,他却把大明王朝画在世界中央,还挺大,这一下,大家都很高兴。

万历皇帝最喜欢的,还是那个报时钟,也叫自鸣钟,一到整点,就会唱歌报时,比明朝的日晷和沙漏靠谱得多。朱翊钧把利玛窦进献的两个钟都收入了后宫,大的那个,造了一个钟室供起来,小的那个放在自己身边,没事就拿出来把玩一番。

不过万历这时候连大臣都不见,更别说一个外国人了。利玛窦也没见到皇帝,得到的待遇是可以居住在北京城,每四个月领一次薪水。就这样，利玛窦在北京住了下来，一直到 1610 年逝世，他也没出过北京城一步，死后被葬在今天车公庄附近的滕公栅栏，这地方在很长时间里，都是中国天主教徒的墓地。

从利玛窦的传教过程和他自己的心路及行为转变，可以得出一个结论，那就是从思想和文化上来说，基督教进入中国几乎是不可能的。不错，你有耶稣，但我们有玉皇大帝、佛祖、太上老君等等；你有天堂，我也有凌霄宝殿、西天净土等等；你有爱，我们有孔夫子的仁，不仅是仁、爱，我们还有义、礼、智、信等等，你有吗？这种文化上巨大的自给自足，导致西方文明，想通过文化进入中国，几乎是没有任何可能。

一直到利玛窦拿出了自鸣钟这玩意，中国人才承认，啊，这个我们真没有，随后才导致徐光启等人皈依了天主教。所以，后来稍微有点成就的西方传教士，无一不是用科学，或者说科学这种"宗教"，让一部分中国知识分子信服，一直到今天。

二、万历三大征

言归正传，虽然从 1589 年开始，朱翊钧就不上朝了，但他和外界的联系并没有中断，而且掌控整个国家的能力，一点都没减弱。废掉了张居正的很多政策后，收入减少了，但此人也有自己敛财的办法，那就是派出宦官，全国收矿税和商业税，这在《明史》上称为"矿税之弊"，听名称就知道了，《明史》的作者们认为这是与民争利，不是好事。

我个人认为，这种简单粗暴的评价，掩盖了一个重要的事实，那就是明朝税收体制的不合理。明朝一直以农业税为主要来源，即便是知道工商业极度发达了，也不去收税，因为满朝之乎者也的大臣们，背后都站着各种商业利益集团，他们打着祖制的幌子，千方百计阻止皇帝去收商业税。

于是朱翊钧就自己派人去。据《明史》记载，这些如狼似虎的矿税官,在短短几年之内,就为朱翊钧的小金库增加了白银560万两,金子1万多两。皇帝的小金库叫作内帑,一般来说,历朝历代,在京城方圆多少里之内的田税收上来都归内帑,也就是负责皇宫的开支,属于皇帝私房钱。朱翊钧明显把这个范围扩大了,内帑暴富后,他成了大富翁。

你若是问,暴富之后,朱翊钧是不是开始花天酒地了?实话实说,没有。史书上记载,从1592年开始,朱翊钧多次用这些银子帮助国家渡过难关,不论是救灾,还是边境用钱,这位不上朝的"昏君"都是毫不犹豫地拿出这些额外的商业税,为国做贡献。这里面最有名的,当属"万历三大征",他贴补了很多。

"万历三大征"指的是1592—1600年,先后在大明王朝的西北、东北和西南边疆展开的三次大规模军事行动,分别是平定蒙古人哮拜叛乱的宁夏之役,平定日本丰臣秀吉入侵朝鲜的朝鲜之役,还有平定贵州土司杨应龙叛乱的播州之役。

这里只说一下和日本之间的朝鲜之役。16世纪,日本出现了一个叫丰臣秀吉的军事和政治天才,几乎是以一己之力,结束了日本的战国时代。一个人成就太大,就容易骄傲,丰臣秀吉制定了一个计划,声称七年之内要占领明朝,把当时日本正亲町天皇的家搬到北京的紫禁城去。随后他向当时的琉球、吕宋、台湾、暹罗、占城、莫卧儿帝国和葡萄牙的殖民地等处,都送了书信,声称要攻打大明,谁不跟着一起打,就跟谁急。当然,这些地方也没人搭理他,有的还把他的书信转交给明朝,顺便对着朱翊钧表了一下忠心。

在丰臣秀吉送给朝鲜李氏王朝的信里,特别强调,日本打明朝,需要用朝鲜为跳板,你们必须借道给日本军队。朝鲜人看了信之后,认为丰臣秀吉就是一个疯子,根本没太在意,只是把信给明朝送了过去,明朝也没当回事。

就这样,丰臣秀吉准备了数年之后,在1592年调动了30余万大军渡海攻击朝鲜，朝鲜多少年都不打仗了，一下子就节节败退，只好向明朝求救。

明朝接到朝鲜的鸡毛信之后，一开始的想法是，是不是朝鲜和日本联合起来，挖了一个陷阱，等着明朝军队去上当？等后来搞清楚朝鲜是真的被日本欺负了之后，马上做出了出兵的决定。大学士王锡爵说，"倭寇之图朝鲜，意实在中国，而我兵之救朝鲜，实所以保中国"。一句话，抗日援朝，是一件必须做，不得不做的事情，保卫朝鲜，就是保卫大明。我们今天回顾历史，明朝的这个判断相当准确，丰臣秀吉的实际目标就是中国。

1592 年 10 月中旬，大明王朝任命李如松总理蓟、辽、保定、山东军务，担任防海御倭总兵官，他的两个弟弟李如柏、李如梅为副总兵官，调集了全国精锐，准备开赴朝鲜。

前面讲徐文长的时候，提到过李如松三兄弟大名鼎鼎的老爹，那就是辽东总兵李成梁。这一家子祖上本来是朝鲜人，后来归服了明朝，被授予世袭的铁岭卫指挥佥事，和戚继光的祖上差不多，只不过戚家是山东人，而李家是东北大城市铁岭人。

李成梁很有军事天分，靠着军功在 1570 年升为辽东总兵，被张居正看上了，也和戚继光一样，身上被打上了张居正一系的烙印。

从私德上来说，李成梁比起戚继光，差得不是一点半点。他不仅仅经常谎报军情，杀老百姓冒充军功，生活上更是骄奢淫逸，大宅子方圆十几里，里面侍妾歌女几千名，据说每个女人身上的衣带都缀满了珠宝和香囊，香气可以飘出去几十步远，这样的衣带每一条都要几十两银子。

神奇的是，他的几个儿子在这样的环境下长大，居然没有被腐蚀成纨绔子弟，反而文韬武略，都有一套。尤其是大儿子李如松，是一个天生的将才，就在日本侵略朝鲜的这一年早些时候，被举荐为陕西讨逆军务总兵官，领导了"万历三大征"里面的第一场战役——宁夏之役。在那场战争里,他一举拿下了宁夏城,逼得造反的蒙古将领哱拜自杀,平定了西北的动乱。

当明朝任命李如松为抗倭援朝的总兵官时,他还在宁夏,一直到12月份,才匆匆赶回,率领40000多名大明精锐,雄赳赳气昂昂,跨过了鸭绿江。

进入朝鲜境内之后,李如松一路势如破竹,直接打到了平壤城下,然后一战拿下平壤,日本小西行长的部队直接被打残,18000多人损失了三分之二。这一战,让李如松在明、日、朝三国瞬间成为热搜榜的第一。

那时候,明朝并不知道日本在朝鲜的具体兵力是多少,李如松在一连串的胜利之后,以为敌人兵力不多,这就导致了在随后的碧蹄馆战役中,判断错误,只带着1000人,就想去救援被敌人包围的5000明军,到了之后一看,日本兵黑压压的有40000多人。

就是这样一场敌众我寡,人数相差悬殊的战斗,最后的结果居然是双方打了一个平手,同时撤兵了,李如松的指挥能力和当时明朝军队的强悍,也可见一斑。

此外,由于朝鲜全罗左道水军节度使李舜臣的卓越指挥,日本海军也没占到什么便宜。到了1593年年中,日本同时向朝鲜和明朝要求谈判。

明朝这边负责谈判的是兵部尚书石星和一个叫沈惟敬的官员,日本方面是小西行长和小西如安。本来,丰臣秀吉的条件是明日两国可以友好,但要朝鲜割让一半的土地给日本,并且要派朝鲜王子去日本当人质;而万历皇帝的条件是日本必须无条件滚回它的小岛上去,以后要接受明朝的册封。

接下来,就发生了人类谈判史上最诡异的一幕。懂日语的沈惟敬对着丰臣秀吉说你的条件没问题,我们回去就敦促朝鲜去办,然后一转身,给朱翊钧发回消息,说陛下,大好事,日本人同意了我们的全部条件;而日本的使者小西如安也对着明朝兵部尚书石星说,你的条件大大地好，我们全都同意，一转身，回去也对丰臣秀吉说，明朝那帮人同意了我们的全部条件。

很自然地，这样的骗局不可能持久，两边的高层很快就知道了真相。在处理完各自的手下之后，1597年，双方再一次在朝鲜这个大战场上开战。万历皇帝朱翊钧下旨，既然"倭奴狂逞，掠占属国，窥犯内地"，那就必须给他们一个深刻的教训，任命麻贵为备倭总兵官，统率南北诸军，和日本开战。

你要问，李如松哪里去了？很不幸，就在这一年的早些时候，李如松在抗击蒙古人鞑靼部的战役里，以3000人对抗对方几万人，死战之后，壮烈殉国。他的死对明朝是一个重大的损失，这个我们后面还会说。

麻贵曾和李如松一起攻打宁夏，也算是一位名将，整个战争的过程不必细说，最后以明朝联军的胜利告终。

日本失败的一个重要原因是，打着打着，远在日本本土的丰臣秀吉突然死了，群龙无首，日本顿时大乱，那只能撤军了。就这样，日本的第一次对外扩张最后以失败告终。随后又陷入了内战，德川家康笑到了最后，成了日本新的大佬，开启了江户幕府，也称德川幕府的时代。

大明王朝看起来依旧是很辉煌。至少，1599年5月，当凯旋的明军班师回朝，朱翊钧很少见地升座午门，接受了都督邢玠献上来的日本俘虏61人，然后把他们全都砍了脑袋，传送给天下人，让大家都看看，这就是和明王朝作对的下场。

三、朱常洛的三件事

万历三大征对于明朝来说，都是不得不打的仗，但是对于国家的消耗也不小，据保守估计，战争开销高达1160万两白银。可以这样说，张居正改革积攒下来的家底，在三大征之后，挥霍一空，就算是朱翊钧自己用内帑填补了很大的一部分，明王朝还是没有钱了。

钱这东西，就是河流，每一天都要花，要是没有源头活水，那无论多么大的家业，花光了也是早晚的事情。万历废除的张居正改革措施，恰恰就是那一股新鲜的活水，只是他不懂罢了。

不过在当时，财政渐渐枯竭这事儿一点儿都不影响朱翊钧躲在深宫过他的小日子。时间就像流水一样优哉游哉地过去了，1620 年，远在欧洲的"五月花号"帆船带着几十名清教徒横渡大西洋，到了美洲，从此开始了基督新教向北美殖民的浪潮，最终诞生了美利坚帝国。也是在这一年，大明王朝也发生了一件大事，农历七月二十一日，57 岁的明神宗，万历皇帝朱翊钧驾崩在紫禁城弘德殿。

老皇帝死了，新皇帝是谁呢？前面我们说过的国本之争，也就是储君到底应该选长子朱常洛，还是次子朱常洵的事情。朱翊钧还是没能争过大臣们，后来立了自己大儿子朱常洛为太子。

这时候他魂归天国了，按照组织程序，朱常洛马上就开始行使权力。有一句话叫作旁观者清，用到他身上，是最合适也不过了。38 岁的朱常洛已经冷眼旁观他爹几十年了，一旦掌握了权力，马上就做了三件事，每一件都是对他爹所犯错误的修正。

第一件，停止派太监到处搜刮矿税的行动，这等于是向朝廷文官集团妥协。第二件，马上从内帑，也就是皇帝私房钱里拿出将近 200 万两白银，补贴到边关的将士们身上。第三件，赶紧提拔官员，因为他爹万历怠政，不上朝，导致了明朝官场的一个奇葩现象——六部六科五寺的官员奇缺，甚至六部尚书这样重要的职位，也经常空置，朱常洛想要政府运转起来，只能突击提拔干部。

所有上面的三条，只是为了两个字，稳定。

当然，还有一件很重要的事情，就是赶紧让父亲朱翊钧入土为安，但相当不幸的是，朱常洛最终没能办成这件事

161. 东林与阉党

明神宗朱翊钧死了之后,他的儿子朱常洛却没能安葬他,原因很简单,因为朱常洛自己也死了。这一天是 1620 年农历九月初一,离朱翊钧驾崩不到 40 天。

这是怎么回事呢?

一、明末三大案

朱常洛这个帝位,是大臣们从朱翊钧和他宠爱的郑贵妃手里硬生生抢下来的。自从他被立为太子,就总是提心吊胆。最诡异的事情,发生在 1615 年的五月:有一个叫张差的人,手里提着一根枣木棍子,进了朱常洛的住所,逢人便打,被抓住后,供认说是太监庞保和刘成指使的。这一下就麻烦了,因为这两位都是郑贵妃宫里的大太监。于是,满朝文武都热血沸腾,觉得这就是郑贵妃想害死太子的铁证,最后朱翊钧和稀泥,砍了张差和两个太监的脑袋了结此事,这就是明末三大案的第一案——梃击案。

现代办案,经常要考虑一个问题,谁是案件的受益人。在梃击案里,最大的受益人就是朱常洛这个太子,张差碰都没碰到他,可是他却获得了满朝文武和天下百姓的普遍同情和支持,从此之后,万历皇帝朱翊钧也就没好意思再提换太子的事儿。另外,无论是不是郑贵妃指使的,她在朱常洛面前也有点抬不起头来。所以，为了改善关系，在朱翊钧归天，朱常洛当上皇帝之后，郑贵妃就挑选了几个大美女，给朱常洛送了过去。

八月初十，朱常洛举行登基大典才不过十天，就病倒了，吃了太监崔文昇等人进献的草药之后，不仅没好，还开始拉肚子。八月二十九，鸿胪寺丞李可灼献上了一颗红丸。红丸又叫三元丹，它的制造方法只在野史上有记载，说的是用少女初潮的经血，也就是所谓"先天红铅"，加上半夜的第一滴露水，加上其他稀奇古怪的药物炮制而成。

神奇的是，朱常洛吃了一颗，就满血复活了，晚上睡觉之前，就又吃了一颗。第二天他就没能再起来了，这就是朱常洛死亡的过程，史称"红丸案"，是明末三大案的第二个案子。

大明王朝在两个月内，死了两个皇帝，就产生了一个大问题：埋在哪儿？万历皇帝朱翊钧的那个坑是早就刨好了的，朱常洛的陵墓，别说挖，连地方都还没选好呢。

好在景泰帝朱祁钰活着的时候，曾经在皇陵那片区域给自己选了一块地方，也挖得差不多了，可是他哥哥重新当上皇帝之后，把他降格为王，自然就不能埋在皇陵，那块地方刚好就空出来了。于是，朱常洛就被埋进了景泰帝的那个大坑，相当圆满。

接替朱常洛的，是他15岁的大儿子明熹宗朱由校，年号是天启。

朱由校的娘王才人死得早，他从小是由号称西李的李选侍抚养长大的。"选侍"这个后妃的头衔，只有明朝使用，它是太子妻妾的专有称号之一。

李选侍在丈夫死后，很快意识到，自己抚养的那个大儿子朱由校，大概率会被定为下一任的大明天子。于是，她异常果断地带着小女儿搬进了乾清宫里，和朱由校住到了一起。

李选侍本来的意思是以新皇帝养母的身份，弄个皇太后的称呼；顺便地,如果能垂帘听政,那就更好了。

可惜她错误地估计了周围的太监们,以为太监和她是一伙的。当时的司礼监大太监王安本来是朱常洛的伴读,也就是常说的陪太子读书之人,现在朱常洛死了,但改变不了王安对朱家的忠诚。他一看,李选侍这是要把小皇帝藏起来啊,于是,偷偷地把这事告诉了外面的大臣们。

李选侍同时也低估了大臣们的力量。《明史》说,"外廷恟惧,疑选侍欲听政",大臣们听到这件事,马上群情激愤,尤其是大学士刘一燝、吏部尚书周嘉谟、兵科给事中杨涟和御史左光斗这些人,更是义愤填膺,因为他们都隶属于一个政治团体,也就是东林党。这个,我们一会儿就会说到。

这几个人先是站在乾清宫外,逼迫李选侍交出了朱由校,把他转移到安全的地方,然后又持续去乾清宫外站岗放哨,不时地咳嗽两声,逼李选侍离开乾清宫,就差没指着她的鼻子问:识字不?知道"乾"是啥意思不?那就是阳,是男人,是雄性动物,你一个女人住在这里算怎么回事?

就这样,李选侍万般无奈之下,只能抱着自己幼小的女儿,徒步离开乾清宫,搬到了专门供老皇帝的嫔妃们养老居住的哕鸾宫。这幅画面你觉得没什么,但当时很多宫里的宫女太监都觉得太惨了,因为他们就从来没见过一个妃子自己抱着孩子搬家的。这个故事就是明末三大案的最后一个案子——移宫案。

看完上面三个案子,你可能会有三个结论:第一,好像都和朱常洛有关;第二,好像最后都是稀里糊涂地就收场了,没有一个像样的结论;第三,好像也没什么了不起,很难说是情节离奇,过程曲折的大案子。那为什么要把它们定为明末三大案呢?

原因不复杂,只因为这三起案子背后都有东林党的影响。

二、东林党

明朝末年的东林党,大名鼎鼎,细究其来源,和宋朝的理学有着极深的渊源。

程颢、程颐这对兄弟名满天下的时候,北宋很多人都拜在了他俩的门下。其中有一个叫杨时的小伙子,不仅勤奋,而且还特别尊重老师。据说有一次,他去拜访程颐,不巧程颐正在那里闭着眼睛端坐,也不知道是打坐冥想,还是在打瞌睡,杨时就一言不发,静静地站在一边等着。等程颐睁开眼睛的时候,外面已经下了一尺的雪,史书上说,"颐既觉,则门外雪深一尺矣",那说明至少一两个小时过去了,而杨时就那么在旁边一直站着,十分恭敬。这让程颐很是感动,他觉得,至少说明,杨时这孩子是真心想求取学问的,这件事就是"程门立雪"这个成语的出处。

徒弟如此恭敬,师父自然不能亏待了他。后来杨时离开京城,南下无锡,建立了自己的东林书院,程颢、程颐兄弟就相当捧场,没事在朋友圈转发一下,或者亲自去讲个学,东林学院因此红极一时,杨时十分有面子。

这是北宋时候的事儿,到了明朝,东林书院已经成了历史遗迹,破败不堪,就在大家看着它渐渐地要成为一个文化遗产的时候,转折点出现了。

1594年,一个叫顾宪成的官员,得罪了万历皇帝朱翊钧,被罢官撵回了家,《明史》上说"忤帝意,削籍归"。实际原因是,他一直絮絮叨叨地劝朱翊钧立朱常洛为太子,把朱翊钧念叨烦了,被赶回了老家。

第二年,另一个官员高攀龙也被赶回了老家。

凑巧的是,他俩的老家都是无锡。更凑巧的是,这两个人脾气比较相投,没事就一起喝茶聊天。最凑巧的是,他们对于东林书院都有一种膜拜情结。

就这样,顾宪成和高攀龙就兴起了一个念头,想重新修建东林书院。他们和当地官员、富豪们一说,大家居然也都支持,有钱的出钱,没钱的出力，很快地，这所书院就修缮一新。顾宪成兴高采烈之余，大笔一挥，写下了一副对联，贴在书院的门口，上联是"风声雨声读书声，声声入耳"，下联是"国事家事天下事，事事关心"。这一年，是1604年。

从上面这副对联你都能想到，顾宪成绝对不是按照"四书""五经"照本宣科的人，他继承了王阳明的思想，提倡"知辅行主""崇实黜虚""学问不贵空谈，而贵实行"这些实用主义的东西。

可惜的是，由于中华帝国的传统教育，那时候知识分子的一身学问，只能用在政坛上，又没有其他科学之类的知识，所以他们的所谓"知行合一"就只剩下一件事——骂政府。《明史》说："故其讲习之余，往往讽议朝政，裁量人物。"

如此一来，争议就大了，争议一大，名气也就来了。顾宪成起初未必抱着一颗想当网红的心，但是结果，和今天网红是一样的，很快就形成了一个粉丝团。《明史》里记载："南北言官群击李三才、王元翰，连及里居顾宪成，谓之'东林党。'"闹得政府官员都知道了他们，称呼他们为东林党。

东林党的主张有很多，也很杂，包括开放言路，改良时政，澄清吏治，限制阁权，停止矿税，等等。一句话，政府什么都做得不对，必须改。

虽然东林党批评政府，但政府里很多年轻官员马上就成了他们的成员，原因就是，一些无靠山，或者靠山不够硬的年轻官员职位都很低，政策又是上面的老头子们制定的，这些年轻人爬不上去，看着上面的大佬，心里的怨气，未必比社会上的东林党人少多少。

面对这样的情形，政府里的高官们不干了，以当时内阁首辅沈一贯为老大，纠合了朝廷里很多浙江籍的官员，成立了一个"浙党"，后来又有了山东人的"齐党"，湖北人的"楚党"等，这些党派自己内部可能也有矛盾，但是对东林党的态度是一致的——坚决反对！

我以前讲《美国史话》的时候说过，不同党派之间的关系，核心就是一个字：斗。清代学者对这种现象有一句总结："夫明之亡，亡于门户；

门户始于朋党；朋党始于讲学。"

那么，东林党和我上面说的三大案有什么关系呢？在回答这个问题之前，我必须问一句，为什么这三个案子能成为所谓的三大案？一个拿着枣木棍的疯子闯进东宫一顿乱打，一个生病吃"仙丹"而一命呜呼的皇帝，还有抚养了新皇帝的李选侍想晋升为皇太后，这三件不大不小的事情最后全都升格，变成了刺客谋杀太子，后宫谋害皇帝，寡妇妄图垂帘听政，为什么？

答案只有一个，有人想引导舆论，偏向对自己所在集团有利的一面。

结论就是，明末三大案之所以成为三大案，就是因为有人想让它们成为三大案，最好是三大重案。东林党的人，确实是政治高手。

高手自然是可以收获利益的。在最后一个案子移宫案结束之后，由于东林党人杨涟、左光斗等"英勇地"从李选侍手里抢来了朱由校，功劳自然是大大的，杨涟立即从一个从七品的兵科给事中升为太常少卿，正四品的大官，这不仅仅是官升三级了，整整七级。

不仅是他，整个东林党集团都得到了巨大的好处，《明史》上对这一点毫不讳言，直接说"东林势盛，众正盈朝"。东林党人气势很盛没错，但他们是不是"正"，就很难说了。比如杨涟这个升级速度，如果放在他们的对手身上，那可能会被他们破口大骂，因为这个升官很不符合流程，但是放到这些自诩为正派的知识分子自己身上，那就是量才适用。你说这要不是双标，还有啥是双标？

那时候，有一个不是东林党的，名叫贾继春的御史上奏，说东林党人过多干涉皇宫里面的事务，而且老百姓对于皇帝如此对待自己的养母也是议论纷纷，请求皇帝适当地调整一下。天启帝朱由校坚定地相信，没有东林党人的"誓死"保护，自己当不上这个皇帝，所以马上下旨反驳说："选侍行事，明欲要挟朕躬，垂帘听政……侮慢凌虐，朕昼夜涕泣……选侍因殴崩圣母，自忖有罪……"等于是用了很长的篇幅，历数李选侍的三大罪状:第一,要挟我,想要垂帘听政;第二,没有抚养我,就是虐待,我小时候被她虐待得可惨了,日夜不停地哭;第三,你们可能不知道,李选侍还打死了我的亲娘王才人。

说完这些,朱由校就把贾继春削掉官职,赶回了老家。

我们现在有理由相信,这个诏书应该不是这位少年天子朱由校写的,因为几年之后,他自己亲口说了,李选侍其实很无辜,自己当时是被王安等人教唆。

王安是一个和东林党人穿一条裤子的太监,真相如何,可以说呼之欲出。这事儿想想就明白了:如果李选侍真的那么邪恶,连皇帝亲娘都被她打死了,那为什么不法办?至少也要关起来吧!很明显,那份指责李选侍的诏书是糊弄老百姓的。

之所以说诏书不是朱由校写的,还有一个小小的理由,就是那时候他应该写不出这样的锦绣文章,虽然他已经15岁了,但一天学也没上过。

这事还真怪不了朱由校。他爹朱常洛不被他爷爷朱翊钧喜欢,本身太子的位置就不稳,很自然地,在他爷爷活着的时候,就没人敢提朱由校入学的问题。因为如果不按照皇太孙的仪式办理,那肯定有人说三道四,胡思乱想,但按照皇太孙的仪式入学,那必须由他爷爷亲自提出来。但朱翊钧就是不说,一拖再拖,终于等到老爹朱常洛上台,说好了九月九日册立朱由校为太子,然后正式入学,可惜,他爹九月初一就死了。

朱由校不仅没有受过一天正经的教育,也没有任何处理政务的经验,这在整个大明王朝的皇帝中,是独一无二的。甚至放眼整个中国历史,十几岁即位的皇帝没上过学的,也很少见。不过这里必须强调一句,没上过学和文盲是两个概念,尤其是生长在皇家的男孩子。朱由校并不是文盲,至少,他肯定识字,能读书。

那么,一个十几岁的半大小子,没有正规学习过,他少年时期都在做些什么呢?从今天的史料来看,应该是木匠活。

历史上的皇帝中，喜欢锛凿斧锯当木匠的，朱由校应该是唯一的一个。《明史》上记载，他的木匠活水平相当高，据说他设计过一种折叠床，可以随意变化很多形状，并且相当轻巧。凡是看过的木器用具、亭台楼榭，他都能够做出来。他曾经把三大殿做成微缩模型，周围的人都啧啧称奇。史书上说，"每营造得意，即膳饮可忘，寒暑罔觉"，像现在青少年打游戏一样上瘾，玩起来，可以不吃不睡。

据《明史》上记载，他最宠信的太监，一个名叫魏忠贤，实际上既不忠也不贤的家伙，经常在朱由校做木匠活做得上瘾的时候，去汇报工作，朱由校就会说："朕已悉矣，汝辈好为之。"我已知道了，你们看着办吧。然后，魏忠贤就会按照自己的意思去处理政务。

在评论这件事之前，我们先来看看这个魏忠贤是谁。

三、客魏集团

魏忠贤，今天的河北沧州人，大字不识一个，不学无术，除了赌博喝酒玩女人，其他一概不会。最后他把老婆孩子都卖了，也还不上赌债，走投无路，只好净身进宫当了太监。最初用的名字叫李进忠，后来才改名魏忠贤。

他进宫之后，被一个叫作魏朝的太监看中了，多次在前面那个叫王安的大太监面前为他说好话。即便如此，魏忠贤也只不过混到了一个在厨房管事的小太监头目，直到他遇到了朱由校的乳母。

在古代，名门望族家里生了孩子，一般都请乳母。这里面有很多复杂的原因，比如说那时候很多妇女奶水都不够，还没有奶粉，再比如说孩子亲娘为了争宠，怕喂养孩子身材变形，这些都是我们能想到的。除此之外，皇族请乳母还有一个隐藏的原因，那就是不希望孩子和亲生母亲太亲密，长大之后，万一年纪很小就继承皇位，和亲妈太亲近，容易导致母后专政的局面。以孝治国的中原文化，当然不能用北魏那种残忍的子贵母死制度，用乳母也算是一种权宜之计。

这里面也有变数，那就是万一这孩子和乳母太亲近怎么办？很不幸的是，这种事发生在了朱由校身上，他的乳母姓客，十八岁进宫，任务只有一个，就是喂养刚出生的朱由校。

野史上说，客氏长得妖媚无比，虽然已经生了两个孩子，但和少女毫无差别，并且很会保养，一直到四十来岁死的时候，都是一副青春靓丽的模样。随着朱由校长大，他深深地迷恋上了这个客氏，和她有了超出母子的不伦关系。

关于这事，正史上没有记载，但朱由校长到十五六岁时，客氏才三十出头的年纪，一个少年迷恋一个成熟美艳的女人，从心理学上来看，是有可能的。况且这事在老朱家也不是第一次发生，想当年明宪宗朱见深和他的保姆万贞儿之间，也差着十六七岁，照样爱得死去活来。

我认为，这件事有没有，根本就不重要，因为无论肉体关系有无，朱由校对客氏的精神依赖以及宠爱，都是客观事实。客氏出行要坐八抬大轿，前面说过，明朝法律，除了皇帝，其他人最多坐四个人抬的轿子。客氏敢公开坐八个人抬的大轿子，身边护卫还有一百多人，而且每次过生日，朱由校必定亲自到场，恭恭敬敬地祝贺，这份宠爱，那绝对超过了一个乳母应该享受的待遇。

当时皇宫里的人都知道，谁巴结上了客氏，就意味着飞黄腾达。

怎样算是巴结上了呢？你若是说拍马屁，送礼物，送购物卡……说实话，对于客氏来说，这些一点不新鲜，她也不缺，而魏忠贤送的东西相当别致，他把自己送给了客氏，成了客氏的"老公"，也就是她的"对食"。

从汉朝开始，宫女们因为实在是太寂寞，就流行一种很现代的关系，两个女人同吃同睡，这叫作"对食"。后来皇宫里另外一伙更加寂寞的群体也加入了这个游戏，太监和宫女同吃同睡也开始流行起来。对于这种事，皇族自然是睁一只眼闭一只眼，因为它更有利于稳定。

到了明代，这种游戏更加平常，客氏开始的"对食"就是魏朝，也就是魏忠贤巴结的那个大太监。相比于魏忠贤，魏朝的形象可能不怎样，一来二去，客氏和魏忠贤就看对眼了。她毫不避讳，一转身就甩了魏朝，和魏忠贤住在了一起。

这件事对于明朝，甚至中国历史都很重要。因为接下来，就发生了魏朝被驱逐，魏忠贤被提拔为司礼监秉笔太监，最后司礼监掌印太监王安被发配到南海子去当净军等事件。这里所谓净军，是明朝特有的，由宦官组成的军队。南海子就是南苑，当时皇家子弟打猎的地方。一句话，王安被赶到了皇家猎场，给动物们讲课去了。

客氏的政治天赋不低，她不想放过王安。她知道，朱由校能当上皇帝，当年王安有很大的功劳，天威难测，说不定哪一天皇帝一抽风，王安就立马"我胡汉三又回来了"，而她客氏能不能永远拉住朱由校的心，却要打上一个问号。

于是，她对准备在这件事上心慈手软的魏忠贤说："尔我孰若西李，而欲遗患耶？"意思是，你和我比起李选侍如何？那可是皇帝的养母啊！当年王安突然反水，就能让那个女人凄惨地移宫搬家，难道我们要重蹈她的覆辙吗？魏忠贤如梦初醒，在一系列的操作之后，王安死在了猎场，据说死了之后，身体还喂了狗。

就这样，因为客氏，魏忠贤被朱由校看中，并且倚为心腹，他和客氏两个人形成了客魏集团，马上就有很多大臣来投靠，后世史学家称之为"阉党"，阉割之人的党派。

为什么会有大臣投靠魏忠贤和客氏这样没学问，来路不正，还心狠手辣的人呢？你可能会说，那自然是溜须拍马之后为了升官发财，其实，这事儿还真不是那么简单。

162. 又是东北人

明末三大案之后,东林党获得了最大的好处,朝堂之上,很多大臣都来自东林党。当时领头人之一叫赵南星,职务是吏部尚书,专管选拔和考核官员。史书上记载此人的性格嫉恶如仇,刚直不阿,只要他认为的奸邪之辈,一概不可能得到提拔,甚至可能罢官;反过来,只要他认为好的,那就提拔,杨涟、左光斗、李腾芳、魏大中等人纷纷上位。《明史》上说,"南星益搜举遗佚,布之庶位",这话说明了一个事实,那就是赵南星为东林党人在朝廷上谋到了无数个官职。

一、东林党与阉党之间的争斗

这里就有一个问题,就算是赵南星正直无比,可是这种除了东林党人,其他人都不是好人的举荐方式,难道真的就那么正义吗?这种严格的二元对立道德标准,其实和党同伐异没区别,严重点儿说,就是顺我者升官,逆我者种地。况且,水至清则无鱼,这么搞,等于是断绝了东林党人和非东林党人合作的可能。

本来魏忠贤在获得皇帝信任之后,也主动地向赵南星伸出了橄榄枝,在朱由校的面前为赵南星说好话,史书上的原话是:"雅重之,尝于帝前称其任事。"可是赵南星并不买账,不仅把魏忠贤派来给自己送礼的人赶了出去,而且还当着很多人的面说:"主上冲龄,我辈内外臣子宜各努力为善。"皇上年纪小,你我这些臣子要好好干活,守住本分。中国人都讲究含蓄,在两个人还没撕破脸皮的情况下,老赵这样说,相当于当面教训魏忠贤干得不怎么样,史书上说,"忠贤默然,怒形于色",非常生气。

就这样,由于东林党人太抱团了,导致朝廷上的非东林党人,也不能不抱团取暖。他们环顾四周,在很短的时间内,就聚集在了魏公公的大旗之下。于是,明末最惨烈的一场党争,在阉党和东林党之间随即展开。

刚开始的时候,东林党人的策略很简单,他们最擅长的是舆论,什么魏忠贤趁着皇帝做木匠活去汇报工作然后干预朝政,客氏每天吃一百个菜,这两人周围聚集了大批奸臣这类新闻,每天都能上热搜。

魏忠贤和客氏这边则完全明白一个道理,只要朱由校看他俩满意、顺眼,那就该吃吃该喝喝,啥事没有。

朱由校这时候年纪也不小了,他也看明白了,两边其实都是在争夺他的宠爱。他觉得这事可以利用一下,于是,他的策略是坐在那里,看哪一边不行了,就去帮一把。给事中惠世扬、尚书王纪等人依附魏忠贤,打击东林党,蹦跶得太厉害了,朱由校一伸手,就把这几个人贬职了;等看到御史周宗建等一大群东林党人上书,说老天爷在春天的时候下冰雹,是魏忠贤这个奸臣把老天爷气的这种奏章,朱由校心里也叹口气,你们这些读书人也太扯了吧,又是一伸手,把这几位也给罢免了。

朱由校的这个策略实际上相当高明,下面的两派斗来斗去,他这个皇帝当得才有尊严,有那种一言九鼎的感觉,否则东林党人控制了整个朝廷,或者阉党完全掌握了局势,那他和一个傀儡也就差不多了,可是这样做也有一个弊病,那就是斗争的弦绷得太紧,没人干正经事了。

什么是这个时候的正经事呢?实话实说,民生经济、社会公平正义什么的,这时候还真要往后排,最严重的问题其实是在东北。

二、努尔哈赤建后金

这件事还要追溯到明神宗朱翊钧在位，也就是万历末年的时候。1619 年，大明王朝在东北输掉了一场战役，这就是萨尔浒之战。明朝的对手是一个叫作后金的东北政权，领导人的名字叫作爱新觉罗·努尔哈赤，"爱新觉罗"是他的氏族，也是他的姓，"努尔哈赤"是他的名字。

努尔哈赤是女真人，前面讲辽宋金的时候介绍过，女真人那时候分生女真、熟女真，后来生女真部落里诞生了完颜阿骨打，建立了金朝，也曾显赫一时，甚至制造过"靖康之耻"这样让汉人丢了大脸的事件。

金朝被灭之后，女真人很多都被汉化了，可是还有不少留在东北，或者在金朝灭亡的时候，腿脚利索，先跑回了东北。这些女真人一边对元朝和明朝表示臣服，一边赶紧地造人，也就是生孩子。

到了这时候，东北女真人逐渐又形成了三个部落。从地图上看，最北边的叫野人女真，是最落后的；中间的叫海西女真，他们中的大多数都是当年完颜阿骨打建立的那个大金王朝的后裔，不过这时候很弱；再往下，靠近朝鲜和渤海湾的，被称为建州女真。

努尔哈赤属于建州女真。1559 年严嵩严大人拼命给嘉靖皇帝写青词的时候，他出生在今天辽宁省抚顺市下面一个叫老城村的地方，当时那地方叫什么名字现在不知道了，但后来努尔哈赤发达了，建了一个城，称为赫图阿拉城，所以很可能，当时那里就叫赫图阿拉。

努尔哈赤的爷爷觉昌安是当时大明王朝建州左卫都指挥使，听起来好像官不小，但实际上，和一个村长差不多。努尔哈赤的娘死了之后，他爹塔克世另外娶了一个老婆，这个后妈对努尔哈赤相当不友好，还不到 20 岁的努尔哈赤被迫分家，拿了极少量的财产和妻子单过，平时靠挖人参，打松子，还有贩卖马匹为生。据说在这段时间，他还自学了蒙古语和汉语，读了《三国演义》和《水浒传》，然后就到处对人说，他是诸葛亮转世，老有才了。

如果日子就这样慢悠悠过下去，历史就是另一副样子了。可是老天爷对努尔哈赤明显有另外的安排。1574年，建州女真中力量最强的右卫都指挥使王杲不服明朝的统治，起兵反叛。

当时大明王朝在东北的总兵是李成梁，也就是李如松的爹。他带兵抓住王杲，凌迟处死，但王杲的儿子阿台却跑了。几年之后，李成梁无所事事，忽然想起了这个阿台，就带兵攻打阿台所在的古勒城。这样一来，和努尔哈赤家族就扯上了一点儿关系，因为阿台的老婆是努尔哈赤的堂姐，两个人是一个爷爷。为了救自己的孙女，努尔哈赤的爷爷觉昌安带着他爹塔克世就进了古勒城，准备劝阿台投降，或者带走自己的宝贝孙女。

很不幸的是，这对父子刚进入古勒城，建州女真的图伦城主尼堪外兰就帮着明军，打进了古勒城，觉昌安和塔克世两人在乱军之中，被不分敌我的明朝军队给砍死了。

这个意外事件，改变了努尔哈赤的生活方式，从捡蘑菇砍柴，升级到了抢地盘砍人脑袋瓜子。

事情是这样的：在觉昌安和塔克世死后，大明王朝也觉得有些愧对这一对父子，就对努尔哈赤这个嫡长孙进行了补偿，补给他敕书三十道、马三十匹和都督的任命书。这里所谓的敕书，是明朝允许女真人和中原做生意的一种许可证，类似于前面我们说的勘合文书，在当时的东北，还是挺珍贵的。女真人彼此之间经常为了这种许可证打架，因为敕书上没有名字，谁抢到了就是谁的。

随后，努尔哈赤向朝廷上书，说尼堪外兰明明知道自己的爷爷和爸爸当时正在古勒城里，帮着明朝劝降阿台，但却破城直入，导致自己成了孤儿，这事儿必须由尼堪外兰来负责。一句话，他要求政府，也就是李成梁做主，惩罚尼堪外兰。

李成梁一来没理由惩罚尼堪外兰,不可能说你攻城有罪,破敌无功;二来,他在东北混了这么多年,深知让女真人内部不和,互相打来打去,他才好坐山观虎斗。

于是,李成梁一方面拒绝了努尔哈赤的请求,另一方面,却悄悄地资助努尔哈赤整顿部下,培植力量,撺掇他去打尼堪外兰。这相当于劝努尔哈赤造反,他当时打破脑袋也想不到,这件事的后果有多严重。

就这样,1583年,努尔哈赤正式放弃了采蘑菇捡木耳的生活方式,靠着李成梁的支持,还有他爷爷和老爹留下来的13副盔甲和几十名部众起兵,举起了替父报仇的大旗,加入了大东北残酷的猎杀游戏,第一个目标自然就是尼堪外兰。

天才就是天才。三年之后,尼堪外兰的脑袋就摆在了努尔哈赤的桌上。五年之后的1588年,整个建州女真都跪在了努尔哈赤面前。一句话,他统一了建州女真,拥有了15000名女真战士。前面讲宋朝的时候就说过一句话,"女真不满万,满万不可敌",生活在白山黑水之间的这群东北人,天生就是战士,他们所欠缺的,就是组织,因为各自为战,再加上外来势力的挑拨离间,他们经常是自己人打自己人,可是一旦让他们中间出了一名组织者,把人心笼络到一起,那对中原政权就很麻烦,相当大的麻烦。

客观地说,虽然努尔哈赤个人能力突出,但是他的崛起,和李成梁的放纵有很大关系。

李成梁被努尔哈赤多次信誓旦旦的"忠于大明,心若金石"的表态所蒙蔽,一直都认为,他对朝廷,或者说对他李成梁本人是忠心耿耿的,肯定不会有二心的。所以,他一方面放心地让努尔哈赤去折腾,甚至给人给钱给官,另一方面,他把重心放在了蒙古的鞑靼部落和海西女真的身上。就在努尔哈赤崛起的这五年里,李成梁与鞑靼和海西女真交战几十次,战争虽然都打胜了,但明朝辽东军队的损失也不小,而这三股势力玩了命地互相攻击，恰恰给努尔哈赤统一建州女真创造了条件。

这一点就连朝鲜的一个普通武官李德馨都看得很清楚，他在自己的笔记里写道："（努尔哈赤）志不在于小，助成声势者，李成梁也。"

到了1592年，李成梁被弹劾罢官，丰臣秀吉让人进攻朝鲜的时候，努尔哈赤也看出来了，万一朝鲜丢了，他的建州女真就是第一个被日本人欺负的对象。于是他上书朝廷，说我们女真人也爱国，也要去抗日援朝。可是明朝还没表态，朝鲜那边先不干了，说我们不欢迎女真人。这里面的具体原因不知道，但是很有可能，朝鲜人比较了解努尔哈赤，怕他来了之后就不走了。

努尔哈赤很快就惊喜地发现，明朝、朝鲜还有日本在朝鲜境内打成一团，这东北可就真没人管了。于是在接下来的时间里，他在东北地区不断地东征西讨，收获颇丰，十几年之后，他已经征服了除了叶赫部之外的所有海西女真部落，野人女真里面也有很多小的部落投靠了他，到1616年的时候，他成了东北最大的势力。

这期间，他还做了两件对后来有深远影响的事情。

第一件就是制定文字，也就是我们现在所说的满文，但当时可不叫满文，因为满族这个称呼那时候还没出现，当时只是叫女真字。女真这个民族，论历史，不比任何一个民族短，但一直都使用别人的文字，史书上说，"用蒙古字以代言者十之六七，用汉字以代言者十之三四"。努尔哈赤对这个现象相当反感，于是就下令创造了女真字。

第二件就是设立了八旗制度。这个制度的最基本单位叫作牛录。这个词不新鲜，以前女真人的村子，要出去打猎的时候，组成一个猎杀小队，名字就叫牛录。可是努尔哈赤手下的人多，一个牛录肯定不止几个十几个人。1601年，努尔哈赤规定，一个牛录300人，五个牛录形成一个参领（甲喇），五个参领就形成一旗（固山），这样一算，一旗有大概7500人。

开始的时候，只有黄、白、蓝、红四个旗，到了1615年，手下的人越来越多，就扩展到八旗，也就是把原来的四旗镶上红色的边框，形成新的四个旗。你要是问，那原来那个红色的旗，怎么镶红边呢？镶完了红边它不还是红旗吗？简单，其他旗都是镶的红边，只有镶红旗是红旗镶白边。

这八个旗的地位在开始的时候，比较混乱，但是顺治皇帝之后，基本上就定了下来。按照地位的高低排序，分别是镶黄、正黄、正白、正红、镶白、镶红、正蓝、镶蓝。排名第一的镶黄旗，也就是黄旗外面有红边的那个，它的旗主一定是皇帝本人，所以，他在八旗的户口本上登记的职务是，"镶黄旗第一参领第一佐领上某某某"。

你要是以为这八旗就是为了打仗的，那就错了。实际上，它是一种社会组织形式，可以这样说，军事、生产、教育、科考，凡是你能想到的，都能和八旗扯上关系。

原则上来说，八旗的旗主、领主等领导人位置一定要由"入八分公"来担任。这个"入八分公"就是女真人里最显赫的八个贵族等级，分别是和硕亲王、世子、郡王、长子、贝勒、贝子、奉恩镇国公和奉恩辅国公。

其中世子是亲王的继承人，长子是郡王的继承人，但贝勒就和继承人没什么关系了，它只是一个爵位头衔，谁都可以被封为贝勒。现在有些电视剧把贝勒和阿哥等同起来，这个应该是不对的。清朝"阿哥"是皇帝儿子的专属称呼，别人是不可能用的，你要是这样叫你儿子，在那时候，你们父子俩可能一起掉脑袋，但是叫贝勒就没事。

前面说过，女真人最大的缺点就是没有统一的组织，现在努尔哈赤的八旗制度和女真文字弥补了这个缺憾，而紧密团结在努尔哈赤身边的女真人到底有多强大，我们不久就会知道。

1616年，努尔哈赤在他出生的地方赫图阿拉城正式建国，国号"金"，为了跟前一个金政权区别，一般称之为"后金"，年号天命，群臣尊努尔哈赤为"覆育列国英明汗"。

三、萨尔浒之战

努尔哈赤虽然建国，却没有四处宣扬，因为这时候的他，还不想和明朝彻底决裂，只能偷偷摸摸地建国。

不过两年之后，到了1618年，他不决裂也不行了。因为从1617年开始，整个东北亚地区气候巨变，东北粮食减产，以前作为一个强悍的小部落，只要抢一抢其他部落，自己就能活下去，可是现在管理这么大的一个后金，那必须考虑到大家都能吃上饭的事情，于是，1618年农历四月十三日，正值青黄不接的时候，努尔哈赤以"七大恨"祭天，向明朝正式宣战。

所谓的七大恨，就是七件女真人被明朝伤害的事情，包括了他爷爷、老爹被杀，还有明朝少有的几次偏袒海西女真，没偏向他努尔哈赤的事情。当然，以前李成梁对他的种种包庇，各种好处，一概不提。李成梁是谁？他努尔哈赤突然不认识了。

很快，努尔哈赤就攻陷了抚顺和清河，胜利的次数多了，胆子就越来越大。他在抚顺城里把被俘获的一名汉人割去双耳，让他给明朝带话，"若以我为合理，可纳金帛，以图息事"，给钱，我就撤兵。当然，给了之后撤不撤，那就是另一个问题了。

到了这步田地，明王朝才知道，原来这个姓爱新觉罗的家伙不是关二爷，而是大白脸曹吉利。那还说啥，对于任何"反贼"，必须消灭。

1619年农历二月十一日，经过十个月的准备，大明朝廷从全国调来各路兵马齐聚辽阳，以曾经经略朝鲜的兵部侍郎杨镐为辽东经略，总督大军，开始讨伐努尔哈赤。

明军一共分为四路，山海关总兵杜松领2万人为西路军；辽东总兵李如柏,也就是抗倭援朝那个李如松的弟弟,也率2万人,为南路军;开原总兵官马林也是2万人,为北路军,他这一路里还有海西女真叶赫部的2000人帮忙;最后一路东路军总兵官刘𬘩为主将,只有1万人,但是朝鲜来的1.3万人也加入他的队伍,算起来这一路人马最多。

在出发之前,杨镐耍了一个心眼儿,他写信给努尔哈赤,说你等着,我就要去打你了,我们的军队一共有47万那么多,二月二十八就出发。在军队数量上,他虚报了将近五倍,日期上拖后了三天,实际上,明朝的10万人二月二十五就出发了。

杨镐以为自己阴谋诡计玩得好,就像孙子这位兵家老祖宗一样了,可是努尔哈赤手下探子多了去了,既然已经准备和你开战,自然是把你的虚实探听得一清二楚,他完全清楚杨镐在干啥。

这里我要说一句,你要是想影响对方,那一定要记住一件事,千万别让对方以为他的信息是你告诉他的,否则只要智商正常,都不会相信。你得真真假假,虚虚实实,让对方以为是他自己"独立思考"之后得出的结论,那样,他才会相信这个信息。这和今天的舆论宣传是一样的,强行让你相信的,叫作"灌输",是最低级的宣传手段;高级的,都是让你想了半天之后,"恍然大悟"得来的,那才是"洗脑"。

言归正传,努尔哈赤自然不会被杨镐"灌输",他研究了一下,说了一句"凭尔几路来,我只一路去"。这句话翻译过来,就是我不会死守在家里,和你四路兵马同时开战,而是集中所有女真兵力,一路一路地和你玩下去。前面说过,八旗制度,每一旗大概是7500名士兵,那一共就是6万人左右,这样无论是对上明军的任何一路,都是绝对的优势。

根据探子们的情报,西路军的杜松星夜兼程,第一个赶到的,应该就是他了。

杜松这个人是一条汉子,他在大东北农历二月份的天气里,光着膀子率军队渡过了浑河,三月初一,赶到了萨尔浒。这地方在今天的辽宁抚顺市区东边，是一个大水库。悲催的是，杜松走得太快了，其他几路都还没到，2万明军对上几万八旗兵，结果全军覆没，杜松卒。

接着是北路军马林，他在杜松刚刚败亡的时候赶到了萨尔浒，若是再早一点，就可以和杜松并肩作战，给努尔哈赤沉重的打击。若是再晚一点，已知杜松全军覆没，他就不会那么急赶过来。结果他们刚到达战场，就遇到了胜利之后兴奋异常的女真人，结果也不幸全军覆没。马林自己在十几个亲兵的舍命保护下，逃回了开原。

东路军的刘𫄧是一个糊涂蛋，他在三月初三的时候，居然还不知道西、北两路明军全军覆没的消息，被努尔哈赤用小股人马和假消息引诱到包围圈，也全军覆没了。刘𫄧本人相当英勇，在整个脸都被削去一半的情况下，还杀了几十名女真士兵，最后不敌而死。

杨镐在听到三路军队都被消灭的情报后，马上命令李如柏撤退，李如柏本来就贪生怕死，一直磨磨蹭蹭，现在听到下令撤退，一溜烟地往回就跑，他这一路倒是没什么损失。

在历史上，这一战称为"萨尔浒之战"，以后金努尔哈赤的完胜告终，从此之后，大明朝在东北转为全线防守，而每一个女真人的野心都被激发起来，对明朝从小股骚扰，转为全面进攻。

四、大明丢东北

就在朱由校上台的第二年，1621年，八旗子弟们占领了辽阳和沈阳，离中原是越来越近，这当然成了朱由校要面对的头等大事。

在这种情况下，朱由校起用了熊廷弼担任辽东经略。"经略"这个职务在明朝并不是常设官职，它是指政府临时派出，负责重大军事行动的长官，地位要高于地方的总督和巡抚。可惜的是，熊廷弼这个长官，压不住当时的广宁巡抚王化贞。

看那时候的地图，就会发现，努尔哈赤占据了沈阳和辽阳之后，下一步要面对的，就是广宁城（位于今辽宁北镇）。明朝和后金的军队隔着辽河遥遥相望。

王化贞这个人，本事不知道怎样，但是经常对外吹牛，说自己用 6 万人就可以收复整个辽东，相当地傲慢；更因为朝里的内阁首辅叶向高是他的老师，对他很好，所以根本也不把手下没有兵将的熊廷弼放在眼里。

当努尔哈赤敏锐地感觉到明朝放到东北的熊、王两名最高军事指挥官不和之后，毅然决定率兵渡过辽河，进攻广宁。

王化贞调出广宁闾阳的军队迎战，结果一个照面，各路人马就被打趴下了，3 万明军全军覆没。正在这时候，广宁城内的守将孙得功突然反叛，准备抓住王化贞去努尔哈赤那里领赏，吓得王化贞玩了命地逃出了广宁城，一溜烟向南跑，在大凌河附近遇到了带着 5000 人的熊廷弼。

《明史》里对这两人的相遇，有非常戏剧性的描写，"化贞哭，廷弼微笑曰：'六万众一举荡平，竟何如？'"在王化贞的哭哭啼啼和败退伤员的痛苦呻吟声中，熊廷弼一脸微笑地问王化贞，您的 6 万人收复辽东的计划呢？接着，"化贞惭，议守宁远及前屯。廷弼曰：'嘻，已晚，惟护溃民入关可耳。'"

意思是，王化贞相当惭愧，但还是建议去守住宁远和前屯一带，熊廷弼轻蔑地嗤笑说，晚了啊，王大人，现在只能退进山海关了。于是，王化贞带着 5000 人殿后，熊廷弼转身引领辽西难民往山海关行进，这两人一前一后地退入了山海关，把关外整个东北让给了努尔哈赤。后金兵随即占领了包括锦州、大虎山、松山、塔山在内的 40 多个城堡。

大明王朝就这样丢掉了整个东北！

163. 打倒九千岁

1622年，大明王朝丢掉了山海关之外的整个辽东。辽东经略熊廷弼的心情居然是幸灾乐祸，这让人难以理解：整个大东北没了，你这个经略难道不要负责任吗？虽然熊廷弼和王化贞之间并不是党派之争，但这种把私人感情凌驾在国家之上的争斗，却也恰恰是当时东林党争的一个缩影，大家争来争去，争的就是一口气。

一、熊廷弼、王化贞之死

东北失守，京师震动，很多人开始悄悄地做南逃的准备，"士大夫日夜潜发其孥南还，首鼠观望"，赶紧地，把家里值钱的运到南京去是正事。与此同时，王化贞和熊廷弼也在1622年年初被抓回了北京城。朝野上下一片谴责之声，一直要求判两人死刑。

四月，两人被刑部和大理寺的联合法庭判处了死刑。诡异的是，王化贞一直到崇祯五年（1632），才被执行死刑，隔了10年之久；熊廷弼也是在收到死刑判决书的3年之后，即1625年的八月，才被砍了脑袋。为什么两个死刑犯隔了这么久脑袋才落地，史书上没说，实际原因并不复杂：围绕这两颗脑袋，东林党和阉党展开了殊死搏斗，最后以阉党的胜利而告终。

事情是这样的：

熊廷弼、王化贞都和东林党有着千丝万缕的联系，但是由于派系不一样，他俩的入狱就导致了东林党内部意见不统一。有的人说要千方百计保住熊廷弼，有人说不对，要抛弃熊廷弼，保住王化贞。作为东林党早期成员，王化贞明白，自己最后很可能就是那个被抛弃的，他迫不及待地转换了门庭，投入了大内总管魏忠贤的怀抱，希望能晚死两天。

就这样，东林党人杨涟、左光斗等人上书，请求赦免熊廷弼，说"议经略者终难抹杀其功，怜经略者亦难掩饰其咎"，意思就是有功有过，可以宽恕，而魏忠贤则是"誓速斩廷弼"。

于是，在双方的漫骂攻击中，熊廷弼和王化贞都没有在1622年这一年被秋后问斩，活了下来。在这期间，无论是东林党人，还是魏忠贤，都升了官，杨涟升任为左副都御史，正三品的大官，魏忠贤则是"兼掌东厂事"，变成了特务头子。

二、"六君子"与"七贤"

1624年，天启四年，最后的决战终于来临，挑起战火的还是杨涟，这个东林党人的急先锋在六月份上书，弹劾魏忠贤二十四大罪，结论是应该把他凌迟处死。为了保证让天启皇帝看到这篇奏章，东林党人发挥了强大的舆论宣传功能，几乎让所有老百姓都知道了这件事。

很可惜，东林党人失算了，史书上说朱由校"皆不纳"，对所有人的上书，都好像没看见一样。《明史》上说他是被魏忠贤给蒙蔽了，《明朝那些事儿》更是直接说因为朱由校不识字，所以魏忠贤找人给他读的是假的弹劾奏章。

关于朱由校不识字这个说法，绝对是一个谣言。翻开《明史》《明实录》，上面对于朱由校书法的赞美有好几处，说他的字"体势端严""笔法遒劲"，书法写得这么好，你说人家不识字？

实际上，朱由校之所以不理会杨涟的弹劾，主要问题就出在杨涟写的二十四大罪上，比如其中说："中宫有庆，已经成男，乃忽焉告殒，传闻忠贤与奉圣夫人实有谋焉。是陛下且不能保其子矣，大罪十。"这说的是朱由校的张皇后怀孕之后生下一个死胎的事儿。杨涟的意思是，我听说啊，这事儿是魏忠贤和客氏做的手脚，陛下，您怎么还保不住自己的儿子呢？

还有"裕妃以有妊传封，中外方为庆幸。忠贤恶其不附己，矫旨勒令自尽。是陛下不能保其妃嫔矣，大罪九"。再如"昔尧以十四月而生，假令当日裕妃幸存，安知不为尧母？"这两段话也是说宫廷内部的事情：我听说啊，魏忠贤假传圣旨，把怀孕13个月还没生下孩子的裕妃整死了。您要知道，当年五帝之一的君主尧，他娘可怀了他14个月，如果裕妃没死，也许会生下来一个尧来。陛下啊，您怎么还保不住自己的小老婆呢？

杨涟在这里犯的最大错误，并不是"我听说"，因为他当时的职务是左都御史，也就是言官，中国古代有一个传统，言官可以"风闻奏事"，根据听说的内容上奏，没问题。

他的问题是另外两个。第一，无论对哪一个皇帝，私生活都是一个禁忌——我媳妇流产，怀死胎，十几个月生不下孩子，我能不急吗？我能不查得清清楚楚吗？本来外面瞎传就让我心里难受了，你作为三品大员，朝廷上的事儿不管，专门挖我的隐私，你是傻呢，还是别有用心？

杨涟的第二个错误最致命。当年嘉靖时期官员弹劾严世藩，首辅徐阶就说了，你们说的这些，都是皇帝亲口批准的，现在翻旧账，等于是打皇帝的脸，严世蕃反而会因此无罪。同样，杨涟弹劾魏忠贤的二十四大罪，大多数都是魏忠贤如何迫害东林党人，但这些都是朱由校知道，并且亲自下旨批准的行动。现在用这些罪名弹劾魏忠贤，等于是指着朱由校鼻子骂他是昏君。况且，东林党人受委屈了，就是被迫害；那阉党的人呢？朱由校也没少帮着东林党人迫害阉党吧？你怎么不提了呢？

所以，杨涟把斗争的方向搞错了，他最应该弹劾的，应该是魏忠贤贪污、谋反、勾结藩王等罪名。可惜，杨涟政治水平不到位，这些他几乎没说，那自然一点儿效果也没有。不仅没有效果，还把自己和东林党很多人搭进去了。这年十月，他和吏部侍郎陈于廷、佥都御史左光斗，一起被以"大不敬，无人臣礼"的罪名削职为民，回家种地去了。东林党人纷纷被削职，东林党在朝廷里的声势降到了最低点。

到了这个时候，朱由校的态度也发生了转变。也许是因为杨涟不着边际的二十四大罪弹劾，也许是他厌倦了党争，也可能是魏忠贤对他的影响加大了，或者是他开始讨厌东林党假借道德之名行党同伐异之实。无论什么原因吧，朱由校放弃了东林党，转而全力支持魏忠贤。

魏忠贤当然不会放过这个时机。

1625年，天启五年，魏忠贤把一名叫汪文言的官员抓进了大牢，严刑拷打，逼他承认，熊廷弼为了能免死，曾经通过他给杨涟、左光斗行贿，这才有了杨涟上书为熊廷弼求情的事情。

于是，大明王朝历史上惨烈一幕发生了。很多东林党人都被以调查案件的名义抓进了监狱，锦衣卫都指挥佥事许显纯在魏忠贤的指使之下，对这些东林党人用尽了酷刑。汪文言被打得身上没有一块好肉，嘴里仍旧高呼"天乎冤哉！"死死咬紧牙关，不肯污蔑其他东林党人，最后被活活打死；左光斗的学生史可法偷偷进监狱探望，发现老师"已不成人形"，最后也被许显纯活活打死。

按照某些史书的描写，最悲壮的，应该是杨涟，他被打到脸部变形，牙齿全都脱落。许显纯还用钢刷子刷遍他全身，用沙袋压胸口，铜锤击打胸部，最后用铁钉钉入脑袋，把这位东林党人的先锋官整死了。据说他留下了一封遗书，名字就是《狱中绝命辞》，说实话，看了这遗书，没有不感动的。

杨涟在遗书中先是说了自己在狱中所受酷刑，但他是抱着必死的决心进来的,不想跑,"痴心报主……欲以性命归之朝廷"。然后说自己为什么这么坚决:"惟我身副宪臣,曾承顾命。孔子云:'托孤寄命,临大节而不可夺。'恃此一念,终可以对先帝于在天,对二祖十宗与皇天后土矣。"意思是,当初光宗朱常洛临终之时,每次召见的托孤大臣里,都有我杨涟,我必须对得起这份信任,死了之后,我可以坦然地面对他与列祖列宗了。

他最后的一句话是,"大笑大笑还大笑,刀砍东风,于我何有哉!"你们尽情地用刑吧,我只会大笑,而不会屈服。

遗憾的是,对于上述的狱中情节,现在无法确定真伪。无论是杨涟的遗书,还是他受刑经过,都不知道真伪。原因是《明史》上的记载只有短短的一句:"显纯酷法拷讯,体无完肤。其年七月遂于夜中毙之,年五十四。"没提他是如何被用刑的,也没提他是如何死的,更没提遗书。

不过我个人倒是偏向于这事儿是真的,没有什么理由,只是出于对纯粹儒家知识分子的敬重和对杨涟性格的了解,如此而已。

言归正传,杨涟死了,左光斗死了,还有给事中魏大中、御史袁化中、陕西副使顾大章、太仆少卿周朝瑞,全都因为子虚乌有的"熊廷弼汪文言贿赂案"死在了狱中,他们六人被后世称为"东林六君子"。用另一名东林党人周宗建的话说就是"别借廷弼,欲一阱陷之",即魏忠贤想借着熊廷弼迟迟不被杀这件事,把东林党一网打尽。当然,熊廷弼也随即被杀,王化贞因为转投了魏公公,居然又在监狱里多吃了 7 年的牢饭。

随后,在第二年,1626 年,又有七名东林党人因另一个莫名其妙的贪污案被逮捕入狱,死在了锦衣卫的诏狱中,称为"东林七贤"。就这样,东林党在大明王朝表面上的力量,几乎全被阉党消灭,史书上说东林"累累相接,骈首就诛",死得差不多了。不过,东林党根基深厚,这一次失败之后不久,他们就卷土重来了,后面还会说到。

东林党和魏忠贤之间的死磕,归根结底,是东林党人看不惯太监手里有权力。在这一点上,我个人更欣赏张居正的统战做法,他和大太监冯保联合,稳定内部,然后为大明王朝踏踏实实地做实事儿。就在阉党和东林党斗得你死我活的时候,大明王朝实际上已是内忧外患,摇摇欲坠了。

三、魏忠贤倒台

王莽的新朝要完蛋的时候,老天爷发了一场黄河大洪水警告王莽;轮到明朝,可能是情况实在太严重了,警告信息相当地多。1626年,京师发大水,多地出现了旱灾和蝗灾,大江南北,民不聊生,危机四伏;同年5月30日,端午节的第二天,北京西南郊王恭厂附近,发生了一场诡异的大爆炸。王恭厂是明朝工部制造火药的兵工厂和储存库,按理说,发生爆炸不稀奇,稀奇的是,这场爆炸规模实在太大,2万多人死伤,据估算,威力不小于广岛原子弹爆炸,只是没有辐射而已。

更诡异的是,被爆炸波及的人,衣服都没有了,"所伤男妇俱赤体,寸丝不挂,不知何故",而爆炸中心却"不焚寸木,无焚烧之迹",史称"王恭厂大爆炸"。

现在科学研究的推测有好几个,什么地震说、龙卷风说、陨石说、外星人说等,但是在当时,这事儿只有一个解释,那就是老天爷不满意朱由校这个皇帝了。

朱由校自己也是这么认为的。他吓得赶紧下罪己诏,向老天爷认错,同时警告各级官员,"务要竭虑洗心办事,痛加反省"。不过可能是老天爷觉得,你朱由校连身边的奴才魏忠贤都管不好,让那家伙胡作非为,还是换一个皇帝比较省事。

第二年,也就是1627年的夏天,朱由校去西苑的湖上游玩,一阵大风刮过,别的船都没事,就他的小船来了一个底朝天。朱由校虽然被宦官七手八脚地救了上来，但连惊带吓，一下子就病了。拖了一段时间之后，他终于明白了，这是老天爷想让他回去了。于是，弟弟朱由检就被叫了进来，朱由校一脸疼爱地对这个 16 岁的弟弟说："来，吾弟当为尧舜"，想要传位给朱由检。

实话实说，除了朱由检，他还真没人可以传位。因为他的三个儿子都已不在人世：二儿子 1 岁时得病死的；三儿子也是 1 岁的时候，王恭厂大爆炸吓死的；最可怜的就是老大，张皇后怀的孩子，前面说过，生出来就是死的，人间太不值得，连看都不愿意看一眼。

就这样，1627 年 9 月 30 日，明熹宗朱由校驾崩在紫禁城乾清宫，终年只有 22 岁。两天之后，朱由检继承皇位，成了明朝最后一任皇帝，年号崇祯。

从这一天起，大明王朝进入了倒计时。

历史上对天启皇帝朱由校的评价非常差，《明史》上说，"帝之庸懦，妇寺窃柄，滥赏淫刑，忠良惨祸，亿兆离心。虽欲不亡，何可得哉"。意思是他昏庸怯懦，导致魏忠贤客氏专权，随意赏赐和惩罚，陷害忠良。一直到现在，最流行的说法还是"明亡于天启"。

北洋军阀吴佩孚年轻的时候是个秀才，经常研究明史，据说有一天他老师在讲台上发感慨，"无为而治兮，不必生一神宗三秩"，吴佩孚应声对仗："有明之亡矣，莫非杀六君子七贤。"很明显，吴佩孚年轻时也认为，大明王朝之所以灭亡，是因为杀了 13 个东林党人。

我个人的看法是，大明王朝从嘉靖时代开始，就逐渐地走下坡路了，万历年间更是一年不如一年，到天启皇帝朱由校这里，积重难返。朱由校智商平庸，还没接受过系统的训练，是不可能成为一个中兴之主的，但把所有锅甩他脑袋上，也不太公平。

至于东林党和魏忠贤之间，主要是权力斗争，不完全是正义不正义的问题。朱由校在阉党和东林党之间搞平衡，这个谋略也不能说不对，但是到了后期,他完全信任魏忠贤,那就是过了。并不是魏忠贤不忠心,但他大字不识一个,文盲中的文盲,只能用来做对付东林党党同伐异的工具,不可能成为国家的顶梁柱。

可笑的是,朱由校在临死之前,还叮嘱接班的弟弟朱由检,"魏忠贤可任也",让他依仗魏忠贤这个太监,好好治理国家。

朱由检也是个不幸的人。他母亲刘氏地位低下,还被朱常洛厌恶,他的出生只能用一首歌来形容——"冲动的惩罚"。所以,幼年朱由检看到的生活场景是,他爷爷讨厌他爹,他爹讨厌他娘,他娘经常哭泣落泪,看起来也讨厌他。这样的生活肯定没办法说是幸福的。他3岁的时候,母亲刘氏因为又一次得罪了他爹,被下令活活打死,然后小朱由检就被交给前面说过的李选侍抚养,几年之后,又转给李庄妃抚养。还好,李庄妃对已经是少年的朱由检很不错,一直把他当亲儿子抚养至成人。

哥哥当了皇帝之后,朱由检的日子可以说是一平如水,波澜不惊。现在,16岁的他登上了大明王朝的最高位置,让所有人都没想到的是,他做的第一件事,竟是打朱由校的脸——他把魏忠贤给整死了。

魏忠贤在两年以前,干掉了东林党,一家独大,膨胀得相当厉害。从内阁、六部至四方的总督、巡抚们,几乎全都看他一个人的脸色行事,各地官员阿谀奉承,称其为九千岁,更不要脸的就称呼他为9900岁,只比万岁少了100岁。

那时候,写东西为他歌功颂德已经是落后的手段了,最新的拍马手法是建生祠。什么叫生祠?就是人还活着呢,就给你建一个祠堂,供奉你的画像。这东西明显是汉族文化的一个异端,因为祠堂本来是供奉神或者祖宗的,虽然人活着就立祠堂的事情古代也有,但正经人是看不上眼的,儒家知识分子更是嗤之以鼻,一直都很少。谁知到了魏忠贤这里,他大字不识一个,别人给他立生祠,他居然叫好。这样一来,民间马上就形成了给魏公公建生祠的风气,史书上说"几遍天下"。很快就有一些人跳出来,从理论上阐述给魏忠贤立生祠的合理性。就在朱由校去世之前的两个月，北京城里一个叫陆万龄的监生，还写了一篇文章，把立生祠的原因解释为魏忠贤和孔子一样伟大。原文是："孔子作《春秋》，忠贤作《要典》。孔子诛少正卯，忠贤诛东林。"所以，必须立祠堂。我觉得，这人没写孔子要吃饭，魏公公也要吃饭，还算是要点儿脸。

如此伟大如此膨胀的魏公公在朱由检眼里，是个什么形象，我们几乎不需要思考，就能猜个八九不离十，那肯定是奸臣一个。

于是，朱由检上台之后不久，就有一个来自嘉兴的国子监贡生钱嘉征上书，弹劾魏忠贤的十大罪状。已经布置好了的崇祯皇帝坐在龙椅上，一边看着在地上磕头的魏忠贤，一边让人慢慢地读钱嘉征的这篇指控书，每读一条，朱由检就问一句，有没有这事？据史书上说，魏忠贤面如土色，不能回答，此时距离朱由校去世还不到三个月。

接下来，十一月初一，崇祯下诏，让魏忠贤去安徽凤阳看管他们老朱家的祖坟。魏忠贤这时候智商不在线，他想的是，我替朱由校除掉了东林党，又让你朱由检顺顺利利地当上了皇帝，这应该算得上居功不傲，急流勇退了吧？还以为他和皇帝之间的故事就此画上了一个圆满的句号——他交权，皇帝放他一马，让他安度晚年。基于这个认知，他居然带着很多亡命之徒和大量财宝去凤阳上班。

于是，朱由检以此为借口，发出了第二道命令，命令锦衣卫把魏忠贤抓捕归案。魏忠贤在路上听到这个信息之后，知道自己的死期到了，等走到河北阜城县的时候，在一个小旅店里，和同伙李朝钦喝了一晚上的闷酒，然后用一根绳子吊死在旅店房梁上。

你可能会说，那么威风的九千岁就这么死了？这个弯儿拐得实在太急，反差也太大，有点儿适应不了啊。

这事儿在明朝其实一点儿也不奇怪，前面说的刘瑾也曾经权势熏天，可一夜之间，就被"好玩皇帝"明武宗凌迟处死，连个浪花都没激起来。

这足可证明，明代实际上并没有真正意义上的"宦官乱政"。根本原因是，明代宦官并没有形成独立的政治团体。像唐朝那样，掌握禁军的太监能废立皇帝，在明朝是不可想象的。这些太监在明朝，就是皇帝手里的一杆枪，用来协助皇权对付文官集团的。

这从另一个侧面证明了一件事，明朝其实并没有出现真正的傀儡皇帝，他们无论是不上朝，还是做木匠活，实际上都是牢牢地把权力把握在自己手里的，这一点，大多数史学家也都承认。

那么，铲除了魏忠贤这个公认的大奸臣，崇祯皇帝就高枕无忧了吗？没有，因为帝国当时的问题绝不只是魏忠贤。

164. 五个大问题

崇祯皇帝朱由检除掉魏忠贤之后，还要面对五个大问题——天灾、官祸、财贫、民变和外患。一句话，他从哥哥手里继承的，是一个破烂不堪，踹一脚就会倒下的老房子。

一、天灾

中国著名气象学家竺可桢提到，在中国历史上，出现过四次小冰河期。所谓小冰河期，就是在一段时间里，气温下降，旱涝相继，蝗灾虫灾等异常不断。前三次小冰河期分别是商朝末年到西周初年、东汉末年到西晋初年，以及唐末到北宋初。看到这里，你可能会一拍大腿，那不就是中国历史上几次大动荡时期吗？是的，所以现在有理论说，商、汉、唐三朝的灭亡并不仅仅是因为吏治失败，气候条件的恶劣，也是一个很大的原因。

很不幸的是，崇祯皇帝恰好赶上了第四次小冰河期。按照史书上的记载，从崇祯元年开始，一直到他吊死在景山上，每一年都是灾祸不断。《汉南续修郡志》记载的陕西情况是："崇祯元年，全陕天赤如血，三年、五年大饥，六年大水，七年秋蝗、大饥，八年西乡大旱，略阳水涝，九年旱蝗，十年秋禾全无，十一年夏，飞蝗蔽天……十三年大旱……十四年旱。"读下来，就没有一年是风调雨顺的。

其实何止陕西，当时全国都差不多，至少陕西没有瘟疫，而河南、河北和北京附近从崇祯十三年起，一直到大明灭亡，就不断地暴发瘟疫，那时候叫疙瘩病。史书记载，"人偶生一赘肉隆起，数刻立死，谓之疙瘩瘟"，现在我们知道了，这就是鼠疫，曾经横行欧洲的黑死病。

明朝那时候的人，自然不懂这个，只知道老天爷不让老百姓活了，那肯定是皇帝没干好，所谓"天听自我民听"。

二、官祸

崇祯时期有一位名叫孙传庭的将领，用"权贵豪强，衙蠹学劣"这八个字概括陕西侵夺屯田的恶势力。其实这八个字也可以扩大到当时整个社会的情况，其中尤其以官商勾结最为严重。明朝小说《金瓶梅》所描写的官商关系和金钱对封建政治的侵蚀，可以说是明朝末年一个很突出的现象。大商人们利用官员们的权势，可以合理合法地不交税。

实际上，明朝末年，很多官员就是大商人。号称明末四公子之一的冒襄和他爹冒起宗在明史上以气节文章名满天下。据说冒起宗刚直廉洁，居官数十年，"行贿请托无人敢入"，没人敢给他行贿。可就是这样一个人的儿子，却出入妓院，和包括陈圆圆在内的一众名妓都有往来，最后还娶了名妓董小宛为妾。他在自己写的《影梅庵忆语》一文中说，这事儿是朋友帮忙，有人替他出了赎金，至于说赎金的具体金额，他自己说是"几百金"，但也有人说是三千两白银，从此董小姐"却管弦，洗尽铅华，精学女红"，伺候他冒公子一个人了。

要知道，那时候明朝大将身边的亲兵卫队成员，一年的收入也不过10两银子，把冒襄买妓女做小妾的银子拿出来去陕西、河南这些正在人吃人的省份，立马就能招到几千饥民，干啥都行。一个20多岁、一天班也没上过的公子哥如此花天酒地，而那个在朝廷里做官的爹号称清正廉洁，一分贿赂也没收过，那这些钱都是谁给你的？所谓官就是商，商就是官，说的就是老冒家这样的人了。

当然，这样的情况不只冒襄一个人。明末四大公子中的另一位，也就是侯方域，买下名妓李香君的价格估计也不低。至于说著名的文人钱谦益，给妓女柳如是赎身的钱，那也绝对不便宜。

上面这些人都号称清廉，和东林党有千丝万缕的联系，甚至就是东林党党魁，那么，明朝工商业的税收之少，还用解释吗？

三、财贫

崇祯面临的第三个难题是国家没钱。原因自不必说，有了上面的天灾和官祸，他要是能有钱，那才是出鬼了。

该如何解决这个问题？如果魏忠贤还活着，崇祯也许可以效仿他爷爷朱翊钧，派出宦官去征收"矿税"；可是魏忠贤已死，满朝都是东林党的成员，那还怎么收？最后没办法，崇祯只好强行给农民加税，这就是有名的明末三饷，分别是辽饷，以对抗女真人名义加的税钱；剿饷，以剿灭民变的名义收的钱；还有练饷，说是为了防止北方强盗过境骚扰，国家需要你的帮助而纳的税。

问题是，所有这些税钱全都加在了土地上！

也就是说，明朝穷得要死的皇帝，去向比他还穷的农民要钱，中间一大堆肥得流油的"官商"阶层坐在旁边，一边喊着仁义道德，一边搂着妓女吃着冰凉的西瓜看戏。明末三饷高到什么程度呢？清初大学者顾炎武在《天下郡国利病书》里写道："民田一亩值银七八两者，纳饷至十两。"你就是卖了这块地，都交不起政府想从这块地里收的税，这简直就是滑天下之大稽。

四、外患

三饷问题直接导致了民变，也就是老百姓起义，这一点后面会详细说。现在先来看看崇祯的最后一个问题，外患。

这事儿要从崇祯上台的几年前，熊廷弼和王化贞被抓那时候说起。他俩被关进监狱之后，天启皇帝朱由校又起用了一个新的将领，名字叫孙承宗。

史书上记载，孙承宗长得"铁面剑眉，须髯戟张"，似乎和《三国演义》里的张飞差不多。他15岁中秀才，31岁中举人，在41岁的时候，以殿试第二名荣登头甲，差一点就是状元郎。他被朱由校派到北方的时候，身份是兵部尚书兼东阁大学士。这样显赫的身份，导致他下车伊始，就要指手画脚，因此很快和当时北方的另一名将领王在晋发生了争执。不过与熊廷弼和王化贞之间完全情绪化的争斗不一样，孙承宗和王在晋争论的焦点是军事问题。

两人都认为必须以防守为主，但王在晋的防守策略是收缩防线，固守山海关，山海关之外坚壁清野；而孙承宗的办法是在山海关外筑城，这是一种主动防守的策略，类似于游戏里的塔防。

我个人认为，王在晋的办法比较符合实际情况。孙承宗的主动防守需要建造堡垒，加固很多地方的城防，还要往里面补充兵员，训练士兵，补给线也相当长，时不时还要和女真人争夺阵地，打消耗战，这些都要花钱，而大明王朝这时候最缺的就是钱。

王在晋龟缩山海关以内防守的策略，至少有两个好处：第一自然是花钱少。第二，后金如果想进攻，也不容易。当时正值小冰河期，东北肥沃的黑土地也歉收得厉害，如果明朝在关外坚壁清野，彻底放弃，努尔哈赤和他的儿子们即便是抢，也没地儿抢去。

《明实录》里记载了王在晋的话："臣尝谓必有复全辽之力量，而后可复广宁，必有灭奴之力量，而后可复全辽。不然虽得之必失之，启无已之争，遗不了之局，而竭难继之供，不可不虑。"这段话相当重要，它的核心意思就是，要积蓄力量，等到能彻底打败对方的时候再出击，否则就是添油战术，早晚把我们的人力和财力都耗光。

后来有一些人歌颂孙承宗，贬低王在晋，在我看来，这只是一种政治正确。因为王在晋这种缩在乌龟壳里挨打的策略，在他们看来，很憋屈，是耻辱。

很不幸的是，当时的皇帝朱由校，正值血气方刚之年，他也觉得王在晋这种战法不符合自己的脾气，于是最终选择了孙承宗，把王在晋打发到南京养老去了。

孙承宗之所以被后人吹捧，还有一个原因，就是一开始的时候，他的策略看起来成功了。史书上记载他修复宁远（位于今辽宁兴城）等大城九座，堡垒四十五座，练兵十一万，拓地四百里，屯田五千顷，并且说："自承宗出镇，关门息警，中朝宴然，不复以边事为虑矣。"意思是孙大将军在边境横刀立马，反而是女真人龟缩不出了。

可是关于这事儿，翻一下史书就会发现，他成功的唯一原因，是那时候努尔哈赤正和蒙古察哈尔部交战，没时间搭理他。可惜，明朝朝廷没有人从全局关注这件事，都把成功的原因归到孙承宗身上，从此在这条错误的防守道路上一路飞奔下去。

孙承宗在山海关外打造的这几十个城堡，分别以山海关、宁远、锦州为中心，号称"关宁锦防线"。对这条防线最坚定的支持者，除了孙承宗，还有王在晋以前的下属袁崇焕。

袁崇焕是进士出身，但同时也是一个狂热的军迷。开始的时候，因为确实有军事才干，被王在晋破格提拔，让他独当一面，镇守宁远和前屯卫两个山海关的前哨城池。后来当王在晋和孙承宗出现策略分歧之后，袁崇焕坚定地站在了孙承宗这一面，抛弃了王在晋，因为他也认为依托关宁锦防线，进行积极防守是正确的。

就在孙承宗和袁崇焕准备大展拳脚的时候，魏忠贤开始清洗东林党人，孙承宗自然不能幸免，被调回后方，安了一个闲职。接任的，是一名叫作高第的官员。

我们现在并不知道高第是选了和王在晋一样的谋略，还是单纯想显示自己的不一样，他一上任，就命令山海关外的明军全部撤回。

作为关宁锦防线的铁杆支持者，袁崇焕虽然级别比高第低，但这时候就显示了他性格中执拗的一面，他梗着脖子对高第说，就不。

结果除了袁崇焕驻守的宁远，关外的军队全都撤了回去。

撤军也不是不行，问题是，高第的军事水平实在太差，一次主动撤退让他给搞得手忙脚乱，很多物资不仅没撤回来，还留在了当地。努尔哈赤一开始还以为是对方的计策，后来发现，原来高第就是这么一个货色，让自己的军队一枪未发，就白白地收获了很多物资，捡了一个大便宜。

袁崇焕和当时辽东的很多将领十分看不起高第的水平，这也间接导致后来在山海关防守问题上，龟缩防守更没人敢再提了。因为只要一说，就变成和高第一样的草包了，只能说可惜了王在晋将军相当高明的战略思想。

1626年正月，努尔哈赤终于和蒙古人打完了仗，带兵到了宁远城下。在他看来，这是一座孤城，可以轻松愉快地拿下。不仅是他，大明朝廷也是这么想的。

史书上说"中外谓宁远必不守"，可是让大家万万没想到的是，袁崇焕和大将满桂，副将左辅、朱梅，参将祖大寿、何可纲，这几个人率领一群誓死保卫宁远的明朝士兵，居然就真的守住了宁远城，后金军队在付出了大量伤亡的代价之后，只能撤军。

有人说，就是在这一仗里，努尔哈赤被袁崇焕的大炮击伤，这事史书上没有写，只说了努尔哈赤相当地郁闷。《明史》里记载："我大清举兵，所向无不摧破,诸将罔敢议战守。议战守,自崇焕始。"意思就是自从努尔哈赤起兵以来,明军一向只敢龟缩防守,根本不敢有进攻的念头,敢想想进攻的事情,是从袁崇焕开始的。

这一战在明朝称为宁远大捷,意义相当重大。不过,很多史书说它是明对后金的第一场胜利,这肯定是不对的;至于哪一场战争是明朝对女真人的第一场胜利,以及为什么会有那么多人说袁崇焕是对后金作战胜利的第一人,我这里卖个关子,后面再说。

宁远大捷的后果就是袁崇焕的地位直线上升,本人被提升为兵部右侍郎辽东巡抚。明王朝上至朱由校,下至普通士兵,一时之间,对他都是言听计从。袁大人也很会来事,他和魏忠贤派去的两个监军太监相处得特别好。在这一点上,袁崇焕并不迂腐,他甚至上书,请求为九千岁魏忠贤在宁远和前屯卫立生祠。

所有这一切,最后都促成了一件事,那就是袁崇焕和孙承宗心心念念的"关宁锦防线"在耗费了大量金钱之后,终于搞起来了。

在这期间,还发生了一件大事,那就是努尔哈赤死了。不知道是不是被袁崇焕打败之后太憋屈,反正在1626年夏,在宁远大捷七个月之后,努尔哈赤疽病发作,驾崩在从清河返回沈阳的路上,终年67岁。他死之后,由儿子皇太极即位。

皇太极继承的是皇位吗?

"皇太极"不是称号,而是名字,他的全名是爱新觉罗·皇太极。皇太极的母亲孟古哲哲是那拉氏叶赫部的女人,和后来的慈禧老佛爷一样,都属于现在大名鼎鼎的叶赫那拉氏。孟古哲哲的名分是中室大福晋。拜电视剧所赐,"福晋"这个词我们现在很熟悉,都知道它是女真语"老婆"的意思,但她究竟是妻还是妾呢?按照汉族人的理解,努尔哈赤的原配是佟佳氏的哈哈纳扎青,那么哈哈纳扎青肯定是妻,生的孩子是嫡出,其他的，包括孟古哲哲，虽然也叫福晋，只能是妾，生的孩子是庶出。

其实，这是一种误解。后金实行一夫多妻多妾制，多个妻子之间的地位是平等的，她们的儿子地位也平等，都有平等的继承权。所以后来女真人入关，大清朝皇帝继位并不遵守汉族严格的嫡长子继承制，而是老爹觉得谁贤能，死后就由谁来接班。因为在他们眼里，好多儿子都是嫡出，继承权都是一样的。

皇太极继位的时候，努尔哈赤还没称帝，最高称号是"覆育列国英明汗"，所以皇太极继承的是这个汗位，并不是后金的皇帝位置，后金也没有皇帝。同时，女真人在这时候，受蒙古人的影响要比受汉人影响大一些，比如说他们的文字，就是在蒙古文基础之上创造出来的，女真贵族多多少少还有一些蒙古人库里台共同执政的意味。

虽说皇太极继承了最高领导人的位置，实际上，他是和其他三位兄弟——大贝勒礼亲王代善、二贝勒阿敏、三贝勒莽古尔泰——共同执政的，其中阿敏还是皇太极叔叔的儿子，并不是他亲哥哥。包括皇太极在内，他们一起称为四大贝勒。从此时一直到十年之后皇太极称帝，这段时间被称为女真四大贝勒执政期，只不过皇太极的位置略高一点儿。

这时候木匠皇帝朱由校还没死，魏忠贤也正是如日中天。可是袁崇焕以为自己在他俩那里很得宠，同时也认为自己的权力很大，所以干了一件很犯忌讳的事情，他没有向任何人请示，就派了使者去参加努尔哈赤的追悼会。

本来，参加一个追悼会也没什么，更何况，袁崇焕的这次参与，多多少少还有点儿《三国演义》里诸葛亮哭周瑜的味道，相当于去炫耀了。皇太极却敏锐地抓住了这一次机会，主动对袁崇焕的使者说，咱们两家议和吧，别打了。

今天看来（至少从我的角度来看），这应该是皇太极的一石二鸟之计：一方面，如果袁崇焕同意议和，他可以腾出手来，征服朝鲜，彻底稳固后方；另一方面，这也是一次试探，留了一个后手，尤其是在他知道袁崇焕这次来参加葬礼没有请示大明朝廷之后，议和相当于给袁崇焕挖了一个坑。

可是袁崇焕并没有意识到这是个计策。他一听回报，大喜过望，同样没请示朝廷，马上就和后金议和。当然，他也不是真心议和，他的如意算盘是趁着议和这段时间，进一步加固关宁锦防线。

最后的结果表面看起来皆大欢喜：一年之后，皇太极拿下了朝鲜，袁崇焕也巩固了防线。

1627年，皇太极拿下朝鲜，顺手撕毁了和议，对锦州和宁远发起进攻。他先打锦州，希望袁崇焕从宁远来救援，以便围点打援，但袁崇焕根本没上当，除了派几千人骚扰他，大部队待在宁远不动。

锦州打不下来，皇太极就转身去打宁远，可还是打不下来，只好又回去打锦州。折腾一阵，损兵折将之后，他终于承认，袁崇焕的防御确实滴水不漏。最终，皇太极垂头丧气地撤兵不打了。

宁锦大战的胜利让明朝朝廷欢声雷动，觉得从此之后，可以高枕无忧了。孙承宗和袁崇焕的关宁锦防线很坚固，很好使，足以防住后金。实际上，现在我们都知道，这个虚幻的感觉很离谱，很差劲。至于为什么，后面再讲。

袁崇焕立了大功之后，魏忠贤就不太高兴，皇帝朱由校的眼里，只能是我魏忠贤最了不起，有你袁大人什么事？关宁锦防线已经成型，派谁去还不都是一样？在这种思想的驱动下，魏忠贤一边指使官员上书，说宁锦大战胜利都是魏公公在幕后指挥有方，一边弹劾袁崇焕两大罪状：私自议和和不去救援锦州。

这罪名可谓是真假参半。前面说了，袁崇焕不打报告就和皇太极接触议和是真的，按照大明法律，这确实有罪；但不救援锦州是不想掉进敌人挖好的大坑,这种军事方面临场指挥的事情,何罪之有?况且,他还打赢了整个战争。可是胳膊拧不过大腿,九千岁说你有罪,你就是有罪。过程自不必说,袁崇焕被朱由校很关切地送回家里"养病"去了。

　　正因为如此,崇祯上台之后面临的外患,在当时很多人眼里并没有那么严重,关宁锦防线看起来固若金汤,整个朝廷普遍是比较乐观的。

165. 袁崇焕之死

魏忠贤倒台之后，东林党人又纷纷走上了领导岗位。他们一致高呼，让"关宁锦防线"的超级拥护者袁崇焕也回来吧，我们需要宁远大捷和宁锦大捷这样的胜利！

1628年的夏天，袁崇焕被崇祯召见。从他俩的对答之中，你能感觉到，当时大明王朝讨论东北局势，已经不是在谈能不能防住女真人了，而是在讨论如何消灭对方。袁崇焕当时拍着胸脯说："臣请五年，为陛下肃清边陲。"承诺五年之内平复辽东全境。

当然，袁崇焕也提了条件，那就是"以臣之力，制全辽有余，调众口不足"，意思很简单，您必须对我完全相信，不要因为朝里面大臣们的议论，就把我免职，甚至砍了我的脑袋。朱由检听说五年就能把东北拿回来，自然相当高兴，当下就笑逐颜开地表态：看你说的，我朱由检怎么会是那种人呢？"卿无疑虑，朕自有主持。"意思是你放心吧，我心里有数，绝对信任你。

一、袁崇焕为什么杀毛文龙

君臣之间信誓旦旦互诉了一番衷情之后，袁崇焕走马上任。据《明季北略》记载，当袁崇焕捧着皇帝给他的尚方宝剑，得意洋洋地从宫殿里出来的时候，有大臣就问他，五年就消灭女真人，袁大人，您有多大的把握？袁崇焕答道："上期望甚迫，故以五年慰圣心。"咱们皇帝一副急吼吼的模样，我就是安慰安慰他，您这种老谋深算的大臣怎么还当真了呢？

尚方宝剑，就是古代的假节钺，凭借它，可以随意斩杀其他大将而不受法律制裁。袁崇焕很快就把这个权力用上了，他剑下的倒霉蛋，名叫毛文龙。

毛文龙本是浙江杭州人，由于他在东北鞍山的伯父膝下无子，家人就把他过继给了伯父。他从小就不喜欢读书，到鞍山后投入李成梁的队伍，十几年也没得到提升，原因据说是"不肯妄杀一人，妄报一功"。

后来努尔哈赤连续拿下了沈阳、辽阳等地，毛文龙在鞍山的伯父和一百多个亲人都被女真人砍了脑袋。毛文龙非常想报仇，恰好当时的辽东巡抚王化贞招募勇士，去敌后活动，毛文龙当即报了名。

1621年，毛文龙率领死士，沿着海岸线，一路收复了十几座岛屿，最后赶到了镇江，也就是今天的辽宁省丹东市。他靠着手上不到两百人的队伍，居然攻克了镇江，周围的宽奠、汤站、险山等城堡也纷纷投降，史称"镇江大捷"。

没错，这才是明朝对后金的第一场胜利，而不是袁崇焕的宁远大捷。

在随后的八年时间里，毛文龙不断地巩固地盘，骚扰后金，收复了辽宁南部很多地盘，即便是袁崇焕的宁远大捷和宁锦大捷，背后也有毛文龙的巨大贡献。对此，袁崇焕当年在自己的奏章上，也是承认的，"使非毛帅捣虚，锦宁又受敌矣"，我们之所以能保存锦州和宁远，毛文龙的功劳很大。

那为什么后来大家没有赞美讴歌毛文龙呢？原因很简单，他被袁崇焕杀了，满大街都在赞美袁崇焕，谁还愿意去给死了的毛文龙点赞？

这事是这样的：

袁崇焕拿到尚方宝剑之后，1629年六月初一，他带着人来到了毛文龙驻守的皮岛，提出几点建议，其中两条是：朝廷给毛文龙的粮饷由袁崇焕转发；袁崇焕要在皮岛上设立监督人员。两个人交谈了三天，毛文龙始终不接受袁崇焕的建议，认为这是袁崇焕想大权独揽。

没想到就在两人谈判之余观看射箭比赛的时候，袁崇焕突然命令手下人把毛文龙捆了起来，然后请出尚方宝剑，宣布毛文龙有十二条大罪，砍了毛大人的脑袋。

史书上说，在以皇帝的名义杀了毛文龙之后，袁崇焕拿出了10万两银子，分给毛文龙的部下，并且当场答应，把每年的饷银升到18万两，发奖金，涨工资，安抚住了人心。

现在就需要讨论两个问题：第一个问题，袁崇焕为什么要杀毛文龙？这个问题直到现在，也是争论不休。主流观点认为毛文龙不对，贪污受贿，克扣兵饷，还和后金勾勾搭搭。这些都是袁崇焕当年杀毛文龙时给出的理由。可是，袁大人给的十二大罪中，有的实在是牵强附会，现在却都没人提了。比如，他指责毛文龙在皮岛上给魏忠贤立雕像，可是他自己当年也给九千岁立了生祠；他指责毛文龙没有收复失地，可是毛文龙脚下的土地都是大明丢了之后，他自己夺回来的。

实际上，原因在史书上可以找到一些端倪。《明史》和《明实录》都记载，在这次走马上任之前，袁崇焕就和大学士钱龙锡商量，要杀掉毛文龙。钱龙锡后来上书分辩此事，说袁崇焕称毛文龙可用则用之，不可用去之不难。意思是，如果毛文龙听从自己的安排，就继续用他，否则，就要杀了他。

不过，"不服管教"可能也不是唯一的原因。明末清初史学家计六奇写的《明季北略》，主要就是记录努尔哈赤崛起到清朝夺取天下的历史。这本书记载，皇太极和袁崇焕第一次议和的时候，明朝降将李永芳给皇太极出主意，说毛文龙是我们的心腹大患，不如我们骗袁崇焕，说把辽宁南部还给他，条件是让他杀了毛文龙。结果，"崇焕答书密允，复以告病回籍，乃寝。至是再任，思杀文龙则辽可得"。袁崇焕认为，杀掉毛文龙换取大片辽南土地，这个买卖不亏，但因为他很快就被魏忠贤嫉贤妒能给调离了，计划也就没有真正实施，所以当崇祯皇帝重新起用他，他便提着尚方宝剑，找借口砍了毛文龙的脑袋。

在袁崇焕看来，这是一举三得的事：第一，新官上任，可以立威；第二，毛文龙不服管教由来已久，铲除了他，整个辽东的明朝军队就全都在他的掌控之下了；第三，如果皇太极信守诺言，他可以顺利地拿回辽南的土地，别管多少，有一寸就是一寸的功劳。别忘了，袁崇焕可是答应了崇祯，五年之内要平复辽东。

明末清初的很多史书，比如《崇祯实录》《国榷》《明史纪事本末》等，都和计六奇的观点一样，认为袁崇焕是因为和皇太极的议和条件而杀了毛文龙，就连后来崇祯皇帝杀袁崇焕的诏书里，也明明白白地写着"以谋款而斩帅"，意思是你因为和皇太极的和议条款而杀了毛文龙。

说实话，这事比较惊悚。往最好的一面说，是袁崇焕中计了，要是稍微想得不堪一点儿，那就是为了自己立功，不惜拿己方的大将脑袋铺路，那袁崇焕的形象就彻底崩塌了。你要是问，为什么袁崇焕的形象是正面的，这事儿我先卖一个关子，后面会解释。

有一点必须澄清，毛文龙对大明朝有功不假，可是他贪赃枉法，克扣兵饷，不听指挥，也是事实。

二、袁崇焕之死

毛文龙的死，是明末惊天动地的大事，可以说，接下来的两件事，都和他的死有关。第一件是，清朝初年，女真人封了四名汉人为王，这四名汉人非常能打，替女真人攻城略地，杀了不少汉人，他们的名字是吴三桂、耿仲明、尚可喜和孔有德。除了吴三桂，剩下三个人，都曾经是毛文龙的手下，要是说他们的投降没有受到毛文龙被杀的影响，估计连袁崇焕都不信。

第二件事情可以称为"毛文龙的复仇"。事情是这样的,毛文龙死后还不到三个月,皇太极率领十几万八旗兵,绕过了关宁锦防线,从蒙古人的地盘借道,从长城喜峰口杀入中原。上面提到的那几本史书都认为,就是因为毛文龙死了,皇太极的后方稳固了,他才敢,才会这么干。

这话有一定的道理,就连清朝人自己也说:"文龙既死,甫逾三月,我大清兵数十万分道入龙井关、大安口。"可是最重要的原因我认为还是下面两个,第一个就是1629年,由于小冰河期的影响,整个北方大灾,老百姓没粮食吃,皇太极之所以要从蒙古借道杀向中原,蒙古人也借给他,就是因为彼此都有挨饿的危险;第二个是皇太极想用一次胜利在四大贝勒中树立威信,他分析了无数的情报,最后断定,关宁锦防线已经是明朝最牢固的防线了,其他地方虚弱得一脚就能踹开。

果然,这次进攻一路所向披靡。袁崇焕这时候已经完全没时间考虑什么围魏救赵了,他虽然私下里可以和皇太极讨论和谈的事情,但骨子里还是忠君报国,马上就命令山海关总兵入援遵化,锦州总兵祖大寿入关作为后援,自己率领精锐关宁铁骑回援,日夜兼程去保卫北京,就怕迟到一步,崇祯的脑袋掉了下来。

紧赶慢赶,他终于在后金军到达的两天前,赶到了北京,随后在广渠门外驻扎。崇祯皇帝马上就接见了他,"深加慰劳,咨以战守策,赐御馔及貂裘",又是请他喝酒,又是和他详细商量如何打败敌人,还把身上的衣服脱下来给他穿。我们有理由相信,这时候的崇祯,是真心地觉得袁崇焕真是一个大忠臣。

可是接下来袁崇焕的一句话,让崇祯吓了一跳,他说我的士兵们已经很累了,能不能让他们进城休息休息。

我们今天可能认为,这个要求是合情合理的。可是在古时候,这是一个十分令人起疑的要求。自古大军勤王,是一定不能进城的,只能在城外打仗,你袁崇焕熟读古书,这个道理难道不懂吗?懂的话还要求进城,你什么意思?于是,崇祯拒绝了这个要求。如果说这时候崇祯皇帝朱由检还没有多想,那接下来发生的三件事情,就不得不让他深思了。

第一件,两天之后,后金军赶到,后金赫赫有名的战将莽古尔泰、阿济格、多尔衮、多铎、豪格都来了,带来多少兵马史书上没写,但应该比袁崇焕、祖大寿千里驰援带来的9000人要多很多,结果广渠门一战,双方互有损伤,后金兵居然暂时撤退了。

第二件,撤退了的后金兵在北京城郊外开始烧杀抢掠,北京城里大佬们在郊外的别墅、园林、庄园等倒了大霉,财宝、粮食、物资和女人被抢掠一空,建筑物被一把火烧掉。

第三件,史书上说,"会我大清设间,谓崇焕密有成约,令所获宦官知之,阴纵使去",也就是说,皇太极的军队抢掠了一番之后,在撤退之前,偷偷地让一个被抓的明朝太监听到他们的对话,说这一切啊,都是皇太极和袁崇焕设计好的,目的是兵临城下,让崇祯害怕,好达成一个和约。这个太监听到了这个大秘密之后,当晚就"机智"地挣脱了捆绑,跑回去向崇祯汇报。

很明显,如果史书记录是真的,这就是一个反间计。

据《明史》记载,这时候的袁崇焕,还沉浸在后金兵撤退的喜悦里,心里为自己的忠心耿耿点了一百个赞。结果他突然接到通知,让他和祖大寿进城,商量发钱的事情。这种好事,自然是要一溜小跑去接受的;可是皇上却说怕敌人突然回来,就不开门了,从城上弄了一个大竹筐,把袁大人吊了上去。

吊上去之后,只见崇祯皇帝冷冷地坐在那里,开始质问他。

现在流行的说法是,崇祯当时问了三个问题:一是为什么杀毛文龙;二是敌人为什么能长驱直入,打到北京;三是为什么袁崇焕的士兵要射大将满桂。

不过，我在史书上找不到这种说法的出处。《明史》上没说崇祯问问题，只说"遂缚下诏狱"，直接把袁崇焕押进大牢。《国榷》和《明实录》上的原话是："上问以杀毛文龙，今逗留，何也？"意思是，你袁崇焕以前杀毛文龙的时候说他不去打后金，可是你今天停在北京城下，也不去打敌人，为什么？袁崇焕"并不能对"，也就是无言以对。于是，"命下锦衣狱"，关进了大牢。

和袁崇焕一起去的祖大寿没有被抓，崇祯只是安排他接手城外的关宁铁骑，可是祖大寿一番惊吓之后，回去就带兵往山海关进发，不伺候了。他这边一走，皇太极带着兵又转悠回来了，留下来的满桂等大将全都战死，最后还是在监狱里的袁崇焕给祖大寿写信，祖大寿才带兵回来，拿下了遵化、永平，逼得皇太极退回了辽东。

监狱里的袁崇焕经过了无数次的审判，最后罪名是三个，"通房谋叛""擅主和议"和"专戮大帅"，也就是说他通敌、私下里和皇太极议和，并且专权杀害了毛文龙。

判决的结果很残忍，凌迟。1630年9月22日，也就是被捕的10个月之后，在北京甘石桥，无数老百姓围观之下，袁崇焕被残忍地千刀万剐了。他死前留下了一首诗："一生事业总成空，半世功名在梦中。死后不愁无勇将，忠魂依旧守辽东。"这份忠贞，可谓感天动地，但当时北京城里的老百姓并不买账，他们反而愿意付钱买袁崇焕的肉。据说刽子手割下来一小块，马上就有百姓付钱买下，一钱银子一块手指头大小的肉，当场生吃，一边吃一边痛骂"汉奸卖国贼"。袁崇焕没有儿子，他的妻妾和兄弟也全都被流放，家族里的其他成员没有被牵连。

三、袁崇焕为什么会被处死

袁崇焕为什么被崇祯处死？《明史》认为是魏忠贤余党发动弹劾和

舆论双重攻势,才导致袁崇焕被杀;清人则自吹自擂,认为袁崇焕之所以死,是他们伟大的领袖皇太极反间计用得高明;现代一些作家则认为是朝廷里党争的结果,具体地说,是内阁成员温体仁为了打击袁崇焕在朝廷里的支持者东阁大学士钱龙锡,而采取的迂回策略,也就是通过诬陷袁崇焕,来扳倒钱龙锡。

这些说法也许都有道理,但都忘了最核心的一点,那就是只有崇祯从内心深处对袁崇焕产生了巨大的不信任和愤恨,上面说的这些才会成立,而我们都知道,当袁崇焕带着关宁铁骑刚刚赶回北京的时候,崇祯皇帝还对他无比信赖,倚为长城。

那崇祯为什么说翻脸就翻脸了呢?

这就涉及刚刚说过的三个问题:你带着关宁铁骑,在北京城下就可以抗衡一大堆后金著名将领,那为什么好几年过去了,你在辽东居然一点儿失地也没收复呢?既然你这么厉害,为什么还放任后金入关,长驱直入到北京,肆意地祸害城外的老百姓呢?这事儿别说崇祯想不通,换任何一个皇帝,都很难想得通。

崇祯脑袋里的结论很可能就是那著名的四个字"养寇自重"——你袁崇焕不是打不过后金,而是想着拿后金当借口,向我要钱、要粮、要人。是可忍,孰不可忍!况且,私下里和皇太极议和,擅自砍了毛文龙,导致后金北方从此高枕无忧,这些全都是事实,那崇祯还怎么能信任袁崇焕呢?

所以,我的结论是,袁崇焕的死,皇太极、魏忠贤余党和温体仁这些人的推波助澜可能都是原因;但最根本、最核心的,是袁崇焕做事不经过大脑,让皇帝朱由检心中产生了巨大的不信任,甚至恐惧。

当然,袁崇焕的忠心是毋庸置疑的,他并没有任何背叛崇祯、背叛大明的念头。但忠心这玩意,和爱是一样的,只有让对方看到了,体会到了,感受到了,那才是真的忠心和爱;否则,一钱不值不说,还可能被人认为是居心叵测，狼心狗肺，这也是没办法的事情。

至于说袁崇焕是不是该死，我只问一个问题：毛文龙该死不？若是说毛文龙该死，那袁崇焕就该死；否则，袁崇焕就不该死，就这么简单。

现在就只剩下最后一个问题了，为什么现在袁崇焕被这么多后人崇拜？原因有两个。

袁崇焕活着的时候，在辽东独当一面，皇太极确实拿关宁锦防线没办法；等到毛文龙一死，皇太极想出绕道这个好办法之后，袁大人很快就归天了。结果就是，我们现在记住的，都是袁大人光辉灿烂的战绩，甚至会得出这么一个结论：只要袁崇焕在，大明不会亡，至于说这里面有没有逻辑，那就不知道了。不过有一件事是肯定的，即使袁崇焕不死，以后肯定也只能在辽东和北京之间疲于奔命，来回忙活。

另外，大清王朝入关不久，就不断地靠宣传袁崇焕的冤死来告诉大家，崇祯皇帝是如何地昏庸，如何地刚愎自用，如何地被人蒙骗。因为女真人当初入关的口号并不是打倒明朝，而是打倒李自成，为崇祯皇帝报仇，替大明王朝申冤，甚至到崇祯的坟头上去哭祭这种事都干了出来。这样的宣传的确让中原百姓的抵抗少了很多，但他们没有办法解释一件事——为什么报了仇之后，你们这些人不走了，反而一屁股坐到了皇位上？所以女真人只能再去抹黑大明的最后一位皇帝，才能合理合法地上位。可既然打着为崇祯复仇的旗号，也不能把他说得太不堪不是？那就只有突出他的性格缺陷了。而袁崇焕恰恰是有战功还被杀了的大臣，那么，只要突出袁崇焕的冤屈，就可以衬托出崇祯的愚蠢和平庸——如此皇帝，老天爷自然是要换人的。

一代又一代，袁崇焕从明朝老百姓的"生啖其肉"，到乾隆皇帝的"深可悯恻"，再到民国初年萧一山先生的"盖世之才"，最后到了现代人嘴里的"民族英雄"，以后会是什么，我也不知道。

言归正传，皇太极这次绕道入关，抢了一个盆满钵满，从此就上了瘾。在随后十几年的时间里，后金多次绕道进入中原，每次都是大肆抢夺一番，然后满载而归。明朝政府重金打造，还需要花重金维护的关宁锦防线形同虚设。从这一点上看，孙承宗和袁崇焕在战略思维上确实不是很高明；而且，关宁锦防线还有一个更大的坏处，那就是像吸血一样，把大明王朝本来就不富裕的国库，弄得更加空空如也了。

166. 内忧复外患

陕西在明朝末年的小冰河期，是受冲击最严重的地方。1627年，陕西发生了大旱，可是各地的官老爷们照旧催缴税赋。客观地说，他们也没办法，因为不这样做，头上的乌纱帽，甚至帽了下面的脑袋都可能保不住。可是老百姓根本就没钱，怎么办呢？

白水县一个名叫王二的穷苦农民，用实际行动回答了这个问题。他纠集了几百名饥民，只问了大家一个问题：谁敢杀了县太爷？下面山呼海啸一样地回答："我敢！"就此，王二拉开了明末农民大起义的帷幕，整个陕西马上就站出来无数个响应的人，米脂的张献忠、安塞的高迎祥都是第一时间揭竿而起的。

一、"闯将"李自成

也就在这一年，崇祯帝朱由检上岗当了皇帝。

农民造反的消息传到了中央政府，崇祯自然想要平叛，但大军未动，粮草先行，平叛是需要钱的。崇祯这时候和王二一样，穷得叮当作响。给事中刘懋出了一个主意，说有些驿站我看也没啥用，人还那么多，要是关掉一些，裁掉一些，能省出不少银子来。于是，全国三分之一的驿站关门了，剩下的都开始大裁员，结果是银子没省下几个，倒是给自己整出来一个掘墓人，此人叫李自成。

李自成是陕西米脂人，从小不爱看书，耍枪弄棒倒是很在行。长大之后，他在一个驿站当差，本来日子还可以维持，但崇祯要在驿站上省钱，这么一搞，李自成就失业了。失业之后，因为欠同村的一个举人艾诏的钱还不上，他被告到米脂县衙，县老爷大笔一挥，给他戴上刑具，在市场上游街。不仅丢人，还差点被折磨死，最后他是被亲人们凑钱救出来的，一直到年底，才把一身伤养好。

失业加上被折磨的遭遇，激发出了李自成身上的野性。伤好之后，他把那个叫艾诏的举人一刀送上了西天，还没想好怎么逃跑，又听说媳妇儿和村里一个叫盖虎的家伙通奸。这时候的李自成便又一刀把媳妇儿送上了西天。这一下，两条人命在身，只能跑了。

1629年农历二月，李自成在甘肃甘州成了一名士兵。也就是说，李自成并不是因为驿站裁撤，没吃的了才造反的，而是身负两条人命，才吓得跑出来当兵的，而且，开始时当的还是大明王朝的兵。

那他是什么时候造反的呢？这事儿还要拜皇太极所赐。

1629年年底，皇太极绕过了袁崇焕的关宁锦防线，从喜峰口第一次打到北京的时候，李自成所属的队伍也收到了崇祯皇帝的鸡毛信，让他们去北京救驾。

可是当他们的队伍走到榆中时，士兵们就不走了，要求发钱。也不知道当时领队的参将王国是真没钱，还是有钱不发，最后激起了兵变，他和当地县令的脑袋都被士兵们砍了下来。就这样，李自成身不由己地走上了造反的道路。第二年，他投奔了外号不沾泥的张存孟的造反队伍，当上了小队长。这一年他24岁。

三年之后，陕西的所有起义军都被明朝新任三边总督洪承畴打得七零八落，这时候已经身经百战的李自成率领着一支小部队，东渡黄河，去山西投奔了他的舅舅——"闯王"高迎祥，然后自称"闯将"。从此在造反的队伍里，就有了这么一号人物，"闯将"李自成。

二、崇祯为什么不停换将

崇祯皇帝面对西部蜂起的造反队伍，一开始倒也没有慌乱，让三边总督杨鹤以安抚为主，剿灭为辅，也就是拿着大喇叭喊话，劝说他们都回家种地去。可是这一招需要拿出真金白银，或者小米和棉布，但崇祯这时候手里哪有银子？于是，往往是这边刚安抚好，那边又造反了。

一看杨鹤不行，崇祯又起用了洪承畴，接着就是曹文诏、陈奇瑜、卢象升、杨嗣昌、熊文灿等人。朱由检在位的十几年里，负责应付老百姓起义的总指挥像是走马灯一样地换来换去，其中很多人还不止一次走上这个艰巨的领导岗位，比如说洪承畴和杨嗣昌。客观地说，其中除了熊文灿没什么本事之外，其他人都是一时雄杰，无论是打仗，还是政治手腕，都可以。

既然都是有本事的，为什么崇祯还要换来换去？我也不知道。因为不仅仅是"剿匪司令"，内阁首辅这个职位朱由检换得更勤，他当了17年皇帝，换了20次内阁首辅。

如果一定要说，这里面恐怕有两个原因：一是崇祯这个人性格有问题。他是急性子，一旦让你当上大官，马上就要看到成果；此外猜疑心还很重，让你上位的时候，好话说尽，信任感十足，可是只要你有一点点失误，他就受不了。比如说陈奇瑜，此人在1634年以五省总督的身份负责对付李自成后，工作干劲很大，智商也在线，把李自成逼进了陕西的车厢峡。这是一个死地，就像一个大车厢，进去以后，出来的路只有一条。李自成只能投降。陈奇瑜这时候犯了一个错误，居然让五十多名官兵押着投降的起义军回原籍，这简直就是开玩笑。李自成刚出峡谷，就一声吆喝，把官兵全杀了，重新造反。发生这种事，一般来说，你最好让陈奇瑜戴罪立功，毕竟他已经很熟悉李自成的打法和习惯了，只要假以时日，彻底击败李自成也不是什么问题。可是崇祯觉得不能忍，直接把陈奇瑜扔进了监狱，换另一个人重新来过。

二是，崇祯在应付起义军的同时，还要抵御女真人的入侵。自从杀了袁崇焕，关外就没了大将，女真人的攻势急一点的时候，他就从国内战场抽调大将去救急。这种事在1636年，也就是崇祯九年之后，更加地严重，因为女真人升级了。

三、皇太极称帝

1635年，皇太极在打蒙古人的过程中，很意外地得到了一样东西——传说中的传国玉玺。

以前说过，传国玉玺是秦始皇用和氏璧做成的皇帝印章，在五代十国之后，就遗失了。很显然，皇太极得到的这个玉玺是假的。但他以为，既然朱元璋曾经很遗憾地说过"少传国玺"，也就是大明王朝打败蒙古人占领天下之后，并没有得到传国玉玺，那么真的玉玺就一定还在蒙古人手里。现在摆在他面前的这块玉玺，是漠南蒙古各部集体投降之后交上来的，那肯定应该是真的了。

这样一来，皇太极就兴奋异常地琢磨开了：这事儿说明我皇太极就是老天爷派下来的亲儿子啊，要是不当天子，那就违反老天爷的意思了！于是在1636年5月15日，皇太极改国号为大清，自己也升格做了皇帝，年号是崇德；而且顺带着，他还把女真人的族名改为满洲。所以，从这个时间点开始，我们就要称呼他们为大清、清朝了。

皇太极这次改国名，对于他们自己，意义不小，相当于一次升级。以前努尔哈赤称自己为"金"，明显地带着女真人的民族色彩，很多汉人、蒙古人甚至朝鲜人，对"金"这个称号都有一点神经过敏，不自觉地想起从前那个制造了靖康耻的金国。现在的"清"就好多了，这就好比当年忽必烈用了"元"这个国名之后，一大批汉人投降就心安理得一样。

大清成立的第二年，皇太极彻底打垮了朝鲜半岛上所有拥护明朝的势力，让整个朝鲜成为了大清的藩属国。这一下，满洲人全体自信心爆棚，觉得自己就是天命所在，颇有点儿后来美国人开发西部那时候的"昭昭天命"劲头。

客观地说，这时候的天下形势确实是向着有利于清的方向发展，蒙古人认输了，毛文龙没了，朝鲜也降了，唯一剩下的对手大明，内部还是一个乱摊子，民变如火如荼。遇到这种情况，他们自然想上去给对手添一把柴火，让民变烧得旺旺的。

皇太极的办法就是不仅骚扰关宁锦防线，而且还多次绕过防线，杀入明朝内地。他们的策略极其高明，不以占地为目的，就是通过杀人和抢劫，让老百姓生活在水深火热里，不得不起来造明朝的反。就拿1636年清军第三次入塞来说，清朝大将阿济格的军队一共56战，全都胜利，可是却一个大城市也没占领，而是在俘获大量的人畜财物之后，慢悠悠地回去了。史书上说他"艳服乘骑，奏乐凯归"，也就是吹吹打打，穿得漂漂亮亮往回走；更过分的是，他们还写了无数个"各官免送"的木牌子，用来羞辱明朝。

当时的宣大总督梁廷栋与兵部尚书张凤翼既不敢和清军死战，也不敢向崇祯报告，自己也知道死罪难逃，天天服食泻药大黄，以求拉肚子把自己拉死。

所以，就像前面说的，崇祯经常调换将领有一个原因就是他没办法：清军来了，必须调集能打的将领和部队去应急，清军走了，农民军就是重点了，人还要调回来。

那么，有没有办法改变这种两面作战的局面？在明朝的一些官员看来，是有的，而且很简单。杨嗣昌多次和崇祯皇帝说"安内方可攘外"，就是对外妥协，对内斗争；一句话，和女真人议和，消灭国内的农民起义军。

崇祯也多次想和女真人议和。可是当时的士大夫们，尤其是那些信奉东林党人思想的知识分子们，对于议和这件事深恶痛绝——堂堂大明朝，怎么能向夷狄妥协呢？比如 1638 年，女真人第四次毁长城入关，杨嗣昌又一次建议议和，但遭到了满朝文武，尤其是宣大总督、勤王兵总指挥卢象升的激烈反对："陛下命臣督师，臣只知战斗而已。"结果卢象升战死沙场，清兵肆无忌惮在内地抢了一圈，回到了山海关之外，又开始猛烈攻击关宁锦防线，弄得崇祯只好又把孙传庭和洪承畴调到辽东，防范清军。

不过这里就要问一句，就算内部统一了意见去议和，女真人会答应吗？

我的看法是，可能会答应，不过一定会狮子大开口，索要的财物和地盘让崇祯肉疼死不说，事后能不能遵守和约都不一定。有一句话说，欲加之罪，何患无辞，只要女真人想打你了，随时都可以撕毁协议，理由满地都是。所以，对于现在有些人说的，如果那时候和清人议和了，大明就会多存活很长时间的看法，我是不赞同的。没有实力的情况下，你的命运，并不取决于你，而是要看对手的态度；而无论是皇太极，还是随后的多尔衮，都是雄才大略之辈，他们不会被一纸协议限制住，该打你绝不会手软。

顺便说一句，这事儿和今天的大国竞争战略是一样的，对方绝对不会因为你的态度调整对你的策略，只会根据双方实力、自身目标和利益制定对你的政策。想当年北京机场还刷写着"打倒美帝国主义"，尼克松还不是笑呵呵地走下飞机，和中国人握手？

四、松锦大战

1638 年清兵的第四次入关，对于他们来说，是最成功的。因为这次入关，让本来已经陷入低谷的农民起义军满血复活，已经投降了的张献忠重新反叛，李自成在前一年被打得只剩下18个人，逃进了商洛山，这时候也大摇大摆地带着几千名重新招募的山民走出山沟沟，向河南挺进。

随后，趁着1640年河南大旱，李自成到处抢劫富绅大户和政府的粮食，开仓赈济饥民，史书上说他，"一呼百万，而其势燎原不可扑"。就是在这个时候，他提出了那句著名的口号，"开了城门迎闯王，闯王来了不纳粮"。已经饿得快疯了的老百姓是没有时间思索"不纳粮"这事是不是符合逻辑的，火烧眉毛，只顾眼前了，谁给他们粮食吃，他们就跟谁走。李自成就这样壮大起来。

随后，正在追捕张献忠的杨嗣昌病死，借此机会，张献忠一个华丽转身，攻克襄阳，杀死襄王朱翊铭。紧跟着，李自成打下洛阳，传说他把福王朱常洵杀了，并且把他的肉和鹿肉混在一起炖了，美其名曰"福禄宴"，然后改称"奉天倡义文武大元帅"，继续东进。

国内如此，洪承畴和孙传庭镇守的北方应该好一点吧？可惜，更差。

1641年，清军和明军在松山和锦州附近爆发了清朝入关之前的最后总决战，"松锦大战"。双方一共投入的总兵力接近50万，明朝20万，大清是满、蒙、汉所有军队全部出动，一共24万。

战争的开始，皇太极还是老招数，围点打援，派出了13万人的豪华军团围住了祖大寿镇守的锦州。按照关宁锦防线的构想，在锦州明显抵挡不住的情况下，应该去救；否则，你丢了锦州，整个防线就毫无意义了。于是，洪承畴从山海关出发，带了13万人去救锦州。

所谓围点打援，其实就是逼着对方进行战略决战，皇太极等的也是这一刻，他随即带上正黄镶黄两旗最精锐的部队，在松山和锦州之间围住了洪承畴。最后明军既打不过满洲人，也突围不成，全军覆没，洪承畴成了俘虏，被押到了盛京，也就是沈阳。

一年之后，锦州城里的祖大寿弹尽粮绝，还没有外援，也开城投降了，松锦大战落幕。这一战之后，明朝山海关之外只剩一座孤城宁远，可以说花费了无数金钱的关宁锦防线就此谢幕，关外再无能力和大清相争。

不过，这一战之后的三件小事却值得说一说。

第一件就是洪承畴被抓到沈阳之后，本来是铁骨铮铮地要绝食而死，可是皇太极极力想招降他，用黄金、古玩、美女各种引诱，甚至还派出了自己最喜欢的女人庄妃，带着她亲手煲好的鸡汤去看洪承畴。庄妃就是后来大名鼎鼎的孝庄太后，可以说是给足了面子。洪承畴虽然感动，但还是摇头说俺不降。

皇太极于是又派范文程去和洪承畴谈。

范文程的祖先是北宋著名的改革家和爱国者范仲淹。你可能会说，范文程给女真人做事，这不是辱没祖宗了吗？可是，范文程的祖先在明朝初年的时候，就被贬到了东北，家族在那儿已经两百多年了；范文程更是从小就在沈阳长大，对于汉人和女真人之间的界限，他应该是很模糊的。他一天明朝的官也没做过，也没领过明朝政府一分钱工资，21岁就投奔了努尔哈赤，兢兢业业地为大清朝贡献了一辈子，被称为"文官之首"。这样一个人，别说能不能说他是汉奸，其实他究竟是满人还是汉人都很难说。

范文程和洪承畴在监狱炕头上对坐闲聊的时候，房子上面掉下来一块土，砸在了洪承畴的衣服上，洪承畴赶紧伸手把衣服拍打干净。

老范当时没作声，回去就对皇太极说，放心吧，这人早晚投降，他连一件衣服都这么爱惜，哪里舍得死呢？果然，皇太极随后召见洪承畴，把身上的貂皮大衣脱下来，刚给洪承畴披上，他就跪倒投降了。

于是乎，明末相当能打的洪承畴投降了清朝。据说崇祯皇帝开始时以为他殉国了，很是伤心了一番，还设好了祭坛，结果拜祭到一半的时候，听说是投降了，只能心灰意冷地撤掉。

松锦大战后第二件可说之事，就是祖大寿在投降之后，给自己的一个外甥写了一封信，劝他跟着自己一起投降。他外甥当时带兵镇守在大明关外的最后一座孤城宁远，收到信后没搭理他这个舅舅，表示自己生是大明人，死是大明鬼，坚守宁远城，誓死不降。这个立场坚定，个性分明的爱国将领，就是时年29岁的宁远团练总兵吴三桂。

吴三桂1612年出生在今天的辽宁省绥中县，老爹是当时的锦州总兵吴襄，舅舅就是祖大寿，可谓是妥妥的官二代。吴三桂从小就以两件事闻名辽东，"少英挺，善骑射"，长得特别精神，打仗特别勇猛。18岁那年，吴襄带着500名士兵在锦州城周围巡逻，结果被皇太极的大军重重包围，祖大寿说城里兵太少了，救不了，结果吴三桂带着20多名家丁冲出城去，来去如风，居然把吴襄给救了回来。皇太极当时在外围观战，感慨了一句："吾家若得此人，何忧天下？"

就是这样一个人，在松锦大战明朝失利，洪承畴、祖大寿这些高级将领全都投降之后，一个人带领剩下的关宁铁骑，坚守在宁远，那时候的吴三桂，也算是英雄了得。

第三件事，就是皇太极在这一战里，因为带病指挥，病情加重，拖延了两年之后，在1643年驾崩在沈阳故宫的清宁宫。沈阳故宫是努尔哈赤1625年把沈阳定为首都之后修的，后来皇太极又大加改造，在1637年才算是建好。

现在有一个流行的说法，称皇太极是猝死，甚至还有人说是他弟弟多尔衮下的黑手，金庸先生在《碧血剑》里把这件事演绎到了极致，说得活灵活现。

实际上，皇太极是猝死不假，可是说是别人下的黑手，却没有任何证据；而且《清太宗实录》里对于皇太极生命的最后两年，多次使用了"圣躬违和"这样的词句，还有他陷入昏迷的记录。50多岁的人，久病，突然死了，其实也算不上意外。

皇太极临死之前，和努尔哈赤一样，也没有指定继承人。

皇位的竞争马上就在两个人中间展开，第一位是皇太极的同父异母弟和硕睿亲王多尔衮。和硕亲王这顶帽子我们前面说过，那是满洲人最高一级的爵位，多尔衮能得到这个爵位说明他军功和实力都很了得。他当时手里握着正白、镶白两旗近两万人的八旗兵，占所有八旗兵的三分之一，而且还有他亲弟弟和硕豫亲王多铎的全力支持，实力确实不弱。

不过，比起另一位，多尔衮却一点儿优势也没有，因为那是皇太极的长子和硕肃亲王豪格。豪格除了自己手里的正蓝旗，还继承了父亲的正黄、镶黄两旗，军事实力不比多尔衮差；同时他还获得了很多文武大臣的支持，其中有努尔哈赤的二儿子，手握正红、镶红两旗的和硕礼亲王代善，还有掌握镶蓝旗的和硕郑亲王济尔哈朗，他是努尔哈赤当作亲生儿子养大的侄子。

167. 景山死社稷

前面提到的睿亲王多尔衮、豫亲王多铎、肃亲王豪格、礼亲王代善、郑亲王济尔哈朗，再加上承泽亲王硕塞，民间又称为铁帽子王。为什么叫这么一个很土的名字？这里涉及清朝爵位的一些规定。

中国古代的爵位，有时候可以不打折地传给后代，比如说光武帝刘秀的侄子刘章，被封为齐王。他死之后，儿子刘石继承齐王的位置，传了六七代，最后被曹操废掉的时候，身份还是齐王。

不过，这样做有一个坏处，就是大家只升不降，后来有爵位的贵族就越来越多，政府的补贴支出也就越来越多。所以，宋代就规定，爵位可以传给儿子，但是必须要降一等，原来是某某王，儿子拿到手也许就变成了某某公。几代之后，除非子孙自己再立大功，否则就和平民老百姓一样了。

到了明朝，朱元璋的家族观念特别强，他把儿子们都封了王之后，觉得孙子们也不能饿着，就规定一代代传承的时候不用降级，这叫世袭罔替。这样一来就麻烦了，因为后代的数量是几何级数增长的。到万历初年，全国财政支出银 1850 万两，其中给朱元璋那些有爵位的子孙俸禄开支，就高达 550 多万两，占将近 30%。可以说，明朝到了最后穷得叮当响，和这群爵位不降级的子孙有很大关系。

崛起于白山黑水之间的大清在这一点上很清醒，它采取宋朝的传承降爵的办法，只对有特殊贡献的亲王，才允许他们世袭罔替，就好像那顶代表了爵位的帽子是铁铸的一样，俗称铁帽子王；政府赐给他们的王府，就被称为铁帽子王府。从皇太极称帝算起，整个大清朝276年的历史，一共就封了12位这样的王爷，不过要是犯了罪，或者说卷入了不死不休的政治斗争，那这个铁帽子还在不在，也不一定了。

一、豪格为什么没有继位

皇太极死后，两个戴着铁帽子的家伙对着皇位虎视眈眈，一不留神，大清就有内讧的危险。史书上说，代善作为老大哥，召集大家来开会。这个会议叫议政王大臣会议，是努尔哈赤建立的制度，国家大事争论不决的时候，由这个会议作出最终裁决。

代善在会议上开头第一句是：豪格是先帝长子，理应继位。下面马上一片雷鸣般的掌声，因为当时刚死了的皇太极威望极高，大家都觉得，立他的儿子是顺理成章的事情。

谁知这么关键的时刻，豪格自己却掉了链子。不知是不是中原儒家文化学多了，脑袋里嗖嗖嗖地蹦出无数个诸如王莽、曹丕、杨坚这样的篡位者，人家都是接受九锡后，别人劝了很多次，才一脸不情愿地走上皇帝这个岗位的，觉得自己也不能显得太猴急。于是，他红着脸来了一句：福少德薄，非所堪当。言下之意，要不你们再劝劝？

他忘了一件事：此时的满洲贵族这么一群没怎么读过书的汉子，怎么会理解儒家那一套虚虚实实的玩意儿？满屋子亲王贝勒一听豪格自己说不行，都愣住了。

这时候，旁边的多尔衮意识到，看来自己作为皇太极的弟弟，是无论如何当不上这个皇帝的了。于是，在大脑飞速运转后，他马上提议，既然豪格说他不行，那就由皇子福临即位，年纪小一点，可以设立辅政大臣。

大伙一听，觉得反正是皇太极的后代即位就行，既然手握重兵的多尔衮反对立豪格，而豪格自己也不坚持，何必为了这事自己人打得头破血流？就这样，1643 年，年仅 5 岁的皇太极的第六子福临正式成为清朝的第二位皇帝，年号为顺治。辅政大臣是和硕睿亲王多尔衮以及和硕郑亲王济尔哈朗。

尘埃虽然落定，不过有两个问题却不得不回答：第一个就是为什么是福临，而不是皇太极其他的儿子继位呢？这个问题一点都不复杂。因为除了假谦虚的豪格，皇太极其他儿子的母亲地位都相当地低下。福临的妈，也就是后来的孝庄太后，来自蒙古大草原上的博尔济吉特氏。这个氏族有另一个称呼——孛儿只斤氏，又称黄金家族，也就是成吉思汗的正宗后代。娘家有人，自己还精明能干，那儿子自然就显贵。当时唯一能和福临拼娘的，就是皇太极最小的儿子博穆博果尔，可是那时候这小孩才 1 岁，实在太小。

第二个问题就是为什么豪格不能再争取一下，甚至连辅政大臣这样的职位都没混上？前面说过，大清是一夫多妻多妾制，没有嫡长子继承这个概念。那些功勋权贵们之所以支持豪格，最大的原因就是他是皇太极的长子。可是当豪格谦虚了一下，多尔衮提出福临之后，豪格的优势就不那么明显了。而且按照满洲人的性格，说话颠三倒四出尔反尔，这种行为大家也看不起。

至于说辅政大臣，且不说福临是多尔衮提出来的，有拥戴之功，就凭着他和他兄弟多铎手里的兵力，也必须是辅政大臣。

既然上了多尔衮，就不可能再上豪格了，否则两个辅政大臣不对付，天天打架怎么办？况且郑亲王济尔哈朗并不属于多尔衮一派，有他制衡，就足够了。可能这就是当时其他人的真实想法。

可惜的是，实际运作起来，完全不是那回事儿。我们并不知道济尔哈朗是单纯地对烦琐政务没有兴趣，还是没有意识到这些日常工作的重要性，他把更多精力放到军事上，居然对外宣布了这样一条命令：凡是应该呈给辅政大臣处理的事务，"皆先启知睿亲王"，也就是让多尔衮看着办就行了，别烦我，我有更重要的事情。

这样一来，多尔衮很快地就掌握了朝廷的实际权力，紧接着，豪格就倒霉了。1644年，豪格的下属何洛会告发豪格图谋不轨，马上，他的不少亲信被处死，本人被剥夺了亲王的头衔，降为郡王。1648年，豪格因为一堆乱七八糟的罪名被幽禁起来，三个月后，自杀身亡。

二、崇祯之死

崇祯皇帝这时候的日子相当难过。大明王朝最后两名能打的大将，平贼将军左良玉屡吃败仗，远远地逃到了安徽；另一个督师孙传庭倒是奋勇杀敌，奈何在天下皆反的大形势下，根本没有回天之力。

在李自成攻陷潼关之后，1643年十月初，孙传庭战死在渭南，《明史》上说"传庭死而明亡矣"。是的，到了这步田地，朱由检手里的牌全都打光了。他只剩下了一个选择，那就是要不要向南逃窜，去南京再支撑几天。

从内心来说，崇祯当然希望去南京，可是这事儿在儒家传统文化里，却不能由他说出来，大多数祖宗的陵寝都在北京，他撒丫子南逃？这话无论如何是说不出口的。

也就在这个时候，1644年正月初一，李自成在西安称帝，建国号为"大顺"，年号永昌。《明史》里记载，"追尊其曾祖以下，加谥号，以李继迁为太祖"，也就是李自成认了一个祖宗，叫李继迁，也就是和大宋并列的西夏国开国皇帝李元昊的爷爷。

这事儿很奇怪，李继迁是党项人，本姓拓跋，李自成再没有学问，他的智囊李岩也应该是读过书的，不可能不知道这事。况且，就算要选姓李的，难道大唐不比西夏高出一个档次吗？为什么不认李世民作祖宗？这实在是一件很费解的事情。

我想，有两种可能：一是《明史》的记载有问题，李自成并没有认李继迁为祖宗；二是李自成不知道听信了谁的瞎忽悠，真的认为自己就是党项人的后代。到底如何，就很难说了。

无论如何，李自成称帝的消息传到北京，崇祯更加郁闷。正月初三这一天，崇祯身边的一个小顾问李明睿站出来，私下里劝说崇祯放弃北京，尽快南迁。

朱由检一听，马上说道："朕有此志久矣，无人赞勋，故迟至今。汝意与朕合，朕志决矣。"你说的这事儿，我早就想做了，可是没人提议啊，今儿你总算是说出来了。

谁知后来上朝一讨论，很多人都反对。当时的内阁首辅陈演不仅自己反对，还鼓动兵科给事中光时亨，上了一篇措辞相当严厉的奏章说"不杀李明睿，不足以安定民心"。这一下，朱由检的心是彻底凉了。你要是说，他就坚持去南京，谁又能拦住他？你说的没错，可是朱由检的性格根本就不是那种人：一个人如果刚愎自用，自以为是，那么有极大的可能性，他也是一个十分爱惜面子的人，如果逃跑会被千夫所指，那他宁愿不跑；当然，这种人你让他认错和投降，他更是不干的。

三月初一，李自成攻破了大同。随后，宣府总兵王承胤献城投降。这两个城市一丢，李自成离北京就可以说是咫尺之间了。

崇祯皇帝这时候下定了决心，任命吴三桂为平西伯，让他放弃辽东的宁远城，马上带兵返回北京，同时起用吴三桂在京城的老爹吴襄为提督，希望他们父子俩共同保卫北京。同时命令蓟辽总督王永吉、昌平总兵唐通、山东总兵刘泽清等人也赶紧向北京靠拢。为了让士兵们能死心塌地卖命，崇祯又在北京城号召官员们捐钱，准备犒赏。

可是他一说捐款，下面大臣们马上就是一片哭穷之声，结果崇祯不得不放下身段，求爷爷告奶奶地哀求，才收到了 20 万两银子。

最有意思的就是他老丈人周奎，女婿希望他捐 10 万，给大家做一个表率，结果他只捐 1 万，然后入宫向自己女儿哭穷。周皇后把自己私房钱拿出 5000 两给老爹，说您必须支持姑爷啊，多少要再捐一些。周老爷子回去之后，又捐了 3000 两。也就是说，女儿给他的 5000 两，居然还被他截留了 2000 两。就这么个老丈人，后来家里 53 万两银子的现金和所有家产都归了李自成和他的属下，而且老婆、儿子、儿媳妇等几乎死绝。《甲申传信录》里说，周奎"悔不从徐司礼之言，至今已晚矣"。当时朝廷上的大臣几乎都和周奎一个德行，内阁首辅魏藻德只捐了 500 两。

可以说，崇祯这时候，估计已经是心如死灰了。客观地说，大臣们不捐款这事儿他自己绝对也有责任。为什么呢？等讲到崇祯上吊死了，我们再来分析。

文官不捐钱，那武官肯不肯回来拼死呢？很遗憾，他们的表现和文官差不多。比如说吴三桂，他这时候已经看得清清楚楚，他们肯定是阻止不了李自成占领北京的，唯一的一条路，就是以手里的关宁铁骑为资本，以山海关为依托，和李自成甚至多尔衮讨价还价，给自己留一个存身之地。

于是乎，吴三桂走得特别慢，史书上说他"迁延不即发，简阅步骑"。结果当李自成攻破北京城的消息传来时，吴三桂一转身就进入了山海关，闭上两边关门静观其变。

老天爷也不帮忙。前面讲明末天灾的时候，提到过鼠疫，实际上，这场鼠疫还有一个名字，叫"京师大瘟疫"。就在几个月前，也就是 1643 年的冬天，北京城内的鼠疫至少造成 20 万人死亡，最保守的估计，占了城内当时总人口的五分之一。军营尤其悲惨，一半的士兵染疫身亡，剩下的人不到 5 万，基本丧失战斗力了。

可以这样讲，当 1644 年农历三月十八，李自成来到北京城门外的时候，北京城根本就不需要打了，老李只要上去踹一脚，门就开了。

其实，这一天还有一个小插曲，据《小腆纪年附考》记载，李自成当时是准备和崇祯谈的。他开出的条件是："闯人马强众，议割西北一带分国王，并犒军银百万，退守河南……闯既受封，愿为朝廷内遏群寇，尤能以劲兵助制辽藩。但不奉诏与觐耳。"这意思很直白，你给我一百万两白银，我占据宁夏、陕西、甘肃这些宋代时西夏国的地盘，做皇帝，不向你称臣，但我可以帮你打国内的起义军和国外的满洲人。

这个条件，在当时的情况下，10000 个人里，9999 个都会同意。很不幸的是，崇祯就是那剩下的万分之一。

在我看来，这件事应该是记载有误。李自成当时已经占据了比宁、陕、甘大得多的地盘，已经当了皇帝，而且占据绝对优势，北京城唾手可得，为啥要开出几乎是失败者才会开出来的条件？这不合情理。

事情的真相很可能是，李自成派去和崇祯谈判的宦官杜勋，只带了一条指示，就是敦促崇祯无条件投降，换句话说，禅让。这两个字对于李自成来说，还是很有吸引力的。自古以来，能得到前朝皇帝的禅让，等于是天命所归，会让下面的弟兄诚心诚意地跪倒一大片。

杜勋本来伺候过崇祯的，他完全明白，要是直接和崇祯说，您投降吧，那他杜勋不一定能活着走出紫禁城。于是，他只好编造了一个谎言，开出了上面看起来无比优厚的条件。可让杜勋没想到的是，就是这么一个条件，崇祯还说要问大臣们的意见。潜台词就是，即便是和反贼妥协，也不能我自己说出来，你们这些大臣必须苦苦相劝，我最后才能勉为其难。结果包括内阁首辅魏藻德在内的朝廷大员们只是在下面磕头，一个字都不说，气得崇祯一脚踢飞龙椅，大怒而去，这事不了了之。

那么大臣们为啥只磕头不说话？咱们也等讲到崇祯上吊之后再总结。

那么，如果杜勋当时直说让崇祯禅让，他会不会被杀呢？我认为大概率会的。因为就在同一天的晚上，1644 年农历三月十八，崇祯皇帝在宫里喝下了最后一顿小酒，陪着他喝酒的是一名叫张殷的太监，他在崇祯喝得差不多的时候，规劝说"直须投降便无事矣"，把皇位禅让出去，有啥大不了的？李自成会留您一条命的。崇祯对于张殷这句话的回答就是当头一剑，砍死了这位多嘴的太监。

要知道，这个时候还能陪在他身边的太监，那绝对是忠心的，稍微有点二心的，早就跑了。可是即便这位忠心耿耿的张殷，也身首异处。那么，若是杜勋这个早在宣府就投降了李自成的家伙说出"禅让"两字，下场就可想而知了。

砍死了张殷之后，崇祯让人把三个儿子，太子朱慈烺、永王朱慈炤和定王朱慈炯送到了他老婆周皇后的娘家，也就是周奎的家里，随后逼迫周皇后上吊自杀，接着拿着一把长剑，指着自己的两个女儿，13岁的长平公主和5岁的昭仁公主，大哭说道："汝何故生我家！"然后开始乱砍。

昭仁公主当场毙命，长平公主被砍断了左臂，昏迷五天之后居然醒了过来。后来清朝入关，她请求出家，顺治皇帝说不行，赏赐了很多财宝，把她嫁给了一个叫周显的汉人，据说两口子婚后感情还相当不错。不过，一年之后，长平公主还是因为抑郁去世了，死前还怀了孩子，相当于一尸两命。

民间关于长平公主的传说却有无数个。最流行的，是说她出家做了尼姑，然后学了超凡的武艺，在江湖上有了极大的名气，绰号独臂神尼，最后还把清朝搞得天翻地覆，连康熙都差点儿死在她的剑下。这些事在金庸的《碧血剑》《鹿鼎记》里面都有描写。

喝了酒，杀了亲人的朱由检最后在三月十九日的凌晨，来到紫禁城前殿，发疯一样敲了很长时间上朝的大钟，那自然是没有一个人会来。他最后长叹一声："诸臣误朕也，国君死社稷，二百七十七年之天下，一旦弃之，皆为奸臣所误，以至于此。"意思是说自己一点儿毛病没有，都是大臣们害我。随后，他在太监王承恩的陪伴之下，登上了紫禁城的煤山，也就是今天北京的景山，吊死在山腰寿皇亭附近的一棵老槐树上，终年33岁。接着，王承恩也吊死在旁边的一棵树上。

至此，立国277年的大明王朝就算是寿终正寝了，后来的南明、明郑等小政权我们并不算在大明里面。那么，要怎么样评价明朝和它的最后一位君主呢？

三、怎么评价明朝亡国

明朝是由一个当过和尚、乞丐的农民，按照小农思想建立起来的一个朝代，它上承从周朝开始的两千多年的农业文明。这就决定，它想走出农耕文明，那简直比登天还难。

实际上，明朝后期面临的困境就是整个社会都向着商业社会转化了，可是政府的制度、法令、政策还在围绕着农民和土地打转转。张居正的一条鞭法是一个尝试，让政府税收转向商品化的白银。可惜就在张居正试图进一步走商业和农业并举的路子时，他死了。最大的问题是，他死之后，大明王朝就没人懂这套玩意了，结果一条鞭法收税收银子继续存在，却没有任何配套的货币改革和商业改革。

明朝后来白银的数量跟不上商业发展速度，市场上的白银大量减少，这相当于货币没有了，最直接的后果就是导致明王朝根本收不上税，国家财政迅速枯竭。崇祯自己穿得破破烂烂，可那才能省几个钱？如果张居正还活着，如果他后来改革的思路得到贯彻，即便崇祯穿金戴银，天天大鱼大肉，但政府的库房里充盈着以千万两计算的财富，对国家又会有多大害处？这是不言而喻的。

所以，明朝的存在实际上是告诉后来者，农耕文明到此已基本到头了，无论是谁，接了大明的接力棒之后，唯一的出路就只有调整政策，向商业文明、海洋文明迈进。可惜的是，清朝人根本就没听懂历史老爷爷在说什么，也根本就没搞明白为啥明朝会灭亡。

今天提起明朝的最后一个皇帝朱由检，大多数史学家都抱着一种同情的态度，就连把他逼死的李自成都是这样评价的："君非甚暗，孤立而炀蔽恒多；臣尽行私，比党而公忠绝少。"也就是说朱由检这个皇帝其实还不错，只是孤立无援，受到下面奸臣的蒙蔽，满朝文武大臣都是私心满满，忙活着党争，不顾国家，这和崇祯临死之前的"诸臣误朕也"可以说是遥相呼应。

那么，事实是这样吗？

168. 冲冠为红颜

崇祯临死前长叹"诸臣误朕也"。那么，是不是明末的大臣们都很混账，把好皇帝朱由检给耽误了，大明才灭亡的呢？对于这个问题，我的回答是：可以说是，也可以说不是。

一、明末的"官祸"

说是的原因，就是我前面说到的"官祸"。当时大多数大臣确实很有问题，朱由检杀了魏忠贤，却没有建立新的势力去平衡文官系统，孤身一人和整个文官集团对抗，结果可想而知。

最明显的，就是最富有的地主集团和朝堂之上的大臣们相互勾结，形成坚不可摧的联盟，国家一分税钱也收不上来。今天我们津津乐道的徽商、晋商、苏商……都是在明朝中后期发展壮大起来的，说穿了，就是一群以"会馆"为依托，和官员们勾结起来的利益集团。

明朝后期并不是没钱，它是典型的"藏富于商""藏富于官"。政府后期一年税收只有区区几百万两，穷得叮当响，可李自成在北京几天工夫，一顿板子，就从王公大臣、地主、富豪们手里搜刮了几千万两。

那为什么又说不完全是大臣们的责任呢？很简单，作为皇帝，那些大臣难道不是你朱由检提拔和培养的吗？

朱由检就是一个庸臣制造机。

前面说过，朝廷危急时刻，大臣不愿捐钱。原因除了他们舍不得，还因为崇祯这个人有道德洁癖，且喜欢秋后算账。可以这么说，如果当时某人捐了10万两，等李自成真的被打退了，朱由检可能就会在心里算账：按照我给你发的工资，就是不吃不喝50年，也不可能攒下10万两银子！那你肯定是一个大贪污犯。也许朱由检不会主动找茬，但只要事后有人拿贪污这事儿弹劾你，他一定会摆出为百姓伸张正义，惩治贪污犯的面孔，砍了你的脑袋。他的这个性格可以说满朝皆知。更何况在官员们看来，即便大明没了，我们这些大臣还是可以继续当官的，那为什么要捐款。

李自成来和谈的时候，大臣们只磕头不说话的原因，也是这个。如果你说话了，议和成功之后，只要朱由检后悔了，那倒霉的就是你了。因为他的另一大特点就是，为了名声，没有任何担当，总是喜欢找替罪羊。比如洪承畴投降之后，崇祯想议和，就与兵部尚书陈新甲暗中商议，可是后来事情泄露，东林党人指责朱由检是投降派时，他居然恼羞成怒地把所有事情都推到陈新甲身上，一刀砍了，以保持自己高大上的形象。

除了这些缺点，崇祯的性格上还有很多其他缺点。比如，刚愎自用，具体表现就是频繁更换内阁首辅和前方将领；优柔寡断，无论是和清议和、南迁南京，还是和李自成的城下之盟，他都拿不定主意。这当然让下面的大臣们无所适从。

还有一点是无端猜忌。早在崇祯元年，明末著名的哲学家，当时的顺天府尹刘宗周，就给崇祯写信指出了这个毛病，原话是："陛下救治之心，操之太急。酝酿而为功利；功利不已，转为刑名；刑名不已，流为猜忌；猜忌不已，积为壅蔽。"意思很明白，按照现在的道路走下去，最后只能是君臣之间互相猜忌，而您被大臣们蒙蔽。可惜的是，崇祯当时只是一笑，并未放在心上。

这么多缺点集于一身的皇帝，周围的大臣要都是贤臣、能臣，那才是出了鬼了。所以，在明末这个最复杂，最动荡，天灾不断，积弊难返的时代，朱由检是不可能力挽狂澜的，大明王朝走到尽头，一点儿都不冤。

当然，同情崇祯的人也会说他是有优点的，这个不能否认。他勤劳，学问好，节俭，不好女色，有气节等，都是优点，但这些优点当时能让大明王朝兴旺发达，天下百姓安居乐业吗？仅靠"道德"救不了黎民百姓。

二、大顺的军纪

开始的时候，李自成的大顺军纪律还是很好的，他亲自下令："敢有伤人及掠人财物妇女者杀无赦！"而且真的就把两名抢劫老百姓财物的士兵当街处死了，于是，"民间大喜，安堵如故"，大家纷纷开门做买卖，一切照常。

谁也没想到，这份稳定只维持了八天。

从三月二十七开始，大顺军开始拷掠明朝投降的官员，四处抄家。李自成手下的权将军刘宗敏，特意做了5000副夹具，谁不交钱就夹棍伺候，据说夹到人身上的什么位置，那个位置的骨头就粉碎。最后李自成等人搞到了7000万两白银。

上行下效，当官的去勒索当官的，下面的士兵就开始骚扰普通老百姓。整个北京城鸡飞狗跳，士兵们到处抢劫，强奸，杀人，到了后来，李自成根本就管不了了，和黄巢当年在长安的情形一模一样。

那么，李自成为什么突然从不抢钱，变成了用刑具逼着高官拿钱呢？根本原因就是两个字：没钱。

在打进北京之前，李自成许诺了将领，将领许诺了士兵，打进了北京，大家都发财。本来以为占据皇宫，打开国库，军饷和这些许诺不成问题。没想到，无论是明朝国库，还是崇祯皇帝的后宫，都穷到了这种地步，只有区区几十万两银子。这根本不足以维持他军队的开销，更别提还要兑现许诺，举办登基大典，搞建设这些事情了。

另外，明朝投降官员的丑态也让李自成很反感。比如大明最后一任内阁首辅魏藻德，当李自成问他为什么没跟着崇祯殉国的时候，他的回答是："方求效用，哪敢死。"我正准备为您效力呢，怎么会去死呢？

这一大一小两个原因促使李自成下定了决心，就从这批让人恶心的官员身上，搜刮银子。事实证明，他成功了，这些官员是真有钱。可是，事实也证明，有些人是可以随便打随便抢的，但有些人是不能动的，比如吴三桂的家属。

三、清兵入京

前面说过，吴三桂的爹吴襄负责北京的防务，城破之后被抓了起来。吴家自然也是有钱的，不仅有钱，还有位绝代大美女，也就是吴三桂的小妾陈圆圆。

按照《明史》上的记载，这事儿就一句话："自成劫其父襄，作书招之，三桂欲降。至滦州，闻爱姬陈沅被刘宗敏掠去，愤甚，疾归山海。"李自成用吴三桂的老爹吴襄胁迫吴三桂投降，本来他也答应了，可是在从山海关往北京城的路上，就听到他的小老婆陈沅被刘宗敏抓去了，气得要死，转身又退回了山海关。

关于这个正史上称为陈沅，民间叫作陈圆圆的女人，《明史》就是上面这么一句话。不过此女和西施一样，虽然在正史上没地位，但是在其他名人笔记、杂谈野史和街谈巷议中，却占有相当浓墨重彩的一笔。

一般来说，流行说法是这样的。陈圆圆本来是南京的名妓，"秦淮八艳"之一。所谓的秦淮八艳，又称金陵八艳，是明末南京城秦淮河上，八个以唱曲为主的妓女,声色俱佳,像董小宛、柳如是、李香君这些著名的民间人物,都位列其中。陈圆圆据说是里面最出色的一个,前面说的那个买下董小宛的冒襄冒公子,和陈圆圆也曾经有过交集,他评价对方的曲子唱得"令人欲仙欲死"。

后来陈圆圆被崇祯皇帝的一个老丈人田弘遇买下来带到了北京,先是献给了崇祯,可是崇祯面对内忧外患,根本没心情,就又还给了田弘遇。后者一看皇帝不要,那就自己留下吧。结果是没几天的工夫,吴三桂回北京出差,来老田家喝酒,看见了陈圆圆惊为天人,向田弘遇索要,田弘遇立马相赠。看来,田弘遇本来就是想用陈圆圆来结交吴三桂的,否则的话,田府那么大,藏一个女人还怕费事吗?

就这样,陈圆圆成了吴三桂的女人。两人恩爱几天之后,吴三桂返回边关宁远,暂时把陈圆圆留在了北京的吴府。可是他也没想到,李自成那么快就打进了北京,而刘宗敏抢了他的圆圆。

以上就是综合了各种小说笔记记载后的陈圆圆的故事,里面各种不同的说法很多,我们只是采用了最流行的说法。但无论正史还是野史,都指明了一点,就是吴三桂本来是打算投降李自成的,就因为小妾被抢,才重新退回了山海关。

明末清初诗人,和"秦淮八艳"之一卞玉京纠缠了一辈子的大才子吴伟业,有一首著名的叙事长曲《圆圆曲》,专门讲述吴三桂和陈圆圆的故事,里面就有"恸哭六军俱缟素,冲冠一怒为红颜"的名句。

吴三桂虽然退回了山海关,但这时候的他,还没有投向清朝,仍在观望。可叹的是,李自成却犯下了一个致命的错误,他没有把陈圆圆送回去,妥善安置吴家,以此招抚吴三桂,反而决定亲自去攻打山海关。

人只要有了巨大的成就,就容易骄傲。李自成之所以会抢掠吴家,允许部下强占陈圆圆,最后还决定攻打吴三桂,根本原因就是他压根儿就瞧不起对方。再往深里说,可能他连大清也没放在眼里,认为他们是不堪一击的蛮夷而已！

于是，1644年农历四月十三，李自成、刘宗敏率领大顺军离开北京，兵锋直指山海关。

吴三桂一方面派出六个文臣去向李自成解释求和，实际上就是拖延他别那么着急赶到山海关；另一方面，马上给多尔衮写信，以大明王朝忠臣的身份请求对方"速整虎旅，直入山海"，表示他想和大清联手，消灭李自成。吴三桂当时给清朝开出的好处是，打败李自成之后，大明和大清以黄河为界，北边都归大清。

吴三桂和李自成一样，也低估了大清，不仅是低估了他们的实力，还低估了他们的野心。

实际上，从李自成打进北京的第一天起，清廷上上下下，就密切注视中原的动静，当看到李自成的队伍开始在北京城满大街抢劫之后，范文程就给多尔衮上书请求出兵。他说李自成"倾覆京师，伐厥君后"，逼死了崇祯，连老天爷都要震怒；然后"刑辱缙绅，拷掠财货"，又让原来的明朝官员和有钱人对他恨之入骨；最后"掠民资，淫人妇女，火人庐舍"，这些事，把普通老百姓也都变成了敌人。

总之，范文程当时对李自成的定论是，"自古未有嗜杀而得天下者"；还说，"备此三败，行之以骄，可一战破也"。意思是，自古以来，都说仁者无敌，就没听说过杀戮成性的人能够得到天下的。有了上面三个失败的因素，李自成还在那里骄傲自大，这样的人，咱们一战就可以打败他。

范文程还提出合理化建议，他说对明朝以前的官员和地主，不仅不能杀他们，不能要他们的财产，还要给他们官，给他们爵位。

最后，范文程建议入关的宣传口号，要定位在"非与明朝争，实与流寇争也"，就是向老百姓宣传，清兵入关并不是去推翻明朝的，而是要去消灭祸害明朝、祸害老百姓的反贼李自成，解救中原百姓的。

什么叫顶级谋士？出几条计谋，打几个胜仗的，只能算是一般的谋士；而能够把握天下大势，镇静自若，理性分析，看清楚其中的关键要素，从战略上指导全局的，才算得上是顶级谋士。范文程无疑是这样的顶级谋士。同时，作为一名雄才大略的执政者，多尔衮也许自己看得没有范文程清楚，但后者一说出来，他马上就明白了：你讲得太好了，就这么办！

1644年农历四月初九，清兵大举出动，目标山海关，比李自成出北京还早了四天。

在路上，多尔衮收到了吴三桂联合出兵的倡议书。一般人可能马上大喜过望，快马加鞭了，但多尔衮反而放慢了脚步，在距离山海关仅仅2公里外驻军不动。要知道，现在是李自成非要急三火四地攻打吴三桂，而吴三桂仅仅靠自己是打不过李自成的，他只有一条路，那就是找多尔衮帮忙，至于帮不帮，那就要看吴三桂的条件了。

很明显，前两天吴三桂开出的条件，以黄河为界，多尔衮是不打算接受的，他算准了，吴三桂最后必然投降大清。

果然，大顺军从四月二十一开始进攻，一天一夜之后，吴三桂坚持不下去了。史书上记载，吴三桂带着几名亲信，连夜跑到清军大营，扑通一声跪下投降，然后请求多尔衮出兵。就这样，吴三桂连夜换成了前面剃光，后面留辫子的满洲发式。

"金钱鼠尾"和"阴阳头"

满洲男人一开始并不是像我们在电视剧里看见的那样，留着一条粗黑的大辫子，而是留一条相当细，甚至要能从铜钱孔穿过去才算合格的辫子，像老鼠尾巴一样，所以叫"金钱鼠尾"。为了达到这个标准，几乎脑袋上的所有头发都要剃掉，只能留中间的一撮，和鲜卑拓跋部——索头部几乎是一样的。到了清朝末期，男人们渐渐把后脑勺的头发都留下了，于是就从"金钱鼠尾"演变成了"阴阳头"。

据有些史书说，多尔衮和吴三桂还当场确立了一场婚姻，那就是把皇太极的女儿，多尔衮的小侄女，当时才两岁的和硕恪纯长公主，嫁给吴三桂的儿子吴应熊。这位长公主就是我们从小说电视剧里熟知的那位建宁公主。只不过历史上的建宁公主不是康熙的妹妹，而是他的姑姑，而韦小宝什么的自然也是小说家的虚构。这位建宁公主长大之后，顺顺当当地嫁给了吴应熊，生了三个儿子，一个女儿。后来吴三桂起兵造反，也没牵连她，她活到63岁自然死亡；当然，她的老公吴应熊确实是被康熙砍了脑袋的，这是后话了。

言归正传，头剃了，亲事也商量好了，第二天早上，养精蓄锐之后的八旗铁骑突然杀入战场，李自成的大顺军猝不及防之下，全线溃败。

除了已经和吴三桂的军队大战一昼夜，精疲力竭这个原因之外，很多史书，包括《清史稿》，都记录了一件奇怪的事情，说是多尔衮下令冲锋后，天气骤变，大风裹挟着沙石，向李自成的大顺军吹了过去，"天大风，沙石飞走，击贼如雹"，意思是老天爷鼓起了腮帮子，帮着多尔衮朝李自成的军队吹了一口气，那大顺军怎么还能抵挡得住？

最后的结果就是几万大顺军战死，李自成狼狈地逃回了北京，这场战斗史称"一片石之战"，因为双方打仗的地方当时叫一片石，在今天辽宁省绥中县的九门口，现在是全国重点文物保护单位。

现在有一种说法认为，李自成的军队之所以败得这么迅速，是因为感染了鼠疫。我个人认为，这种说法并不准确，可能是给李自成脸上贴金。一个有力的质问就是，你见过感染了鼠疫的军队可以和敌人鏖战一天一夜还占上风的吗？事实是，没有多尔衮的增援，吴三桂肯定是要掉脑袋的，当时大顺军的战斗力并不弱。

眼瞅着胜利了，却被清兵截了胡，李自成这口恶气自然是要出的。吴三桂的爹吴襄本来是跟李自成一起去打山海关的，结果没等回到北京，李自成就砍了他的脑袋，一路上用竹竿挑着，给所有人看，这就是儿子不孝顺的下场。等回了北京，他的第一件事就是把吴家灭门，38口人，一个也没活。

你可能会问了，陈圆圆呢？

这事儿正经史书上没有任何交代。野史上则充斥了不知道真假的说法。最流行的就是，清兵在一片石打败李自成之后，封吴三桂为平西王，命令他率领军队作为前导，追击李自成。等吴三桂进了北京，居然找到了陈圆圆，两个人破镜重圆。后来陈圆圆跟着吴三桂去了广西，吴三桂造反时，她带着家人跑到了贵州，最后死在了那里。今天贵州岑巩县马家寨的居民，自称是陈圆圆的后代，而且据说还有她的墓碑为证。前些年，也有一些历史学家专门去考察了一番，结论是，那真是陈圆圆的墓。至于是怎么考证的，我就不知道了。

言归正传，李自成在杀了吴家满门之后，急匆匆地在四月二十九这天在北京举行了登基大礼；次日，全军撤离北京，向西安退却。从三月十九崇祯自杀，大顺军不费吹灰之力进入北京，到离京退往西安，一共才42天，李自成的北京之行就像一场梦。

为什么李自成不在城坚墙厚的北京拒守？答案就是守不住。根据史料，李自成当时在北京的兵力最多只剩下了六七万人，这些士兵不仅因为一片石战败导致士气低迷，还有北京城里断断续续的鼠疫也是要命的威胁。况且，李自成当年是直捣北京城，全国各地这时候明朝的残余部队和其他的武装力量还有很多，他要是在北京死守，恐怕只会便宜了其他人。

经常有人说，清朝入主中原的第一大功臣是吴三桂，因为没有他的投降，清朝不可能那么容易地入关得天下。要我说，清朝的第一大"功臣"应该是李自成，如果没有他拼命挤压吴三桂，吴三桂可能不会彻底投降，献出山海关；更进一步说，如果没有这他十多年的牵扯明朝的兵力、财力，明王朝也不会虚弱到奄奄一息，被人一个嘴巴子就扇躺下了。

1644年农历五月，发源于白山黑水的满洲人进入了北京城。

四、多尔衮剃发令

占了北京后,多尔衮一开始下令城里的男人必须剃发。可是他没想到的是,那些骂不还口,打不还手,被抢了都不吭声的男人,听到这个命令,纷纷拿起刀子要玩命。在他们看来,这不是帅不帅的问题。孔子说,身体发肤受之父母,现在让我们剃成老鼠尾巴头,那就是不忠不孝,活着还有啥意思?

关于这件事,《清史稿》上原话是:"王初令官民皆薙发,继闻拂民愿,谕缓之。"也就是说,多尔衮马上就妥协了。从这一件事就可以看出,清廷当时可谓是小心翼翼,别说没有抢老百姓这种事,甚至还要赔着笑脸,这当然是为了更大的图谋。

与此同时,多尔衮还下令,给崇祯皇帝按照帝王的礼仪发丧,然后自己还一脸悲痛地跑到崇祯的坟墓前哭了一鼻子。看起来,比当年他自己的亲哥皇太极死了还伤心。

《清史稿》属于二十四史吗?

这里和后面常引用的《清史稿》并不属于二十四史之一,中国伟大的二十四史中,《明史》是最后一部。《清史稿》是民国期间成书的,严格地说,它到底能不能成为清朝权威史书,晋升二十五史之列,还有待历史的考验。

九月,清朝名义上的老大顺治皇帝福临正式从沈阳搬到了北京。小皇帝住进紫禁城的第一件事,是封多尔衮为叔父摄政王,命令礼部为多尔衮建碑纪绩,还赏赐了大批财物。无论有没有这个封赏,睿亲王多尔衮事实上都已经是清朝第一权臣了,满朝文武大臣,至少表面上,没有一个不服。没办法,人家在短短一个月内,就拿下了山海关和北京,还收降了明朝最后一支有实力的军队——吴三桂的关宁铁骑。就算是有人不服,拿什么和人家争呢?

1644年农历十月初一,6岁的爱新觉罗·福临在多尔衮等大臣的陪伴下,在北京南郊天坛祭天,然后在当时的皇极门,今天的太和门宣布"兹定鼎燕京,以绥中国",意思是,现在我们大清定都北京了,要当全中国的老大。

那么,这事儿容易吗?

169. 南明小朝廷

1644 年，6 岁的爱新觉罗·福临，奶声奶气地在天坛宣布要统治全中国。

实话实说，这孩子当时说的话，吹牛的成分不小。当时清军只占据了北京和周边地区，面临的局面是：河北有明朝的残余武装力量，陕西、甘肃有李自成，西南四川有张献忠，南面有以南京为中心的南明政权，东南沿海和台湾则被郑芝龙、郑成功父子占据，这些还只是主要力量，剩下小门小户的军事力量，那更是非常多。

福临喊完了口号，就回去吃棒棒糖了，剩下的事情只能靠多尔衮。

一、李自成兵败

1645 年初，在初步扫平了河北的明朝残余部队之后，多尔衮派出两路大军进攻已经回到陕西的李自成，一路由英亲王阿济格率领，前锋是吴三桂；另一路是豫亲王多铎带队，前锋是孔有德。孔有德是毛文龙的部将，在毛文龙被袁崇焕砍了脑袋后，他很快就投降了，一直跟着多铎。

就算是傻子，看一眼多尔衮的部署也能明白，这就是让汉人去打汉人。说句不好听的，吴三桂和孔有德就是两个炮灰。可是一来吴、孔二人从小就在东北长大，并没有觉得自己和满洲人有太大的差别；二来他俩和李自成也没有半点香火之情，甚至吴三桂比满洲人更恨李自成，所以他们俩充当炮灰也不能说完全不情愿。

一开始，李自成以为凭着潼关的坚墙铁壁和关中独特的地理位置，完全可以自保。可惜，他绝对没想到的是，他败给了"高科技"。因为被汉人鄙夷的满洲人，这时候已经研制，或者说成功仿制出了一种新式武器，那就是红衣大炮。

所谓红衣大炮，就是欧洲的加农炮，传到中国之后本来叫"红夷大炮"，因为这玩意是大明从荷兰人和葡萄牙人手里买来的。很多荷兰人长红胡子，老百姓就把他们称为红毛鬼，或者红夷，那他们的大炮自然就是红夷大炮。当年袁崇焕打败努尔哈赤的宁远大捷，还有后来的宁锦大捷，靠的都是这种红夷大炮，那时候，明朝已经可以自己生产这种大炮了。

清军自然也十分渴望新式武器。1631年，一名叫刘汉的沈阳汉人，掌握了制造这种大炮的技术，并且通过"失蜡法"以及复杂的淬火、退火技术，制造出了比明朝大炮更先进、射程更远、精度更高的大炮，一开始命名为"天佑助威大将军"。后来觉得这名字实在太长，就改名为"红衣炮"。那为什么不用那个"夷"字呢？因为汉人一直骂他们为蛮夷，用那个字，岂不是天天骂自己？

言归正传，清军的红衣大炮就位之后，战争就没悬念了。无论是潼关的城墙，还是大顺军的大刀长矛，在这种武器面前都是小儿科，而野战更是八旗兵的强项；再加上李自成刚刚失败，军心不稳，在这场战役中，他连一丝胜算都没有，最后只能逃跑。后来他在湖北通山县的九宫山，被当地的一群农民打死。有人说打死他的叫姜大眼，也有人说叫程九伯，这种事儿估计是永远都扯不清楚了。据说事后大顺军为了给李自成报仇，还血洗了九宫山附近的一个村子，然后拥戴他的弟弟李自敬为皇帝。

李自成死于九宫山是现在最流行的说法，但另一个说法也相当有市场，就是说他看势头不好，一个人悄悄溜到湖南省石门县夹山寺，把头发剃光，自称奉天玉和尚。持这种说法的，除了一些笔记类的史书，还有很多学者。金庸的小说，无论是《鹿鼎记》，还是《雪山飞狐》，都采用了这种说法。在《鹿鼎记》里，闯王出家之后，凡心也没断，还千里迢迢赶到云南去找陈圆圆，争风吃醋地和吴三桂打了一架。

我个人还是相信《明史》《清实录》的记载，认为他死于九宫山。原因很简单，无论从当时的形势，还是李自成个人的性格来说，他能活着并且还能出家念阿弥陀佛，都有点靠不住。

二、大西王张献忠

就在李自成死的这一年，1645 年，有一个人正在四川的蜀王府里大兴土木，改建皇宫，设立内阁、六部等机构，委派地方官员，张灯结彩，想把自己的皇帝职务干到天荒地老。

这个人的名字叫作张献忠。

张献忠和李自成一样，也是穷苦人家出身，也当过明朝的大头兵，也同样在高迎祥手下干过，也曾经号称闯将。造反之后，在打进四川之前，张献忠最辉煌的战绩是攻下了朱元璋的老家安徽凤阳，刨了老朱家的祖坟，并且把朱元璋出家的皇觉寺一把火烧得干干净净，气得崇祯皇帝在北京城大哭了一场。

后来因为各种原因，他和李自成闹翻了，领军开始向西南发展。1644 年农历八月，就在清军进入北京三个月后，张献忠占领了成都。当时明朝在四川的巡抚、总兵和蜀王朱至澍全家几十口子，全都自杀身亡。随后，张献忠控制了四川全境。这一年的年底，他建立大西国，年号是大顺——这有点打李自成的脸，你的国名叫大顺，那只不过是老子的一个年号而已。

当上了皇帝的张献忠极其狂妄，不仅摊子铺得大，确立新历法，发行新货币，各种官僚机制一应俱全，任命官员，开设科举考试等，而且还四处打仗，甚至还派军队去攻打已经龟缩在陕西的李自成。

李自成怕清军，可不怕张献忠，一顿乱拳，把张献忠派去的人打得七零八落。

李自成一死，清朝马上给张献忠递出了橄榄枝，说"如审识天时，率众来归，自当优加擢叙，世世子孙，永享富贵"，但张献忠把招降信撕了。

1646年，清朝派出了当时还没被多尔衮逼死的肃亲王豪格，率领鳌拜等人攻打四川。在清朝和明朝残余部队的南北夹击之下，张献忠很快就顶不住了。这年夏天，他决定冒险突围，北上陕西，和清朝军队来个鱼死网破。

临行之前，张献忠把自己大大小小的老婆和幼小的孩子杀得一个不剩，对他的干儿子孙可望、李定国等人说："我亦一英雄，不可留幼子为人所擒。"然后又说："明三百年正统，天意必不绝之。我死，尔即归明，毋不义。"这个反了一辈子大明的造反派大头子，在预感到自己处境不妙的时候，居然幡然醒悟，知道了"兄弟阋于墙，外御其侮"的大道理，让自己的部下在他死后，重新和明朝站在一起，对抗清军。这不禁让我们长叹一声，早知如此，何必当初呢？

1647年1月2日，大西皇帝张献忠在凤凰山太阳溪和豪格、鳌拜等人相遇，拼死一战之后，被豪格射杀，终年41岁。

现在史学家对张献忠最大的争议，是他在四川到底杀了多少人。有记录显示，从崇祯初年开始，到清朝彻底平定四川为止，大概20多年的时间里，四川人口从700多万减少到50万人不到，大概680万人死于非命。天府之国成了人间地狱。最后清朝不得不采取"湖广填四川"的办法来强行增加四川人口，也就是把湖南、湖北的居民强行迁移到四川去。

有人说，张献忠要为四川人口减少负主要责任，因为他就是一个屠夫，说他因为四川那些效忠明朝的人民反抗厉害，就用杀戮来报复，一次性杀几十万老百姓根本就不当一回事儿，比如成都屠城就杀死了30多万人，再比如说他把四川的几万名读书人都骗来进行科举考试，实际上来了就砍死,等等。有些书上说他杀了几百万人,有的说他杀了几千万,甚至当时在四川的外国传教士写的《圣教入川记》,也说他杀了不少人。

最离谱的就是《明史》,说张献忠在四川杀了6亿人。这一听就是瞎白话,整个明朝,甚至全世界那时候也没有6亿人口!

那么,张献忠到底杀了多少人呢?这个今天确实不清楚了。首先,他肯定是进行过屠杀,这一点毫无疑义;其次,他肯定没杀那么多。清初张烺撰写的《烬余录》里面记载,"今统以十分而论之,其死于献贼之屠戮者三",这位当年在四川待过的学者认为四川死亡人口里,大概有30%是张献忠杀的。

可惜的是,这位老先生的话也不可信。因为他接下来说,剩下那70%都是死于土匪流民之手,或者饥饿病死的。换句话说,在他笔下,没有一个四川人是清朝士兵杀死的,这明显就是歌功颂德地瞎说。当时针对四川人的抵抗,清军1649年在四川到处示称,"民贼相混,玉石难分。或屠全城,或屠男而留女"。把屠城当作政策的,正是这个张烺效忠的大清朝,他却在书里一个字都不提。所以,我们很有理由怀疑他说的张献忠杀了30%也是有水分的。

当时有一个南明兵部职方司的郎中欧阳直,在他的书《欧阳氏遗书》中说,"天下未乱蜀先乱,天下已定蜀未定",很直白地指出了一点:明末四川的大乱局,实在是持续了太长的时间。这中间各种势力在四川打来打去,谁都没把四川老百姓当人看。张献忠、明朝官军、清军,还有所谓的姚黄十三家等抗清组织,都曾经屠过城,杀过人,也可能都曾经把人肉当粮食。

事情很可能是这样:清朝统治者稳定下来后,发现四川的人几乎死绝了,得找人来负责,很自然,他们不会把屎盆子扣自己脑袋上,而明朝的遗老遗少知识分子们也不会给明朝抹黑,如果说是土匪组织干的,好像他们也没那么大实力。回头一想,张献忠不是在这里建立过大西国吗?那好,屠夫的帽子就给你扣上了,反正也没人替你说话。

三、弘光朝廷

张献忠死后,他的部下,也是他的养子,相继投奔了南明。

所谓南明,就是崇祯皇帝上吊之后,明朝在江南的政权。我们都知道,大明王朝有两套政府班子,一套在北京,一套在南京。北京被占领之后,南京的政府班子还整整齐齐,没有任何损伤,只需要一个皇帝就可以了。

崇祯帝上吊之前,把自己三个儿子都放了出去,意思是希望他们赶紧去南边另立中央,搞得好,那就是南宋或者东晋,延续个一百来年没问题。可是他没想到的是,三个儿子全都没有到达南京,现在史学界只能用"不知所终"来形容这仨孩子。

这样一来,到底谁做南京政府班子的皇帝,就变成了一个大问题。按照朱元璋的"祖训",有嫡立嫡,无嫡立长,那应该是朱由检的堂兄福王朱由崧即位;可是以崇祯死之前任命,但还没上任的浙江南直隶两省总督钱谦益为首的一些东林党人说,应该由潞王朱常淓接任,因为他有帝王相,也不知道"帝王相"是怎么看出来的;还有一些人说你们都错了,应该是桂王朱常瀛最有资格登基为帝。

最终的结果是,福王朱由崧在南京兵部尚书史可法、凤阳总督马士英,以及江北四镇的支持下,走上了"领导岗位",这就是南明的第一位皇帝,史称明安宗弘光帝。所谓江北四镇,指的是长江以北,南明控制的四个军事重镇,淮安、扬州、庐州和泗州,他们的领导人分别是黄得功、刘良佐、高杰,以及刘泽清。

说到这里,我们要聊一下当时的形势了。

前面说过,清朝占据了北京和河北地区,可是客观地讲,当时地盘最大，兵力最多，实力最雄厚的，还是要数南明，因为它掌握除四川之外的南方所有地区，手里大概有100万正规军。最重要的是，它在经济上富得流油。刚刚说过的那个总督钱谦益在崇祯上吊的前两年，迎娶柳如是，只用了十天时间，就建了一座美轮美奂的新屋，这不仅仅是他个人财力，也是整个江南富庶的象征。

那么，有军队，有钱，还是根红苗正的老朱家后代当皇帝，后来怎么打不过清军呢？至少，像南宋那样划江而治，应该是不难的吧？可是大家都知道，这种事没发生。那是为什么呢？

在我看来原因有三，每一个都很致命。第一个是清军的战斗力确实很强，比宋朝时候的辽和金都要强，除了野战的骑兵，他们甚至在军事科技上，也要强过南明，前面说的红衣大炮就是一个例子。

第二个原因是，南明的这个几个皇帝实在不成器。弘光帝上台之后，干的第一件事就是满城找女人。他派出宦官四处寻找，凡是有漂亮女孩子的家，就拿黄纸贴上，表明这个女人归皇帝了。至于说到处搜刮财宝，建设宫殿，这种事也没少干。当然，现在也有一些人说，这都是东林党人因为自己推荐的人没当上皇帝，在写史书时候特意造谣。可是，若说朱由崧没干这些不正经的事情，那你能举出一两件他干的正经事吗？好像一件也没有。

除了自己不争气，他的威望也值得怀疑，就在弘光帝上台不久，南京城里就来了一个人，此人一身乞丐装站在皇宫前，说自己是崇祯皇帝的太子朱慈烺。可以想象得到，无论这个太子是真的还是假的，在朱由崧和南京朝堂上的大臣眼里，他必须是假的。因为一旦他是真的，那朱由崧马上就要下台了，朱慈烺可是崇祯帝亲口封的，最正牌的太子；同时，所有大臣都有拥立伪君的罪状。在没有照片和身份证的年代，说你是假的还是一件很容易的事情。最后的结果不出意外，经过大臣们"仔细问答"，这位太子被证明"确实"是假的，关进了大牢里，不过，从此天下人看朱由崧的目光里，怀疑他皇位合法性的成分又加重了。

第三个原因是南明的内斗太厉害了。就在南京崇祯太子案发生之后，1645年春，驻守在武昌的左良玉，认为大牢里的那个太子是真的，以奉太子密诏清君侧为借口，顺流而下，向南京进兵，要让朱由崧下台。凤阳总督马士英赶紧调动了江北四镇几十万人去迎击左良玉。

北边的清军觉得这简直就是天上掉馅饼了，大好机会不容错过。豫亲王多铎随即率领清军大举南下，轻而易举就攻陷了归德、颍州、太和、泗州等地。最神奇的是，左良玉居然死在了半路上，他的那个不成器的儿子左梦庚领军队投降了清军阿济格部。远在北京的多尔衮听到这样的战报，简直不敢相信自己的耳朵。

就这样，自己人之间的纷争，导致史可法镇守的江北重地扬州很快就被重重包围，多铎用红衣大炮轰开了扬州城墙，史可法被俘之后拒不投降，被杀。由于一些明朝士兵和扬州老百姓与清军在城里展开巷战，清军死伤太多，为了报复，多铎下令屠城，称"嗣后大兵到处，官员军民抗拒不降，维扬可鉴"，这就是著名的"扬州十日"。据《扬州十日记》这本书说，一共有80多万人被杀死。这个数字应该是夸张了，鼎盛时期的扬州城内最多100万人，战乱开始之后还有没有这么多人，是一个大问题，计六奇的《明季南略》则说，这80万不全是清军杀的，前面明朝的军队也杀了几十万。

无论真实数据怎样，城破之后的扬州老百姓都是极其悲惨的。

四、史可法和钱谦益

由于在扬州拒不投降，最后被杀，史可法被很多人认为是民族英雄。不过，你也许想不到，在弘光帝刚上台的1644年农历六月，史可法曾上书皇帝："但虏既能杀贼，即是为我复仇……特宥前辜，借兵力之强，而尽歼丑类。"翻译过来就是，清兵能打李自成，就是为我们大明复仇了，我们应该和他们化干戈为玉帛，借着他们的强大，消灭李自成、张献忠这些人。

先不说这像不像是一个民族英雄说的话，就说他这个策略，简直毫无道理。无论是三国时期的孙刘两家联合抵御曹操的成功，还是南宋两次拒绝和辽金联合的反面例子，都说明在三国争霸的游戏里，弱者要是想生存，就需要手拉手地彼此联合，共同对抗强者，否则的话，只能是一个一个地被消灭。史可法却一心想着和清朝联手，就凭这一点，就证明了他根本没什么战略眼光。他经营了一年的扬州城只用了一天工夫，就被清军攻破，也证明了他没什么领兵打仗的才能。

《明史》上说史可法"可法每缮疏，循环讽诵，声泪俱下，闻者无不感泣"，也就是说，他给皇帝上书之前，都要把自己写的奏疏朗诵给周围人听，而且还不是一遍两遍，"循环讽诵"，把自己感动得痛哭流涕。

再来看看另一个南明大臣。扬州失守之后，清军随即渡过长江，这一年的五月十五，攻克了南京城。礼部尚书钱谦益率领一大堆文人官僚，不仅跪倒在南京城里的大街上，投降了清朝，还以"头皮痒"为借口，主动给自己剃了个金钱鼠尾头，令人大跌眼镜。朱由崧和内阁首辅马士英虽然事先得到消息，提前溜之大吉，跑到了芜湖，但七天之后，就被手下的一群总兵抓住，献给了多铎。

钱谦益从小就很有才名，不到30岁就考中了一甲第三名进士，也就是探花郎。就这个成绩，大家还认为他很委屈，《明史》上说，听见他得第三名，"士论大哗"。可见当时他在社会上，是多么了不起的存在。明末清初大思想家黄宗羲说他引领文坛五十年，虽然夸张，但钱谦益学问很高，也是事实。

59岁那一年，钱谦益在老妻尚在的情况下，迎娶了"秦淮八艳"里面色艺双绝的柳如是。这一年，柳小姐23岁，但已经名满南京，长得漂亮不说，史书上还说她"知书善诗律，分题步韵，顷刻立就"，有七步成诗的本事。

前面说过，钱谦益为了她，十天就盖好了一座房子，取名叫"我闻室"。这是因为柳美女名叫"如是"，佛经上说"如是我闻"，那美女住的房子，就要叫"我闻"。他后来又盖了绛云楼和红豆馆，用来金屋藏娇，可见他不仅有才，还有财。

现在有种说法，说南京城被清军攻破这一天，钱谦益本来想和柳如是一起跳湖自杀殉国，而且大肆宣扬，到处告诉亲朋好友，说我就要效仿屈原了，大家来世再见。可是船也上了，酒也喝了，谁知道这老家伙用手摸了一下湖面，赶紧缩回手，说了一句"水太凉"，然后回家就剃发，投降了。

这件事史书里是没有的，而且陈寅恪先生的大作《柳如是别传》已经辟谣了，说这是"妄人耳食之谈"，道听途说而已。

实际情况可能是这样：当时年轻貌美的柳如是要跳水殉国，被钱谦益拉住了。不仅仅陈寅恪这样认为，在很多读书笔记上也都有记载，"君劝宗伯死，宗伯谢不能。君奋身欲沉池水中，持之不得入"，这里的"君"指的就是河东君柳如是。

钱谦益投降之后，官降一等，做了不到一年的清朝礼部侍郎，就辞职回家不干了，据说是因为柳如是坚决不同意他当清朝的官。后来钱谦益因为受别人牵连，被抓进北京的死牢，柳如是只身北上，上书给朝廷请求替钱谦益去死；如果不行，她就要求一块赴死。最后的结果很美好，钱谦益无罪释放。

再后来，两口子不仅恩爱如初，还在南方不断地参与反清复明的活动，包括到处秘密游说、策划、资助等等。他的一个名叫郑成功的学生，还折腾出了很大的动静，这个后面再说。1664年，钱谦益以82岁的高龄走完了一生，34天之后，年仅46岁的柳如是，因为和钱家人的财产风波，也上吊自杀，相当于殉夫了。

  按照传统的说法，史可法是英雄，是忠臣，而钱谦益是懦夫，是奸臣，就连清朝人也把钱谦益放到了《贰臣传》乙册里，加以嘲讽。当然，这里面有他后来偷偷反清被人发现的因素，不过这也恰恰说明了，钱谦益对明清两朝都不忠，那放到乙册里，简直是再合适不过了。

170. 大明郑成功

近年来有这样一种说法,认为史可法坚持抵抗,最后导致扬州被屠了城,百姓倒了大霉;钱谦益率领大小官员投降,南京城就完好无损,大家都很高兴,而且现在民族团结,所以从百姓和历史的角度看,还是钱老爷子高明。

这种说法有没有道理呢?

我想说的是,这个想法,恰恰是每一个侵略者都想塞到你脑袋里的。如果被侵略的民族或者国家都这么想,那世界就不是今天这个样子了,欧洲也不能叫欧洲了,应该叫德意志帝国。正因为还有很多人,面对侵略者能够站起来大声地说不,才有了今天,我们才可以仍然使用汉字,使用汉语来讲述中国历史,这正是祖宗们没有屈服于外族不断入侵的结果。就像杨靖宇将军曾经说过的一句话:"老乡,要是我们中国人都投降了,还有中国吗?"所以,尽管今天实现了民族团结,不分彼此,但从历史唯物主义来看,史可法无论如何都要比钱谦益更让人尊重一些。

屠城乃大清朝之过,全宁非钱谦益之功,就是如此。

一、南明覆灭

不过,史可法和钱谦益,一个是兵部尚书兼东阁大学士,一个是礼部尚书,大敌当前,兵部尚书在扬州城连一天都守不住,而礼部尚书只会带着大家跪下。说句不客气的话，明朝末年，在朝堂之上，身居高位的，基本上都是这样的货色。

联想到很多朝廷重臣属于东林党，有人说，大明亡于东林党。

对于这个结论，我个人的观点是，大明亡国的原因很多，全怪到东林党身上，肯定不客观；但是有一点，东林党人绝对是难逃责任，并且要被后世引以为戒的，那就是党同伐异。他们任用官员的标准往往集中在所谓的"道德"和"文章"上，东林党人一个个笔下生花，书生意气，说起话来慷慨激昂，感动自己，也感动别人，却都是夸夸其谈，并没有什么用。

在这一点上，由东林党的后代创建的复社，就要好很多，至少比较务实。所谓复社，最初只是江南一些东林党"官二代"讨论学术的团体，后来逐渐发展到全国，进而也走进了政治。比起他们激进的父辈，复社要温和许多，而且明朝灭亡之后，复社大部分成员加入了南明，开始抗清，一直坚持了八年左右。前面说的吴伟业、冒襄，还有马上就要说到的顾炎武、黄宗羲等，都是复社的成员。

言归正传，弘光帝被俘虏之后，南明又出现了两个政权：唐王朱聿键在福建建立的隆武政权，以及鲁王朱以海在浙江宣布监国。"兄弟阋于墙，外御其侮"，两个小朱这时候本应联合起来，形成一个大朱，共同抗清，可就为了争一个谁是正统，双方又开始死磕。

1646年，清军再度南下，结果两家都无力抵抗，很快就被清军各个剿灭，隆武帝被杀，鲁王逃到了海上。

隆武帝之后，远在广东肇庆的桂王朱由榔宣布建国，不过他胆子实在太小，宣布建国之后，因为离清朝大军有点儿近，连"俺是皇帝"这话都不敢说，一定要跑到广西，才敢爬上龙椅，开始称孤道寡，定年号为永历。这就是南明的最后一个皇帝，永历帝。

这时候形势对他很有利。张献忠已经死了，死前给养子们下了命令，要求他们回归明朝，所以李定国、孙可望这些人纷纷率军归顺朱由榔。与此同时，清军中大批原来的明朝将领开始宣布反清复明。之所以如此，主要是因为多尔衮推行了一些错误政策，比如留发不留头，引起了他们的愤怒，这个后面还会说到。

虽然和钱谦益没关系，但史书确实也记载了反清名士黄毓祺曾冒雪访问钱谦益江南的那个家，柳如是倾其所有资助了反清复明的义军。这个女人确实是一代奇女子。

在这样的形势之下，掰着指头一数，永历这个政权名义上控制的版图达到了八九个省，还有东南沿海的部分岛屿。所有明朝的遗老遗少都有一种看到了曙光的感觉。

可惜的是，朱由榔本身就是一个窝囊废，他缺少领导人最重要的御下的能力。永历政权内部很快就形成了大大小小的山头儿，各派势力相互攻击。不仅明将领对张献忠旧部不信任，就算是李定国和孙可望之间也产生了隔阂，原因是李定国实在是太能打了，他一度逼得清朝甚至想放弃西南部的七个省，大家相安无事得了。

这样的能力和战功，就引来了孙可望对李定国的嫉妒。尤其是 1656 年，李定国被朱由榔封为晋王之后，孙可望觉得实在是没脸混下去了，居然去投降了清朝，献上了云南、贵州两省地图和布防图。

有了这个大叛徒的指引，1658 年，吴三桂一手拿着地图，一手牵着孙可望，攻入云南。李定国只好护着朱由榔跑到了缅甸，就是在这种情况下，李定国还在磨盘山设下埋伏，给追击的吴三桂清军一个血淋淋的教训，确实是将才。只可惜他生错了时候，南明不是一个李定国可以扶起来的。朱由榔逃到缅甸之后，最终缅甸王还是敌不过清朝的压力，把朱由榔交了出去，献给了吴三桂。

1662 年，吴三桂把明朝这最后一个皇帝，用弓弦绞死在昆明郊区，远在边境勐腊的李定国听到这个消息之后，伤心之下，一个月后，悲愤而死。至此，大明王朝算是彻底退出了历史舞台。

1645年永历政权成立的时候，实力并不弱，那时候很多人都认为，又一个南宋诞生了。谁知道仅仅17年，南明就彻底地烟消云散。这里最主要的原因，就是我上面说的，皇帝无能、内斗厉害，再加上清军的强大，三大理由注定了南明不可能成为南宋。

二、郑成功传奇

李自成、张献忠死了，南明也完了，可是还有一个地方，有那么一群人，高举着反清复明的大旗，大清一时之间，居然也拿他们没办法，这个地方就是台湾岛。

大明王朝灭亡的20年前，1624年，在台湾岛和大陆之间的澎湖列岛，发生了一场战役，进攻的一方是大明王朝福建巡抚南居益，防守的一方是当时被中国人称为红毛鬼的荷兰人，首领叫高文律。这个名字是音译，此人是一个纯正的荷兰人，和中国任何老高家都没有一点儿关系，可是这家伙领着人占领了澎湖，这就和大明王朝发生了关系。

福建巡抚南居益经过一番厮杀，胜利攻占澎湖，随后逮捕了高文律等12个领头的荷兰人，罪名是入侵和奴役岛上居民致1300人死亡。这些家伙被押到北京之后砍了脑袋，当时的明熹宗朱由校在做木匠活之余，也去祖庙里和老朱唠叨了一下这件事："祭告郊庙……刑高文律等于西市，传首各边，以昭示天下。"

南大人看着澎湖岛上剩下的荷兰人，以为这些强盗真的是卖了阿姆斯特丹的房子之后来中国的，现在无家可归了，就好心好意地告诉他们，南边的那个台湾岛地方很大，不在我的管辖范围，你们去和岛上居民商量商量，要是他们让你们住，我就不管。

这些荷兰人对着南大人鞠了一个躬，真的就去了台湾，在今天台南的安平登陆，然后和岛上的居民乞求说，我们只需要"一张牛皮大的地方"

就可以了。台湾的居民很慷慨，说啥牛皮不牛皮的，你们随便住吧。结果这群荷兰人摇着红胡子说：不，不，我们最讲信用了。随后把一张牛皮分割成无数细小的牛皮线，用这些线开始圈地，圈起来的地方，足够建一座城，这就是荷兰人在台湾最初的据点，热兰遮城。

再后来，也是这些荷兰人，打败了从台湾北部登陆的西班牙人，顺势占领了整个台湾岛，把它变成了荷兰东印度公司海外暴利的一头奶牛。这个比喻来自当时荷兰的一位总督，据估计，荷兰东印度公司占领台湾的38年里，平均每年从台湾运回荷兰的财富达到了惊人的4吨黄金。

就在荷兰人登陆台湾的这一年，1624年，一位后来让荷兰人很是头疼的人物在日本九州诞生了，他的本名叫郑森，后来的名字叫郑成功。郑成功的母亲是一位日本人，但他的爹郑芝龙是纯正的中国人。

那郑芝龙怎么会和日本女人生孩子呢？因为他和前面提过的王直一样，是控制日本和中国福建之间海上交易的大海盗。

郑芝龙是一个天才，他精通闽南语、南京官话、日语、西班牙语、葡萄牙语，甚至还有荷兰语，连欧洲人彼此交谈，有时候都需要找他这个中国人当翻译；他也是商业奇才，在东南沿海游刃有余地和各国人做生意；最后他还是一个军事天才，放眼整个东南亚，以民间武装力量而打败欧洲列强的，郑芝龙是第一人。

就在郑成功出生四年之后，1628年，郑芝龙受明朝的招安，指挥自己的船队在明朝和台湾的荷兰人之间做了二道贩子。

到了1646年，明朝亡了两年之后，已经投降了清朝的洪承畴给郑芝龙写信，劝他也投降清朝，因为他俩是老乡的关系，都是福建泉州人。

对于郑芝龙这个几乎没关心过自己是哪国人的海盗头子来说，和谁做生意还不是做？于是，他让出了仙霞关，让清兵长驱直入，进入了福建，随后又正式投降了清朝，被封为泉国公。

可是他儿子郑成功和他的想法却不一样，因为他们从小受的教育就不一样。郑芝龙小时候天天学习的就是做生意,混码头,心中时刻盘算的就是利益两个字,可是他对宝贝儿子郑成功的期望却是让他做一个读书人。郑成功从小就被带回了中国,随后去南京求学,从小受的教育就是仁义礼智信,讲究的就是忠廉孝悌,忠字还要排在第一位。

这时候一听说父亲要背叛大明,郑成功觉得比他爹死了都让人伤心。劝阻无果之后,这小伙子跑到孔庙,烧了知识分子的衣服,跪下哭泣道:"昔为孺子,今为孤臣,向背去留,各行其是。"这里面有两个意思:第一,我决心效忠大明,和我爹决裂,但这就是不孝,所以我没脸穿儒家衣服了;第二,以后我郑成功不做读书人了,要做一名收复河山的武将。

郑成功和他爹的这种决裂,在后来的民国挺常见的,老子起自军阀、地主或者大商人,然后送儿子去学堂或者国外学习。学完了回来,儿子们就对那个在他看来无恶不作的老爹竖起了中指。

郑芝龙投降之后,清朝很快背信弃义了,不仅福建这个根据地被清朝占领,郑成功的母亲田川氏不堪受辱上吊自杀,而且郑芝龙本人还被押往北京看管起来,八年之后入狱,后来又被砍了脑袋。

郑成功和他爹划清界限之后,混得风生水起。1647年年初,他招募了很多他爹以前的老部下,在金门以"忠孝伯,招讨大将军,罪臣国姓"之名誓师反清。

这里面要解释一下这个"国姓"两个字。郑芝龙还没降清时,带着郑成功去见南明隆武帝。或许是为了笼络,也或许是因为喜欢,隆武帝把老朱家的姓赏赐郑芝龙这个儿子,而且还给他改名"成功"。所以后来郑成功就有了一个响亮的名号,叫"国姓爷",而且他也很乐意打出这个旗号去招揽那些不愿意投降清朝的人才。可是他本人喜欢不喜欢就很难说了,反正我们没见过他自称"朱成功"的记载。

当郑成功知道朱由榔在广西称帝之后,他在遥远的福建表示臣服,承认朱由榔的永历政权代表了大明。他本人被封为"漳国公",后来又加封为"延平王"。这样一来，他的势力就被并入了南明政权，所以，历史上又称其为"明郑"——明朝的郑氏集团。

郑成功虽然饱读诗书，但他的主要收入，和他爹郑芝龙一样，来自做商人的利润，以及向过路的船只收保护费，等于海上黑社会。史书上记载，"海舶不得郑氏令旗不能来往。每一舶例入三千金，岁入千万计"，也就是说，当时的东南沿海，无论欧洲人、东南亚人，还是日本人，如果你的船上不插着一面郑家的旗子，别说做生意，根本都没办法航行。那些家伙也试图反抗过，但不服气的结果就是挨揍甚至丧命，最后一个个也只能乖乖地交保护费，凭此一项，明郑集团就富可敌国。

郑成功并没把这些钱当回事，他的想法是反清复明。

最辉煌的时候，1659年，明郑集团占据了从今天广东潮州向北，一直到今天上海附近的一千多公里海岸线的所有大城市，并且沿着长江的入海口深入内地，势力范围甚至到了九江。也就在这一年，北伐的郑成功包围了南京城。一时之间，中原老百姓都以为大明要起死回生了，南京城里城外的老百姓纷纷剪去辫子，脱去旗袍，大家都说："时久不见大明衣冠矣！"

可惜大家都忘了一件事，郑氏集团擅长的是水战，而不是陆地战，更不是攻城战。于是乎，南京城下一场大战，郑成功损兵折将，大败而归。

失败了的郑成功马上就认清了这个现实，他需要一个稳固的后方，来解决后勤和陆上练兵这两大问题，他很快把眼光瞄上了荷兰人占领的台湾。

可是，你让荷兰人交保护费，他们忍气吞声同意了，因为只是损失一点儿钱财而已；可一旦让他们退出台湾，那相当于要抢走他们的奶牛，荷兰人是万万不能答应的。

那还有什么可说的呢？1661年，郑成功亲率将士2.5万人，战船几百艘,从金门的料罗湾出发,经澎湖向台湾进军,打出的旗号是"此地非尔所有,乃前太师练兵之所。今藩主前来,是复其故土也",意思就是,台湾本来就是我们的领土,现在要收回来了。4月30日,船队由鹿耳门水道进入台江内海,在今天台南的位置登陆,开始夺取台湾。

战争一共打了十个月,最后以荷兰人和荷兰东印度公司彻底退出台湾结束。

拿下了台湾,郑成功的自信心开始爆棚,而且他的眼光不仅仅看向北边的清朝,还开始转向了南方,看着整个南海,觉得这片区域也不错。当时整个菲律宾群岛都在西班牙人的奴役之下,这些家伙几十年前曾经两次在那些岛上搞大屠杀,五万多名华人被无辜杀害,现在这事儿就成了郑成功南下最完美的理由。经过一番宣传,军队、人心、粮草都准备好了,郑成功决心要去攻打西班牙人,拿下菲律宾群岛。

可惜的是,老天爷觉得他可以休息了。1662年6月23日,38岁的郑成功突然暴病身亡,从得病到死亡,只有七天的时间。很多历史记录,包括一些老外写的笔记上,都说他是"偶感风寒",然后就死了。这事儿现在只能按照悬案来处理了,或者说只能相信38岁的郑成功死于流感。

他死之后,弟弟郑袭在当时台湾一部分将领的支持之下,封自己为"东郡王",等于继承了郑成功在台湾的产业。郑袭之所以敢这么干,是因为郑成功的法定继承者,嫡长子郑经前两年犯了一个错误。

事情是这样的,郑成功带着人攻打台湾的时候,让他大儿子郑经留守厦门。可是郑大公子却看上了弟弟的奶妈陈昭娘,公开纳为小妾,还生下了一个叫郑克臧的儿子。

按照我们现在的想法,一个给自己弟弟喂奶的女人,和自己什么血缘关系也没有,纳为妾也没什么;可是在那时候,这事儿的问题大了。

郑经的大老婆,也就是世子妃唐氏的爷爷是一位读书人,看到孙女婿不疼自己孙女,反而宠爱一个乳娘狐狸精,当即就给郑成功写信:"三父八母,乳母亦居其一。令郎狎而生子……此治家不正,安治国乎?"

这里面的"三父八母",说的是中国传统文化里面,除了自己亲生父母和配偶父母之外,还有三个父亲,八个母亲,都算是自己的父母,其中包括了继父、继母、嫡母、慈母、出母、乳母等。虽说陈昭娘没有喂过郑经吃奶,可是她既然是郑经弟弟的妈妈,从辈分上,就相当于是郑经的奶妈了,所以按照那时候标准,严格来说,郑经这就是乱伦。

郑成功这种自幼读儒家书的人,本来就因为老爹投降,脸上无光,现在大儿子又干出这种事,当时认为是奇耻大辱,气得发疯,下令给在厦门的手下洪旭,让他处死郑经、陈昭娘,以及两人的孩子郑克臧,还有郑经自己的娘董王妃。

让郑成功想不到的是,洪旭和大多数厦门将领这时候已经完全站在了郑经的一面,他的命令没有得到执行;而且,后来郑成功猝然死在台湾岛上,也没能回到厦门。

就是因为这个原因,郑袭在郑成功死后,才敢公然霸占台湾。他觉得郑经一个乱伦的人,绝对不敢来台湾找他的麻烦。

可惜的是,郑经既然敢娶弟弟的奶妈,就说明胆子是不小的;还能让郑成功的下属全都站在他的一边,能力自然也是不小的。果然,郑经几乎不费吹灰之力就夺回了台湾,软禁了郑袭。这件事发生在1662年年底,这时候南明最后一个皇帝永历帝已经在几个月前被吴三桂勒死了,在大明都彻底没了的情况下,郑经依旧宣布,自己继承的,是大明延平王的爵位,相当于说,仍然自认是大明王朝的臣子。不过对他顶礼膜拜的日本人、荷兰人和所有五颜六色眼珠子的外国人,都称其为台湾之王,尊奉他为东南海域的霸主。

换句话说,1662年,世界承认台湾是郑家的;郑家掌门人郑经说,不,台湾是大明的,我生为明朝人,死为明朝鬼,誓死为大明保卫台湾。

171. 弊政与汉化

入关之后，多尔衮的地位不断上升，先是从"叔父摄政王"升级到"皇叔父摄政王"，后来又变成了"皇父摄政王"，也就是说到最后，"叔"字没了，直接变成了顺治小皇帝的爹。

现代有一个说法，认为多尔衮这个"皇父"，并不全是虚名，因为顺治的娘，也就是后来大名鼎鼎的孝庄皇太后，迫于形势，嫁给了多尔衮。持这种说法的人言之凿凿地宣称，当时的满洲人本来就有这个习俗，哥哥死了，弟弟就娶嫂子；老爹死了，继位的儿子可以把他除了亲妈以外的其他妻子都娶了，这叫转房婚。

满洲人以前确实有这个传统。但早在入关之前的1629年，皇太极就下令，"凡取继母、伯母、弟妇、侄妇，永行禁止"，也就是随着时代的进步，他们改正了很多习俗。所以，对于孝庄是不是曾嫁给多尔衮这事儿，我的态度就是不确定，因为正经史书没写；当然，即便真有，也不会写。

其实无论有没有，都改变不了一个事实——多尔衮是当时清朝实际上的一把手，小皇帝当时的主要任务还是学习和玩。

前面说过，受范文程的影响，多尔衮开始的时候，对汉人还是不错的，至少在北京时，老百姓反感剃发易服，他也就没坚持；同时很多事情，都尽量按照原来明朝的规矩办，比如说，清朝的第一部法律《大清律》，就是在多尔衮的主持下，以原来明朝律法为基础制定的。

可是随着清军在战场上的节节胜利，多尔衮开始膨胀了。首先是自我的膨胀，他觉得自己的功劳实在太大，享受一点儿岂不是应该的？所以，他的住所"与帝座相同，而金碧辉煌，雕镂奇异，尤有过之者"；而在权力上，更是没顺治帝什么事，大小官员的升迁免职，都是他说了算。

其次是对待汉人的态度也变了，从以前的小心观望，变成了蔑视，由此，就导致了六大弊政，分别是圈地令、投充令、逃人令、剃发令、禁关令以及屠城。

一、弊政引反抗

圈地、投充和逃人这三个命令实际上是有关联的。圈地，就是政府下令，八旗在某一个地区可以随意抢汉人的土地。他们随便画一个圈，这地就是我的了。可是这么一弄，原来的地主和农民就把锄头一扔，我不种了还不行吗？于是多尔衮下令，可以强迫汉人老百姓种地。实际上，相当于把汉人当奴隶对待，这就叫投充令。

于是，大量失去土地的农民开始逃亡，以多尔衮为首的满洲贵族们只能接着颁布了逃人令，核心就是一句话，"有隐匿逃人者斩"——谁敢收留这些失去土地的汉人，掉脑袋。这个法令条目有一百多条，规定了各种窝藏逃跑农民的惩罚细节，由此可见当时的情况有多严重。

禁关令比较简单，就是禁止汉人去满洲的发祥之地东北。

屠城这件事严格来说，并不是行政命令。应该这样说，多尔衮没有制止清兵的屠城举动，是他的一大弊政。著名的，有前面说的"扬州十日"，除此之外，四川、江阴、广州等地的大屠杀，都是事实，也就是对手无寸铁的老百姓下手，数以十万计地杀，实在是没有人性。

不过历史上著名的"嘉定三屠"，却不能完全归罪于清兵，因为指挥在嘉定三次屠杀老百姓的，是一个叫李成栋的汉人。他本来是李自成的手下，后来投降了清朝。最无厘头的是，这人干完了"嘉定三屠"，杀了无数同胞之后,不知道怎么又打起了旗号,要反清复明。结局就是被人追杀,淹死在一个小河沟里。

相比于上面五项,反响最大,反应最激烈,也是最让汉族老百姓不能接受的,就是多尔衮颁布的剃发令。

顾名思义,剃发令就是强迫汉人把头发修理成"金钱鼠尾"。这里面有两个目的,第一个就是标明谁是顺民,谁还想要反抗。清朝士兵在大街上一眼望去,凡是脑袋后面飘着一根辫子的,那就是自己人,没有的,自然就是不服气的。第二个目的就是从心理上,打压和奴役汉人,当然,这是多尔衮的想法。可是中国自古以来,就相当重视外在的形象,《孝经》里面说了"身体发肤,受之父母,不敢毁伤,孝之始也",就是说爹妈给的东西,不能随意破坏,这是一切孝的开始。所以,汉人成年之后,除了必要修剪,让其不影响日常生活,绝对是不能随意剪头发,刮体毛的。可是现在多尔衮说,必须剃头,这一条是那时候很多汉人万万不能接受的。

很快,各地就掀起了风起云涌的抵抗。我们上面说过,南明最后一个皇帝永历帝朱由榔上台的时候,各地本来已经投降了的明朝将领纷纷造反,就是因为这个剃头令。随后的很多屠杀,比如说江阴大屠杀,也是因为这个剃头令。可以说,如果没有这个命令,清朝不会用那么长时间才占领整个中国。

多尔衮在这一点上,也是铁了心的,绝对不妥协。他在给前线总指挥弟弟多铎的命令里说:"各处文武军民,尽令剃发,倘有不从,以军法从事。"下令各地,限公文到达的十日内完成剃发,违令者死,如果地方官敢上奏反对,"杀无赦"。

民间的说法是,"留头不留发,留发不留头",传说士兵带着剃头匠在街上转悠,看见留发的,上去就剃,敢于反抗的,当场杀掉,然后把脑袋挂在剃头匠担子后面的一根竹竿上。一直到了民国,走街串巷理发师傅挑的担子上,还竖着这么一根竹竿。当然,那时候已经很少有人知道,竹竿子上,曾经是一串串的人脑袋。

现在中国很多地区流传一个说法,说正月里剃头死舅舅。实际上,这个习俗可能和剃头令有关。原因是随着清朝逐渐在中原站稳了脚跟,老百姓对于剃发的反抗也不那么激烈了,有些人就在一年十二个月里,挑出了正月,整个月不剃发,以表达对明朝的怀念,这就叫"正月不剃发,思旧",是思念旧朝的意思。传来传去,就变成了"死舅"。

二、三大思想家

其实,虽然清朝的剃发令很严厉,但也有漏网之鱼,还是有很多汉人,保持着明朝的发型服饰,潇潇洒洒地活了一辈子,其中就包括了明末清初的大思想家王夫之。

王夫之出身于太原王氏,和黄宗羲、顾炎武并称"明末三大思想家"。

宽泛地说,这三人都是中国近代民主思想的启蒙者和引路人。黄宗羲的主要思想是"有治法而后有治人",也就是强调法治和制度的重要性,隐隐约约地反对君主制度,主张精英治国,说天下的官员们都应该"为天下,非为君也;为万民,非为一姓也",这些都非常接近现代的民主思想,所以西方学者称黄宗羲为"中国自由主义先驱"。

顾炎武也主张"众治",反对"独治",但他更强调个人的修养和民众的力量,所谓"保天下者,匹夫之贱,与有责焉",也就是人人都应该,也必须以天下为己任。这句话后来被梁启超总结为"天下兴亡,匹夫有责",流传至今。

不过王夫之和黄、顾稍有不同。虽然在政治上,王夫之也有"平天下者,均天下而已"的思想,但他还是拥护帝制的,认为皇帝可千万不能没有。实际上,他的主要贡献,不在民主思想上,而是在哲学上。有一句话,"西方有一个黑格尔,东方有一个王船山",船山就是王夫之的号。他自称为船山病叟，他这一派的学问也就称为"船山学"。

王夫之对先秦诸子、两汉经学、魏晋玄学、隋唐佛道之学、宋明理学、张载的气学，乃至陆九渊、王阳明的心学都做了深入而细致的研究，进行了批判和继承，所以实在很难总结。用他自己的话说，就是"六经责我开生面"，六经代指儒家的学问，进一步延伸到所有的古典学问。意思是，我一个人就可以对这些学问进行评注和创新，每一门学问都有取有舍。他后世的粉丝里，除了有曾国藩、谭嗣同、梁启超、章太炎等这些著名人物，还有不少外国人。

这里单单从历史的角度来讲一下。王夫之有一本书值得我们大读特读，那就是《读通鉴论》，是王夫之读《资治通鉴》的读书笔记，一共将近70万字，都是对历史事件的评价，满满的都是干货。这老先生有一句关于历史的话，叫作"势之顺者，即理之当然者"，也就是说，顺应了历史潮流的，就是合理的，这也是他"理势合一"的哲学思想概述。

按照这个理论，王夫之应该能认清楚，清朝占据天下是顺势而为，是合理的，他应该乖乖地把头发剃了，可他的做法却不是这样的。

当黄宗羲和顾炎武最后都放弃了奔走呼号的反清复明，剃了头发，表示对新政权的顺从之后，王夫之还是坚持不剃发，甚至逃进深山，最后连笔和纸都买不起，全靠朋友的接济才没饿死。幸好，福建巡抚郑端是他的崇拜者，不仅没追究他不剃发的罪过，还经常派人去山里给他送生活必需品。最后，王夫之，王船山，在73岁的时候寿终正寝，终生没有剃发。

三、福临掌权

如果清朝就沿着多尔衮的这六大弊政走下去，最后会不会像元朝那样，不到百年就倒台了，还真不好说。幸运的是，1650年12月9日，多尔衮在狩猎途中，意外地从马上摔了下来，在病床上躺了21天，于31日去世，年仅38岁。他的死公认是一场意外，不过他死之后，围绕着他留下的权力真空，阴谋就诞生了。

先是多尔衮的同母哥哥阿济格试图收服多尔衮的部下，然后再继承"皇父摄政王"的头衔。只是他的水平实在太差，反而被多尔衮的手下几个旗官一举拿下，随后这几个旗官又被郑亲王济尔哈朗收服。

努尔哈赤之侄济尔哈朗在多尔衮活着的时候没什么权力，甚至连辅政大臣这个招牌都丢了；但多尔衮一死，他就活跃起来，软禁了阿济格，然后把多尔衮的正白旗和本来属于皇帝所有的正黄、镶黄两旗合并，起了一个新的称呼，叫"上三旗"，从此都归皇帝亲自统领。这一招很是好使，它让原来多尔衮的正白旗获得了超越其他各旗的地位。大家都觉得，多尔衮虽然死了，跟着这个济尔哈朗，可能日子也会不错。

随后，济尔哈朗更进一步提拔很多支持自己的人进入议政王大臣会议，包括后期大名鼎鼎的苏克萨哈和鳌拜。一系列操作之后，济尔哈朗逐渐掌控了局势。然后，这哥们亮出了终极大招，上书弹劾多尔衮，说他僭越皇权，谋害皇太极长子豪格，大逆不道。

大清满朝文武对此既感意外，也不太意外。意外的是觉得这件事来得太早了，多尔衮死了还不到两个月的时间了；刚死那时候，顺治皇帝可是把他当作亲爹来治丧的，追尊他为皇帝，庙号"成宗"，风光大葬，结果现在坟头上的草还没长出来，就要进行清算了。

不意外的原因也很清楚，因为只要有点儿政治嗅觉，就能感受到，13岁的小皇帝爱新觉罗·福临早就对多尔衮跋扈专权不满，多尔衮死了，必然会清算朝廷上多尔衮的势力。济尔哈朗这个曾经的窝囊废之所以敢，而且还能收编多尔衮的部下，最后还弹劾他，背后撑腰的，就是顺治皇帝。

接到济尔哈朗的上书，年轻的顺治帝没有片刻犹豫，马上就宣判多尔衮有罪，剥夺一切封号，甚至还把他本人从棺材里拉出来，砍掉了脑袋，以表示其罪大恶极。同时，很多和多尔衮有关的朝廷官员都被清算，无数官帽子，还有帽子下面的脑袋落地。

之所以说济尔哈朗在这件事里，就是顺治皇帝手里的一杆枪，是因为尘埃落定之后，他在职务上并没有得到太大的提升，而且很快隐身幕后，回家过清闲日子去了，仿佛他飞扬跋扈做的这一切，都是为了一件事，那就是顺治皇帝福临的正式亲政，掌握朝政大权。

当然，付出总是有回报的。一年以后，济尔哈朗晋封为"叔和硕郑亲王"，除了多尔衮，他是清朝历史上唯一一位"叔王"。几年之后，济尔哈朗死了，顺治帝嚎啕大哭，下令罢朝七天，这也是清朝历史上因为一个大臣死了休假时间最长的一次，可以说是极尽哀荣。

一个十多岁的小皇帝，怎么能和济尔哈朗配合得这么好，如此顺利地收回了权力？这一点史书上没写，在我来看，很有可能是他背后的亲娘孝庄皇后的谋划，这个女人相当不简单，我们到讲康熙的时候，还会说到她。

无论如何，爱新觉罗·福临在1651年，他13岁的时候，实实在在地掌握了大清的最高权力。

四、顺治的汉化

如果顺着多尔衮的路走下去，大清有可能成为另一个大元。幸运的是，小小的顺治皇帝清醒地认识到，要想在中原站稳脚步，满汉融合是最重要的一步。

1653年，顺治下诏："朕自亲政以来，但见满臣奏事。大小臣工，皆朕腹心。嗣凡章疏，满、汉侍郎、卿以上会同奏进。"意思是，我"上班"以来，只有满人给我汇报工作，可是大清不只是满人的清朝，而是天下人的清朝，以后汉人的奏章也要摆在我的书桌上。

同时，他又采取了停止圈地、放宽逃人法等一系列缓和民族矛盾的措施。

　　在国家制度上，顺治和别人的看法也有不同，他有一次问大臣：古代的皇帝，谁干得最好？有的大臣回答是唐太宗，有的说汉武帝。《清史稿》上记载，顺治答道："不然，明太祖立法可垂永久，历代之君皆不及也。"也就是说，他觉得朱元璋打下了立法的基础，那才是一个朝代长治久安的保证。不仅朱元璋，据说顺治经常看着崇祯的书稿和画像哭，甚至跑到他的坟头上哭过一鼻子。

　　在他的影响下，朝廷政策不可避免地走向了汉化、明朝化、中原化，这样的转变对于清朝的稳定是有好处的。因为，来到了汉人占绝大多数的中原，就必须用汉人的农耕文明来治理国家。

　　不过，他在内心里，自然还是满人之间更亲切。比如，大臣上朝的时候，满官自称"奴才"，而汉族人只称"臣如何如何"。因为"奴才"这个词在他们心里，是自家人，是要爱护的，而"臣"则是臣服者，是外人，是随时可以抛弃的。这个称呼问题一直到乾隆时期才规范下来，这个后面再讲。再比如，顺治规定，六部都要各设两名尚书，满汉各一名，但满尚书的地位就是比汉尚书高一些。

五、顺治之死

　　1660年，顺治的董鄂妃去世了。乍一听名字，你可能认为这是一个汉族女子，姓董，封号鄂妃；实际上，董鄂氏是满洲大姓之一，这女孩子是名副其实的满人。当时她的全称是董鄂皇贵妃，《清史稿》记载，"年十八入侍。上眷之特厚，宠冠后宫"。

　　既然是"宠冠后宫"，那她的死让多愁善感的顺治帝伤心欲绝就不奇怪了。福临亲自写文章记述了这位享年只有21岁女子的生平，还让大学士金之俊为董鄂妃写了一个别传，停止办公五天以示哀悼，仅比叔王济尔哈朗少了两天。

这些都还不算什么。真正表现出顺治对董鄂妃爱之深的,还是随后的三件事。第一件是追认董鄂妃为"孝献皇后"。要知道,这时候他的正牌皇后可还活着,引发家庭纠纷自不必说;更重要的,是这件事完全违反了汉族的礼制。

第二件事是他用蓝笔批答奏章达四个多月。按照中国的古代制度,皇帝或者皇太后死了,继位的皇帝在一段时间内不用红色的笔批奏章,改用蓝笔的,以示哀悼,但这只能局限于先皇或皇太后。这又让孝庄太后怎么想?

第三件事,是他寻死觅活。据汤若望记载,人们不得不昼夜看守着他,免得他自杀;自杀不成,顺治又想出家,当然最后也被劝住了。也许是老天爷看他实在是太伤心了,觉得不能拆散了这对苦命的鸳鸯,五个月后,1661年2月,顺治皇帝染上了天花。

为什么满洲入关后特别惧怕天花?

天花是一种非常古老,传播范围极广,造成人类死亡数量极多的病毒。如果我们相信印度的一些"历史书",那么,两千多年前,印度就应该流行过天花病毒,造成了大瘟疫。从那时候起,天花在全球就经常出现,致死率可以达到差不多30%。

据记载,天花传入中国的时间应该是汉朝。到了宋代,中医发现,接种可以防止感染天花,方法是把得了天花的小孩身上的脓汁挤出来,制成粉末,吹到健康孩子的鼻孔内,让他轻微感染一次,从而获得对天花的免疫力。这从原理上说,和今天的灭活疫苗是一样的。不过由于那时的"工艺"实在太糙,成功率特别低,不是感染不上,形成不了免疫力,就是感染了,但过于严重,把一个活蹦乱跳的健康孩子害死了,所以这个办法并没有大规模地流行起来。

病毒和人类的相处,是一个相互适应的过程,中原地区的人最后逐渐适应了这种病毒,致死率就降了下来;但满洲人一直都待在白山黑水之间,基本没经历过这种病毒,所以满洲贵族从入关的第一天开始,就对这种病产生了强烈的恐惧心理。豫亲王多铎,就是在多尔衮死之前的一年,因为感染天花而死的。

顺治皇帝为了躲避天花,想尽了办法,他甚至不见那些没出过痘的大臣;一旦在北京发现了天花患者,就以打猎的名义出城;在天花流行的季节,他会取消大型活动。尽管如此,他还是没能躲过。

从感染的第一天开始,顺治就知道大事不好,不过这样一来他也不用天天设法自杀了。他在2月2日发现得病,2月4日就赶紧立太子,立遗嘱,交代后事。

虽然这时候顺治帝才23岁,但是后宫的妃子有名有姓的就三十几位,其中十几位都给他生下了孩子,活着的儿子一共有六个。可问题是,这些孩子中最大的还不到8岁。福临一边躺在床上和天花做斗争,一边琢磨着,儿子太小了,大清江山还不稳定,朝廷里派系林立,是不是要找一个年纪大的人做皇帝呢?于是,他就想传位给当时36岁的堂兄安亲王岳乐,不过这个念头一说出来,就遭到了孝庄皇太后的激烈反对。

老太太不同意是有原因的:传给孙子,她就是太皇太后,手里依旧握着废立大权,但传给岳乐,岳乐也有自己的娘,她的身份就尴尬了。

母子俩意见不一致,孝庄马上就找来了一个人,她很有把握,这个人肯定会让顺治改变主意。此人就是高鼻子、蓝眼睛,一脸大胡子的汤若望。

汤若望是今天的德国科隆人,他来中国的原因和利玛窦一样,都是传教,两人同属于耶稣会。在利玛窦死后第九年,也就是1619年,明神宗万历皇帝时,汤若望就来到了中国澳门,后来又到了北京。汤若望从利玛窦那里学来的策略也是通过科学来传教,而且也是在徐光启这位科学爱好者兼明朝高官的推荐下,走入明朝朝廷的。

清兵打进北京之后,汤若望就开始和清朝合作。意外的是,他先后得到了多尔衮和顺治两位执政者的赏识。这一方面是因为他很博学,宗教、天文、数学,尤其是历法,都相当精通;另一方面,相对于中原来说,顺治等人和汤若望一样,都是外来人,至少从心理上,没有互相排斥的想法,反而有惺惺相惜的念头。

当时皇太后孝庄尊称汤若望为义父,顺治皇帝直接叫他"玛法",也就是女真话"爷爷"的意思。20岁以前的福临,曾经创造了一年去汤若望家串门24次的纪录,历代帝王去大臣家聊天的次数,都没有超过这个的;甚至顺治帝的19岁生日,也是在汤若望家过的。这样的恩宠之下,汤若望的官职当然是迅速提升。1653年,他被赐予"通玄教师"的称号,很快又成为通政使,正一品。这个升官速度,简直能把那些苦读几十年的中国知识分子活活气死。

现在顺治快死了,在谁来接班的问题上和孝庄意见不一样,孝庄找来了汤若望。汤若望已经在中国待了快40年,久历官场,马上心领神会地站在了孝庄皇太后这一边:一个快死的皇帝,一个活着的皇太后,孰轻孰重,汤老爷子分得清!

汤若望在和顺治的谈话中,提出了一个十分让人信服的理由:孝庄皇太后提出的继承人,顺治的第三个儿子玄烨虽然只有7岁,却是得过天花的。那时候的人虽然不知道如何治疗天花,却全都知道,只要得过一次没死,这辈子就不会再得了。当汤若望把这个理由说出来之后,顺治皇帝终于点头了——爷爷,您说得对。

就这样,1661年2月4日,皇三子玄烨被立为皇太子。第二天,2月5日,大清朝入关之后的第一位皇帝爱新觉罗·福临驾崩在紫禁城养心殿,享年23岁,在位18年。由于即位的玄烨年纪实在太小,遗诏中特意任命了四位辅政大臣，分别是索尼、苏克萨哈、遏必隆和鳌拜。

有野史说，顺治皇帝没死，而是出家了。对于这种说法，我们不会采信，原因只有一个：顺治咽气的时候，有太多的人在旁边瞅着。

这个出家的说法倒也不是空穴来风，因为福临一直都笃信佛教。汤若望说的别的话他都信，唯独让他改信基督教这事，他把脑袋摇得如同拨浪鼓。董鄂妃去世时，他一度是真的想出家。就在染病的前一天，他还把最喜欢的太监吴良辅送到今天北京的法源寺代替自己出家，并且亲自去看吴大总管剃度，结果回来就病倒了。我们有理由怀疑，或许就是在这次剃度仪式上，顺治感染了天花。所以，民间段子手因为顺治对佛教的喜爱和执着，杜撰出来一个他出家的新闻，那是一点不奇怪。

这里我们还要提一下他的遗嘱。古往今来，皇帝的遗嘱往往都是这样开头的，"朕以凉德，仰承皇考"，意思是我德行不够，是因为有个好老子才当上皇帝，然后就是叙述自己的施政功绩，过失或许也要提一下，但是一般不会占很大的篇幅。

顺治皇帝的遗嘱却通篇都是骂自己的，你完全可以把它当作罪己诏来看。第一条罪过就是"渐习汉俗，于淳朴旧制，日有更张"，意思是，我走汉化的路子，错了，应该坚守淳朴的旧制；接下来一口气说了自己的另外 13 条罪过。最后一条相当感人，说自己明明知道错了，每天都自责，可就是改不了，实在是错上加错。

你若是问，顺治皇帝为什么要写这样的一个遗诏呢？

实话实说，我认为根本就不是他写的，理由有三个。第一，顺治帝从发病到死亡，不过三四天的时间，天花病人的高烧、昏迷、虚弱他必然都经历了一遍，和汤若望说几句话都费劲，很难想象他可以写出如此长的一篇遗嘱。第二，福临的个性是相当自信，也相当倔强的，这一点从上面说的董鄂妃死后，他一系列不遵守礼制的举动就知道了。这样一个人，怎么会在死之前对自己来一个彻底的否定？第三，遗诏中大概有五条是有关汉化问题的，也就是帝国道路的选择，从顺治死后，孝庄皇太后和四位辅政大臣改弦更张，停止汉化的政策来看，这些人对顺治的汉化政策早有不满了。那么，弄一个假遗诏，自然是更方便自己做事——顺治先帝爷都后悔了，你们还敢叽叽歪歪的？

172. 清初四大案

顺治帝归天，全国人民不管愿不愿意，都要表示哀悼。令人想不到的是，有个人因为哭他，把命都哭没了，这个人的名字叫金圣叹。

一、江南三大案

金圣叹，本名金人瑞，字圣叹，苏州人。现在提起他，都说他是大学问家，但他的最高学位不过是秀才，连举人都不是。之所以学历这么低，是因他学得太杂，可以说是半儒半佛，并且没事的时候，还摆摊算卦，又有几分道士的气质。

他在后世的名气那么大，是因为他批注了《水浒传》和《西厢记》，详尽到甚至一字一句都要细细地点评。在他心里，中国历史上最顶尖的书，一共只有六本，分别是《庄子》《离骚》《史记》《杜诗》《水浒传》和《西厢记》。对这六本书，他发下宏愿，要从后向前，一本一本地批注过去。

金圣叹批完了《西厢记》和《水浒传》，正在批注《杜诗》，也就是杜甫诗集的时候，他的家乡吴县出事了。新任县令任维初因为一边贪污腐败，一边刻薄地对待老百姓，四处催粮，激起了当地百姓的愤怒。也就在这个时间点上，顺治皇帝去世了，于是，1661年3月初，金圣叹和一百多名知识分子，来到了当地的孔庙，在里面嚎啕大哭。他们表面上是纪念顺治皇帝，实际上哭声中夹枪带棒，骂的全都是清朝的官员们。自古以来，古今中外很多知识分子最擅长的，就是这种指桑骂槐，骂人不带脏字，还能气死你。

同时，他们还上书给江宁巡抚朱国治，控告任维初，说这个县令根本就不是父母官，而是"周扒皮"。

他们没想到的是，朱国治跟他们完全没有就事论事的意思，而是当即上书朝廷，说江苏有一群读书人"倡乱抗税，惊扰先帝之灵"。结果很悲惨，金圣叹等领头的七个人被抓了起来，审判之后，全都是死刑立即执行，于8月7日被砍掉了脑袋，财产没收，家属流放，史称"哭庙案"。

据说金圣叹临死前，面对着自己的儿子神色自若地说，不用悲伤，我考你一个对子，看你是不是能对出来下联——"莲子（怜子）心中苦"。儿子看着老爹，别说对对子，连话都说不出来了，只是大哭磕头。金圣叹叹了一口气说，这个答案很简单啊，"梨儿（离儿）腹内酸"。说完之后，含笑赴死。

就凭这一副极其高明的谐音对联，我们都能看出，金圣叹的学问确实是很高。

学术界现在公认，金圣叹开创了中国文学前所未有的文学批评新模式，那就是，文学评论本身就可以是文学，甚至超过原著。随后的毛宗岗评《三国演义》和张竹坡评《金瓶梅》，都是受了他的影响。金圣叹还归纳了15种文学创作的手法，包括"草蛇灰线""横云断山""欲合故纵"等，对后世文学创作也有很大的影响。

现在说起这桩案子，很多人把原因归结为清朝统治者的残忍和滥杀无辜，也许确实有道理；但在我看来，这不是主要原因。那什么是"哭庙案"的主要原因呢？

前面说过，明朝的灭亡，有很大的一个原因是没钱。严格地说，是朝廷和皇帝没钱，无论是赈灾，还是打仗，都掏不出银子来。国家经济不行有三大原因，一是官员贪腐；二是地方上截留了太多的税银，钱到不了中央；最后一个是既得利益集团千方百计地避税，尤其是各地士绅把持的大资本集团基本上都不交税。

满洲入关之后，马上就意识到了这个问题，尤其是对第三点，更是深恶痛绝。

当时最繁华富庶的地方就是江南。1659年，也就是顺治皇帝死之前的两年，清朝下令，"凡江南绅衿拖欠钱粮者"，必予以惩罚。可是没想到的是，命令下去了两年，还是收不上来钱，江南的这群富商和底层官吏勾结起来，有的是办法糊弄朝廷。

到了1661年，清朝实在是没钱了，前方还在和南明、明郑集团打仗，后方却没有银子输血，满洲人实实在在地感受到了崇祯皇帝的无奈。不过他们没有崇祯皇帝的顾虑，因为它的官僚体系还没有被江南的大资本大地主集团垄断，于是很快就发动了一场催缴税银的运动，"限文到二月内，照数严追完解，以济军需"。

在这种形势下，刚才说到的江宁巡抚朱国治发起了"奏销案"，把历年欠税的人员、数目编造成册，派出如狼似虎的大头兵去催缴。仅仅是苏州、松江、常州和镇江四府，那些生员、进士、举人老爷们，就有17517人以"抗粮"的罪名或者削官降级，或者投入大牢。

这里面最神奇的是顺治年间科考殿试的第三名，探花郎叶方霭。他被人告发少交了一厘白银的税钱，结果查实之后，被降级处理。一厘白银，以当时的兑换标准，就是一个铜钱，所以，民间马上就有段子手编造了一个段子——"探花不值一文钱"。公平地说，叶大官人不是不想交这一个铜板，实在是阴差阳错，搞了一个大乌龙，但由此也可见清朝是铁了心要治理税收问题。

在奏销案的同时，朱国治还积极配合朝廷，发起了"通海案"，矛头也是直指江南的士绅集团，说这些人和郑成功勾勾搭搭，所谓通海，就是私通郑氏集团。这一来又是几十个人头落地。

"哭庙案""奏销案""通海案"合称清初"江南三大案",其中的通海和哭庙两个案子的人犯还是在同一天、同一个地点被处决的,金圣叹大才子在黄泉路上,倒也不愁寂寞。

今天看来,这三个案子完完全全就是冲着江南的缙绅豪强去的。金圣叹就相当于杀鸡儆猴里面的那只"鸡",砍他的脑袋是给那些不听话的江南世家看的。史家孟森先生对这几件案子的评论是:"朝廷有意与世家有力者为难,以威劫江南人也。"

二、明史案

江南三大案虽然波及比较广,但惨烈程度远远不及同期的另一个案子。几百年后,金庸先生甚至把它当作一本小说的开篇来写。

这事和一本书有关。有个叫朱国桢的人写了一本关于明朝历史的书,当时称为《明史》,或者叫《明史概》,是没写完的一部手稿。清兵打进北京时,朱国桢的后人跑到了江南,家道中落,日子有点过不下去了,恰好遇到一位很有钱的少爷,朱家人就用这本明史手稿做抵押,从这家人手里借走了1000两白银。

这位用1000两银子换一本残破手稿的人是庄廷鑨。

庄廷鑨自幼就喜欢读书,十五岁就被推荐入国子监,成了一名贡生。可惜他随后生病了,眼睛也瞎了。在这种情况下,他想起了写出《左传》和《国语》的左丘明,据说那也是一个盲人。于是他决心以左丘明为榜样,弄出一部流传后世的史书来。但要是让他像左丘明那样,自个儿从头来写,一来没有那样的才华,二来时间也太长了,他病得不轻,可能等不及。

现在有句俗语是"时间就是金钱",这话在很多时候反过来也是适用的,也就是金钱也可以用来买时间。付出了银子之后,朱国桢没写完的明史手稿就落在了庄廷鑨的手里,相当于买到了时间。

随后,庄家撒了大把的银子出去,不仅添置各种印刷的机器,而且请来了很多名士修改这部手稿,补写崇祯皇帝和南明的那些故事;然后印刷,以庄廷鑨的名义出版。

据说当时庄家开出的价码是一千字30两白银的稿费。这个钱是什么概念呢?当时一名差不多相当于现在厅级干部的六品官,年薪大概才是45两白银。

书写完后,还没来得及刻版印刷,庄廷鑨就因病逝世了。他爹庄允城为了实现孩子的遗愿,于1660年把这本命名为《明史辑略》的书印刷出版了。

有一点庄廷鑨猜对了,他终于靠着这本书留名千古了;但他只猜到了这个开头,没猜到结尾。这个结尾很惨烈,庄廷鑨的出名是靠着包括他家族在内的一千余人获罪,七十几颗人头落地换来的。

事情是这样的:七品县令吴之荣因为腐败坐了大牢,出狱之后,为了归还自己历年贪污的银子,就在湖州以各种名义敲诈富户。偶然之间,他看到了这本《明史辑略》,略微翻了一下后,他敏锐地意识到,这本书是有问题的,因为在这本书新写的崇祯和南明部分,充满了对满人的蔑视和不屑,以及对明朝抵抗将领的歌颂,书中甚至直接称呼努尔哈赤为"奴酋",清兵为"建夷"——建州的蛮夷。

此外,书中一直使用的,都是明朝的年号。北京的顺治皇帝在龙椅上都坐了17年了,你庄家出的书还是用南明的永历年号,你尊谁为正统,想给谁磕头,那还不是很清楚的一件事吗?

于是,吴之荣马上拿着书告到了杭州将军松魁那里。松魁是个大老粗,当时没觉得这是一件多了不起的事情,就转给了巡抚朱昌祚。朱昌祚当时正忙着收税,也觉得这就是一件鸡毛蒜皮的小事,转给了督学胡尚衡。督学的职责类似今天的省教育厅厅长,可见直到此时,还没有人把这事儿上纲上线到政治高度。

庄家作为当地的豪门大户，自然很快就得到了消息。他们马上采取行动，把外面流行的书收回，修改了敏感文字，重新出版，同时大把的银子送了出去。巡抚、督学等人本来就没当回事，这一下更是睁一只眼闭一只眼。

眼瞅着，这件事就这么糊弄过去了。可是吴之荣告了一圈，弄了一个这样的结果，很不开心，也不甘心。他是一个狠角色，便又自己掏路费，拿着原稿去了北京，直接把案子捅到了朝廷。在辅政大臣鳌拜的直接干预下，清政府派出了刑部侍郎罗多到湖州，明确下令，让吴之荣配合，审查"明史大案"。

吴之荣这时候是完全把赌注放在了台面上，发家致富报仇，还是掉脑袋下地狱，全看这件官司的结果了。他有一个仇家，是南浔的富商朱佑明，于是，他直接对钦差大臣罗多说，看见没有，这书里明明白白地写着，他们是根据一部"朱氏原稿"写的这本书，这个朱氏就是富商朱佑明。

最后的结果很不美好。1663年，也就是玄烨当上皇帝的第三年，这个案子审结，一共两千多人被株连，有名有姓被处死的人物大概有七十多个，几百人被流放。庄廷鑨的老爹庄允城死在了监狱里，弟弟庄廷钺被凌迟处死。

给这本书作序的大才子李令皙全家被杀，最小的儿子才16岁。围观的官员们都有点儿于心不忍，说让他少报一岁年龄，这样可以流放，不用死了。谁知道这孩子说"予见父兄死，不忍独生"，随即被杀。

南浔的富商朱佑明，根本连这本书是什么都不知道，就因为和吴之荣有仇，也落得一个全家灭门的惨烈下场。倒霉的还有那些参与校阅、刻字和印刷的工人、书店的老板等，全都被处死。

上面这个故事就是清初著名的文字狱"明史案"的大致经过，这件事被金庸老先生写在了小说《鹿鼎记》的开头，整部小说就是从这件事展开的。

三、查继佐是否曾告发《明史辑略》

金庸先生的祖上,和这件事也有一些牵连。

金庸本来姓查,名字叫查良镛,他祖上有一位叫查继佐的,是清初的一位大学问家、大才子。庄家发行《明史辑略》的时候,查继佐发现上面列出来的参校人员名单里,居然有自己的名字,可是这事儿他明明没参与。于是,他就跑到当地"教育局"说庄家侵犯了他的名誉权。按照他的学生沈起的《查东山先生年谱》记载,当时查老先生给"教育局"的信里,明确说了"间有非所宜言",意思是这本书里面很多话都是不能说、犯忌讳的。所以,严格来说,查继佐才是第一个告发《明史辑略》的人,但这种举报只是学术上的,和吴之荣那个小人的举报,有天壤之别。

接到查继佐的举报,官方也备了案,但还没等到这事有眉目,明史案就爆发了。查继佐因为名字在这本书的顾问名单里,自然也被抓进了大牢,但后来一审查,发现他早就向朝廷报告了,于是被无罪释放。

不过金庸的《鹿鼎记》自然不会这么写。因为大清早就没了,吴之荣也被钉到了小人的耻辱柱上,现在说自己祖宗的名字在《明史辑略》上,不仅不会被杀头,还是挺光荣的一件事。所以,《鹿鼎记》里的查继佐,也就是伊璜先生,从来没有告发过老庄家,而且还是一个相当英雄了得的人物。

当然,历史上的查继佐也是一条汉子,先是参与反清复明,后来又写了《罪惟录》。这也是一部纪传体的明史,比《明史辑略》还要反清,书里面到处都是大骂清朝的句子。不过查继佐写完之后,可能唯一的读者就是他媳妇儿,是绝对不敢拿出来的。在整个清朝两百多年中,《罪惟录》都待在老查家的夹壁墙里,一直到辛亥革命之后,它才算是见到了天日,出版发行。

173. 辅政四大臣

对于江南三大案、明史案，或者同一时间发生的其他案件，也许不能简单地用统治者的残暴来归纳总结。这些案子的原因，除了前面说过的经济因素，还和当时清朝的政治环境和政治政策有很大的关系。

一、问题和贡献

前面说了，顺治皇帝去世后，由于即位的康熙皇帝玄烨才7岁，就设立了四个辅政大臣。这四个人全都是保守派，对顺治皇帝更张旧制"渐习汉俗"的做法很不满意。

在获得权力的当年，也就是1661年，这四个大臣就下令废除了顺治皇帝设立的十三衙门和内阁，恢复了原来在关外的内务府和内三院，修改了官员等级制度，让顺治制定的满汉官员品级一样的政策彻底失效。

随着清军在战场上节节胜利，南明政权被赶到了缅甸，郑成功的北伐大败而归，整个中国可以说已经纳入了清朝的统治，四位辅政大臣这时候更是觉得没必要把汉人当回事。

在这样的大背景下，他们从不能容忍江南汉人不交税，进而发展到不允许有读书人对他们说三道四，加上有一些满洲人的黑历史，还是那些儒家知识分子捏造出来的，于是，发生江南三大案和明史案这样以立威和确立统治秩序为根本目的的屠杀，就丝毫不奇怪了。

四大臣不仅看不上汉人，也看不上西洋人。

顺治死后的第三年，汤若望也在突然之间被控三大罪名："潜谋造反""邪说惑众""历法荒谬"。72岁的汤若望已经说不出话了，只能让另一个传教士南怀仁来替自己辩解。结果把南怀仁也牵连进来，两个外国老人一起进了监狱，最后的判决是汤若望要被千刀万剐，凌迟处死。

就在第二年行刑之前，天上突然出现了彗星，北京发生大地震。此时清廷这些人，本来就没什么文化，这种事一发生，马上就想到了《易经》里的一句话，"天垂象，见吉凶"，以为老天爷在警告朝廷做错了事。孝庄太皇太后马上以此为根据下旨，释放汤若望。四大臣也不敢说什么，于是，汤若望被释放，又活了一年才在北京去世，享年74岁。

当然，这段时间，虽说四位辅政大臣民族团结搞得不好，但对于大清，他们也是有贡献的，主要体现在三个方面。

第一是统一全国，在这一点上，他们齐心合力，加速了这一进程。

第二是恢复农业生产，对于那些不是读书人的汉人百姓，四个保守派还是相当地爱护，赈济灾民，鼓励开垦，使全国农业迅速得到恢复。某些史书上说当时"府库充溢，年谷屡登，人物繁盛"，就是对他们的褒奖。

第三是定下了比较严苛的考核制度，加强了对各级满汉官吏的监督，后来康熙能开启一个盛世，他们也是有功劳的。

二、四大臣内讧

创业时间长了，合伙人之间大概率要起内讧，这一个商业上的定律，也发生在这四个大臣身上。

排名第四的辅政大臣鳌拜地位本来最低，但野心却最大。在首辅索尼体弱多病不管事，排名第三的遏必隆生性懦弱，也不太管事的情况下，鳌拜把目标瞄准了排第二的苏克萨哈，处处和他作对，两人经常针锋相对。

之所以排第四的鳌拜敢于挑战排第二的苏克萨哈，一个很大的原因是，苏克萨哈本来是多尔衮的人，靠着揭发多尔衮得到了顺治皇帝的信任，这种卖主求荣的行为，让朝里的一些大臣看不起。反观鳌拜，他是正宗镶黄旗出身，平定李自成、张献忠，攻打南明，身上的军功章挂了几大排，所以跟苏克萨哈对着干，他的底气不是一般地足。

1667年夏天，首辅索尼病死；跃居第一的苏克萨哈上了一道奏章，请求解除第一辅政大臣，也就是首辅的职务。换句话说，他要削自己的权，个人愿意去遵化守护顺治皇帝的陵寝，终老此生。鳌拜听说了这件事之后，鼻子都差点气歪了，因为苏克萨哈这一招叫作"同归于尽"。

作为首辅，苏克萨哈辞去了辅政大臣的职位，相当于昭告满朝文武大臣和天下百姓，皇帝现在长大了，英明神武到不需要大臣辅政了。那么，排在他后面的遏必隆和鳌拜还有什么理由赖在辅政大臣的位置上？

苏克萨哈在实在斗不过鳌拜的情况下，想出这么一招，也算是相当有政治智慧了。不过，他还是低估了鳌拜的实力和跋扈。鳌拜的实力主要体现在军权上，除了能调动全国三藩以外的所有军队，他还管辖着保卫京城的两万步兵；甚至皇帝的侍卫部队，他也可以间接控制。说句不客气的话，他如果想撕破脸皮，换一个皇帝并不是太难。

基于这种可怕的实力，鳌拜的行为相当跋扈。他当然不会坐以待毙，交出权力，于是开始了反击。办法一点儿都不新鲜，就是一句话，罗织罪名。他在遏必隆的支持下，给苏克萨哈量身定制了24条大罪，什么"背负先帝""别怀异心"，最神奇的是，居然有一条是"不欲归政"，指责苏克萨哈贪恋权柄，不愿意把政权归还给康熙。

苏克萨哈都要求去墓地看坟了，你还在这里说人家想继续把持政权？这简直比指鹿为马还荒唐。由此可见，鳌拜和他的党羽们根本就不在乎别人如何议论——就是要诬告你，你能怎么样？随后，以这些罪名为基础，鳌拜请求判处苏克萨哈死刑。

13岁的康熙帝并不糊涂，他的回答是："核议未当，不许所请。"意思再明白不过，这么干不妥当，不批准。接下来，《清史稿》上只用了八个字描写鳌拜的行为，叫作"攘臂上前，强奏累日"。翻译过来就是，鳌拜挽起袖子，在康熙面前唾沫横飞地嚷嚷了好几天，最后竟然胁迫康熙同意了他的要求。苏克萨哈本人被绞死，几个儿子也全都被砍了脑袋，只有一个最小的儿子幸免于难。

这件事之后，几乎整个朝廷都意识到了，鳌拜不好惹，权力比皇帝还大。

当然，大家之所以这么想，是因为还不知道，那个坐在皇帝宝座上的少年天子是一个什么样的人。事实证明，康熙真不是一般人。

苏克萨哈死了整整两年之后，1669年夏天，已经15岁的康熙先是不动声色地把鳌拜在京城的亲信派往外地，然后又在京城的卫戍部队里安插了自己的亲信。关于这一点，《清史稿》里并没有太多的描写，但是有一句话值得注意，那就是在《索额图传》里写道："八年五月，自请解任，效力左右，复为一等侍卫。"

联系到当时的实际情况，这段话的意思是，索额图在这一年的五月份，解除了自己在朝廷上吏部右侍郎的职务，重新回到了康熙身边，当上了一等侍卫。

索额图的爹就是死了两年的首辅索尼，而且四年之前，在康熙还只有11岁的时候，孝庄皇太后就力排众议，让康熙和索尼的孙女、索额图的侄女举行了婚礼。换句话说，时年33岁、年富力强的索额图是正宗的外戚。

放着一个吏部侍郎不干而去当侍卫，而且这个侍卫只干了两个月，在成功拿下鳌拜之后，索额图又不当侍卫了。这里面你要是说没有暗箱操作，那肯定是没有说服力的。所以，虽然史书上没有写明，但我们现在完全有理由相信，康熙应该是和索额图密谋了对付鳌拜的办法。

核心问题是如何擒住鳌拜。

康熙经常召集一群满洲少年陪着他进行布库的游戏。所谓布库，是从蒙古式摔跤演变来的一种体育运动。这个举动让鳌拜看在眼里，喜欢在心里。皇帝不喜欢汉人的诗书，喜欢满洲的运动，在他这个老保守派看来，自然是好事。况且，皇帝喜欢玩，自然就无心处理政事，自己的权力相对地就变大了。

他不知道的是，和索额图商量了之后，这些布库少年，就成了对付鳌拜的一线战士。鳌拜虽然已经六七十岁了，但他年轻的时候，被皇太极亲口封为"满洲第一勇士"，武功在女真人里排名第一。如果在抓捕的时候，一不留神，让他跑出宫外，那以他的权势，换一个皇帝也不是一件难事。

1669年6月14日，在鳌拜进宫单独拜见康熙的时候，被一群侍卫和小孩以"大不敬"的罪名逮捕，这事儿在《清史稿》上就一句话："乃选侍卫、拜唐阿年少有力者为扑击之戏。是日，鳌拜入见，即令侍卫等掊而絷之。"

但自古以来，这种事麻烦的不仅仅是抓人，同样还有后续的处理。满朝文武都和鳌拜有千丝万缕的联系，剁谁的脑袋，保留谁的权力，考验的就是上位者的智慧。

在这一点上，康熙展示了极高的政治智慧，他以"效力年久，迭立战功"为由，拒绝了一些大臣们处死鳌拜的建议。这一方面是为了安定人心——鳌拜都不会死，别的大臣就更不用太过担心了。另一方面，他用的这个理由也是一种政治姿态——清朝刚刚建立，朝里大臣几乎都是有战功的，康熙对于军功的重视、褒奖，多少也可以宽慰那些反对汉化、文治的满洲官员。

与此同时，他也没手软，对于鳌拜集团的骨干，鳌拜的弟弟、亲信等，全部处死，还把那个一辈子唯唯诺诺的辅政大臣遏必隆归结到鳌拜亲信的队伍里，剥夺了爵位和权力。

历史上把上面这件事称为康熙智擒鳌拜。

在金庸的《鹿鼎记》里，有一个小孩在这事上也是出了大力的，那就是韦小宝，可史书上没记载这个人。如果真的讨论这件事幕后的功臣，那就是康熙的奶奶，孝庄太皇太后。她让康熙在 11 岁的时候就和索尼家族联姻，这是相当高明的一步棋。在苏克萨哈和鳌拜水火不容的情况下，把索尼家族和康熙紧紧地绑在一起，从整体实力上，为康熙能迅速平定鳌拜打下了坚实的基础。此外，我们有理由相信，十几岁的康熙能够镇静自若、胆大包天地抓捕鳌拜，背后给他出主意撑腰的，就是孝庄这个经历了三个皇帝的老太太。

鳌拜被抓之后不久，就死在了囚禁的地方，或许是因为太过郁闷了。从这时候起，大清朝廷的权力被 15 岁的小皇帝爱新觉罗·玄烨牢牢地抓在了自己的手里，他开启了一个新的时代，那就是中国历史上的第三个盛世——康雍乾盛世。

174. 大乱起西南

如果从除掉鳌拜，掌握了清朝的实际权力算起，康熙皇帝的统治长达五十三年；他的在位时间，更是长达六十一年，是中国历史上在位时间最长的。如果历代帝王也有朋友圈，康熙只要晒出这个纪录，那绝对是大家都必须点赞的一件事。

一、康熙的早朝

康熙皇帝管理大清有一个最大的特点，上朝。

你可能会问，皇帝不就是上朝管理国家的吗？这还用说吗？这事儿还真要说一说，因为历朝历代，皇帝如何上朝办公是不一样的。

中国从汉朝开始，就有了上朝的制度，也就是皇帝和大臣们聚在一起开会。粗略地说，分为大朝和常朝。

按字面意思，大朝就是宏大的朝会。西汉时，一年只在新年的第一天举行大朝，皇帝要把在京的所有大臣召集到一起，盛装朝服，听听音乐，吃点儿美食，相当于大家给皇帝拜年，皇帝留大家吃顿饭。

汉朝以后，大朝逐渐增加为每年三次。除了新年，冬至和皇帝的生日也举行大朝。值得一说的是，宋朝之前，大朝时，大臣们都是席地而坐。宋朝时改为站着。到了明清两朝，大臣们在大朝的时候不仅要跪着，还要喊三次口号，分别是"万岁""万岁""万万岁"。可以看出，皇帝的地位越来越高，而大臣们的地位，是一天不如一天。

常朝就是我们熟知的讨论国家大事的朝会，也叫早朝。西汉的制度是五日一朝，唐宋则时间不定，每天都上早朝的皇帝有，经常不召开会议的皇帝也有。原因很简单，那些时候国家有宰相或者类似的机构，皇帝和宰相说了都算，见不见大臣其实并不是十分重要。而且，所有的朝会都是在宫殿里进行。

到了大明，朱元璋把宰相废掉了，那皇帝就只能每天都出来跟一定级别的大臣见面，比如说六部尚书和大理寺、太常寺等五寺的头头脑脑等人；否则，国家的这一摊子事儿立马就要玩不转。于是，朱元璋创造性发明了"御门听政"。每天早上五点，他在皇宫大门的门洞里，摆上一张皇椅，穿好衣服坐在那儿，等着文武大臣们来汇报工作，然后直接下诏，告诉这些家伙如何去做。

后来朱棣在北京修建了紫禁城，这个听政的地点就固定在紫禁城内最大的宫门奉天门，今天叫太和门的地方，这个门一度被叫作大朝门，就因为这里是明朝"御门听政"，或者说早朝的地点。

早朝是很辛苦的。朱元璋五点坐在那里，大臣们肯定不能也五点到。按照《明会典》记载，那时候大臣要凌晨三点就到皇宫外面；等到午门城楼上的鼓敲响的时候，大家就排好队伍；然后等钟声再次响起，宫门开启时，所有人才屏声静气，庄重地走进宫里。住得稍微远一点的大臣，为了能赶上打卡上班，半夜就必须爬起来。

后来朱元璋的子孙们创造了内阁制度，等于是宰相们又回来了，这个早朝就可有可无了。嘉靖皇帝几十年都不上朝，明朝也照样运转，就是这个原因。

到了清朝，顺治皇帝亲政之后，学习朱元璋，也在御门听政。不过他比较懒，不去那个离寝宫乾清宫很远的太和门，而是改在乾清宫的大门口，也就是乾清门这里。时间也从五点改到了早上八点，大家都能多睡一会,而且那时也不经常有这种早朝。

真正把早朝制度化、经常化,变成了一种常态的,就是康熙皇帝。

从现有的记录,尤其是康熙皇帝的《起居注》来看,只要他在京城,几乎是每天都要御门听政,而且很多事情,他都是当场就讨论,当场就拍板做决定。你今天在电视剧里看到的那种大臣和皇帝们讨论事情的朝会场景,基本上都是康熙早朝的再现,其他朝代,有没有是不一定的。

很多电视剧里的早朝放在宫殿里进行,这与史实不符。明清两代的早朝,都是在大门洞里面举行的。在这一点上,《甄嬛传》里面的场景更加接近历史的真实。

综上所述,康熙一朝,几乎所有大事都是早上在大门洞里边决定的。这里面也包含了 1673 年春天的一件大事。

二、四个汉人郡王

1673 年春天的一个早上,一个大臣的上书,让康熙和满朝文武都很头疼,讨论了很长时间,也拿不出一个结论来。这封书信来自平南王尚可喜,他说自己老了,想让儿子尚之信接替他的位置,继续镇守广东,他本人想回辽东老家养老。

尚可喜是谁?为什么他写的这道奏章让康熙和大清中央政府的官员都很头疼呢?

尚可喜、耿仲明、孔有德,这三个人原来都是皮岛毛文龙的手下,也就都曾经是明朝的官员。毛文龙被袁崇焕杀了之后,这三个人就有点儿像丧家之犬,别人也不待见他们。新的皮岛总兵对尚可喜很是忌惮,准备诬陷他,置他于死地。尚可喜自然不愿伸着脖子等死,于是只能逃命。当时整个东北,除了明朝,就是后金,于是他一转身就投向了后金。皇太极乐得当着很多大臣的面,喊出了一句"天助我也",然后出城三十里去迎接尚可喜。耿仲明和孔有德的情况也差不多，基本上都是在毛文龙被杀之后，受人排挤，去投降了后金。

后金，乃至后来的大清对耿、尚、孔三人的重视从他们投降之日起，就显得很真诚。开始的时候，封孔有德为恭顺王，耿仲明为怀顺王，尚可喜为智顺王，这就是清初"三顺王"这个称号的来历。后来到1644年，吴三桂也投降了，清朝重新封了这四个人，分别是平西王吴三桂、靖南王耿仲明、定南王孔有德和平南王尚可喜，合起来就是清初四汉王——大清的四个汉人郡王。

要注意的是，他们都不算是亲王。一般来说，在中国历史上，亲王是皇亲国戚才能得到的头衔，而且大多数是一个字，比如汉王、梁王、豫亲王、恭亲王等。虽然如此，这几个人也相当不容易了，因为投降的汉人多了，很少有其他人能被封王。

这四个人之所以这么受重视，当然和他们能打有关系。吴三桂从西北打到西南，把南明从云贵川等地彻底清除，并且勒死了南明最后一个皇帝永历帝；耿仲明在死之前，和尚可喜一路打到广州，他死之后，他儿子耿继茂、孙子耿精忠也继续他没完成的事业，联合尚可喜攻进了广州，制造了"广州大屠杀"，随后占领了广东、福建两省，隔着台湾海峡，和郑成功遥遥对峙。

孔有德更是把命都搭了进去。1652年，他在广西桂林，和原来张献忠的下属，后来投降南明的李定国大战，李定国技高一筹，打败了孔有德，逼得他自杀，还把他唯一的儿子孔庭训抓住砍了脑袋，等于孔有德把命送给了大清朝，还绝了后。

事后顺治皇帝除了大肆褒奖孔有德之外，还对他的女儿孔四贞十分关爱，史书上说"怜而养之宫中"，后来嫁给了一名叫孙延龄的汉族将领，孙延龄也因为这个原因，得到了广西将军这个职位，统领孔有德旧部，镇守在桂林。

无论是史学家，还是老百姓，现在提起这四个人，都要狠狠地骂一句汉奸。在金庸的小说《鹿鼎记》里，就写了吴三桂是多么地招人恨，可谓是中原之人，人人唾骂。

我这里，也不想替他们翻案。曾经的大明官员，镇守边关的武将，投降敌人，反过来狠狠地打大明，这无论如何都是一种不算光彩的行为。不过，我也要提醒大家留意他们的出生地。吴三桂，今天的辽宁葫芦岛绥中人；耿仲明，今天的辽宁营口盖州人；尚可喜，今天的辽宁鞍山海城人；孔有德，今天辽宁辽阳人。什么意思呢？也就是这四位全都是在大清的发祥地东北出生长大的，估计他们也有不少满人小伙伴。在这样的情况下，他们心中满汉之间的民族区别，的确是比较模糊的。而他们之所以造了明朝的反，也多少夹杂了袁崇焕和毛文龙之间说不清的恩怨在里头。

俗话说，有付出就有回报。在清朝的默许之下，平西王吴三桂占据了云南、贵州，还有四川的部分地区。靖南王耿仲明的孙子耿精忠继承了他的王位，占据了福建。平南王尚可喜占据了广东。他在广州的王府就是今天越秀区的人民公园，那地方我去过好几次，确实是块灵秀的山水宝地。孔有德虽然死了，但他的女婿孙延龄和女儿孔四贞也在桂林这个风景秀丽的城市安了一个家，头上还顶着广西将军的帽子，也算是声名显赫。

三、三藩难题

那么，为什么尚可喜想退休，康熙等人会头疼呢？原因不在于退休，而在于尚可喜想让他儿子尚之信接替自己的位置。换句话说，尚之信想以平南王的身份在广州的人民公园常住下去。这事儿，康熙绝对是不想答应的。

清朝封王是很谨慎的，和明朝不一样。就算是皇帝的儿子，也不一定能封王；就算被封为王，也不可能有采邑和地盘，更不可能拥有独立的军队和组织结构。换句话说，吴三桂、尚可喜、耿仲明三个人，不仅封王，还拥有自己的地盘和军队，本身就已经是一件相当破格、很让八旗子弟羡慕嫉妒恨的事情了；现在尚可喜还想世袭，让自己的子孙在广东世世代代统治下去，当铁帽子王，这种事，康熙怎么可能会答应？

你可能会问：前面靖南王耿仲明死了，他的爵位被儿子孙子一路继承下去，怎么没看见清朝皇帝有不同意见呢？因为此一时，彼一时，那时候清朝还靠着耿家给他们打天下，现在形势变了，除了台湾明郑集团，天下基本平定，自然就不一样了。

除此之外，还有一个问题是康熙天天在心里琢磨的，那就是吴三桂、耿精忠和尚可喜这三个集团已经有点儿尾大不掉了。这句话有两个意思：第一，这三个人的势力合在一起，号称"三藩"，占据了相当于三分之一的国土面积，已经强壮到可以和大清八旗分庭抗礼的地步了，对朝廷形成了新的威胁。

第二，这三王每年不仅不给朝廷缴纳赋税，还要从朝廷要钱，理由是保卫边疆。当时有一句话叫"天下赋税，半入于三藩"，可天下人都知道，三藩不仅不穷，还富得流油，在自己的地盘上巧取豪夺，走私渔利。尚可喜因为占据了广州这个和外国人通商的口岸，每年的收入不下数百万两。吴三桂每年消耗清朝的军饷几百万两，但自己垄断了关市、茶市、马市、盐井等赚钱的行业，甚至还独占铜矿和金矿，自己铸造钱币，当时人称之为"西钱"——平西王老爷的钱。

除此之外，此三人还"日练兵马，利器械"——南明的皇帝都被你们杀掉了，现在还在摩拳擦掌，练肌肉，请问一句，你吓唬谁呢？

就因为这些，清廷一直都对三藩很警觉，时刻想着如何能解决这三个家伙，康熙即位以来，也是如此。他曾经说过："朕听政以来，以三藩及河务、漕运为三大事，夙夜廑念，曾书而悬之宫中柱上。"意思是，自从亲政以来，他一直都认为，解决三藩，修理河道，搞好运输是三件头等

174. 大乱起西南 / 229

大事，因此把它们写在宫里面的柱子上，天天琢磨。

现在尚可喜的这封信就摆在他面前，经过一番研究，康熙和大臣们做出了决定：准许尚可喜回辽东老家养老，但是他儿子尚之信不能继续留在广东称王。一句话，你尚可喜不是要退休吗？我就让你裸退，广东从此之后，和你们尚家没关系了。世袭罔替？想得美！

四、吴三桂造反

圣旨颁下去之后，不仅尚可喜有点儿发懵，吴三桂和耿精忠也慌了。朝廷什么意思？将来是不是他们也必须裸退呢？吴三桂越琢磨，越觉得不对。于是，他想出了一个试探的馊主意。

尚可喜上书要求退休的四个月后，平西王吴三桂、靖南王耿精忠先后上书，请求告老还乡，回东北老家去养老。

这件事很快就在早朝的御门听政上进行讨论，但最后的决定却不是在早朝做出的，因为大家都觉得事情重大，要慎重对待。于是，康熙召开了议政王大臣会议，满洲宗王、八旗、贝勒等上层贵族全都参加了讨论。

之所以说重大，就因为所有人心里都十分清楚，吴、耿这两个人是以退为进，用退休来威胁朝廷表态。对于他们来说，最希望的就是康熙来一句不准退休，然后再准许他俩的亲王爵位世袭罔替，永镇边疆，就像明朝的沐英一样。

大学士索额图、图海等大多数元老重臣，都认为不能惹怒了三藩，否则吴三桂等人一发怒，根基并不十分稳固的大清可能要大地震；只有刑部尚书莫洛、户部尚书米思翰和兵部尚书纳兰明珠这三个人坚持绝不让步，同意他们的退休申请。

纳兰性德

兵部尚书纳兰明珠的大公子纳兰性德，是清代屈指可数的出色词人，字容若，曾写下"人生若只如初见"这样的句子。王国维认为他词作水平可与苏轼、李清照比肩，"北宋以来，一人而已"。他的一首《采桑子》，几百年来，收获了无数粉丝："谁翻乐府凄凉曲？风也萧萧，雨也萧萧，瘦尽灯花又一宵。 不知何事萦怀抱，醒也无聊，醉也无聊，梦也何曾到谢桥。"

纳兰性德不仅诗文才华过人，曾中进士，还是康熙身边的一等贴身侍卫，堪称文武双全。不过，他的人生却说不上幸福，第一任妻子早逝，让他从此郁郁寡欢，写了无数的悼亡词，其中最著名的，是《浣溪沙》："谁念西风独自凉，萧萧黄叶闭疏窗，沉思往事立残阳。 被酒莫惊春睡重，赌书消得泼茶香，当时只道是寻常。"30岁时，纳兰性德一场急病，魂归天国。

除了诗词，他的书法也是精品，现在被列为国宝。他还主持编纂过一部儒学汇编，叫作《通志堂经解》，写过一部四卷的《渌水亭杂识》，包含了很多历史、地理、天文、佛学、音乐等知识，对于了解那个时代，有很大的帮助。1985年，中国还成立了一个承德纳兰性德研究会。如果他地下有知，应该是挺自豪的。

纳兰明珠家族的命运起起伏伏，和《红楼梦》里的贾家很像。乾隆皇帝第一次读完《红楼梦》，曾大呼一声："此盖为明珠家事作也。"当然，现代学者一般还是认为，《红楼梦》写的是汉人的曹家，而不是满洲人纳兰家。

康熙皇帝考虑了很久，最后表态，支持纳兰明珠的意见，说："撤亦反，不撤亦反。不若及今先发，犹可制也。"意思是这事儿必须解决，早解决比晚解决强。

康熙认为,这时候解决的时机也挺好,因为吴三桂的儿子吴应熊已经娶了康熙的姑姑建宁公主,正在北京居住,耿精忠的一堆弟弟也都在北京。在这样的情况下,对方投鼠忌器,不敢造反,只能听话撤藩。于是,康熙下诏,批准吴、耿两人的撤藩请求,要求他们带着自己手下的主要将领,即刻北归。

消息传到云贵,吴三桂傻眼了,他本来认为朝廷的大臣们自己都打点过了,康熙一个小皇帝绝对没胆子力排众议撤藩。实际上,吴三桂如果仔细想想,15岁的时候,康熙就敢对鳌拜下手,那么对这个结果就不会感到意外了。

放弃独立王国,吴三桂不甘心,于是他计划造反。

本来,他的计划是带着部队假装撤藩,往北走,到中原的时候再造反。当时的云南巡抚是朱国治,也就是前面砍了金圣叹脑袋的那个江宁巡抚。他是辽宁抚顺人,虽然是汉人,但满脑子都是忠于大清的思想,他天天催促吴三桂,让他带着家属和少部分军队赶紧上路。

吴三桂被逼急了,叹了一口气,于1673年年底,一刀剁下了朱国治的脑袋,以"兴明讨虏"为口号,自封为"大明天下都招讨兵马大元帅",起兵造反。一个曾经替大清打下大片明朝疆土,还勒死最后一位明朝皇帝的叛臣,这时候宣布要"反清复明"了。

吴三桂起兵的第一年,云贵两省的清朝官员们,或者认为这家伙最后能成事儿,或者被胁迫,几乎全都投降,这让他很快就分派出兵将,向北挺进。第二年,他手下的大将马宝、夏国相等人就占领了湖南,四川的巡抚罗森、提督郑蛟麟、总兵谭洪投降,吴三桂顺顺当当地占领了湖南和四川。

随后,1674年,观望了一年的耿精忠在福州抓了福建总督,并且联络了在台湾的郑成功的儿子郑经,一起起兵,响应吴三桂;陕西巡抚、吴三桂原来的老部下王辅臣跟着起兵；此外，孔有德的女婿广西将军孙延龄、蒙古察哈尔部首领布尔尼等人，纷纷加入了造反派的行列。一时之间，叛军从西、南、北三个方面汹涌而来，大清的半壁江山立马易主。

虽然康熙说过"撤亦反，不撤亦反"，但内心深处，他还是不相信吴三桂真的会举兵造反；他也没有准备好开战，否则的话，湖南、四川也不会那么容易就丢了。换句话说，吴三桂起兵之后，大清朝廷应该还是有点儿措手不及的。

这时候大臣索额图就说，这事儿就应该怪纳兰明珠，如果不是他坚持要撤藩，吴三桂也不会造反，所以，现在应该砍了明珠的脑袋，对方就会收兵了，原话是"时争咎建议者，请诛之"。

关键时刻，康熙开口说话了："此出自朕意。"就是说当初撤藩，是我拍板定下来的；然后又对索额图说，我可不是汉景帝啊。

汉景帝当年和晁错一起撤藩，结果七个王爷打上门来时，他下令把晁错给杀了。康熙用这句话表达了两个意思：第一，我不会推卸责任给大臣；第二，你们用你们的猪脑子想一想，晁错被杀之后，七国退兵了吗？没有啊。所以，内部不要追究和推卸责任，要坚定地和吴三桂斗争到底，因为我们根本就没有退路。

话虽然是这么说，可是当时康熙手里一共就四十几万的军队，还要抽出很大一部分防备北边的蒙古察哈尔部和西边的王辅臣、新疆地区的蒙古准噶尔部；更北边的俄罗斯，当时也对新兴的大清虎视眈眈，随时准备加入战场。所以，康熙根本就拿不出足够的兵力去对付手握重兵的吴三桂和耿精忠，怎么办呢？

175. 施琅复台湾

关键时刻，吴三桂自己掉链子了，犯了一个巨大的错误。

他在打下了湖南、湖北、四川大部分地区，把战线推到长江边上之后，命令所有部队停止前进。他要和康熙讲和，希望能划江而治。为了表达诚意，他还把他的老朋友、西藏的五世达赖阿旺罗桑嘉措请了出来，去北京当说客。

没有人知道，吴三桂是基于何种原因做出了这个决定，有人说是因为吴应熊这时候还在北京，他怕清朝一怒之下，砍了吴应熊的脑袋，绝了他的后。这种说法有点儿问题，作为成熟的政客，吴三桂肯定知道，自己一起兵，儿子的那颗脑袋就等于是掉下来一半了，这个时候再顾及儿子，已经晚了。再说，要是真顾及儿子的小命，那就应该赶紧打，快速打，逼着清朝拿吴应熊来谈判，而不是主动求和。因为即便和谈成功，吴三桂的儿子、孙子，也肯定只能继续待在北京当人质。

在我看来，吴三桂之所以走出这一步棋，还有两个重要原因：第一，吴三桂认为渡江之后将面对真正的八旗骑兵，胜算不高，有句话叫作"江湖越老，胆子越小"，吴三桂年纪大了，胆子变小了，又或许是当年一片石大战时满洲八旗兵留给他的印象太过深刻；第二，他认为康熙现在四面楚歌，肯定会同意他划江而治的条件。

一、平三藩

很可惜,吴三桂小看了玄烨。

康熙一方面调动兵马,对付北边的蒙古人和西边的王辅臣,一方面主动向吴三桂之外的所有造反派示好,他甚至对耿精忠说,我不撤你的藩了,咱们大家一起干掉吴三桂。

就在这个关键时刻,远在台湾的郑经也做出了一件让康熙喜出望外的事情——他对准耿精忠的背后就是一刀。

本来,耿精忠是邀请郑经一起光复大明江山的,说郑家的海军那么厉害,只要你沿着海岸线北上,一路去骚扰江南甚至山东的沿海城市,就是大功一件。郑经打仗虽然不差,却一点儿也没有他爹郑成功的政治头脑,居然趁着耿精忠离开福建北上的时机,去攻占耿精忠的地盘,气得耿精忠赶紧跑回来,和郑经死磕。

就这样,因为吴三桂在湖南徘徊不前,康熙很从容地平定了北方的王辅臣和蒙古察哈尔部;又因为靖南王耿精忠和台湾的明郑打成一团,清军顺势南下,顺利拿下了耿精忠,以及后来造反的尚可喜的儿子尚之信。

三年之后,吴三桂睁眼一看,发现全国的造反队伍就剩下自己这一支了;而且不幸的是,他的儿子吴应熊,以及吴应熊和建宁公主给他生的孙子吴世霖,也都在前年被康熙绞死了,他才终于清醒了。

到了1678年,清军开始大举反攻,相继收复了岳阳、浏阳等地。吴三桂感觉大势已去,为了振奋人心,也为了过一把皇帝的瘾,就把"反清复明"的口号往旁边一扔,在三月跑到湖南的南岳衡山去祭天,回来后自称有了天命,登基做了皇帝,建国号为"周",改元昭武,大封文武百官。

同年八月,也就是5个月后,吴三桂在长沙病逝,终年66岁。孙子吴世璠继位,继续和清朝死磕,三年之后的1681年年底,清军最终攻克了昆明，吴世璠自杀，历时八年的三藩之乱结束。

这里必须问一句，为什么吴三桂失败了？

有人吹嘘康熙皇帝，说他从撤藩那一刻起，就胸有成竹，但这不是事实。现代学者普遍认为，康熙开始的强行撤藩其实是相当冲动的，和朱允炆当年差不多。同样的性子急，吴三桂的基础条件比当年的朱棣好多了，结局却不一样，原因何在？

我个人认为，这里面有吴三桂自己的原因：他在攻下岳阳之后，犹豫不决，没有立即北上占领中原，也没有东征去切断清朝的经济大动脉，却想着如何划江而治，这是一个最重大的战略失误。

除此之外，还有两个原因也是很致命的：一是他早年实在做了太多恶事，起兵名不正言不顺，连种地的老农听说他要"反清复明"，都觉得是一个笑话，以致他没有足够的威望统御各方势力，导致清朝可以各个击破。

二是他的盟友都是首鼠两端、犹豫不决之辈。广东的尚可喜和尚之信、广西的孙延龄，甚至陕西的王辅臣都各有各的小算盘，而耿精忠和台湾的郑经更是可笑，两人一开始计划得好好的，结果一起兵，自个儿先打起来了。

反观康熙这一边。虽然一开始的时候，保和殿大学士兼户部尚书索额图、中和殿大学士兼礼部尚书图海等一大批位高权重的大臣都不赞同撤藩，但是战争一开始，整个朝廷顿时就上下一心，齐心合力地帮着皇帝把事情做好。大学士图海甚至重新上马，去阻击蒙古人的南下骚扰，又亲自带兵，平复了陕西王辅臣的叛乱，而索额图则是"料理军书，调度将帅，皆中肯要"。

《诗经》里有句话，叫作"兄弟阋于墙，外御其侮"，兄弟俩关起门来如何吵，是自己的事儿，但是有外敌的时候，一致对外。这样来看，康熙虽然开始时的撤藩有点儿轻率和着急，但是赢得这场胜利，并不是侥幸。

当然，最后收益最大的是纳兰明珠。《清史稿》记载，"上谕廷臣以前议撤藩，惟明珠等能称旨"，之后，纳兰明珠就被提拔为武英殿大学士，兼吏部尚书，成为仅次于索额图的朝堂二把手。

二、东宁之变

就在三藩平定的这一年，1681年春，台湾岛上的郑经死了。

郑经在郑成功去世之后，一开始，还表现得英明神武，一举平定了内乱，稳定了局势，积极地号召百姓开垦荒地，把台湾搞得有模有样，清政府甚至一度被迫下了"迁界令"。想当年朱元璋的"禁海令"，也只不过是不允许出海，不让打鱼，"迁界令"要严厉得更多，它要求山东到广东的沿海居民全都迁往内地，试图阻断郑经和大陆的任何经济往来。

这对郑经而言实在没什么用。他一转身，就和英国的东印度公司、日本的德川幕府开始了友好的经济往来，对外贸易搞得相当红火；而且对于迁界令，郑经的首席谋士陈永华给他出了一个主意，说只要给那些当官的钱，他们就会睁一只眼闭一只眼。郑经一试，果然如此，清朝那些当官的甚至岂止闭一只眼，收到钱之后，两只眼睛都闭了起来。台湾照样和清朝沿海的居民和走私犯大张旗鼓地做生意。

这个陈永华，就是金庸小说《鹿鼎记》里的陈近南。此人是不是做过天地会的总舵主，是不是有高深莫测的武功，当没当过韦小宝的师傅，一概都不能确定，可以确定的是，他是郑经在台湾最信任的人，在明郑政权内拥有独一无二的地位。台湾之所以后来信奉了孔子学说，最主要的就是因为陈永华。他在台湾设宗庙、立学校，将儒家文化在台湾岛广为传播。

总而言之一句话，郑经领导的明郑集团，虽然没能反清复明，但是对台湾岛的建设起了很大的作用。史书上说他们"抚士民，通商贩，兴学校，进人才，定制度，境内大治"，把台湾一个蛮荒之地，变成了生机勃勃的乐土。

我们完全有理由相信,这时候的郑经,其实是想把台湾建成一个独立王国的。他在给舅舅董班的信里说:"幅员数千里,粮食数十年,四夷效顺,百货流通,生聚教训,足以自强。又何慕于藩封,何羡于中土哉?"台湾,就是我的家了。

在和清朝的历次谈判里,郑经也明确表示了"版图之外,另辟乾坤",拒不接受清朝剃发归顺的条件。清朝政府本身也有很多人,对于台湾这块地方一点都不在乎。比如说负责谈判的康亲王杰书就说,只要郑经放弃所有沿海的据点,彻底退到台湾,就可以保证两家互相友好,"通商贸易,永无嫌猜"。

如果按照这个趋势发展下去,很可能台湾在 17 世纪就会成为今天越南、朝鲜这样的存在。那为什么最终没有呢?答案很简单,三藩之乱后,郑经做出了"错误"的决定,这对我们而言绝对是应该庆幸的事情。

实事求是地讲,耿精忠和郑经结盟的时候,郑经其实有两个很好的选择:一是不掺和,趁机和清朝谈判要求独立,康熙百分之九十九会答应;二就是听耿精忠的,直接派人从海上杀奔山东和渤海湾一带,威胁大清的心脏,继而谈判,甚至可能扩大自己的地盘。

不过,郑经本着占一块是一块的小农想法,趁机抢夺了福建沿海他相中的地盘,最后逼得耿精忠投降了清朝。三藩被平定后,明郑也被大清逼着放弃了东南沿海的所有据点。

1680 年 4 月 10 日,明郑集团彻底退回了台湾。郑经心灰意冷之余,将国事都交给儿子郑克臧处理,第二年就死了。据《台湾外记》上说,"经因纵欲过度,痔疮暴胀"而死,这个死法估计是挺痛苦的。

据说他临死之前,曾拉着武将刘国轩和贴身侍卫冯锡范的手,眼泪汪汪地请求他们好好协助即位的世子郑克臧,刘、冯连连点头。结果,三天之后,这两人就用一根绳子勒死了郑克臧,给黄泉下的郑经送了过去。

为什么会这样呢？这是一个关于老丈人的问题。

原来，即位的郑克臧娶的是陈永华的闺女，世子和宰相和亲，按理说这是个再稳妥不过的组合了。可惜的是，陈永华在郑经去世的前一年就死了；而郑克臧的弟弟郑克塽的老丈人，是郑经的贴身侍卫冯锡范，也是郑经死之前的托孤大臣。于是，等郑经一死，冯锡范就联合了刘国轩和一大批将领，跑到郑经的妈董老太太那里，说郑克臧不是她的亲孙子，而是姓李的。

那时候也没有基因检测，董老太太就信了，就这样，郑克臧只当了三天台湾王，就被赶下了台，随后被绞死，11岁的郑克塽继位，而他的老丈人冯锡范也掌握了台湾的军政大权。支持他的刘国轩被封为武平侯，领着军队前往澎湖修筑炮台，用来防范清军。

这场风波在历史上称为"东宁之变"。所谓东宁，是郑经统治台湾期间，对台湾的一个行政称呼，现在在台湾岛，还能看到这个名字的历史痕迹。

这次政变的结果就是分裂了台湾的力量，很多支持郑克臧的人都被罢官或者贬职，甚至丢了脑袋。在一个极度缺乏人才的小岛，这样的变化是致命的。内乱这种事，永远都是敌人所期盼的，我们现在完全可以说，东宁之变让北京的爱新觉罗·玄烨终于等来了最好的收复台湾的机会。

三、收回台湾

自从三藩被平定，康熙的自信心就爆棚了，在那之前，台湾岛怎样他可能也不太关心，但现在却时刻关注岛上的动静，大臣们也拼命刺探台湾的情报。

东宁之变发生一个月后，大学士李光地上书，说台湾政局混乱，现在就是出兵的最好时机。康熙随后重新任命施琅为福建的水师提督，加太子少保的头衔，让他"相机进取"。意思是，清朝肯定要收回台湾，至于是什么时候打，怎么打，施琅要负责寻找机会。

施琅本是郑芝龙的下属，据说还是他手下的头号悍将，后来跟着郑芝龙投降了清朝。但施琅心中始终觉得和满洲人处不到一起去，也许是吃不惯猪肉炖粉条子，所以后来又改主意了，跟着郑成功举起了反清复明的大旗。

不过，他这人恃才傲物，目中无人。1652 年，郑成功手下有一个人得罪了他，他居然在郑成功"驰令勿杀"的命令到达之后，还强行把人家的脑袋砍了下来。这事儿严格来说属于"抗命"，在任何时代，任何军队当中，都必须受到处罚。施琅自己逃到了大陆，父亲和弟弟却都被郑成功杀掉了。

跑出来的施琅投靠了清朝。因为他确实有本事，替清朝打过一些仗之后，逐渐升任为福建水师提督。从 1667 年开始，他就不断地给大清中央政府写信，什么《边患宜靖疏》《尽陈所见疏》等，中心思想就是，台湾很重要，一定要拿下台湾，自己愿意当先锋。当然，我们都知道，他心里充满了四个字：报仇雪恨。

1667 年的清政府还是鳌拜的天下，以这家伙的见识，从来不认为航海有什么重要性。所以，施琅的建议不仅不被采纳，最后把鳌拜念叨烦了，还一道圣旨，剥夺了施琅的福建水师提督头衔，调进京城，闲置起来。

这一闲置，就是十几年，一直到 1681 年，康熙决定攻打台湾，施琅才官复原职，重新当上了水师提督。

一个英明的领袖，有一个素质是必须的，那就是知人善用。毫无疑问，如果说要打台湾，数遍大清将领，施琅就是最适合的那个。他从小在海边长大，对海洋极其熟悉，有丰富的东南沿海海战经验，通晓兵法，熟悉台湾的虚实内情；最重要的，他是收复台湾最坚决的拥护者，极有信心。十几年来，他朝夕琢磨的，就是一件事，如何消灭明郑集团。康熙选择施琅，可以说已经成功了一大半。

在施琅重回福建水师之前，这支军队一直都是当时的福建总督姚启圣率领。此人也是一个能人，三藩之一的耿精忠之所以投降，这个姚总督有很大的功劳。

姚启圣有个妹夫叫黄锡衮，当时任东阁大学士，这个黄锡衮也有一个妹夫，就是施琅。所以，姚启圣曾经多次向康熙上书，请求施琅回福建，帮着自己管理水军。在姚启圣的心里，这种转着弯的亲属关系，应该让他和施琅相处比较愉快。

事实恰恰相反。老姚虽然也积极训练水军，却是一个保守派，一直跟着康亲王杰书跑前跑后，他俩的意见就是台湾只要承认自己是大清的藩属国就行了，不必非要投降。施琅重回福建后，两人马上就发生了分歧，最后的裁决者只能是皇帝。不出意外地，施琅胜出，完全掌握了福建水师，老姚被派去管后勤工作了。

我在这里讲这一段，是希望大家了解，在收复台湾的功劳簿上，也应该有姚启圣的功劳，因为施琅的这支水军是他带出来的，只不过后来这事儿没人提，姚启圣最后也抑郁而死。

1683年7月8日，施琅率领福建水师20000多人，战船200多艘，从今天的福建东山岛启程，目标是澎湖列岛。7月16日，澎湖海战爆发，不到一天的工夫，明郑的海军就全线溃败，在伤亡12000多人，损毁190余艘战船之后，刘国轩率领残兵败将逃回了台湾。施琅这边只付出了死亡329人，伤1800人，战船无损的代价，可谓胜负对比相当悬殊。

一个半月后，1683年9月3日，当施琅做足了各种功课，率领舰队进攻台湾时，在刘国轩、冯锡范等人的劝说之下，13岁的郑克塽没有做任何抵抗，就向施琅投降，明郑，或者说东宁王国灭亡。到此为止，大明王朝再也没有任何一寸土地了。

在《鹿鼎记》里，郑克塽是一个相当令人讨厌的人物。实际上，金庸笔下的那些恶心事，真实的郑克塽一件也没干过。他在13岁投降之后被押往北京，过了二十几年担惊受怕的日子，37岁的时候走完了这一生。倒是他老丈人冯锡范，无论在小说里，还是真实的历史上，都是标准的小人一个。

按常理来推测，施琅占领台湾之后，郑克塽的脑袋很难保住。当年郑成功杀了施琅全家，这时候他难道不应该报复吗？而且他在出兵之前，应该也有这种念头。史书记载，施琅曾经说过，"受命之初，窃意借此可雪父弟子侄仇恨"，然而他并没有这么做。占领台湾的九天之后，他去了郑成功的庙里祭祀。在祭文里，他先是缅怀了两人一起创业的情景，最后说道："芦中穷士，义所不为。公义私恩，如是则已。""芦中穷士"指的是战国时楚国的伍子胥，当年他逃往吴国的路上，曾经躲在芦苇丛里，后来带着吴军杀回楚国报仇时，对着楚怀王鞭尸，这件事我们以前讲过了。施琅的意思是，无论为公还是为私，我都不会像伍子胥那样睚眦必报，对于你们郑家，咱们恩怨一笔勾销。

施琅这么做有一个重要的考虑就是民心。台湾老百姓一看，施将军连他自己的灭门惨案都不报复，对郑家一个人都不杀，那自然不会为难老百姓，就此人心稳定，心悦诚服地归顺了大清。

就在这个时候，传来一个不好的消息，大清朝廷想要放弃台湾。

我们现在管台湾叫宝岛，但当时却是一个没人愿意去的蛮夷之地，康熙皇帝的原话是："台湾仅弹丸之地，得之无所加，不得无所损。"如果不是明郑集团在岛上耀武扬威，他和满洲权贵可能都懒得看那地方一眼。所以，当时朝廷里大多数大臣都说，把岛上的人迁移到内地，然后把那个破岛一扔，谁爱要谁要。

关键时刻，施琅给朝廷上了一篇《恭陈台湾弃留疏》大声疾呼，千万不能放弃台湾。他说，"台湾一地，虽属外岛，实关四省之要害"，又说如果我们不要，那么荷兰人马上就会占领这地方，他们"无时不在涎贪，亦必乘隙以图"。

现在我们知道，施琅当然是对的。只要经历过海上风云的人物都知道，一旦战船可以远航，海权时代必然到来，那么，对岛屿的争夺就是顺理成章的。台湾岛作为中国东南四个省的屏障，绝不能落在外人手里。这一点，当年的郑和看到了，郑成功看到了，现在的大清靖海侯施琅也看到了。

作为一个智商在线的君主，经过施琅的一番点拨，康熙马上就明白了。所以，他很快就转变了观点，赞同在台湾设立行政机构。

1684年，大清王朝正式在台湾设立台湾府，辖区三个县，分别是台湾县，也就是今天的台南；凤山县，今天的高雄；还有诸罗县，今天的嘉义。整个台湾岛隶属于福建省，并且设立总兵一员，副将二员，在澎湖设副将一员，总兵力配置一万人。从这时候起，一直到清末的《马关条约》，台湾一直都是大清的领土。现在我们有底气说，台湾是中国的固有领土，当年的施琅施尊侯，功不可没。

176. 北域击蒙俄

康熙收复台湾之后,气还没喘匀,就听说北边老家的雅克萨城被俄国人占领了。雅克萨是女真语,翻译过来是"塌陷的江湾子",这地方最早是属于鄂伦春人的,后来皇太极在平定内部动乱时,把雅克萨收归为大清所有。现在这群外来的占领者,是一群怎样的人?

一、《尼布楚条约》

前面讲五胡的时候,提到过欧洲的胡人,说他们也有一个统称,叫日耳曼人。严格来说,日耳曼只是罗马人对欧洲北部少数民族的一个统称,相当于中国史籍中的北狄。在欧洲的西边,也有一些少数族,罗马人称之为凯尔特人,相当于西戎。在他们东边的,则是斯拉夫人,那就是东夷了。

简单地说,斯拉夫人后来又分裂成东、西和南三个斯拉夫群体,而其中东斯拉夫最大的一个分支,又形成了一个叫俄罗斯的民族,建立莫斯科公国,位置就在今天莫斯科附近。

莫斯科公国开始时是东罗马帝国的附庸,后来被成吉思汗的子孙统治了两百多年,一直憋憋屈屈地活着;最后在1547年,熬死了两任主子东罗马帝国和蒙古帝国之后,吞并了其他小国,开始耀武扬威起来。伊凡四世加冕自己为"沙皇",并且以罗马帝国的继承者自居,号称第三罗马帝国。这种心理和行为,和古代中国的少数族一旦占领了中原,就迫不及待地遵奉中华文化为正统是一样的。

17 世纪 80 年代,索菲亚公主控制下的俄国开始向东方扩张,尤其是清朝入关之后,沙皇俄国的远征军多次入侵黑龙江流域。那时候无论是清朝政府,还是老百姓,都把他们称为罗刹人,这一方面是因为 Russia 和"罗刹"的发音相近;另一方面,是因为这群野蛮人的行为,和中国佛教里面描写的一种叫作罗刹的魔鬼十分相似。由此可见,当时的俄国人在中国,干了很多坏事。

早在 1683 年,康熙就要求俄国人离开大清的领土,可是俄罗斯人十分蛮横,觉得只要双脚一踩,就是俄国的土地了。此外他们还不讲信用,几年之前,俄国占了雅克萨之后,清军一个冲锋又夺了回来,当时俄国驻雅克萨的总督托尔布津在投降仪式上信誓旦旦地表态,以后绝对不会再回来;结果到 1685 年,清朝收复台湾之后,刚刚从这里撤军,托尔布津就带队回来,屠杀当地老百姓,重新占据了雅克萨城。

这一下,彻底地激怒了清朝。1686 年夏天,清朝军队 2000 多人开始围攻雅克萨,最后城里的 826 名俄国亡命之徒只剩下了 66 个,其他的不是战死,就是饿死,托尔布津直接被炮轰死了。

远在莫斯科的索菲亚公主几次派人试图救援不成,只好同意谈判。就这样,两国在 1689 年农历七月二十四,清军围城三年之后,签署了《尼布楚条约》。

这个条约对于清朝,最主要的作用就是划地盘。简单来说,打开现在的中国地图,找到中国最北端,也就是鸡头最上面的位置,从那里向右上方画一条与东西方向成 30 度角的斜线,斜线下面的所有部分,包括旁边的库页岛,全是《尼布楚条约》规定属于清朝的领土,比现在的东北,整整多出了 100 多万平方公里的土地。从历史的角度来看,这条斜线,也是世界上比较早的具有国际性质的现代条约规定的边境线,意义还是很重大的。

《尼布楚条约》虽然以拉丁文、满文和俄文为正式的文本，但是满文里面，却没有使用"大清国"这个词汇，而是用了"中国"两个字。

　　"中国"这个词，3000多年前就出现在我们老祖宗的各种文献和言论里，像汉、晋，南朝的宋、齐、梁、陈，其后的隋、唐、宋、金、辽等，都自称为中国。但这个词更多是指政权，甚至尊号，而不是地理概念。就算是明朝朱元璋给日本人的信里说"朕本中国之旧家"，强调的也是明政权的正统性。一直到1689年的《尼布楚条约》，"中国"这个词才有了现代主权国家（或者说地理上）的意义，也就是从那个时候开始，很多国际上的其他国家，才开始用"中国"一词来称呼这一片古老的土地。

　　现在经常有人讨论，《尼布楚条约》到底是大清朝占了便宜，还是俄国得到了好处？还有很多人想知道，既然清朝打败了俄国，为什么没把俄国人在17世纪逐步蚕食的西伯利亚并入中国版图？

　　第一个问题很好回答，谁也没占便宜，谁也没吃亏，因为划分国境线的地方本来也不属于双方中任何一个。这条长长的国境线东边的部分基本上是千里无人烟；而西边的，原来是蒙古喀尔喀、布里亚特等部落的地盘，而直到几年之后的多伦会盟，喀尔喀蒙古诸部才算正式归附了大清。

　　第二个问题也不复杂，有两个原因：一是清朝对更北边那些寒冷的地方一点兴趣都没有；二是康熙当时面临的国际形势不允许他去和俄国为了一片他不感兴趣的土地争斗。相反地，他必须和俄国搞好关系，这就是为什么他最后把剩下的俄国人都给放了。

　　和俄国人的战争还没打完，康熙就受到了来自蒙古准噶尔部首领噶尔丹的威胁。

二、灭噶尔丹

　　历史上的蒙古帝国曾显赫无比，但自从朱元璋把他们赶回大漠，他们就日益衰落了。最大的表现就是分裂，各部之间天天打架，和欧洲罗马帝国衰落之后的形势也差不多。

明朝后期，蒙古各部分为三大部分：大漠之南，在今天中国内蒙古自治区的叫漠南蒙古；在北边的，叫漠北喀尔喀蒙古；大漠西边的是厄鲁特蒙古，实际上就是前面说过的瓦剌部落。

这只是粗略划分，其实里面的小部落多如牛毛，比如说西边的厄鲁特蒙古，里面有很多个部落，准噶尔部就是其中之一。他们本来只是在新疆伊犁附近放马喂羊，过着原始的游牧生活，但到了17世纪30年代，他们进步很快，逐渐地吞并了其他瓦剌的部落，就此强大起来。

这时候，恰好是女真人在东北建立后金的时候，努尔哈赤和他后世的子孙心里清楚，仅仅靠着女真人的八旗，想和汉人抢地盘，还有难度。所以他们一边笼络东北的汉人，建立汉军八旗，一边招纳蒙古人。一开头是漠南蒙古十六个部落，接着是漠北的蒙古诸部也向大清表示了臣服，建立了蒙古八旗；同时，从皇太极开始，清朝就采取了和蒙古族和亲的政策，大多数清朝皇帝都有一个或者几个蒙古人是自己的老丈人。

清朝的这个办法很漂亮，除了借此扩大地盘，巩固统治地位以外，还让他们在入主中原，建立农耕文明政权之后，几乎没有受到游牧势力的威胁。这可是两千多年来，除了元朝，其他朝代都没有解决的一个大问题。

这里用了"几乎"这个词，就表明了，凡事都有例外——准噶尔部的威胁就是一个例外。1670年，也就是康熙除掉鳌拜的第二年，噶尔丹夺取了准噶尔部的大权，八年之后，五世达赖喇嘛赐给噶尔丹"博硕克图汗"的称号；随后，噶尔丹征服了起源于今天新疆喀什的叶尔羌汗国。其实建立叶尔羌汗国的也是蒙古人，只不过两百多年前，他们信仰了伊斯兰教。

胜利之后的噶尔丹迅速占据了今天的整个新疆，野心急剧膨胀。或许他脑海中不由自主地浮现出了成吉思汗的脸，觉得最不济，把蒙古各部统一在自己的旗帜之下，还是很有希望的。

1688年，噶尔丹突然率领军队越过杭爱山，向漠北的喀尔喀蒙古诸部大举进攻。喀尔喀诸部实在招架不住，数十万蒙古百姓只能分路南奔，逃往漠南乌珠穆沁一带。这个地方在今天内蒙古自治区的锡林郭勒盟，看一下地图就知道，这地方离清朝的老家沈阳和新的首都北京都不远。喀尔喀人跑到这里后，就向康熙求救，要是清朝不出兵，那他们要么就是被噶尔丹吞并，要么就只能继续往东、往南跑，到沈阳或者北京去当难民了。

这时候的准噶尔部，控制了大约700万平方公里的土地，人口300多万，总兵力大约有40万人。噶尔丹手里的常备军有9万余骑，在和清朝军队的前两次战斗中，都取得了胜利。他在大清和俄国开战之后，一边准备和俄国人勾结，从东西两边夹击清朝，一边给康熙发信，说，"圣上君南方，我掌北方"，意思是整个蒙古草原都是他的；至于以后还管不管你叫"圣上"，会不会南下，那就要到时候再说了。

清朝和俄国谈判的时候，康熙皇帝面临的就是这样一个局势。从这一点上说，最后清朝能和俄国签署一个并不吃亏的条约，还顺带着让俄国停止了对噶尔丹的支持，两不相帮，可以说在外交层面上是一个巨大的胜利。

接下来面对噶尔丹，康熙可就不那么好说话了，他决定御驾亲征。以前平定三藩，收复台湾，打俄国人，他都是在北京城里遥控指挥各路大军。这一次，36岁的康熙想自己去前线会一会噶尔丹。

之所以做出这个决定，原因是蒙古各部落对于清朝的重要性。可以这样说，大清认为可以丢掉云贵川，可以丢掉台湾，也可以丢掉外兴安岭，唯独不能丢掉蒙古草原。草原上的老丈人们，那是他们家业的基础中，相当重要的一部分。

1690年农历七月初六，在紫禁城太和殿，康熙举行了盛大的出征仪式,把先锋将士送至东直门外之后,自己随后也领军北上,准备亲征噶尔丹。

可是天不遂人愿。康熙刚刚带队从北京出发不久,就得了感冒,高烧不退,只好"从诸臣之请",回北京养病。就在这个时刻,发生了一件小事,但这件小事却对后来清朝的政治格局有很大的影响——皇太子胤礽来迎驾的时候,脸上没有一丝一毫担心和悲伤的神情。

胤礽的生母是辅政大臣索尼的孙女,康熙11岁娶的第一任皇后。他们两口子感情相当好,可是她在生胤礽的时候,难产而死。遇到这种事儿,有些男人会觉得是孩子害死了自己老婆,从此就不待见了;还有些男人会觉得孩子就是死了的老婆转世,对孩子那不是一般地疼爱。康熙属于后一种,他觉得媳妇儿死了,那就是和儿子合二为一了,所以把原来对媳妇儿的那份爱也放在了儿子身上。胤礽从小就被立为太子,他出天花的时候,康熙皇帝有半个月什么也没干,陪在身边亲自照料,可以说恩宠无限。

可是有句俗语叫"棍棒出孝子,恩养忤逆儿"。现在自己率领大军出来打仗,生病了不得不回家,亲儿子来了,却看不到一点儿忧心忡忡的样子,这就让康熙不由自主地想起了这句俗语,从此心里就种下了一根刺,以至于二十年后,废胤礽太子位的时候,他还在诏书里愤愤地提起这件事,说胤礽"无忠爱君父之念"。

言归正传,康熙因为感冒回到北京之后,他的哥哥福全率领10万大军,在一个叫作乌兰布通的地方,和噶尔丹进行了生死决战。

"乌兰布通"翻译成汉语是"大红山"。双方从开始的大炮火枪对轰开始,再到骑兵互砍,最后到士卒们在一起拳打脚踢,啃咬撕扯,可谓是惨烈之极。那时山是不是红色的不知道,最后附近的一个水塘被鲜血彻底染红却是真的。康熙的亲舅舅,两年前签订《尼布楚条约》的二号人物,大清一等公佟国纲就在这个水塘里战至流干最后一滴血,英勇殉国。今天那个小水塘还被称为"将军泡子",用来纪念佟国纲,那时候的八旗子弟,浑身上下都充满了血性。

佟国纲的血并没有白流,最后噶尔丹因为士兵和物资都严重不足,只能撤退。清军算是获得了惨胜。说惨胜,是因为在这场被称为乌兰布通之战的大会战里,清军其实损失比噶尔丹要多得多,最后之所以能胜利,主要还是人员和后勤都占优势。

清军最主要的问题就是,在火枪的使用和防御上,清朝落后了。

噶尔丹在和俄国人勾结的过程中,从西方购置了很多火枪,几乎他的所有骑兵都装备有火枪;而清军虽然也有火枪,但很明显,主要还是依赖大刀长矛近身搏斗,并且极度缺乏对付火枪的经验,往往发动队形密集的集体冲锋,那是火枪最喜欢的肉靶子,一打一大片,清军岂能不死伤惨重?

康熙皇帝在这场战役之后,很快就意识到问题出现在哪里。第二年,1691年,就在今天北京海淀区蓝靛厂北边,康熙成立了火器营,专门研究火枪和大炮制作,还有进攻防守的策略。

可惜的是,他的后代一来不打仗了,二来实在是缺乏战略眼光,认识不到火枪火炮才是未来的发展方向,在康熙皇帝之后,这个火器营居然逐渐荒废了。到了清朝末年,蓝靛厂火器营居住的满人,没有一个是继续制作火器的了,绝大多数都以种鸦片为生。

1691年,康熙在多伦诺尔举行盛大的会盟,和漠北蒙古喀尔喀各部的贵族们一起喝酒、聊天、吹牛。漠北蒙古正式加入了清朝这个大家庭,康熙当场宣布,"将尔等与朕四十九旗一例编设,旗号亦与四十九旗同"。到此为止,除了漠西蒙古以准噶尔为首的几个部落继续与清朝作对外,茫茫大漠上的其他所有蒙古人都归降了大清。

噶尔丹在乌兰布通会战中的损失并不算多大,可是在他逃跑的路上,军队里开始流行瘟疫,死了成千上万人,比被清军打死的还多。此外他的老窝也被侄子策妄阿拉布坦抄了。这两个人曾经亲密无间地共同战斗过,后来因为权力之争,翻脸大打出手。这一次,趁着噶尔丹东征的时候,策妄阿拉布坦占领了准噶尔的大片领土。

这样一来,噶尔丹就回不去了,只能待在一个叫科布多的地方,一边休养生息,一边琢磨下一步。这时候的噶尔丹有两个选择,一个是回老家,跟侄子策妄阿拉布坦争夺土地,另一个是掉转马头,再去打大清。

1695 年,休养生息完毕的噶尔丹决定再次攻打大清。他这么做不能说一点儿道理没有,因为至少有两个重要原因支持他的这个决定:第一是如果打败了大清,策妄阿拉布坦肯定会投降,可是就算能打败侄子,也只是让大清坐山观虎斗,捡个便宜。第二是噶尔丹觉得乌兰布通之战自己并没有输,大清的军队在他的火枪面前,没有任何优势。为此,噶尔丹这一次还特意对外宣称从俄国借来了鸟枪兵 6 万,虚张声势来吓唬康熙。

可是他没想到的是,康熙是一个善于总结和学习的人。这几年,他一直在火器营操练部队,现在对于火枪,清军比噶尔丹的部队玩得还熟练。

1696 年年初,康熙亲率大军,在昭莫多和噶尔丹一场大战,噶尔丹全军覆没,妻子阿奴被杀,自己只带着几十个人逃离了战场。一年之后,康熙再次进军打科布多。

根本就没有招架之力并且众叛亲离的噶尔丹实在是没地方去了,俄国人不愿意收留他,西边的策妄阿拉布坦也把他回家的路堵得死死的。最后他只能一仰脖子喝下了一瓶毒药,自尽身亡,这一年是 1697 年,康熙皇帝 43 岁。

噶尔丹的死讯传来的时候,康熙皇帝正在巡视黄河大堤。据说他竟当场跪在黄河大堤上,感谢老天爷和祖宗的眷顾。这足以说明,康熙心头的真正心腹大患,只有这位蒙古贵族噶尔丹。

不过,虽然噶尔丹死了,漠南漠北的蒙古人都并入了清朝,可是大漠西边还有一位策妄阿拉布坦，那也不是一个消停的家伙。在他和他儿子噶尔丹策零的带领之下，准噶尔部不断和清朝为敌，占据新疆，侵扰西藏，一直到了乾隆时代，才被清朝大将兆惠彻底平定，这也是后话了。

三、治理西藏

金庸小说《鹿鼎记》里，描写了噶尔丹和来自西藏的大喇嘛桑结关系很好，这是历史事实。噶尔丹小时候在西藏跟着五世达赖学习，认识了当时也在达赖门下学习的桑结嘉措，两个人被认为是达赖门下最优秀的两位学生，还结成了异姓兄弟。1678年，就是在五世达赖的支持下，噶尔丹才能获得准噶尔的权力，成立了准噶尔汗国，有了和清朝叫板的实力。

桑结嘉措在担任当时西藏世俗头领第巴期间，一边鼓动并且支持噶尔丹向蒙古喀尔喀部进攻，一边以达赖的名义和清政府联络，可谓是两边讨好。在五世达赖喇嘛去世之后，此人隐瞒了消息长达十几年之久，并且秘密培养自己认定的转世灵童，也就是后来颇富传奇色彩的六世达赖仓央嘉措。

仓央嘉措虽然是喇嘛，却写了很多细腻真挚的诗歌，其中就有现在很流行的"世间安得双全法，不负如来不负卿"；不过另外一首"你见，或者不见，我就在那里"却不是他写的，是后人以讹传讹，放在他身上的。

俗话说纸里包不住火。五世达赖已经去世多年这件事最后终于曝光了，桑结嘉措两面不讨好，清朝和准噶尔部的策妄阿拉布坦对他都是一肚子的意见。最后，桑结嘉措被康熙皇帝的盟友、蒙古和硕特部的拉藏汗抓到并且处死，他培养和扶植的六世达赖仓央嘉措被拉藏汗押往北京的途中，在青海失踪。

现在有两种说法，一个是说仓央嘉措逃跑了，另一个是说他被秘密处死了。总之，桑结大喇嘛并不像《鹿鼎记》里面描写的那样武功超群，智商一般；恰恰相反，他有没有武功不知道，但计谋确实不少，绝不是一个头脑简单的赳赳武夫。当然，他只能说是有小聪明，不是一个有大格局、大谋略的人。

到此为止，在康熙皇帝执政的前 30 年间，捉拿鳌拜，把权力牢牢掌握在自己手里；西南平定了三藩；东南收复了台湾；东北驱逐了俄国，签订了《尼布楚条约》；西北又逼死了噶尔丹，收降了漠北蒙古诸部；最后又以桑结嘉措和六世达赖不合法为借口，将清朝中央政府的势力部分地伸进了西藏，可以说是几乎一天也没闲着，大大地扩展了清朝的地盘和势力。

很多人因此认为康熙是"千古一帝"。我认为，一个皇帝要想对得起这个称呼，光有"武功"肯定不行，还需要有"文治"，把国家内部治理得好好的，老百姓肚子吃得饱饱的，日子要红红火火的。

那么，康熙皇帝有没有"文治"呢？

177. 圣祖的文治

我小时候学习汉字时,遇到不认识的字,奶奶就会对我说,查查字典就知道了。"字典"这两个字的第一次出现,是和康熙皇帝联系在一起的。那是在1716年,中国历史上第一部以字典为名字的工具书,《康熙字典》正式面世。

一、《康熙字典》

康熙命令手下大臣编撰这部字典有两个目的,第一个是想千古留名。明朝朱棣编了一部《永乐大典》,显得很有文化,玄烨当然也不甘落后,于是这部集合了几十位翰林大学士心血的字典就横空出世了。《康熙字典》收录了47035个汉字,记录了这些字的点画写法、读音和词义,规定以后科举考试中所用的字是否规范,全都以这部字典为标准。直到今天,《新华字典》出了无数个版本,用的也还是《康熙字典》定下来的偏旁部首排列顺序。

另一个目的是想推崇汉文化。这种推崇一方面是由于他自己的喜爱,另一方面是统治的需要。康熙喜爱汉族文化,这从他的文学修养可以看出来。我个人认为,康熙的诗词虽然不多,精品却不少,"夜来雨过春涛生,浪花叠锦绣縠明",是他巡视辽东时所作,确实是好句子。他不仅自己写诗,还组织人把唐朝所有的诗歌编了一个总集,在今天也是鼎鼎大名，叫《全唐诗》，里面一共收录了2200多人写的4万多首唐诗。

康熙知道，推崇汉文化，更能得到民心。《孟子》说过，"得天下有道，得其民，斯得天下矣。得其民有道，得其心，斯得民矣"，后来人把这话总结为"得民心者得天下"。范文程曾经对清朝的统治阶级说过："士为秀民，士心得则民心得矣！"意思是，一般的老百姓只追求吃饱肚子，只要我们把士绅地主、知识分子这个阶层笼络好了，那整个社会就会说我们好。范文程的话可能是有道理的。宋朝面对辽、金，一直败多胜少，但在二三百年间，几乎没有大规模的百姓造反，其中奥妙之一，恐怕就是"与士大夫共治天下"这几个字。

康熙应该是把范文程的这句话牢牢地记在了心里。前面讲过，顺治倾向于汉化，任用了很多汉族大臣。康熙亲政之后，更是重新大力推行儒家学说，亲自跑到山东曲阜的孔庙，对着孔子行了三拜九叩的大礼，把随行人员都吓了一跳，然后还庄重地题写了"万世师表"四个大字，作为对孔子的表扬。

在诸多儒家学派里，康熙对那个十分强调忠君爱国，抑制自己欲望的朱子理学，也经常提出表扬，多次说过朱熹的学问真是"义理无穷，乐此不倦"。

除了推崇汉文化，恢复了包括内阁制度在内的很多明朝旧制，康熙还进行了很多政治上的革新，其中最重要的两件事就是设立南书房和奏折制度。

二、南书房和奏折制度

先说南书房。一听名字就知道，这是一个书房，因为它的位置在乾清宫月华门的南边，所以叫南书房。1677年，康熙下旨，选择有学问的知识分子到这个南书房陪他读书，理由是，"朕不时观书写字，近侍内并无博学善书者,以致讲论不能应对",就是说觉得自己身边都是粗人,所以需要有学问的知识分子来跟自己共同学习研讨。

首批选进南书房的,基本都是汉人,比如说高士奇、张英等人,他们甚至连家都搬进了内城,住得离皇帝相当近。自古以来,皇帝要从大臣手里夺权的时候,这种类似秘书班子的机构就是先锋队,以前的中书、尚书、门下都是这么发展起来的。南书房也不例外,很快就成了康熙皇帝各种决策的中心。在这里任职的,一般称为南书房行走,对康熙的影响要远远大于已经名存实亡的内阁。

再说奏折制度。今天提起奏折这两个字,一般泛指古代大臣给皇帝的报告或者请求。其实严格来说,这不太准确。中国古代给皇帝写信,不同时期有不同的叫法,春秋战国时期一般称为上书,比如李斯的《谏逐客书》;秦朝称为奏;汉代称为上疏,但分类很细,有章、表、议等各种说法,比如诸葛亮的《出师表》,就是给皇帝的一个思想汇报;到了隋唐宋明时期,基本也是这一套,只不过名字稍有不同,比如启文、题本、奏本等。

所有这些,都不是直接送达皇帝本人的,必须经过层层关卡,按照一定的程序,由各级官员审阅之后,才能递到宰相们手里,最后才有可能被皇帝看见。

当然,宰相们是可以直接给皇帝写信的,不过也就只有那么几个人有这个特权。唯一的例外是武则天当政时期设立了铜匦,让全国人都可以直接给皇帝写信,但那只是特殊时期的特殊产物,并不是制度,何况实际上武则天也只看那些控告李唐皇族的,其他的都撕了扔垃圾桶了。

到了康熙这里,他把这件事变成了一个制度——奏折制度。"奏折"这个词,是顺治首先使用,指写完了把纸折起来,别人看不到的一种文书。康熙规定,有一些人可以获得特权,直接把这种文书送到他的手里,中间不必经过任何其他大臣,连宰相都没权力看。这和武则天的告密制度有一点像，但不是所有人都可以用的。开始的时候，只有康熙指定的大臣或者平民，有直接上奏的特权，后来形成制度，在雍正时期，规定五品官员以上都有这个权力。

奏折制度对康熙有三大好处：第一，大臣专权是不可能的了，因为皇帝可以随时了解下面的情况，甚至大臣不知道的，皇帝都知道；第二，官员之间的相互监督变得经常化了，同事之间的揭发再也不用担心别人知道；第三，在康熙年间，这个制度给了汉人大臣们一个进言的机会。

如果我们把皇帝看作中心点，他是被一圈一圈的大臣包围着的，康熙刚亲政的时候，包围他的大臣都是东北人，最里面一圈是一品，然后二品、三品……很多汉人大臣连康熙长什么样都不知道，偶尔提心吊胆上个书，还要被里圈的满洲大臣们先看到，他们一不满意，别说康熙看不到你的信，上书人的脑袋还很可能被咔嚓了。

我认为康熙设立奏折制度的初衷，很可能是试图打破满人对话语权的垄断；但间接上，却促进了皇帝的独裁。我这里说的"独裁"没有任何褒义或者贬义，只是说一种治理国家的方式。

三、康熙对科学和贸易的态度

除了重视汉学、汉人，康熙还对西方科学有着浓厚的兴趣。他亲政之后不久，就给汤若望平反了，还让他的助手比利时人南怀仁担任钦天监监副。其中的原因，可以用康熙当时的一段话来分析："朕幼时，钦天监汉官与西洋人不睦……杨光先、汤若望于午门外九卿前当面赌测日影，奈九卿中无一人知其法者。朕思，己不知，焉能断人之是非？因自愤而学焉。"意思是，我小时候，管历法的汉人官员和传教士们关系不好，可是传教士可以精准地测算出正午时日影的长度，而朝廷的官员却没有一个知道原理的。我想，如果我自己不懂，怎么能判断出别人是对是错呢？因此就开始努力学习洋人的学问了。

从这段话里,我们可以知道两件事:第一,康熙承认洋人的科学技术很先进;第二,他很愿意学。

事实上也是如此,他向当时来华的传教士学习了代数、几何、天文、医学等各方面的知识,自己还写过几十篇关于自然科学的论文。在历代帝王里,他的科学水平可能要排第一,不过电视剧里说他精通八门外语,那就很可疑了。他可能掌握了四门语言,满、汉、藏、蒙,其他的诸如英文、俄文等,估计就只会一句 hello 或者"哈拉少"吧。

康熙不仅仅学习,还会具体应用。1708 年,他下令以天文观测与星象三角测量方式勘察全国地形,并且要采用梯形投影法绘制地图,这都是当时世界上最先进的技术。经过十几名来自欧洲和汉、蒙、藏等地的专家整整十年的实地测量和绘图,终于在 1718 年,完成了《皇舆全览图》。这是中国第一幅以经纬度标示的地图,不仅从中国历史上看很了不起,就算放眼全球,也被称为当时世界地理学的最高成就,英国李约瑟说它比当时的所有欧洲地图"更细致,更精确"。

皇帝如此地喜欢西方科学,为什么没有在中国掀起一股科技热,进而带动整个国家"科技兴邦"呢?这甚至是一个性命攸关的大问题。设想一下,如果大清在 17 世纪就举国上下大力发展科技,是不是可能一直保持在世界强国行列?至少,是不是能少挨点儿揍呢?

所以,回答这个问题还是有必要的。在我看来,大概有四个原因。

第一个是皇帝的态度问题。康熙喜爱西洋科学不假,但是他应该是完全没有认识到"科学"到底对国家和社会有多大的威力,没有意识到这些"奇技淫巧"终于有一天会严重影响国力之间的对比。他的喜欢,是一种对新鲜玩意儿的喜爱,和慈禧老佛爷爱听戏是同一个层次的喜爱,只是玩玩而已。

第二个就是当时西方的工业革命还没有开始,没有在世界上真正展示"科学"的巨大威力。就连很多老外，虽然依照兴趣研究出了一些东西，但也完全不知道这些东西将来有什么价值。这就导致中国的知识分子和他们交流的时候，得不到自己想要的答案。

第三个原因是科举考试。科举让中国的底层老百姓可以得到上升的机会，但这不是没有代价的。代价就是老百姓的所有精气神都扑到科举考试上了，很少有人会去研究和科举无关的东西。想要改变这一点，需要等到后来五四运动批判八股文的时候。

第四个原因就是康熙本身并不想在全国推广西洋的科技和思想。尤其在思想领域，康熙是相当警惕。和今天不一样的是，那时候，西方思想对中国的威胁，主要是天主教和中国传统文化之间的冲突。

前面介绍利玛窦的时候说过，他属于耶稣会，来到中国之后，以中国儒家文化解释天主教，而且允许中国的天主教徒拜天地，拜祖宗，拜孔子，这在国际上被称为"利玛窦规矩"。这一套规矩对于天主教在明清时期中国的传播起到了很大的作用。南明永历皇帝和他媳妇儿王氏、太子朱慈炫都曾经是天主教教徒，甚至永历帝在临死之前，还曾经写信给罗马天主教廷，以信同一个上帝的名义向对方求救。这封信迄今还保留在梵蒂冈的教堂里。

到康熙时，来到中国的天主教士就不仅仅是耶稣会的了，还有多明我会、方济各会等等。这些派别的教士来到中国一看，觉得信了上帝还拜祖宗、老天爷，实在万万不行。于是，1705年，天主教教宗派特使铎罗来华，宣布禁止中国天主教徒拜祖先。这立刻引起轩然大波，康熙让人把铎罗赶出了内地，押到澳门去让葡萄牙人看守。几年之后，这个铎罗就死在了澳门的监狱里。

不许祭拜祖宗，这让康熙对天主教产生了巨大的反感。他最终下令，"自今以后，若不遵利玛窦规矩，断不准在中国住，必逐回去"。他的儿子雍正皇帝后来更是禁止天主教在中国传播，并说："中国有中国之教，西洋有西洋之教；西洋之教，不必行于中国，亦如中国之教，岂能行于西洋？"后来乾隆、嘉庆、道光几朝基本上也是这个套路，宫廷里的人可以和天主教士相谈甚欢，但是天主教在民间就只能偷偷传播。

这场持续了两百多年的争端在历史上被称为"中国礼仪之争"。直到1939年，第260任教宗公开宣布，允许"教徒参加祭孔仪式"，也可以拜祖宗了，才告结束。换句话说，罗马教廷妥协了。这从另一个侧面说明了一件事，中华文化的强大，至少在这个阶段，是外来文化没办法征服的。

上面四个原因导致了中国并没有在17世纪完全接受西方的新兴科技和科学。这是一件很遗憾的事情，但你若把它全怪到康熙的脑袋上，那也不是很客观。

虽然思想上对外国人有警惕，但是具体到贸易和生产方面，康熙并不保守。拿下台湾不久，他就宣布取消从明朝以来的海禁政策，并特意建立了四个通商口岸，分别是今天的广州、福州、宁波和松江，专门做对外生意，还准许外国人在广州珠江口一个特定的区域内居住和经商，这就是后世大名鼎鼎的广州十三行的前身。

斯塔夫里阿诺斯写的《全球通史》里说，康熙时代，中国的对外贸易急剧膨胀且发展快速，不仅和日本、朝鲜、东南亚做生意，而且大量的茶叶、丝绸、棉布、瓷器和漆器经过广州口岸源源不断地运到欧洲销售，欧洲贵族家里如果不摆着几件中国的玩意，下午不喝点儿中国茶叶，那就称不上贵族。

四、文字狱

作为农业大国的统治者，无论康熙对西方科学多么喜爱，对贸易多么重视，但相比农业、农村和农民来说，它们都要退居在后。农民的安居乐业，永远是第一位的。

在"三农"问题上,康熙最主要的两项措施就是鼓励生产和修整水利。

鼓励生产的第一件事就是把土地还给农民。康熙亲政之后的第一件事就是宣布停止圈地,八旗子弟和满族贵族,谁也不能再无偿占有汉族农民的耕地了。随后,他又规定,只要拎起锄头去开垦一块无主的荒地,那么十年之内,在这块地上种出来的所有东西,都不用缴税。这个政策大大地刺激了农民垦荒的积极性,清朝耕地面积迅速增加,政府收上来的银子也越来越多。康熙不断地减免各地的税赋,只要你所在的地区出现了灾情,哪怕不算严重,今年的税都可以免了。

前面说过,康熙即位之初,就把"三藩、河务、漕运"三件事写在宫廷里的柱子上,天天提醒自己。实际上,河务和漕运是一件事,把河治好了,漕运自然就好了。那为什么要治河呢?因为黄河又改道了。这一次居然抢占了淮河的河道,从苏北地区入海去了。这既影响了漕运,又让很多良田无法耕种,老百姓流离失所。从1677年起,康熙派靳辅为河道总督,并且亲自参与工程设计,经过十年的辛苦经营,终于让黄河又回到了原来的河道。

除了黄河,今天北京的另一条河也是康熙治河的成果之一。这条河原来叫浑河,又叫"小黄河",经常堵塞。1698年,康熙动用了十几万的民夫,开凿了一条二百多里长的新河道,终于把这条河变成了灌溉周围土地的好孩子,然后他大笔一挥,把河名改成了"永定河",意思是风调雨顺,永远安定。

总而言之,在康熙任期内,清王朝不仅地盘扩大了,而且老百姓也逐渐地安定下来,日子越来越好,对于什么反清复明,自然就不那么热心了。但爱新觉罗家族当然不会放松警惕,社会上有什么风吹草动,尤其是舆论方面,康熙都不会放过。最出名的,就是后世所说的文字狱。

按照《中国大百科全书》的定义,文字狱指的是"中国历史上因文字犯禁或借文字罗织罪名清除异己而设置的刑狱。始见于南宋,以明清两朝最甚"。这未必准确,早在汉朝,司马迁的外孙子杨恽,就因为给好友安定郡太守孙会宗写信的时候,发了很多牢骚,被汉宣帝处以腰斩。前面说过的苏轼的乌台诗案,也是文字狱的一种。

既然过去就有,为什么现在很多人都把账算在清朝皇帝的身上呢?因为清朝这种事多。从康熙到乾隆三个皇帝一百多年里,一共有170多起文字狱。其实乾隆之后,还有很多人因为写书获罪。诗人龚自珍就有两句诗是这样说的,"避席畏闻文字狱,著书都为稻粱谋",意思是连吃喝玩乐打麻将这种事我都不参加了,就是怕文字狱,现在写书,都是为了混口饭吃,不敢说实话啊。

实事求是地说,跟儿孙相比,康熙年间的文字狱并不是很多,十起左右。其中最著名的有两起,一个是前面说过的"明史案",可是这个案子和康熙的关系不大,那时候他也不掌权。另一起和他有关系,就是"南山集案"。

一个叫戴南山的人,在自己的作品《南山集》里引用了另一位学者方孝标的《滇黔纪闻》;而《滇黔纪闻》中,使用了南明永历皇帝的年号。这么一件小事,被戴南山的仇家御史赵申乔告到了康熙的面前。审理的结果是罪名成立,戴家十六岁以上的男子一百多人全部被判处死刑。康熙觉得这个判决太重了,最后只杀了戴南山一个人,家属全都流放。史书上说,"得旨而全活者,三百余人"。

听完这个故事,你是不是觉得其实康熙很宽厚?我也是这么想的。而且戴南山案就是康熙年间仅次于"明史案"的大案子了,那为什么后世还是说康熙制造文字狱呢?

这里面有两个大的原因:一是康熙把文字狱的底线定得太低了,戴南山只因为引用的文稿里有南明的年号,就掉了脑袋。这个标准实在太低了,导致他儿子和孙子两朝,按照这个标准去界定,文字狱就特别地多。二是,前面说过,秦始皇"焚书坑儒"被后世骂了两千多年,中国知识分子对于不尊重读书人的皇帝,一向是骂死拉倒,康熙这件事也碰到了知识分子的底线。

严格来讲,有些知识分子的话,就是对统治者赤裸裸的挑衅。比如说乾隆年间的蔡显,他的诗集里有"夺朱非正色,异种尽称王"这样的句子。要是说他没有讽刺"异种"大清夺了老朱家江山的意思,怕是连他自己都不信。这种小聪明在寒光闪闪的钢刀面前,自然是不管用的,蔡显最后也被砍了脑袋。

蔡显这句诗,恰恰揭示了清朝统治者对文字如此敏感的真正原因。满人占了汉人的江山,被迫用汉人的儒家文化来治国,可是儒家文化最讲究的就是礼仪、尊卑、正统这一套。"华夷之辨"是一件大事,可大清偏偏就是"夷"。这就是俗话所说的,"当着瘸子说'短'话"。大清的皇帝们越是学习儒家文化,心里越是发虚,因为那上面都是讽刺和鄙视"蛮夷"的。于是很自然,谁敢提这件事,他们就跟谁急。

178. 科举案中案

现在每年高考的时候,不仅考生紧张,各地的教育部门也都如临大敌,考卷甚至由武装车辆押运。这是防止高考舞弊,因为高考舞弊,对诚实的考生就是最大的不公平。

康熙末年的 1711 年,农历辛卯年,发生了一起中国历史上涉案金额最大、审理过程最复杂的科举舞弊案——"辛卯科场案"。

一、辛卯科场案

出事的是乡试,就是三级科举考试中的第一级,考中了就是举人。想一想范进中举之后的疯狂就可以知道,这级考试的竞争是相当激烈的。

这一年的江南乡试发榜之后,很多知识分子一下子就看出不对了,因为往年录取人数最多的苏州,只有 13 个人上榜;而且榜上有名的大多数是扬州盐商和官员家里的孩子,其中最显眼的,是吴泌和程光奎。这两人家里有钱不说,平日里吃喝玩乐,斗鸡遛狗,就是不学习,据说程光奎写"赵钱孙李"四个字都能错上三个。

这样的人竟然也考上了举人,一时之间,舆论哗然。老百姓很快就把矛头指向了主考官左必蕃和副主考官赵晋,认为肯定是这两人背后收钱捣的鬼。群情激愤之下,大家开始集会抗议,一千多名苏州秀才跑到江宁府集会。有人贴出了一副对联,上面用大字写着:"左丘明两眼无珠,赵子龙一身是胆。"讽刺左大主考官有眼无珠,赵副主考官胆大妄为。

当时的两江总督噶礼是一个大老粗,他觉得这事儿简单,谁闹事就抓起来。可是江苏巡抚张伯行却觉得,确实是科举不公,才引起老百姓闹事;不解决根本问题,而去抓抗议的学子,有点儿本末倒置。所以,张巡抚就给康熙皇帝写奏折,原原本本地把事情对皇帝说了一遍。

康熙并没有马上就处理,因为总督和巡抚的意见不一致,必须要先弄清楚情况。那怎么才能弄清楚呢?简单,他只要等到另外两个人的来信,就可以了。这两个人就是江宁织造曹寅——《红楼梦》作者曹雪芹的祖父,以及苏州织造李煦。为什么呢?因为各地织造同时也是康熙的眼线,平时也帮他收集各地的信息。

曹寅和李煦的折子很快就到了,康熙打开一看,两人都说这场考试让老百姓非常不满,肯定有猫腻。于是康熙勃然大怒,马上派刑部尚书张鹏翮为钦差大臣,让他带队去查。

张鹏翮、噶礼和张伯行举行了一次三堂会审。问题考生吴泌和程光奎很快就招供了,承认贿赂考官和政府官员,结果牵出一大批人。其中有两名嫌犯不知道是不是被打傻了,居然在大堂之上招供说,有五十万两银子被送进了总督府。

这下麻烦大了。要知道,总督噶礼正在上面坐着问供呢。尴尬不尴尬,丢脸不丢脸?

案子到了这儿,审不下去了。刑部尚书张鹏翮很忌惮噶礼,因为噶礼是他儿子的顶头上司,而且噶礼的母亲还是康熙皇帝的奶妈之一。

可是张伯行坚持要审下去。他又给康熙写信,直言不讳地说,噶礼可能受贿五十万两。噶礼自然不会坐以待毙,马上也给康熙写信说张伯行不仅诬陷自己,而且还有七大罪行,比如说"私刻书籍",也就是印刷非法出版物,诽谤朝廷,等等,几乎每一条都是死罪。

总督和巡抚互相弹劾,这件事轰动一时,在历史上称为"噶礼与张伯行互参案"，是"辛卯科场案"的案中案。

我们作为后世的旁观者，都知道张伯行是对的。可是康熙一连派了三位尚书级别的主审官，张鹏翮、穆和伦，还有张廷枢，却都因为惧怕噶礼，不想把事情搞大，都上报说噶礼没有受贿。当然，他们同时也报告说，张伯行也没有噶礼说的那些罪行。换句话说，尚书们都和稀泥，想着你好我好大家好，蒙混过关。

可是康熙有密探。曹寅在给他的密信里说，如果就这样判决，老百姓肯定不服，请求皇帝亲自介入。

最后，康熙决定在御门听政的时候亲自审理此案。审理的结果是噶礼撤职，张伯行虽然也受到了一些影响，但官职保留，继续当他的巡抚。至于那些犯法的考生和考官，当然是杀头的杀头，流放的流放。

之所以详细地说这件事，重点并不在考试本身，而是因为它至少说明了康熙晚年的两个特点：第一，虽然总体上满官还是比汉官高一头，但实际到这个时候，爱新觉罗家族，或者说康熙已经在满汉之间持一种比较平衡的态度了，这比起刚入关时候的"重满轻汉"，有着明显的进步。

第二，康熙晚年的吏治绝对是一个大问题。一场考试，就有这么多贪腐行为，可以看出来，大家平日里给当官的没少送礼。这也是为什么后来雍正继位之后，要用铁血手段来治理官员。当然，这是后话。

二、曹寅和曹雪芹的《红楼梦》

这里要花一点时间说说那个康熙的那个"密探"——江宁织造曹寅。因为他有一个非常了不起的孙子，叫曹雪芹，中国四大名著中《红楼梦》的作者。

曹家的祖上是今天辽宁省辽阳市人，据一些学者考证，还是三国时曹操的后代。据说这一点铁证如山，是基因检测的结果，但有多大可信度，我就不敢说了。

虽然是汉人，但曹家因为帮着满人办事很得力，积累了很多功劳，后来就成了满族正白旗包衣，也就是所谓的"家里的奴才"。到了曹寅老爹曹玺这一代，曹家算是真正地发达起来，曹玺被任命为江宁织造，他妻子还当过康熙的乳母。

后来，曹寅接替了父亲的位置，当上了江宁织造，更是对康熙忠心耿耿。康熙曾经六次下江南，其中四次都住在曹寅家里；曹寅的两个女儿都嫁给了爱新觉罗的皇族成员，曹家可谓是显赫一时。康熙晚年的时候，曹寅也不知道是贪污受贿，还是经营不善，把好好的一个江宁织造局弄得亏空了近十万两银子，康熙知道之后，也只是一笑了之。

等到曹寅和康熙都死了之后，雍正皇帝上台，对待曹家就有天壤之别了。1727 年，山东巡抚弹劾曹家当时的当家人曹頫有"行为不端""骚扰驿站"和"亏空官银"三大罪名，雍正皇帝的批示是八个字："本来就不是个东西！"于是曹家被罢官抄家，被迫举家入京，搬到了今天北京崇文门外大街东侧，当时叫蒜市口的地方。那里现在还贴着一块牌子：曹雪芹故居。

按照现在的一些史料，曹雪芹应该是曹寅的长孙，生于 1715 年。曹家举家北上这一年，他 12 岁。

关于他是如何生活，如何创作《红楼梦》的，到现在都是一个谜。我们只是大概知道，曹雪芹晚年移居北京西郊，搭了一个茅草屋住着，经常是"举家食粥酒常赊"，靠卖画和亲友的接济过日子。据说，他就是在这样极端困苦的条件下耗时十年，写下了"字字看来皆是血"的《红楼梦》初稿。后来因为没钱治病，曹雪芹"泪尽而逝"，稿子也没有最终完成。不过这些都来自野史和笔记，真正有分量的史书上，没有关于他和《红楼梦》的任何记载，甚至有没有这个人都是一个问题。

那么，我们今天为什么说《红楼梦》是曹雪芹写的呢？关键证据有两个,而且是两个很有力的证据。第一,《红楼梦》最初的版本中除了正文,还有一个人的点评,这个很神秘的点评者给自己取了一个笔名,叫"脂砚斋"。在小说的第一回评语里,此人写了这样一段话:"曹雪芹于悼红轩中,披阅十载,增删五次,纂成目录,分出章回。"明确说这本书的作者是曹雪芹。第二,《红楼梦》所写的故事,简直就是关于曹家的一部传记小说。虽然也有人说写的是纳兰明珠和纳兰性德的故事,但那是因为他们对曹家不了解。只要看过曹家从发家、繁盛到衰落的过程,几乎可以肯定,《红楼梦》写的就是曹家。

《红楼梦》的面世时间应该是 1763 年左右,也就是曹雪芹刚死之后不久。当时这部书是纯以手抄本的方式流行,名字五花八门,《石头记》《红楼梦》《金陵十二钗》等,说的都是这本书,但版本是统一的,都是八十回的脂砚斋评点本。

关于这个脂砚斋到底是谁,现在文史学界仍然莫衷一是。有说是曹雪芹本人的,也有的说是那个害得曹家被抄家的曹𫖯。后来在 1791 年,程伟元和高鹗两个人整理出版了《红楼梦》,章节被扩大到了一百二十回,而且早期脂砚斋的评语全都被删掉,这个版本被称为程甲本;第二年两人又做了一些文字修订,就是所谓的程乙本。现在市面上流行的,主要是程甲本。

曾经有一段时间,大家认为《红楼梦》的后四十回是程伟元和高鹗两个人续作的,但最近又有"红学家"说不是他们俩续写的,但到底是谁,还要继续研究。

《红楼梦》的内容,是以贾宝玉、林黛玉和薛宝钗三个人的爱情故事为主线,描写了几个贵族家庭的兴衰。这种架构和主题,对中国小说创作的影响一直持续到民国结束,林语堂的《京华烟云》、张恨水的《金粉世家》,几乎都可以说是《红楼梦》的现代版。

俗话说,文无第一,武无第二。文学作品,很难说出哪一个最好,但《红楼梦》被许多人认为是四大古典名著中艺术成就最高的一部,却也是事实。

在我看来,它有三大特点:

第一,整体结构和写作手法都相当出色。前期的所有灿烂辉煌,都是为了对比结局的无奈和凄凉。这个对比的尺度把握不好,很难引起读者共鸣,可是《红楼梦》做到了,让你读完全书,不得不感慨人生的繁盛无常。

第二,细节出色。书中的每一个人物、每一件事物、每一首诗词曲赋,甚至每一间房屋、每一个药方、每一个诉讼用的状子,描写都非常细腻,做到了匠心独具,既符合人物性格,又符合时代特性。

第三,打破了好人坏人、君子小人这些界限。有人评价金庸的小说《天龙八部》是"无人不冤,有情皆孽",如果仿照这个评语,那么《红楼梦》就是"有情皆苦,无人不悲"。这在中国文学创作上,还是第一次。

当然,我的理解是很粗浅的,现在已经有了规模庞大的"红学",很多学者一辈子研究《红楼梦》。大家感兴趣的话,可以找一找他们的论文来看。

三、九子夺嫡

前面说,在曹寅和康熙皇帝相继去世之后,曹家才衰落下来;具体地说,是被雍正打压的结果。原因或许不仅是曹家亏空官家的银两,或者做了些一些偷鸡摸狗的行为;更重要的,是曹寅参与到康熙立太子的这件大事上了。

康熙的后宫女人很多,从皇后、妃嫔到常在、答应之类,史书上有名有姓的就超过一百位,他有三十几个儿子、二十几个女儿,活到成年的子女也有二三十个。

康熙最初立皇后生的次子胤礽为太子，可是前面说过，这小子太不像话。父亲出去打仗生病了，儿子去看望，就算装，也应该装出来很关心、很伤心的样子，可是胤礽却一点难过担心的神色都没有；而且他后来骄纵蛮横，处处和康熙作对。终于，康熙在1708年以"不法祖德，不遵朕训，肆恶虐众，暴戾淫乱"的罪名废掉了太子。

这样一来，立哪一个儿子为新的太子，就成了一个大问题。所有有希望的皇子，全都开始蠢蠢欲动，包括被废掉的胤礽也没有死心。就这样，康熙的儿子们开始了残酷的竞争，参与进来的，大概有九个，史称"九子夺嫡"，这是康熙末年的一件大事。

清宫戏中，"皇阿玛""皇额娘""阿哥"这些称呼正确吗？

电视剧里，皇子们管康熙、乾隆叫皇阿玛，实际上，这应该是导演想当然了。"阿玛"的确是满语里对爸爸的称呼，努尔哈赤入关前，称号是"覆育列国英明汗"，简称大汗，他就让子女称他"汗阿玛"，意思是大汗爸爸。入关之后，满洲贵族开始学习儒家文化，皇子皇女们或者使用儒家的标准称呼"父皇"，或者使用原来的称呼"汗阿玛"。这些在清朝早期的文献里都能看到，但却找不到称呼"皇阿玛"的记载。"皇阿玛"最早出现，是在清末帝溥仪写的自传《我的前半生》里。

其实，在康熙、乾隆时，子女平时和父亲相见，一般称"阿玛"，"父皇""汗阿玛"这些都属于正式称呼，上书求父亲办事或要钱的时候才用。

"皇额娘"也是这样。满洲话管自己母亲叫"额涅"，写成"额娘"也还说得过去；但如果母亲是皇后，就应该说成是"皇后额娘"，说成"皇额娘"岂不是让母亲夺了父亲的皇位？所以，在清朝的文档中并没有"皇额娘"这个称呼。

不过称皇子们为"阿哥"倒没有什么错误。这个词本来是满洲人对年轻男子的敬称，但皇太极入关之后，就把这个词规定为皇子们的专称了。

所谓的"九子夺嫡"，主要在大阿哥胤禔、曾经的太子二阿哥胤礽、四阿哥胤禛、八阿哥胤禩，还有十四阿哥胤禵这五个人之间展开，其他皇子属于选边站的。

二阿哥被废之后，大阿哥胤禔就站了出来，说胤礽对父皇一点儿都没有孝敬的心思，应该处死。他这个"永绝后患"的小心眼立马就被康熙看穿了，康熙气得破口大骂——你们是兄弟啊，怎么能手足相残！三阿哥马上落井下石，举报胤禔背地里用扎小人的方式，诅咒胤礽。康熙查实之后，直接把大阿哥幽禁起来，使他退出了战场。

过了一年，康熙皇帝召见所有大臣，让他们推荐太子人选。大臣们一致推荐八阿哥胤禩，这可让康熙傻眼了。八阿哥这么高的威望，说不定自己还没死，这位皇子就能当上皇帝了。这令康熙十分恐惧，于是他把大臣们和胤禩骂了个狗血淋头："朕恐后日，必有行同狗彘之阿哥仰赖其恩，为之兴兵构难，逼朕逊位而立胤禩者……""朕与胤禩父子之恩绝矣。"中心思想就是，你们这些猪狗一样的东西，串通好了，一起要把我赶下台是吧？接着他又把胤礽搬了出来，说自从把他废掉之后，自己天天睡不着觉；后来每天看见他，都感觉他有进步，有出息。

皇帝这么一骂一说，大臣们哪能还不知道是什么意思？于是，第二天，很多大臣都改了口，说应该让胤礽重新当太子。就这样，1709年，废太子胤礽复位，八阿哥胤禩出局。

曹寅是八阿哥的铁杆粉丝，此时远在南京，不知道康熙骂人了，还在傻乎乎地上书说八阿哥是多么多么贤明，应该立为太子。虽然康熙没理他，但是四阿哥胤禛却怀恨在心，后来即位后秋后算账，就对曹寅下了狠手。

胤礽重新当上太子之后，却有了别的心思，觉得老爹这个皇帝当得实在太长了，就计划着像李世民那样，逼老爹下台。可惜他不是李世民，康熙也不是李渊。1712年，阴谋败露，胤礽再次被赶下了太子的位置，一直到死都被囚禁在咸安宫里。

二阿哥再次被废之后，原本依附于他的四阿哥胤禛开始笼络人心，目标直指太子宝座。已经退出战局的八阿哥胤禩则开始支持十四阿哥胤禵，最终形成了两大阵营。这也是"九子夺嫡"的终极对决。

现在我们都知道了，笑到最后的，是四阿哥胤禛。可是民间一直都有传说，说他是靠着造假继承皇位的，这件事的真相到底如何呢？

179. 新皇四阿哥

最初，朝野上下都认为十四阿哥最有希望在皇位的争夺中胜出。原因有二：一是康熙特别宠爱他，十四阿哥是康熙晚年唯一被允许一直从皇宫领取生活用品的皇子，而且康熙经常夸奖他仁义、率真、不虚伪，喜爱之情溢于言表。二是胤禵打仗很厉害。1717年，也就是康熙五十六年，西北准噶尔部的策妄阿拉布坦派兵攻入西藏，拉藏汗向康熙求救。康熙命令胤禵带兵平叛，授予他抚远大将军的印信，同时宣布他为"大将军王"，地位高于一切将军。他是清朝历史上唯一的大将军王，并且完全按照康熙亲征的规格使用各种仪仗队。康熙之所以如此张扬，就是因为对这个儿子的能力相当信任，而胤禵也不负重托，很快就平定了叛乱。

一、四阿哥胜出

因此，当时大家都认为康熙会立这位十四阿哥为皇太子。可惜的是，这是一个错觉。康熙宠爱这个儿子，但可能并没想立他为太子。理由也是两个：第一，十四阿哥的爵位一直都是贝子，这在满洲贵族的八个等级里，排在第六位，甚至还低于贝勒，更不用说和亲王相比了。第二，胤禵平定西北之后，就驻军在甘州，康熙皇帝并没有让他回到京城。这个安排耐人寻味。自古以来，继承人必须镇守京城，陪在皇帝身边，尤其是皇帝年纪大的时候。1721年西北局势完全稳定之时,康熙已经67岁了,人过七十古来稀,如果康熙有意让胤禵接位,那怎么会不让他回来?

既然如此喜欢十四阿哥,为什么却没有让他继承皇位的意思呢?这是因为,政治上极其成熟的康熙帝,认为小儿子政治上极其不成熟。想当年八阿哥被踢出局的时候,胤禵曾经冒死给八哥求情,即便是气得老爹想拿刀劈死自己,都没有退缩。他属于热血高于理智的人物,这样的人,无论他其他方面有多少才华,在康熙看来都不会成为一个合格的君主。

和他相反的,就是四阿哥胤禛。胤禛政治天分很高,他对待康熙,表现出来的是诚孝,真诚而又孝顺;对待一般的大臣,他表现得谦虚有礼,还保持距离,这就让他在很多人心里,都留下了一个好印象。康熙皇帝也多次带着这个儿子四处巡视,教他处理政务,而且在胤禛29岁那一年,还把一座皇家园林赐给了他,亲笔赐名为"圆明",就是后来著名的圆明园,遗址在今天北京的海淀区。

在九子夺嫡的过程中,四阿哥胤禛一开始的策略是支持二阿哥胤礽。这种支持是基于他对康熙皇帝内心的精准把握。果然,胤礽第二次被立为太子后,胤禛得到了回报,被康熙封为和硕雍亲王。这可是满人第一等的爵位,比十四阿哥那个贝子爵位高得多了。

胤礽第二次被废后,胤禛立马就抛弃了他,开始拉着一群人为自己摇旗呐喊。在这个小集团里,最重要的两个人是当时的川陕总督年羹尧和九门提督隆科多,后面还会讲到他俩。

就在双方钩心斗角,斗得不分胜负的时候,1722年12月20日,当了61年皇帝的康熙大帝在圆明园南边的畅春园驾崩,享年68岁。

对于这位7岁登基,一生干了无数大事的皇帝,历来史学家都给予了很高的评价。《清史稿》上说他:"勤政爱民,经文纬武,寰宇一统,虽曰守成,实同开创焉。"又说他:"久道化成,风移俗易,天下和乐,克致太平。"前面的一句对应了平三藩、收台湾、退沙俄、定蒙古,这些开疆拓土的"武功";后一句是说在他统治时,民族矛盾和土地矛盾都得到了很大的缓解,社会有了很大的发展,这是"文治"。

从满洲贵族的角度来看,康熙最大的功绩应该是民族融合。要知道,满洲入关,全部人口不过就是二十多万人,以这么少的人数去统治整个中国,就好像是一条小青蛇,要吞掉一头大象,几乎是不可能的。当时满洲上层时刻都做着撤退的准备——如果汉人大规模反抗,他们就退回东北老家去。经过康熙一朝的治理,这种念头慢慢消失了,因为百姓安居乐业,满汉两族和睦共处,八旗子弟都当上了大老爷,那还回什么老家?康熙皇帝的这个功劳,甚至比他开疆拓土还要令人佩服。

那他有没有缺点呢?有,也是两个,一大一小。小的问题就是九子夺嫡,直到康熙去世,也没有定下太子,让几个儿子打得头破血流。大的问题是,到了晚年,他和唐玄宗李隆基同样倦怠,不愿意干活,也不愿意折腾了。经常挂在嘴边的一句话是"多一事不如少一事",对下面的官吏采取了一种放纵的态度,导致腐败丛生。

就在康熙去世,大家都不知道谁是太子,一脸懵的时候,四阿哥胤禛的死党、九门提督隆科多拿出一个信封,说这就是老皇帝的遗嘱。其中说,让四儿子胤禛继承皇位,现在有很多人都说这份遗嘱是假的。

在分析这件事之前,先来看看隆科多是什么人。他的爷爷佟图赖被封为太子太保,一等公。他的父亲佟国维,是康熙朝的领侍卫内大臣,议政大臣,也是一等公。小说和电视剧里把隆科多说成是佟国维的侄子,那就是出于文学创作的需要了。隆科多的伯父佟国纲就是在打噶尔丹的战役中,死在"将军泡子"的那位将军。佟家女性也有不少地位很高,隆科多的姑姑是康熙皇帝的亲生母亲,康熙和隆科多是表兄弟的关系。隆科多的两个姐姐,一个是康熙帝的皇后,一个是康熙帝的贵妃。在康熙时期,佟家是朝堂之上最显贵的家族,号称"佟半朝"。

当时隆科多是康熙皇帝身边的一等侍卫,步军统领兼九门提督。康熙如果真有遗嘱，那得到遗嘱的这个人是隆科多的可能性至少比其他人要大得多；而且这事儿在《清史稿》里也有记载，原话是"六十一年十一月，圣祖大渐，召受顾命"，证实了康熙在感觉自己不行的时候，把隆科多找了进来，任命他为顾命大臣。

综上所述，隆科多有康熙皇帝的遗嘱，应该不假。问题是民间一直都有传说，说在康熙的遗嘱上，本来写的是"传位十四子"，结果被隆科多和雍正在"十"上面加了一短横，改成了"传位于四子"。这种说法对不对呢？这里可以明白无误地告诉大家，这是瞎说的。

康熙皇帝的传位诏书现在就摆放在北京档案馆里，上面明明白白地写着："雍亲王皇四子胤禛人品贵重，深肖朕躬，必能克承大统，着继朕登基，即皇帝位。"也就是说，康熙写的根本就不是"传位于"某某，而是先把继承人夸了一通，再说令其即皇帝位。况且，那时的"于"大多写成繁体的"於"，可不是像今天那样，十字上面加一横就可以了；更何况，遗诏还有满文呢！

二、《聊斋志异》

民间还传说，有一本名叫《鬼狐传》的小说，被康熙大笔一挥，改成了《聊斋志异》，这也没什么根据。不过，《聊斋志异》在中国文学史上的地位，却是不容置疑的，在老百姓中间的影响力，也不可小看。

这本短篇小说集的作者蒲松龄，生于1640年，那时候明朝还没有灭亡。他从小家境还可以，父亲做生意积攒了一些钱财。蒲松龄原本在县、府和院三级考试中都是第一，但之后多次通不过乡试，等到生了好几个儿子，甚至连孙子都长成二十几岁的小伙子了，仍然是一个落第秀才。

在此期间，他只能以教书为生。教书期间，他把各种在乡野田间、贩夫走卒嘴里听到的匪夷所思的故事加以整理，最后创造出了短篇小说集

《聊斋志异》，里面收录了491个小故事，故事的主人公大多数都是狐仙、鬼、妖等。

这种类型的小说，在南北朝的南朝、后来的唐朝，都有人写过。但是那时候的中国人写鬼怪，很少把鬼和现实联系到一起，比如东晋的《搜神记》就是想证明鬼神确实是存在的，"明神道之不诬"；即便是《西游记》中有一些现实情境的映射，也仍然是以神佛为主。

蒲松龄却把这类小说变成了对现实世界的映射，里面的鬼怪神到底有没有，一点儿都不重要了，重要的是对现实的批判或歌颂。这也是后人对《聊斋志异》评价很高的原因。郭沫若曾经在蒲松龄的故居留下一副对联，上面写道："写鬼写妖高人一等，刺贪刺虐入骨三分。"我个人认为，这个评价很公正。

即便是在当时，这本书一出来，也受到了热烈的欢迎。我猜想，曹雪芹写《红楼梦》的时候，肯定也受到了《聊斋志异》的影响，这两本书对爱情这两个字的执着，简直如出一辙，书中男女主角，都是痴情种子。当然，你也可以说他俩都继承了明代汤显祖《牡丹亭》的爱情观——为了爱情，"生可以死，死可以生"。

《聊斋志异》不仅仅是对清朝，甚至对民国的小说都有影响。吴敬梓的《儒林外史》，以及晚清四大谴责小说，无一不有《聊斋志异》的影子。现在，它已经被翻译成二十几种文字，在很多国家流传。蒲松龄曾经说，"知我者，其在青林乎？"就是他很伤心地慨叹，这辈子什么成就也没有，恐怕只有林子中的妖狐鬼怪是我的知音吧。很显然，他错了，二百多年过去了，知蒲松龄者，五湖四海。

三、铲除异己

言归正传，1722年，康熙驾崩，他的第四个儿子爱新觉罗·胤禛即位,定年号为雍正,历史上称他为雍正皇帝。

前面说过,朱棣上台之后开始报复原来拥戴朱允炆的大臣们,雍正也差不多。刚即位的时候,他还假模假样地让八阿哥(改名为允禩)和隆科多等人一起总理事务,差不多相当于宰相。这事儿在电视剧《雍正王朝》里说是因为八阿哥有才能,雍正才提拔他的,可是历史上八阿哥允禩的老婆一句话道出了实情:"何贺为?虑不免首领耳?"有什么可以祝贺的呢?我们连半夜睡觉都担心掉脑袋啊。

当时的大多数人都没有这么清醒的头脑,大家一看连八阿哥都得到了重用,觉得四阿哥是个讲究人,那大家肯定都没事了。于是,当雍正皇帝下旨,招十四阿哥允禵从甘州回京的时候,允禵也没多想,就回来了。

结果很不妙。允禵不久就被发配去景陵看守康熙皇帝的坟墓,后来又被囚禁在景山上,直到乾隆即位,才放出来。不过比起八阿哥允禩和九阿哥允禟,他的待遇还算好的。

允禩受命总理事务之后,有了权力也有了责任,很快,大板子就打了下来。雍正在局势基本稳定之后,以"肆行悖乱,干犯法纪"为理由,把他关了起来,不久死去。九阿哥允禟也在和他差不多的时候去世。民间传说,他俩都是被毒死的。康熙的第十子允䄉、第三子允祉也被圈禁,第十二子允祹被降爵。

到此为止,"九子夺嫡"中的对手都被彻底清除,雍正取得了最后的胜利。

也许就是因为感慨于自己和兄弟之间因为父亲的犹豫不决而自相残杀,雍正上台之后不久,1723年,在乾清宫西暖阁宣布:"建储一事……不得不预为之计。今朕特将此事,亲写密封,藏于匣内,置之乾清宫正中,世祖章皇帝御书'正大光明'匾额之后,乃宫中最高之处,以备不虞,诸王大臣咸宜知之。"意思是告诫自己的孩子不要争来争去,因为继承人的名字早就写好藏在"正大光明"匾额后面了。

这就是清朝的秘密建储制度，没有意外的情况下，也是清朝正式的传位制度，可是我们知道，历史总是充满了意外，这个后面再说。

铲除了跟自己争位的阿哥们后，令所有人都没想到的是，雍正对自己的亲信也举起了屠刀，首先倒霉的就是年羹尧。

年羹尧是安徽人，原本是读书人，康熙年间中了进士。康熙派他去四川，发现他除了掉书袋，带兵打仗居然也是一把好手，于是就提拔他走上了军旅生涯。后来他妹妹嫁给了当时的四阿哥胤禛做侧福晋，所以在九子夺嫡里，他坚定地站在了胤禛的一边。

胤禛登基之后，调十四阿哥允禵回北京。当时担任川陕总督的年羹尧，对整个西北地区的平稳过渡起到了很大的作用。他协助雍正的特使延信，稳定了西北军队的人心，顺顺当当地拿下了允禵"大将军王"的军权。于是，年羹尧摇身一变，成了新的抚远大将军、三等公。

清代的避讳

雍正上台以后，十四阿哥胤禵的名字变成了"允禵"，其他皇子的名字也都从胤某变成了允某，这当然是为了避讳。

清朝本来没有避讳的讲究，因为康熙支持儒家的文化，于是也就开始避讳了。他叫玄烨，于是"玄"字和带有"玄"这个偏旁部首的字，大家就都不能用了，就连皇宫北边的玄武门，也改为神武门。此外，汉族人取名用的行辈或者说字辈，康熙也觉得好，学了过来。于是，他儿子的名字中除了"胤"字，另一个字都是"示"字旁的，比如说禛、礽、祉等等，甚至他连孙子的名字也做了规定，都带"弘"字，比如弘历。

这样一来，雍正上台之后，就面临两难的选择：要是学康熙避讳，就得让兄弟们改名，不能继续用"胤"；可是自己和兄弟们的名字又都是父亲起的，改了的话也算是不孝。最后他只好下了一道圣旨："朕曾奏闻皇太后，诸王阿哥名上一字，着改为'允'字。"以母亲的名义，让兄弟们都改名允某。

后来乾隆登基之后,认为孝道比避讳更重要,特意下旨说不用兄弟们改名字。所以,清朝后来的皇帝和兄弟的名字中,便常常会有同一个字了。

雍正刚当上皇帝,也就是在 1723 年,西北就出事了。本来和清朝一起攻打准噶尔部的另一个蒙古部落和硕特部的首领罗卜藏丹津造反了。他之所以造反,是因为康熙皇帝本来答应他只要一起打准噶尔部,就封他为"藏王",可是一直到死,康熙也没兑现诺言。

雍正只好派年羹尧和岳钟琪去平叛,很快罗卜藏丹津就被打败,母亲和妹妹都被俘虏,自己只身逃亡准噶尔部,投奔了策妄阿拉布坦。

对于年羹尧来说,这是实打实的平叛功劳,雍正随后晋升他为一等公,并且让他总理陕西、甘肃、青海、四川和云南五省的军务政务,相当于五省总督。不仅如此,雍正还多次当面称年羹尧为恩人,还说过"朕世世子孙及天下臣民当共倾心感悦"之类的话。

于是,年羹尧骄傲了起来。他在给自己的同级,其他总督写信的时候,居然用"令谕"这样上级对下级的口吻。不用想都知道,这些总督是一定会把这种事告诉雍正的。

除了狂妄,其他贪赃枉法、结党营私这一类事,年羹尧也没少做。

到了这个地步,雍正觉得有必要敲打他一下。1724 年,也就是雍正二年,雍正在给年羹尧的奏章上,批了这么一行字:"若倚功造过,必致反恩为仇,此从来人情常有者。"年羹尧作为一名进士,居然没看懂雍正给他写这段话的意思,照样我行我素,贪污受贿,结党跋扈。

1725 年春天,因为出现了所谓的祥瑞,大臣们纷纷上书拍马屁,年羹尧也写了一篇文章给雍正,里面使用了一个成语,"夕惕朝乾"。"惕"是小心谨慎,"乾"是自强不息,合起来,就是说您一天到晚,既勤劳能干,又小心处事,没有懈怠。按道理说,这个马屁拍得相当好,力道合适,位置准确。可惜的是,这句成语的正确写法是"朝乾夕惕",也就是年羹尧一不留神写反了。当然,就像是朝九晚五说成晚五朝九,意思没变,只不过是有点怪。

谁也想不到的是,雍正在这篇文章上批了这么一句话:"其谬误之处断非无心。"怒斥年羹尧,你年大人作为五省总督,手下的笔杆子无数,怎么可能犯这么明显的错误?明明就是故意不把朝乾夕惕这么好的成语用在我身上,是特意颠倒了顺序来羞辱我!

于是,雍正先是更换了四川和陕西的一些官员,然后一纸调令,让岳钟琪接替了年羹尧大将军的位置,把年羹尧贬为杭州将军。没多久,又下令把他押到了北京,审讯之后,于1726年年初,以九十二条大罪将他赐死。

直到今天还有人议论,年羹尧死得冤不冤?我认为,一点儿都不冤。

此人确实有些功劳,但就算是打罗卜藏丹津,也是岳钟琪出的力气更多,可是年羹尧事后的跋扈却是中国历史上无与伦比的。他让皇族子弟跪下迎接,让蒙古王爷跪献哈达,加上前面说的,直接给同级官员下命令,无论哪一条,都是死罪。

年羹尧的跋扈,也许有很大一部分原因在雍正。有一句成语叫恃宠而骄,上级或是长辈,表现得超出一般地疼爱下属、晚辈,对方就会因为这种异乎寻常的疼爱,变得无比跋扈起来。

雍正恰恰就是这样,比如说他在年羹尧的奏折中批复:"尔出力效忠,朕实不忍。并无他言,祈上天祐尔。"皇帝为大臣祈福,古代有哪一个皇帝这么做?还有"不知我君臣有何缘分,似命运相合,相合者数也不尽"这么肉麻的话,就算是谈恋爱的时候,对自己的男女朋友也不大说得出口吧?再比如为了让年羹尧能够吃到新鲜的荔枝,雍正命令用快马把荔枝从北京送到西安,限六天之内到。这样的言辞、待遇,年羹尧岂能不恃宠而骄？

年羹尧死后，雍正在他杭州的家里，抄出了一本书，书名叫《读书堂西征随笔》。这是一个叫汪景祺的人写给年大将军的，内容主要是拍马屁，说年羹尧是"宇宙之第一伟人"，又说历代名将，比如郭子仪等人，和他比起来，"不啻萤光之于日月，勺水之于沧溟"。

汪景祺出生在杭州，父亲做过户部侍郎，算是官二代，小时候就有才名，大家都夸他。但他参加科举考试很多年，始终中不了进士，只是一个举人。于是他开始觉得自己怀才不遇，埋怨别人眼睛都瞎了，看不出他的才华，感叹"悠悠斯世，无一可为友者"，就是说世界上没谁有资格当他的朋友。等和年羹尧搭上了关系，他就通过朋友西安布政使胡期恒给年羹尧写信，极尽歌功颂德之能事，成了年羹尧的幕僚。

就在这两年的幕僚生涯中，汪景祺写了《读书堂西征随笔》；现在年羹尧倒台了，搜出的这本书让雍正大为光火。他怒骂汪景祺道："悖谬狂乱，至于此极！惜见此之晚，留以待他日，弗使此种得漏网也。"意思是绝不能让这种大坏人跑了，必须处死。就这样，汪景祺被处死，雍正特意下旨说，要把他的脑袋挂起来示众。结果，汪景祺的人头在北京菜市口一挂就是十多年，雍正死了之后，才把这颗骷髅摘下来埋掉了。

那么，难道仅仅给年羹尧歌功颂德，就会让雍正如此气愤吗？可那时候拍年羹尧马屁的人多了，为什么他们没事？

180. 吏治与摊丁

一、《历代年号论》之祸

汪景祺被砍头，主要并不是因为拍马屁，而是因为他写了一本《历代年号论》。

在这本书里，他有这样的高论：说根据自己多年的考证，凡是年号里面带"正"字的时代，都不怎么样，比如金朝被杀的海陵王，年号"正隆"；后来亡国的金哀宗，用过"正大"；元朝顺帝最后一个年号是"至正"；明朝的正德皇帝，虽然没灭国，但当时是有名的乱世，正德本人因为落水得病死了不说，最重要的，他还绝后了。

为什么用"正"字不行呢？汪景祺得意洋洋地宣称自己找到答案了，"正"字拆开看就是"一"和"止"，"止"是"停下了，完蛋了"的意思，那么"正"的含义就是"一"用就完蛋，这叫作"一止之像"。

很不幸，胤禛的年号正是"雍正"。如果汪景祺的这番言论能够被原谅，那就不是清朝了。所以，他很自然被砍头了。

不仅如此，汪景祺的《历代年号论》，还连累了另一个人。

就在汪景祺掉脑袋这一年，当朝二品大臣、内阁学士兼礼部左侍郎查嗣庭去江西担任主考官。古时候科举考试，主考官的一个重要任务就是出题，也就是从"四书""五经"里拿出几个句子，让考生们围绕这几个句子写论文。查大学士意气风发地选了几个句子,其中第二、三、四句分别是"正大而天地之情可见矣""其旨远其辞文"和"百室盈止,妇子宁止",三句话,分别取自《易经》和《诗经》。

雍正看到了考题之后,马上就想到了汪景祺的"一止之像",于是就开始了联想:第一句话里有一个"正"字;第二句话说"其旨远",意思就是说,这几道题含意深远;第三道题两个短句都是以"止"字结尾的。三道题联系起来,这明明说的也是"一止之像",查嗣庭就是第二个汪景祺啊!是可忍孰不可忍?

结果查嗣庭这边刚监督完考试,那边就被抄了家。很不幸的是,他家里还有一本他写的书,名字叫作《维止录》。"维止"恰好是"雍正"两个字去掉上面的部分,这岂不是相当于砍了雍正的脑袋?这一下,他连辩解的机会都没了,直接吓死在监狱里。可雍正的气儿还没消,下令把他的尸体拖出去,当众再砍一遍脑袋,然后把查嗣庭成年的儿子也全都处死,这才算出了一口恶气。

现在有一种流行的说法,说查嗣庭当年出的题目里,还有一道叫"维民所止"。这个说法没有根据,至少,和史书上记载不符,应该是把查嗣庭出的题目和他写的《维止录》混编在一起,形成的一个故事。

查嗣庭有一个亲哥哥,叫查慎行,一开始也被抓进了监狱。雍正知道之后,下旨说查慎行是一个很"端谨"的人,应该和这事无关,很快就放了。但是查慎行可能是胆子太小吓出病来,第二年就死了。

这个查慎行就是金庸的直系祖先。查氏一族都是学霸,在清朝就被称为"一门七进士,叔侄五翰林",也就难怪金庸写出了那么多精彩的小说。也许是为了纪念先祖,《鹿鼎记》里面每一章的题目,都是查慎行当年写的诗,感兴趣的,可以去看看。

二、打击隆科多

无论是汪景祺,还是查嗣庭,他们的案子都属于文字狱。按照那个时代的标准,汪景祺还不算太冤枉,可是查嗣庭就有点儿冤了。其实,我认为雍正自己也知道,他判查嗣庭有罪,属于生搬硬套,东拉西扯弄出来的冤案。

为什么要这么做?其实是因为当时雍正要动手收拾隆科多了。

和年羹尧一样,隆科多这时候也是气焰熏天,权势极大。但是他和年羹尧走的道路不一样,隆科多拉拢别人的手段是礼贤下士,他几乎和所有大臣都保持了一种联盟的关系。这一点,却让雍正甚至比对飞扬跋扈的年羹尧更加警惕,生怕万一哪天隆科多说一句"换皇帝",他的盟友们群起响应。在隆科多的盟友中,就有查嗣庭的名字,早年查嗣庭还是隆科多推荐的,这一点雍正当然是心知肚明。民间说雍正通过文字狱处死查嗣庭,是为了警告隆科多,我个人认为是符合史实的。

杀了查嗣庭之后,雍正就等着看哪一个大臣能够明白他的意思,率先弹劾隆科多,给他借口,然后他就可以堂而皇之地动手了。不久,真有一个大臣上了奏折,历数隆科多的罪行,这就是河南巡抚田文镜。

田文镜为什么这么聪明,能看出来雍正要拿下隆科多?正史上没说,只是在野史上记载了一件事,说他有一个幕僚名叫邬思道,替他写了一个密折告隆科多,甚至田文镜事先都不知道,知道了之后吓得半死。谁也没想到就是,这封密折让田文镜从此"宠遇日隆",深受雍正帝的喜爱。

这个叫邬思道的幕僚,有另外一个身份——明清两朝著名的绍兴师爷,非常善于谋划。

绍兴师爷

浙江绍兴人历来以精细谨严、善于谋划著称,从明朝中后期开始,就有大量绍兴人开始做各级官员的私人顾问。他们虽然不用参加科举考试，但是也要学习，当时叫"学幕"——学习做幕僚；学完了之后的竞争上岗也是很激烈的，只有很少一部分最后能被高官选中为师爷，也就是"入幕"。

师爷也分很多种，有"钱谷师爷"，类似于今天的会计师，帮忙处理衙门里的财政税收事务；有"折奏师爷""书启师爷"，专门帮官员处理信件奏章，相当于他们的私人助理或者秘书；还有熟悉律例，专门处理打官司的，在当时最为重要，叫作刑名师爷。

晚清重臣胡林翼说过："《大清律》易遵，而例难尽悉。"意思是审官司不仅仅要看法律，而且还要熟悉过往的判决案件。因为，如果刑部尚书，或者三堂会审曾经判过一个案件，一个小小的县令遇到类似的官司，怎么敢不按照人家的方式判决？这很有一点儿今天美国判例法的味道。所以，刑名师爷这类专门研究法律条款和判决案例的人，就很吃香了。这一点，也和今天美国律师吃香是一样的。

墙倒众人推。有人举报隆科多，雍正还"龙颜大悦"，大家也不傻，一下子就看出来，皇帝这是要收拾他舅舅了。于是，各类举报信如同雪花一样飞入了宫中。1727 年，隆科多正在北方和俄国谈判边境问题时，雍正紧急把他召回，接着就是逮捕、抄家，到了十月，定下了隆科多四十一条大罪，在圆明园南边畅春园附近，盖了三间房子，把他关了起来。不到一年，隆科多就死在了那里。不过雍正也没难为他的后人，《清史稿》上说他，"死于禁所，赐金治丧"，也就是丧葬费还是雍正出的。

隆科多的罪名当中，除了常见的贪污受贿、结党营私，还有一条比较令人费解，就是私藏玉牒。所谓玉牒，就是皇帝家族的族谱。这东西从唐朝开始就有了，一直延续到清朝，记录的其实就是皇家内部的亲属关系。

问题是隆科多藏玉牒干什么？现在有些人的解释是，这个皇家族谱上记载着和雍正登基有关的秘密，甚至说雍正为了登基，改过自己的名字。要我来说，这肯定是瞎编的。这是一个简单的逻辑问题：如果这个玉牒真的藏着雍正登基的大秘密，那么"私藏玉牒"这个罪名就不会加到隆科多头上。因为那样的话，必然让天下人对这条罪名好奇，进而四处打探，谣言满天飞。雍正皇帝并不是一个傻子，这么低级的错误，他一定不会犯。

我认为：第一，玉牒上一定没有任何不利于雍正的记录；第二，隆科多当时可能是利用职权私下里把玉牒拿回家翻翻，想打探皇族的隐私，这是人之常情，但还没还回去，他就被关起来了，于是雍正正好把这个罪名安在他脑袋上。也有人说，因为皇室成员的生辰八字都写在玉牒上头，所以这东西可以用来魇镇诅咒。虽然魇镇这种事儿没什么科学根据，属于迷信，但毕竟当时人都信它有效，所以也很有可能。毕竟雍正的大哥胤禔就曾用类似的方式诅咒过他的二哥胤礽。

隆科多被抓的时候，正在北边和俄国进行边界谈判。你可能好奇，康熙时不是签了一个《尼布楚条约》吗？边界都画好了，为什么还要谈判？这是因为《尼布楚条约》只规定了额尔古纳河以东的中俄边界，西边蒙古大草原以北很长的一段，都没有边界线，隆科多当时负责的就是这个谈判。

在谈判过程中，隆科多是很认真的，对俄国寸土不让。他被抓之后，谈判双方的官员都松了一口气，很快就在当年，也就是1727年签订了《恰克图界约》，划分了两国在今天蒙古国地区北边的边界，还规定了两国之间的贸易关系。这个条约和《尼布楚条约》一样，都是本着平等的原则，订立的比较公平的条约，不过要是隆科多一直是谈判的中方代表，应该会多拿一些地回来。

对雍正来说，他是不太在乎北方边界如何画法的。帝国的面积实在是太大了,在那个时代,没有飞机、火车,甚至汽车都没有,离首都那么远,又那么冷的地方,多一点儿,少一点儿,实在是无足轻重。

雍正当时正在发愁的,主要是两件事:第一是没钱。雍正即位的时候,国库里号称还有700多万两银子,可是户部早就汇报:我们这里还有250万两的亏空,所以,实际上只有400多万两,只够发两个月的工资了。第二是各级官吏的不作为和贪污腐败。前面说过,这主要是康熙晚年的懈怠造成的。雍正之所以拿下年羹尧和隆科多,有一个因素也是他俩已经成了坏官员的榜样,上行下效,那国家还能有好?

三、吏治与摊丁

在随后一系列关于吏治和经济的改革里,雍正主要做了三件事。

中国古代,地方官向民众征收税赋时,会额外地多收一点儿,因为粮食在运输储存过程中会损失一些,可能是小动物吃了,也可能是洒在路上了;而在把收上来的散碎银子熔铸成大块官银时,也会有损耗,这种损失称为耗羡,或者火耗。地方官是不可能自己承受这种损失的,但向中央财政交钱的时候,又一分也不能少,所以,他们只能管老百姓多要。这样的事儿从汉朝开始就有了。《汉书》上说,一般是加收20%,也就是一石粮食,加收两斗;可是如果这个地方官管理得好,损耗没有那么多,多出来的就是他自己,或者说整个官僚阶级的了。1700多年来,基本上都是这样。

这里的弊病就是,加多少是地方官说了算。遇到廉洁的,加得少点,情况就还好;遇到贪官,经常逼得老百姓怨声载道,最后万一官逼民反,中央政府没拿到多少钱不说,还要派兵去平叛。

针对这个毛病,雍正刚上台,就宣布了一条政策,叫作火耗归公。统一规定了火耗的百分比,地方上不能多收,收入多少要公开,谁敢随便加火耗,从重惩处。他的原话是:"今州县火耗任意增加,视为成例,民何以堪乎?嗣后断宜禁止,或被上司察劾,或被科道纠参,必从重治罪,决不宽贷。"

当然,他也没有将这部分钱收归己用,而是大手一挥,说除了损耗的部分,剩下的还留在地方。请注意,是留在地方,而不是直接分给官老爷们。那这钱用来干什么?一是公费开支,比如说修桥补路;二是建立养廉银制度。

公费开支好理解,什么是养廉银呢?就是今天所说的高薪养廉。

从明朝中后期开始,中国官员的薪水就不算高了,甚至还低得吓人,比如说康熙年间一品大员一年180两银子的薪水;七品县官,只有区区45两。要知道,县太爷在那时候可不仅仅要养活老婆孩子,还要养活自己的管家、师爷、仆人、跟班等,一年一千两银子都不一定够花。那这个大缺口靠啥补呢?火耗就是一个重要的来源。当然在京做官的多数没有这些收入,于是就有了冰敬、炭敬、别敬之类的名目,由地方官给他们分润。冰敬是夏天给的,美其名曰降温费;炭敬是冬天的取暖费;别敬则是地方官进京,告别时分给大家的馈赠。当时人称之为"陋规",实际上就是一种贿赂。当然这些钱最后总要以各种名目从老百姓身上盘剥回来。

这就形成了很奇葩的一种现象,官员账面上工资很少,可是一个个肥头大耳,山珍海味,三妻四妾,潇洒得很。

雍正用"火耗归公"后得到的收入建立"养廉银",目的就是提高官员的工资,这叫"知大臣禄薄不足用,故定中外养廉银两"。由于养廉银来自地方上的火耗收入,所以不同地方不同官员得到的就不一样。不过一般来说,大概是工资的几十倍到百倍,比如说台湾巡抚刘铭传,年薪不过是155两银子,可是每年的养廉银收入却是1万两,是工资的64.5倍。

虽然"养廉银"制度确实缓解了因为工资太低而不得不贪污的现象,但对行贿受贿,或是上面说的各种"敬",还是没什么用。

除了火耗归公和养廉银，雍正皇帝的第二项改革叫作摊丁入亩。

在讲明朝张居正的一条鞭法时，曾经简略介绍过中国历代的赋税制度。自古以来，田赋、徭役和丁税基本上是每一个朝代都有的，田赋是有土地的人交的；丁税就是人头税，一般都是针对成人男子；徭役就是免费给政府干活了。张居正的改革，让这些内容都可以用银子支付了，但是成年男子的丁税还是存在的。

1712年，康熙为了体现仁义，颁布了著名的"滋生人丁永不加赋"诏，也就是从这一年开始，户口本上多出来的人，永远不用交丁税了。比如说张三家里，以前有张三和他老爹两个人交丁税，可是张三和他媳妇一口气生了八个男孩子，等这八个男孩子长大了，按照以前的规定，要交十份丁税，但康熙的这个新规定宣布之后，无论生多少孩子，都只交两份丁税就可以了。这也是小说《鹿鼎记》里，康熙"永不加赋"这个桥段的来历。

雍正的思想更进一步。1723年，他开始在全国普遍推行取消丁税，或者说人头税的政策。他把康熙时固定下来的丁税算出来，加到田赋上去，也就是你家有100亩地，以前可能只需要交10两银子，现在可能要交15两了；多出来的那5两，就是原来应该收的人头税。这就叫作摊丁入亩。

他的最后一项经济改革是"官绅一体当差纳粮"。官就是官员，政府工作人员；绅就是绅士，或者叫士绅，一般指的是地方有势力的大地主、在科举考试中考取了一定功名的读书人，还有退休的官僚。这些人在古时候有一些特权，比如不服徭役、不纳税。不仅仅是他们，包括他们的老婆孩子、家奴侍女也不用纳税和服徭役，到了明清时期，甚至挂靠在他家的土地也不用缴税。这样一来，就有很多人，想方设法地把土地挂在他们的名下。当然，不能白挂，你要向这些官绅交银子，最后大家都赚了，亏的只是国家。

针对这样的情况，雍正大笔一挥，说天下都平等，所有人都必须纳税、服徭役，没什么特殊的，这就是"官绅一体当差纳粮"。在这件事上，最积极的，就是前面提到的河南巡抚田文镜。

田文镜在雍正发布命令之后，不仅带着如狼似虎的官兵挨家挨户向那些官绅家庭收钱，而且还亲自押着他们去修河筑坝，只要一抱怨，大嘴巴子就扇了上去。那些知识分子气愤之余，马上就起来反抗。以王逊、范瑚为首的河南考生宣称，如果朝廷不收回成命，他们就不再参加科举考试。换句话说，以罢考来威胁。因为那个时候科举是选拔官员最主要的途径，读书人则是社会舆论中声音最大的一群人，所以这个威胁不能说是小事儿。谁知道雍正皇帝根本就不在乎，马上就下了一道圣旨："如再有抗顽生监，即行重处，毋得姑贷。"

雍正以铁血的手腕推行的上面几项改革，总的来说，对老百姓只有好处。"火耗归公""摊丁入亩"减少了穷人的负担，而"官绅一体当差纳粮"虽然没有给老百姓直接的好处，但是增加了政府收入，客观上也算是减少了人民的负担。

不过，这几项改革损害了权贵官员、有功名的读书人、大地主大士绅们的利益。这些人因为雍正的拳头大，只能忍着，但是掌握了笔杆子和历史话语权的知识分子们，当时不敢说什么，转过身偷偷地在小本子上给雍正记点黑历史，还是有可能的。

当然，他们不可能针对"士绅一体当差纳粮"这件事来写，因为要是这么写，大家一看就知道是携私报复，没有什么说服力。那要怎么写呢？简单，比如说汪景祺和查嗣庭的文字狱，必须大肆宣扬，再比如说他篡改遗诏才当上皇帝，上位之后还乱杀自己的兄弟。这些事虽然或许有或许没有，但总可以让后人看起来有。

181. 初创军机处

知识分子骂皇帝，有个问题是免不了要提及的，那就是专制和独裁。雍正在这方面，也确实留下了话柄。首先是密折制度。这是康熙发明的，但当时只有亲信大臣才有这个权力，而到了雍正时期，他把这个制度推广到了布政使和学政这个级别。也就是说，省一级的教育和财政官员，都有权力向皇帝告密了。自然地，这是为了集中权力。

除了扩大了密折制度的范围，雍正还设置了一个新部门，用来和朝堂上的大臣们争夺权力，也就是后世大名鼎鼎的军机处。

一、初创军机处

历代帝王，为了把权力集中在自己手里，总会想出一些点子，比如说汉朝的内廷制度、宋元的枢密院、明代的内阁，一直到康熙年间的南书房，都有一个显著的特点，就是从成立的那一天起，就大张旗鼓、昭告天下。比如汉武帝封大司马，生怕天下人不知道，因为一旦下面的人不知道这个机构背后的人是谁，那发出去的命令就没人听了，也就失去了设置它的意义。

但雍正皇帝设立的军机处，虽然后来也成了清朝的权力中心，但开始的时候，却没有几个人知道，是秘密设置的。

1727年，雍正上台五年之后，就开始筹划对准噶尔部落再次出兵，但他心里没把握，就下了一道密旨给四个人，让他们成立一个小组，赶紧秘密筹划。这四个人是川陕总督岳钟琪、怡亲王允祥、大学士张廷玉和蒋廷锡，算是雍正最信任的几个人。

张廷玉是安徽桐城人，康熙三十九年的进士，经历了康、雍、乾三朝，死了之后还"配享太庙"，也就是站在一众清朝皇帝身边，和他们一起享用冷猪头。在整个清朝，享受这个待遇的汉人，只有张廷玉一个，不可谓不荣耀。《明史》就是张廷玉主编的，虽说后世对这部史书褒贬不一，但无论如何，它还是研究明朝历史的主要参考书，张廷玉的贡献不可谓不大。

张廷玉的最大特点就是谨小慎微、踏实能干。也正是这个特点，让他赢得了三个皇帝的绝对信赖。雍正这个最善于煽情的皇帝，曾经在张廷玉回家探亲的时候，写信给他说："朕即位十一年来，在廷近内大臣一日不曾相离者，惟卿一人。义固君臣，情同契友。今相隔月余，未免每每思念。"大白话说得实在肉麻。

怡亲王允祥则是康熙的第十三子，比雍正小8岁，从小就是雍正的跟屁虫，一生对雍正是死忠到底。最难得的是，允祥的政治水平极高，极其善于谋划细节，前面说的雍正一系列改革，如果没有允祥给他详细筹划，具体实施，可能还真的难以推行。雍正干了那么多得罪人的事情，国家还没有乱，允祥的功劳可以说是最大。

也正是因为太过于操心费力，允祥在1730年，44岁就去世了。雍正对他的评价是"自古无此公忠体国之贤王"，为他穿了一个月的素服服丧，并且把他的名字改回原来的"胤祥"；同时宣布怡亲王为铁帽子王，可以世袭罔替，这是清朝第九位铁帽子王。前面说过，整个清朝，一共才12位铁帽子王，前面8位还都是用打天下浴血奋战换来的，和平时期的铁帽子王，胤祥是第一位。

岳钟琪则是年羹尧的继任者，前面说过了。

张廷玉、允祥、岳钟琪等人接到了密旨，立马就开始各种筹备工作，这时候就展现出了这几个人的才华，史书上说"挽输数年，海内未尝知有用兵之事"。意思是说，他们秘密调度兵马粮草，购买各种军需物资，进行了两三年，无论是朝里的大臣，还是老百姓，都没有人知道朝廷即将对西北用兵。

1729年，雍正在秘密筹划了两年之后，正式宣布在乾清门外西侧的一片小平房里，成立军需房，随后又把名字改为办理军机处。1730年，改名为军机处。《清史稿》上说："用兵西北，虑儤直者泄机密，始设军机房，后改军机处。"军机处算是正式成立了，但里面处理些什么事，还是保密的。

第一批军机大臣自然包括了张廷玉和蒋廷锡，由张廷玉制定了军机处的各项规章制度。概括来说，平常事务，大臣们还是要经由内阁来提交奏疏，然后由内阁来拟旨处理，只有重要的事情，才使用奏折，交给军机处来处理，但是皇帝必须亲自阅览，用红笔在上面批示。

现在回过头看，朱元璋废掉了宰相，明朝紧跟着就出现了内阁，在内阁的大学士们就相当于宰相了。清朝在入关之前，有议政王大臣会议；入关之后，跟明朝学习，也成立了一个内阁；到了康熙时代，又搞出了一个南书房；到了雍正，又搞出了一个军机处。

军机处的出现，相当于废掉了议政王大臣会议和南书房，并且间接地削弱了内阁的权力，从此之后，清朝的政治核心就属于军机处了。《清史稿》上说，军机大臣"平章政事，参与机密"，也就成了事实上的清朝宰相。

军机大臣的数量并不固定，一般是五六个，最少不能少于三个，最多也从来没有超过十个。排名第一的称为首席军机大臣，类似内阁首辅。另外这些人都是兼职的，比如说张廷玉，他的本职工作一直都是六部的尚书，曾经干过礼部尚书、户部尚书、吏部尚书等；雍正看他顺眼，就又给了他保和殿大学士和军机大臣的帽子。

从这个意义上说,"军机大臣"和唐朝的"同中书门下平章事"没有太大差别,同样是兼职,同样没有固定的额外工资。当然,张廷玉这个等级的官员,收入自然不会少,除了前面说过的各种"敬",雍正多次给张廷玉各种奖金补助;否则的话,以他一年才180两银子的薪水,全家过年吃顿饭可能都不够。

二、西北受挫

前面说过,噶尔丹死后,他的侄子策妄阿拉布坦控制了准噶尔汗国。但他在1727年,突然得了一场急病,很快就死了。他儿子噶尔丹策零继位之后,开始穷兵黩武,组建各种军队,甚至还建了一支独立的炮兵营,称为包沁。至于他的目标是谁,那就不用说了。

雍正思来想去,总结出几个字:先下手为强,后下手遭殃。于是他开始积极准备,建立军机处,要对准噶尔部先发制人。

1729年,在准备了两年后,雍正动手了,以傅尔丹为靖边大将军,出北路到阿尔泰山;以岳钟琪为宁远大将军,出西路到巴里坤。可惜的是,无论是雍正和一众大臣,还是两位大将军,都对局势估计得太乐观了,又或许是将领的水平不行,傅尔丹被偷袭,大败被围。

岳钟琪采用了老祖宗围魏救赵的办法,率兵攻打乌鲁木齐,盼望敌军回援,以解傅尔丹之围。结果乌鲁木齐没打下来,傅尔丹却几乎全军覆没。雍正接到战报,气得把傅尔丹和岳钟琪都关进了监狱,派另一名满洲将领马尔赛为抚远大将军,阻挡噶尔丹策零东进的脚步。

到了1732年夏天,噶尔丹策零一转身,率军进攻喀尔喀蒙古。喀尔喀的首领策棱,是清朝的好女婿,率领三万蒙古兵就把噶尔丹策零打得人仰马翻。气人的是,马尔赛早就得到命令,要他准备截击噶尔丹策零的败兵，但马尔赛畏敌如虎，居然按兵不动，让噶尔丹策零逃回了老巢。雍正皇帝又一次气得发疯，直接下令，在军营里一刀剁下了马尔赛的脑袋。

一将无能累死三军，雍正一朝就是这样。当时不缺谋士，也不缺后勤人员，可是就是没有能打的大将，所以那就只能和谈。1734年，清朝和准噶尔部和谈，以阿尔泰山为界，西北从此进入了十多年的和平期，一直到后来的乾隆时期，这个到时候再说。

三、改土归流

雍正皇帝虽然在西北吃了瘪，没占到便宜，但在西南却做了一件影响很大的事情，那就是"改土归流"。

想要解释这四个字，先得明白"土"和"流"都是什么意思。我们今天说别人"土"，大概就是说他是村野之人，没知识、没见识、不开化的意思，这也正是大清朝廷对中国西南那一大片地区人民的认知。朝廷很早就对这些地区采取一种羁縻制度。按照《说文解字》的说法，"羁，马络头也；縻，牛缰也"。所以羁縻字面上的意思，就是像对待牛马一样的控制手段，反映了当时文化、经济上比较发达的中原朝廷面对落后地区那种自高自大、看不起人的心态。至于措施上，是承认这些地区土著首领在当地的特权，但是你们名义上要属于我管辖。

到了明清，这些地区的土司或者叫土官，就有土知府、土知州或者土知县之类的名目。加一个"土"字，是为了给他们贴个标签，用来和内地官员相区分。要知道，这些官员都是当地人，或者说当地的豪绅，这叫作"以土官制土人"。

说完了"土"，再来说说"流"。所谓的"流"，就是"流官"，流动的官员。中国从秦朝确立了郡县制，由中央派人去当县长、县令的时候开始，就逐渐发现，要想让这些官员少贪污，少受贿，少造反，有两点是很重要的：第一点是不能让本地人当本地官，乡里乡亲的关系，最容易形成腐败和抱团；第二点是不能让一个官员在一个地方待得时间太长，否则又要和本地人打成一片了。所以，从宋朝开始，官员流动就形成了一个制度，比如说一个官员必须在自己家乡 500 里以外的地方当官，同时三年一换地方，这就是流官制度。

解释完"土"和"流"，"改土归流"就很好解释了。就是把西南地区那些土司老爷们换成朝廷派下去的流动干部。

其实这个过程从明朝就开始了，明成祖朱棣是最早着手做这件事的，只不过那时候交通不便，西南地区一直天高皇帝远，最后也只能不了了之。

雍正这个人，别的且不说，论起毅力或者说固执，在皇帝里是一等一的。越是艰难，他越要试试，于是从 1726 年开始，一直到他死的将近十年间，他大力支持一名叫作鄂尔泰的大臣在大西南进行大规模的改土归流。

鄂尔泰是雍正一朝和张廷玉一样重要的大臣，但是学问稍微差了点儿，没中过进士，只是举人。不过对于一个满人来说，这个知识水准已经足够做官了。到了康熙末年，他已经当上了内务府员外郎这样的实权官，和田文镜、李卫一起，都是四阿哥，也就是后来的雍正皇帝的铁杆支持者。

雍正一上台，鄂尔泰就当上了云贵总督。不久之后，他上了一个折子说："云贵大患，无如苗蛮，欲安民必先制夷，欲制夷必改土归流。"意思相当浅显，云南和贵州这些地方，如果不把土司变成流官，那就没法管了。

西南的这些土司，几百年来盘根错节，想动他们的既得利益，没有足够强大的军队作为后盾，是不可能的。改土归流开始没多久，广顺、镇沅、乌蒙、镇雄各地的土司纷纷表示不服。鄂尔泰也毫不含糊，顽固抵抗的直接派兵征讨，"分兵穷搜，务获渠魁，尽屠丑类"，就是说哪怕跑到山沟里，也一定追击到底；但如果主动地交出权力，就会获得优待，只是你必须接受流官制度。这样的恩威并施之下，后果还是很理想的，到了雍正末年，云南、贵州、广西、四川、湖南、湖北等地的大量少数族聚集区实现了改土归流，用流官代替了土司。

那么这么大费周章地改土归流，有什么意义？意义很大，而且绝不仅仅是加强了中央集权。最重要的是，它打破了过去土司封闭的管理模式，让大量内地人口进入了西南，加强了这些地区对中国文化的认同，大大地推动了民族融合。今天这些西南省份不再有民族问题，大家都对一个中国有认同感，雍正的这一次大规模改土归流，有着不可低估的作用。

对于鄂尔泰，雍正当然是满意的。我们都知道，这人只要一满意，就必然真情流露，写一些肉麻的话，在他给鄂尔泰的信里这样说："朕与卿一种君臣相得之情，实不比泛泛，乃无量劫善缘之所致。"这样的言语，很难不让人想起那句"我已在佛前求了五百年，求他让我们结一段尘缘"。

四、《大义觉迷录》

1735 年农历八月二十一，雍正皇帝得了一场"小病"。根据《清世宗实录》，那一天虽然他感觉不舒服，但"仍照常办事"。谁也没想到的是，到了第二天晚上，病情突然加重，当时鄂尔泰正好值夜班，马上叫来了大学士张廷玉、四阿哥弘历和五阿哥弘昼。雍正当即写下密诏，立老四弘历为太子。当天晚上，确切地说是八月二十三凌晨，雍正驾崩在圆明园，享年 57 岁。

雍正的勤政

雍正当了十三年皇帝，在奏折上批阅的字数达到了惊人的 1000 万字，而且这还没有计算他在那些丢失的、找不到的奏折上批写的字数，更何况那时候他只能用毛笔手写。可想而知，雍正有多勤快。据说，他经常一天只睡四个小时，大部分时间都用来工作，是个货真价实的工作狂。

雍正死时的年龄并不小。中国皇帝几百位，平均寿命不到 40 岁，他还超过了平均水平。可是一直以来，对于他是怎么死的，民间却有各种各样不同的说法。最神奇的说法是，他被一个叫作吕四娘的女子杀了，并且脑袋还被带走，以至于后来下葬的时候，不得不用一个黄金头颅来代替。

虽然这个故事百分之百是假的，可是却值得说一说，因为我们需要搞清楚，为什么会有这个谣言。

据说吕四娘是吕留良的孙女，而吕留良在历史上确有其人。明朝灭亡的 1644 年，他才 15 岁，从此一生都在从事反清复明的运动，写了大量的文章，专门宣扬"华夷之别"。他写的诗词基本上是"反动"题材，什么"清风虽细难吹我，明月何尝不照人"，一看就是指着清朝统治者的鼻子骂。可是神奇的是，吕留良无病无灾地活到了 54 岁，到 1683 年，也就是施琅拿下台湾的那一年，才自然死亡。这似乎可以证明，清朝早期的文字狱下也有不少漏网之鱼。

谁知在他死了 45 年之后的 1728 年，也就是雍正六年，有一个叫曾静的偶然间看见了吕留良写的文章，马上就热血沸腾了，于是给同样是汉人的川陕总督岳钟琪写信，劝他起兵造反，驱逐鞑虏恢复中华。

结果岳钟琪直接把曾静送给了雍正。谁也没想到的是，曾静见到雍正，一把鼻涕一把泪地说自己是受到了吕留良书籍的蛊惑，才给岳总督写了信，现在衷心悔过，请求饶命。雍正没杀他，而是把曾静的口供和他写的忏悔书一起编到了一本叫《大义觉迷录》的书里，对曾静说，从今天开始，你改个职业，做个职业演说家，给我去全国宣讲这本书，讲得好，你这条命就留下了。于是，曾静就恭恭敬敬地去全国进行忏悔演讲了。

雍正虽然放过了曾静，却对吕留良家族下手，将死了将近五十年的吕留良从棺材里拉出来，重新砍下已经变成骷髅的脑袋，他还活着的儿子吕毅中和吕家其他成年男丁，都陪着掉了脑袋，其他人全都流放到远在黑龙江的宁古塔为奴隶。据说吕四娘就是在这个时候，被人救走了，还学会了一身武功，长大之后混进了皇宫，砍了雍正的脑袋。

故事就是这样。问题是，为什么这个只要稍微想一想，就会觉得不靠谱的故事流传这么广，各种小说戏曲评书不厌其烦地重复呢？

答案很简单：一是老百姓都有猎奇心理，越是神奇的故事，就越是愿意到处宣传；二是很多知识分子和大地主、大豪绅推波助澜。前面说过，雍正这辈子干的那些事，比如火耗归公、摊丁入亩、官绅一体当差纳粮、改土归流等，都给这些人带来了很大的伤害。而吕四娘这个故事，最大的好处就是让人可以了解到曾静案，而只要知道了曾静案，就会想去了解他到底犯了什么错误，说了些什么。这些内容，都被编进《大义觉迷录》里了，不仅包括曾静的忏悔，也包括了他给雍正拟的罪名、造的谣，像什么得位不正、算计老爹、弑兄杀弟、贪财好色、迫害忠良、酗酒专权等等。

按照雍正的想法，这些罪名都是捏造的，只要曾静出来，到处演讲，把事情说清楚，我岂不就是清白了？可惜的是，雍正没学过大众心理学，他越是让曾静去替他辩解，大家就越是相信这些都是真的。

等到乾隆上台，马上就意识到这样不行。于是，他不但很快禁止《大义觉迷录》的出版发行，并且把曾静凌迟处死了。不过已经晚了，《大义觉迷录》已经在民间悄悄地传开，今天雍正皇帝的形象，可以说有很大一部分，是拜这本书所赐。

其实，关于雍正的死，我个人觉得没什么疑点。雍正长期玩命工作，休息不足，再加上喜欢服用道士们炼制的"仙丹"，最后很可能就是油尽灯枯加上丹药中毒而已。这一点在张廷玉的回忆录也有体现，他记录的是雍正最后七窍流血，死状让他"惊骇欲绝"。顺便说一句，电视剧《甄嬛传》应该就是根据这些事实演绎出来的一出宫廷大戏。

那么，该如何评价雍正皇帝呢？他曾经写过一副对联，上联是"俯仰无愧天地"，下联是"褒贬自有春秋"，合起来的意思是，我这辈子做过的事儿，没有一件是丧良心的，死了之后的评价交给历史好了。

历史不会说话，不过历史学家会说话。总体上，对于雍正皇帝，大多数清史学家都很给面子，对他的评价比较高。我比较赞同杨启樵先生的说法，他说由于康熙晚年比较宽大，实行"仁政"，导致官场比较混乱，雍正大刀阔斧的改革实际上就是对康熙政策的一种修正，他"在位十三年中，宵旰焦劳，勤于庶政"也是事实，只不过由于时间比较短，有很多措施没有好好地贯彻执行，正如他自己在遗诏里说的，"志愿未竟，不无微憾"。

182. 托言文字狱

继承皇位的，是雍正的四儿子弘历，也就是历史上相当有名的乾隆皇帝。不过，弘历并没有接过雍正大刀阔斧改革的大旗，但也没有彻底废除已有的改革。这种半继承半否定的方式，也许就是乾隆六十多年稳定统治的最大奥秘。

一、身世传说

关于乾隆，金庸在小说《书剑恩仇录》中写道，雍正还是四阿哥的时候，和吏部尚书陈元龙的关系不错。有一天，陈元龙的小妾生了孩子，雍正就让陈家把孩子抱进王府给他看看。陈元龙的孩子本来是一个男孩，抱进雍亲王府之后转了一圈出来，却变成了女孩。这差点把陈元龙吓死，可是他什么也不敢说。据说这个孩子就是后来的乾隆皇帝。当时雍正之所以要调包，是因为自己没儿子，想弄一个男孩，在康熙那里增加一些竞争力。

上面这个故事并不是金庸的原创，很多野史，比如说《满清外史》和《清朝野史大观》，都记载了这个故事，现在一些人甚至把它当真实的历史来讲。

这个故事肯定是假的，理由至少有三点。第一，乾隆出生那一年是康熙五十年，陈元龙当时 59 岁，最小的孩子也快 20 岁了。在这个岁数，并且是在将近 20 年没生孩子之后,突然老树开花,生出一个儿子的概率相当小。第二,这一年陈元龙并不在京城当官,人在外地,孩子被抱进北京的王府,这听起来就不真实。第三,当时雍正的大儿子和二儿子虽然都夭折了,但是三儿子弘时正活蹦乱跳,而且三个月后他的五儿子弘昼即将出生。在这样的情况下,才 30 多岁的雍正有什么必要去偷换别人的儿子?

还有一种说法是针对乾隆母亲的,说她是一个汉族女子。依据是,在清朝公开的档案里,有"格格钱氏封为熹妃"这样的记录,既然姓钱,那肯定是汉人。这其实也不太可能,因为档案里也有这样的记载,"格格钮祜禄氏封为熹妃"。

一个皇帝不可能有两个封号一样的妃子。那么她到底姓钱,还是姓钮祜禄氏呢?很遗憾,根据历史学家的考察,乾隆的母亲应该是钮祜禄氏,满人。"格格钱氏封为熹妃"里面的"钱氏",很可能是"钮祜禄氏"简写为"钮氏",又由"钮氏"误写而来。熹妃举行册封的仪式之后不久,主管礼部事务的贝子允祹就因为"误写妃姓"而被贬爵位,或许可以作为侧证。顺便说一句,乾隆的母亲在几百年后的今天,凭借着几部电视剧红遍了大江南北,《还珠格格》里的太后、《甄嬛传》里的甄嬛,都是以她为原型创作出来的。

我觉得,之所以产生那么多乾隆或者乾隆他妈是汉人的传说,就是汉人知识分子们阿 Q 似的精神胜利法作祟。很明显,到了乾隆上台的时候,他们知道,反清复明肯定是不可能了,再怎么华夷之辨,也只能认了这群满洲主子。可是如果雍正的继承人是换来的,那这个皇帝就还是我们汉人。这样一想,他们心里就舒服多了。清朝末期著名的保皇派康有为,就经常拿这个说法在加拿大宣传,弄了不少钱,这是后话了。

其实,细细推算一下,这位钮祜禄氏的母亲、祖母、曾祖母,应该都是汉人女子,所以她身上,有八分之七的汉族血液在流淌;再加上雍正皇帝身上八分之一的汉族血统，综合算下来，乾隆至少算是半个汉人，足以让这些知识分子精神上胜利一下了。

无论如何，弘历本人是把自己当作满人看的。他最佩服的人就是爷爷康熙皇帝，他在即位诏书里是这样说的："朕自冲龄即蒙皇祖抚育宫中，深恩钟爱，眷顾逾常。"意思是从小就是爷爷康熙把我养育大的，我不当皇帝，谁当皇帝？

也难怪他自豪。历代皇帝里，投胎技术最好的就是乾隆了，不但有一个为他扫平了外患，扩大了疆域的好爷爷康熙，还有一个为他清除了内忧，励精图治拼命攒钱的好爸爸雍正，给他留下了6000万两银子的家底和吏治相对清明的政治局面。唐朝的李隆基虽然也有李世民和武则天留下的很好的朝局，但毕竟还需要面对韦皇后和太平公主；而乾隆即位时，没有任何内忧外患，唯一需要解决的问题，就是要不要继续雍正的改革事业。

二、文字狱

在深思熟虑之后，这位25岁的新皇帝宣布，要用"宽猛相济"的理念治理国家。在他心中，雍正的改革有点儿太严厉了，爷爷康熙晚年又太宽厚了，都不好，他要走中间路线。

为了表明这种政治理念，他释放了岳钟琪和傅尔丹这两名将军，还把被雍正囚禁了十多年的十四叔允禵放出来了，这时候他也老了，放出来也没什么威胁。乾隆还特意让人去菜市口，把汪景祺那颗已经挂了十几年的人头取下来安葬，并且赦免了汪景祺和查嗣庭的家人，让他们从遥远的流放地回到故乡。乾隆自诩"从不以语言文字罪人"，同时下旨说，以后"宽妖言禁诬告"，声称自己绝对不搞文字狱了。

一时之间，天下的知识分子奔走相告，纷纷上书，说"上下无隐情""为政以宽缓",大拍乾隆皇帝的马屁。有一些很不要脸的文人,还编出歌谣说:"乾隆宝,增寿考;乾隆钱,万万年。"

在乾隆统治的前十六年,确实没有因为文字给人治罪,可惜,乾隆十六年(1751)发生的一件事,导致一切都变了。

这件事的起点是民间出现了一本万言书,上面注明是刑部尚书孙嘉淦给乾隆的奏折,内容是大骂乾隆和满朝文武做过的事情都是错的,不道德的。可是,这个奏折根本就不是孙嘉淦写的,他虽然以"直言极谏"闻名,但绝不是傻子,"直言"可以,骂皇帝那就是二百五了。

包括乾隆在内的所有大臣都知道,孙嘉淦肯定也是受害者。可是这一次,流言并未止于智者,因为内容太火爆了,看的人很多,流传很广,最后几乎所有官员人手一本。乾隆皇帝终于大怒,下旨严查,仅仅是四川一个省,就有两百多人因为传阅抄写这本书而被捕。

从这个被称为"伪孙嘉淦奏稿案"的案子开始,乾隆朝重开文字狱。潘多拉的盒子一旦打开,从此就一发不可收拾。据有心人统计,清朝文字狱一共169个案子,其中130个发生在乾隆一朝,这个曾经发誓"不以语言文字罪人"的皇帝,最终成了有史以来最大的文字狱制造者。

在这一百多起文字狱中,有一些确实是因为文字而犯事。比如说"王锡侯《字贯》案",就因为王锡侯编了一本叫《字贯》的词典,里面把孔老夫子、康熙、雍正等人的名字列举了一遍,就触动了乾隆皇帝那根敏感的神经,最后全家都被砍了脑袋,相当残忍。讽刺的是,这个王锡侯之所以列举他们的名字,就是为了教大家如何避讳,这相当于为了告诉大家在加油站吸烟的坏处,却自个儿亲自去那里点了一支烟,把自己炸死了。

但也有一些案子和文字并没什么关系,不过是乾隆先在心里想好了要治谁的罪,然后鸡蛋里挑骨头,砍了人脑袋,比如说著名的胡中藻案。

乾隆二十年,也就是1755年,乾隆皇帝突然给广西巡抚卫哲治下了一道密旨,让他"将胡中藻任广西学政时所出试题及与人唱和诗文并一切恶迹，严行查出速奏"。胡中藻是乾隆刚当上皇帝那一年的三甲进士，从他走上官场开始，就拜在鄂尔泰门下，以鄂尔泰弟子的身份在官场里混，平时也喜欢写个诗，填个词什么的，从现在的史料来看，乾隆一直都不喜欢他。

我们都知道，只要想查，在字里行间挑毛病，那是一定可以查出来的。

胡中藻有句诗，"一把心肠论浊清"，本来的意思是"我用真心评论是非"，可是乾隆根本不看前面，指着后面两个字说，你把"浊"字放在我们的国名大清的前面，什么意思？愤怒地质问："尚有肺腑？"胡中藻，你还有心肝吗？这样翻下去，"大逆不道"的诗句自然层出不穷。最后，奉旨调查的官员们给出了一个意见，胡中藻应该千刀万剐，凌迟处死，他家所有十六岁以上的男子都应该砍了脑袋，其他为胡中藻诗集出钱出力点赞的人也都应该处死。

大臣们觉得，这一下，乾隆应该满意了。

可是谁知道，乾隆从一开始调查胡中藻，就秘密给陕甘总督刘统勋下了另一道命令，让他去甘肃巡抚鄂昌的办公室，搜查"与胡中藻往来应酬之诗文书信"。鄂昌的叔叔就是鄂尔泰。

乾隆继位时，雍正给他指定了四位辅政大臣，鄂尔泰是其中之一，另外还有一位是张廷玉。当时雍正留给乾隆的遗诏里有这样的话："大学士张廷玉器量纯全，抒诚供职……大学士鄂尔泰志秉忠贞，才优经济……此二人者，朕可保其始终不渝。将来二臣着配享太庙，以昭恩礼。"意思是这两个人对我们爱新觉罗家族忠心耿耿，你一定要好好对待他们，将来这两人死了，牌位也放到太庙里，大家一起吃冷猪头。

可是雍正想到了开头，却没想到结尾。张廷玉和鄂尔泰虽然对雍正、乾隆和爱新觉罗家族忠心耿耿，但他俩之间却是钩心斗角。

这种事儿也是没办法。当官，尤其是当大官的时间长了，周围自然会聚集一大批像胡中藻这样的学生，所谓的门生故吏。自然而然地，就形成了各自的集团，或者说党派；而无论个人的道德水平如何，只要卷入党派之中，那想不斗都不行。

自古以来，皇帝最喜欢，也是最讨厌的，就是大臣们之间结党。一方面，大臣之间斗来斗去，皇帝居中平衡，权力就稳固了；但另一方面，大家整天斗来斗去，谁来干活呢？所以，结党这件事，凡是英明一点儿的皇帝，都希望有个度，有派别可以，但是不能影响正常工作。除了这个，还有一点是更重要的，那就是不能一党独大；如果朝堂之上，只有一个党派，那这个党派和皇帝谁大谁小，就成了一个很严肃的问题。

乾隆不一定是天生的政治家，但出生在政治家庭的人，天生就比别人对政治的嗅觉要灵敏一些，也是事实。自从乾隆十年鄂尔泰死了之后，他一直都在利用鄂尔泰家的势力对付张廷玉，尽量保持这两派的平衡，其中就包括把鄂尔泰的灵位放在太庙，同时扶植鄂尔泰的侄子鄂昌和儿子鄂容安。乾隆十四五年，他还不断敲打已经七十多岁的张廷玉，最后逼得张廷玉不得不上书请求罢免"配享太庙"这个荣誉，甚至要求皇帝治自己的罪。

可是大家也不用觉得张廷玉可怜，只要说一件事，大家就知道他的势力有多么大了：乾隆在宫里准备下圣旨谴责张廷玉，周围的大学士们不仅当场求情，而且马上就悄悄派人出宫，把圣旨的内容提前告诉他，气得乾隆事后在皇宫里破口大骂。由此可见，当时张廷玉的能量确实不小，乾隆扶植鄂尔泰家族势力以抗衡张廷玉也就不足为奇了。

那么，为什么到了这时候，突然就要调查鄂尔泰的学生和侄子了呢？因为张廷玉已经油尽灯枯，快要死了。

那么，张廷玉死后，是不是还要保留鄂尔泰家族的势力呢？乾隆皇帝的回答是不。因为鄂尔泰死后，张廷玉的一家独大让他头疼了二十年，他不想再吃止疼药了。之所以要提早动手，是想给大家一个警告，如果有人想在张廷玉死后，投靠鄂尔泰家族，对不起，你们要多想想。

这才有了胡中藻案。很自然地,仅仅处理胡中藻家族,是不能让乾隆满意的,但他也不想让胡中藻家里人一起跟着去死,毕竟这些人本来就是无辜的。

最后这个案子的结果是,胡中藻的脑袋落地,鄂昌被赐自尽,鄂尔泰的儿子鄂容安被赶到大西北去戴罪守边,罪名是明明知道堂弟鄂昌与胡中藻来往甚密,竟然不告发,"实属丧心之极"。其他人,比如说胡中藻的家人,基本上得到赦免,在抄胡中藻家的时候,乾隆特意指示,留一些财产给胡中藻八十多岁的老娘。

从这个案子可以看出,虽然胡中藻公开的罪名确实是"以文犯禁",但乾隆皇帝的真正目标,并不是胡中藻。一个月后,辅政大臣张廷玉病死,心情很好的乾隆居然收回了自己说过的话,还是按照雍正的遗诏,把张廷玉安排在了太庙里。从这时候开始,摆脱了鄂尔泰和张廷玉两大党派的纠缠,乾隆开始了真正的乾纲独断。

三、平定准噶尔

大权在握的乾隆第一时间把目标瞄准了西北,这时候的准噶尔部,已经乱了快十年了。1745年的一场大规模瘟疫,让噶尔丹策零一命呜呼,几个儿子为了争夺汗位,展开了你死我活的较量,最后反倒便宜了外人。噶尔丹策零的堂侄达瓦齐,在噶尔丹策零的女婿阿睦尔撒纳的帮助下,于1752年夺取了政权,当上了准噶尔部的大汗。

这两人在不久之后,就因为权力分配不均,反目成仇。乾隆十九年,也就是1754年,阿睦尔撒纳背叛了准噶尔部,投降了清朝。

就是在这样的背景下,1755年,乾隆认为攻灭准噶尔的时机已到,下旨说,"天与人归,机不可失",让阿睦尔撒纳为先导,分两路大军进攻准噶尔。

这一战相当容易,准噶尔本来就不富裕,加上内部这么折腾了几年,结果清军仅仅用了四个月,就彻底打败了准噶尔,抓住达瓦齐送到了北京。乾隆也没杀他,反而封他为"绰罗斯和硕亲王",好吃好喝地养了起来。

乾隆万万没想到的是,那个投降了的阿睦尔撒纳,完全不满足于自己获得的定边左副将军职位。他觉得自己的功劳很大,要求清朝封他为厄鲁特四部总大汗。

所谓厄鲁特,就是漠西蒙古的意思;厄鲁特四部指的是大漠西边的蒙古四个部落,在清朝,分别是准噶尔部、杜尔伯特部、和硕特部和辉特部。阿睦尔撒纳就来自辉特部,他觉得现在准噶尔部已经被踩在了脚下,剩下的和硕特部和杜尔伯特部弱小,根本不值一提,那自己当这四部的老大,难道不是顺理成章的事情吗?

乾隆不但拒绝了事儿,而且马上下旨,让阿睦尔撒纳到承德避暑山庄来见自己。

阿睦尔撒纳一看清廷不同意他的要求,更担心到了避暑山庄就回不来了,于是在去承德的路上,他举起了叛乱的大旗,史称"阿睦尔撒纳之乱"。

为了平定这场动乱,乾隆又花了两年时间,算上平定准噶尔的那四个多月,一共花了两年半时间,消耗2200多万两白银,总算是彻底平定了天山以北、大漠以西的所有地区。阿睦尔撒纳在兵败之后,逃亡俄罗斯,结果水土不服,在那里染上了天花,一命呜呼。

谁知,按下葫芦浮起瓢,因为阿睦尔撒纳的叛乱,又导致了一对兄弟在天山以南举起了反抗清朝的大旗,这对兄弟就是大小和卓。

183. 辟土名新疆

新疆这个名字，是清代才出现的。在此之前，汉文文献里一般用"西域"来称呼这片土地。那么，为什么叫"新疆"？

一、伊斯兰化

今天的新疆，很多人信仰伊斯兰教，这是比较晚才出现的情况。因为伊斯兰教是在 7 世纪才创建的，传到中国的时间就更晚。在 9 世纪中期，显赫一时的回鹘汗国被黠戛斯人击败，大量的回鹘人从蒙古高原上向西搬家，其中有两支就搬到了天山南北居住。在天山北边，以吐鲁番为中心的，是高昌回鹘；另一支在天山南边，以今天的喀什为中心，建立了喀喇汗国。当时的天山南北，很多人信仰佛教，这两支回鹘人也不例外。

后来伊斯兰教从阿拉伯半岛兴起并急速扩张之后，东欧、西亚和中亚都相继改信了伊斯兰教。在南疆以西与喀喇汗国相邻、由波斯人建立的萨曼王朝，信仰的正是伊斯兰教。

有一年，萨曼王朝发生了内讧，一个叫纳斯尔的王子失败之后跑到了喀喇汗国。喀喇汗国当时的大汗正跟萨曼王朝争斗，于是收留了他。纳斯尔一辈子只做了两件事，就改变了历史的走向：第一件事是利用喀喇汗王朝当时对宗教的宽容，建立了中国西域地区第一个清真寺，阿图什大清真寺；第二件事是发展喀喇汗国的王室成员萨图克信仰了伊斯兰教。

长话短说，萨图克改信伊斯兰教之后，在中亚穆斯林朋友的帮助下，登上了大汗宝座。之后他和他的儿子，都强力推行伊斯兰教。这时候的中原，恰恰是五代十国时期，对西域根本无力顾及。伊斯兰教如火如荼地在西域发展。据统计，仅仅在960年这一年，就有120万当地民众改信了伊斯兰教。

当时紧邻喀喇汗国的，就是高昌回鹘和于阗，二者汉化程度都很高，佛教的势力也比较大。因为宗教原因，这两个政权就开始了和喀喇汗国长达一个多世纪的战争。最终结果是于阗灭亡，南疆完全落到了喀喇汗国的手里，迅速伊斯兰化；而高昌回鹘基本上也节节败退，勉强守住了北疆。

到了宋代，东北的金国崛起，引发了蝴蝶效应。辽灭于金之后，辽国的耶律大石跑到了西域，建立了西辽。虽然耶律大石在金兵面前不是对手，可是到了西域，他就是王者，一口气吞并了高昌回鹘和喀喇汗国，并且继续向西，把塞尔柱帝国的势力也逐出了中亚。

那么耶律大石信什么教？看起来，他似乎对宗教不那么感兴趣，史料记载对他的信仰也众说纷纭。他不允许伊斯兰教以武力和强迫的形式传播，但也没有大力支持佛教。不过无论如何，耶律大石等于是以一己之力，暂时阻止了伊斯兰教在西域的迅猛传播。

到了一百多年后，蒙古崛起，西辽帝国最终被蒙古吞并，在西域这块土地上，建立了蒙古四大汗国之一的察合台汗国。

察合台汗国在建立之初，按照成吉思汗的法令，对各种宗教一视同仁，不强制推行任何宗教。到1353年，秃黑鲁帖木儿当上察合台汗国的大汗之后，改信了伊斯兰教，他强迫蒙古王公大臣全都要改变信仰，在全汗国境内强制推行伊斯兰教。从此之后，一发不可收拾，他的后代一代比一代激进。到了16世纪初，伊斯兰教终于成为中国西域地区最普遍的宗教，佛教势力基本上被排挤出去。后来的叶尔羌汗国和准噶尔部，都以伊斯兰教为主。

上面的过程说得很粗略，忽略了不少细节，但还可以进一步概括：唐朝末年以后，在西域这片土地上，政权更替频繁，但宗教方面的发展趋势却很明显，伊斯兰教的影响越来越大，到了乾隆时期，尤其是在南疆，伊斯兰教几乎已经成了全民信仰。

二、香妃的故事

前面提到的大小和卓是一对兄弟。"和卓"是波斯语音译，本来是对伊斯兰教先知穆罕默德后裔和伊斯兰教学者的尊称；这么光荣的名字，自然是人人都向往的，因此许多上层家族也逐渐自称和卓。

大小和卓的家族在明末来到中国，在今天喀什一带传教。后来准噶尔部崛起，在策妄阿拉布坦时代，兄弟俩成了准噶尔人的人质，被关在伊犁。哥哥"大和卓"叫波罗尼都，弟弟"小和卓"叫霍集占。

乾隆皇帝平定准噶尔后，这一对兄弟被清朝的军队给解放了。不过，清朝也没让他们闲着，派他们招抚天山以南的各种西域势力，帮忙维护清朝的统治，因为那些人都是信仰伊斯兰教的。

开始，大小和卓还是比较配合的，可是阿睦尔撒纳起兵之后，这一对兄弟马上跟随。不管他们找了何种借口，实际上就是想弄一块自己完全说了算的地盘，史书上称为"大小和卓之乱"。1758年，乾隆皇帝发兵征讨，清军在今天的库车、莎车、和阗等地与大小和卓交战数十次，经过一年多的战争，最终平定了这场动乱，大小和卓先后被杀，天山南麓彻底平定。

从此，在唐朝安西都护府陷落之后，与中原政权分离千年之久的西域，回到了中央政权的控制之下。乾隆相当高兴，他在1760年写给陕甘总督杨应琚的谕令中称其为"新辟疆土"，简称"新疆"，这也是今天新疆这个名字的最早出处。必须强调,那时候,"新疆"这个词可以指任何一块乾隆打下来的地方;一直到后来的 1877 年,左宗棠在给光绪皇帝的上书中,提出建立新疆行省,1884 年正式建省,它的名字才算是由官方确认下来。

在民间,一直都有传说,说乾隆平定大小和卓后,把一个女人收入后宫。据说这个女人浑身上下,散发着一股天然的香气,让人神魂颠倒,号称香妃。这事儿在金庸的《书剑恩仇录》里有极其详细的描写,只不过名字改成了香香公主。

那么,这是不是真的呢?

如果我们寻根问底,就会发现这是一个真假参半的故事。大小和卓之乱被平定之后,确实有一个和卓家族的女子被带进了京城,被乾隆册封为容妃,后来一直都很受宠爱,活到了五十多岁才去世。1979 年,考古学家发掘了容妃的墓,证实她确实信仰伊斯兰教。

现在史学家一般认为,香妃的故事应该是基于容妃的事迹进行的演绎,只不过历史书上没有写容妃身体香不香,更没写她屡次刺杀乾隆皇帝。

另外,《书剑恩仇录》里,香香公主的爹叫木卓伦,他的对手是清朝大将兆惠。现在可以肯定的是,木卓伦的原型就是小和卓霍集占,这也是为什么金庸给他的另一个女儿起名叫霍青桐;而对于兆惠,金庸先生连名字都没改,这是一个在历史上真实存在过的人物,而且是乾隆一朝比较重要的大臣。

兆惠是满洲正黄旗人,乌雅氏,所以也称为乌雅兆惠。他出生在乾隆皇帝亲奶奶的家族,长大当官后一路绿灯,加上自己也努力,到乾隆十五年,也就是 1750 年,就已经入值军机处了。

到乾隆对准噶尔和大小和卓用兵的时候,兆惠开始独当一面,击败大小和卓之战立下大功。《清史稿》上记载,当兆惠带着包括容妃在内的俘虏，从新疆千里迢迢凯旋京城的时候，乾隆皇帝亲自到良乡，"于城南行郊劳礼"，用现代话说，为兆惠举行了盛大的庆功和欢迎宴会。

除了兆惠，《书剑恩仇录》里还提到一位乾隆的私生子，叫福康安。这位金庸笔下颇见丑态的角色，也是历史上的真实人物。他父亲叫傅恒，在不少小说里，乾隆和傅恒的妻子有不正当关系，但那是文学创作的需要，要是用小说学历史，那只能说你看错了书。

严格来说，傅恒在历史上比福康安要厉害得多。他们这一家子是满洲镶黄旗人，富察氏，所以按照汉语习惯，可以称其为富察傅恒。富察家族早在努尔哈赤起兵的时候，就跟着爱新觉罗家族，到了傅恒这一代，乾隆更是娶了他的姐姐为皇后，就是孝贤纯皇后。重要的是，乾隆两口子相当恩爱。在这样的情况下，傅恒当然官运亨通。

不过傅恒除了出身好，也确实有本事。1749年，今天四川阿坝的土司造反，史称大金川之乱，就是这位傅恒在几个月之内平定的。后来在准噶尔部内乱的时候，又是傅恒坚定地和乾隆站在一起，力排众议，主张对准噶尔出兵。对于这位无论是上马打仗，还是运筹帷幄，都相当厉害的小舅子，乾隆特别喜爱，专门赐给傅恒三眼花翎。

顶戴、翎羽和补子

一般来说，清代常用的官帽有两种，一种是夏天戴的，形状像斗笠；另一种是冬天戴的，有点儿像一座圆塔扣在脑袋上。无论是哪一种，上面都有两种装饰物，一个是宝石珠子，叫作顶戴；另一个就是翎羽，是在顶戴下面的一截羽毛。

清朝规定，不同品级的官员，要佩戴不同的顶戴和翎羽。开始，规定是一品大员戴红宝石，二品戴珊瑚，三品戴蓝宝石等，可是雍正皇帝上台后，觉得官员帽子实在太多，这些宝石是一笔不小的花费，恰好这时候西方很成熟的玻璃制造技术传入了中国，于是就把官员顶戴都改成玻璃珠子了。一品用红色透明玻璃，二品也是红色的，但不透明，三品的就是蓝色玻璃了。

翎羽分花翎和蓝翎。花翎是用孔雀的尾羽做的，上面有像眼睛一样的花纹。一根花翎上有两个、三个眼睛一样的花纹，就是双眼花翎、三眼花翎。

开始时，花翎主要是为了提倡武勇、奖励军功，除了少数亲贵，只有作为皇帝近臣的五品以上的满官才有资格佩戴；六品以下的，就只能戴鹖鸟羽毛做的翎子，上面没有眼，也称无眼蓝羽。古书里说的鹖鸟，可能是指今天说的褐马鸡，据说这种鸟非常好斗，至死方休，所以用它的翎毛来象征勇武。按照制度，在地方上任职的文官没有资格戴花翎；武官，也得立下大功才行，像前面提到收复台湾的施琅，当时康熙封他为侯，他却表示想把这个侯爵换成一个花翎，可见花翎在当时的珍贵。当然到后来，标准逐渐放宽，到了清末，甚至可以花钱买翎子戴。

在清朝，无论多大的官，最高也只能用一个眼的孔雀翎；凡是多于一个眼的，都是皇帝额外的赏赐。整个清朝，得到允许戴双眼花翎的，有二十几个人；而三眼花翎，在清朝两百多年的历史里，有资格戴的只有七个人而已，比铁帽子王还稀少。傅恒，就是第一位得到这种殊荣的大臣。

除了顶戴和翎羽，补子也是官员服制的重要因素。

补子，就是在官员长袍前胸的位置上，补上一块图案，用来区别官大还是官小。这个办法最早是武则天发明的，不知道是不是因为老太太年纪大了，眼神不太好，希望一眼看过去，就知道是几品的官员在下面说话。可是当时没流行起来，一直到明朝，才成为官员工作服的标配。

清朝入关之后，继承了这个传统。不过和明朝比起来，清朝的补子比较小，只有30厘米见方。文官的补子上面都是飞禽的图案，一品是仙鹤，二品是锦鸡，三品是孔雀等。武官的补子上是走兽的图案，一品是麒麟，二品是狮子等。最神奇的是九品武官，图案是"海马"。不过这个"海马"当然不是生活在海洋里的那种动物,而是一种想象出来的,形象似马,踏在水波纹上神兽。

在文武官之外,还有一类人很特殊,就是都御史、六科给事中、监察御史这类官员。他们的补子是传说中的神兽獬豸。据说这种动物长得像羊,不过脑袋上只有一个角,看见两个人争斗,它就走过去,用角去顶理亏的一方,也就是它天生就知道辨别是非,而且公正不阿。很自然地,如果监察机构的人都像这种神兽,那就是最理想的了。

除了飞禽走兽,所有官员的补子上,都以海水和岩石作为背景图,只象征着一件事,"天涯海角,江山永固"。

清朝的补子还有一个特殊的地方,就是圆形的补子,只有皇族才能用,是他们的特权;而非皇族的官员无论官有多大,只能用方形的补子。

三、开挂的福康安

获得三眼花翎的七个人里,除了傅恒,还包括了他的儿子福康安。

各种影视剧、小说里,经常喜欢说福康安是乾隆皇帝的私生子。之所以有这样的传说,第一个理由是乾隆那么喜欢福康安,却没把女儿嫁给他,反而是他的两个哥哥,都娶了皇族的女儿。这个理由实在是牵强,因为福康安虽然没娶公主,但他的一个儿子和两个女儿,都和皇族通婚。要知道,在古时候,不是一个姓的表兄妹可以通婚,但是你见过堂哥娶堂妹的吗?如果福康安真是乾隆的儿子,那他孩子可就都是爱新觉罗家族的正宗血脉,绝对是不能和皇族通婚的。

第二个理由是福康安实在是太受乾隆的重视了,不仅给了三眼花翎,生前封为贝子,死了之后还被追封为郡王。一般来说,不是皇族,是绝对不能封郡王的。对此,我们这里必须客观地说一句,福康安获得这些荣誉,是和当时的环境、他本人的努力和乾隆的算计有关系的。换句话说,不算出身,他也应该获得这些荣誉。

下面就让我们来看看福康安都干过些什么。

1771年前后,四川阿坝地区的土司又一次造反,引发了第二次金川之战。前面讲过,这些土司第一次造反是福康安的老爹傅恒平定的,可是没想到时隔二十多年死灰复燃,这些家伙又反了。乾隆很头疼,一个小小的金川,前后历时几十年,耗费数千万两银子,还因为这件事,砍了好几位大臣的脑袋,却一直不能彻底平复。就算那块土地不值得什么,这已经变成了一件大清朝和皇帝自己有没有面子的事情了。

于是,乾隆任命武英殿大学士温福为定边将军,阿桂、丰升额为副将军。有了任命,就需要一个人去前线宣读圣旨,这个差事就落在了19岁的福康安身上。可是让大家没想到的是,这让福康安抓住了机会,一举成名。

事情是这样的。金川地区的土司之所以难以平定,是因为这地方地形恶劣,山沟里都是悬崖峭壁,土司们挖了无数个堡垒,易守难攻。福康安读完了圣旨,没有急着回京享乐,而是带着一个小队,开始和这些堡垒玩捉迷藏。他从来不正面进攻,都是晚上或者下大雨的时候,从小路直接攀爬悬崖,迂回进攻,就这样攻下了无数个堡垒。加上大将阿桂调兵遣将,指挥有方,终于在1776年年初彻底平定了金川的土司。

战后总结,乾隆很高兴,打胜仗固然是一个方面,还有一点,福康安是妥妥的富二代、官二代,还是满洲八旗中最显赫的镶黄旗子弟。这样一个富家公子,在前线比任何一个士兵都勇敢,也很有头脑,那难道不值得大书特书吗?当时清朝建国已经百多年了,许多八旗兵的战斗力堕落到只能在青楼为了妓女打架的水平,难得有福安康这个异类,乾隆马上就树立了这个典型,号召所有贵族子弟向他学习。

于是,福康安被封为吉林将军,担任正白旗都统。将军和都统在清朝都是从一品的大官,这一年,福康安只有22岁,可以说出道即巅峰,成了朝廷重臣。

将军、总督和巡抚

清代的将军、总督和巡抚都是地方大员,但各有偏重。将军是属于八旗体系的官职,而总督和巡抚是行政体系的。也就是说,总督、巡抚管理的是地方事务;而将军,比如说杭州将军,管理的是在杭州驻防的八旗军队内部的事务。

从权势上说,权力范围更广的督抚可能更大,但如果论尊贵的程度,将军却更高。清朝有明确规定,如果驻防的将军与总督遇到事情需要一起上奏朝廷的时候,"以将军领衔,总督次之",总督的名字要写在将军的后面。

福康安随后的人生就如同开了挂,先后率军平定甘肃田五、台湾林爽文,还有苗民起义。其中最值得一提的是廓尔喀战役,和随后对西藏的治理。

当时在西藏,以日喀则为中心的一大片西藏地区由班禅活佛治理,称为后藏;而拉萨的达赖喇嘛治理的地区,则被称为前藏。在清政府的主持之下,西藏一直安静无事。可是到了1791年,班禅活佛被迫离开日喀则,他的驻锡地札什伦布寺也被洗劫一空。谁干的呢?答案是一群来自今天尼泊尔的廓尔喀人。不过,虽然当时廓尔喀人是尼泊尔的统治者,但也只是尼泊尔众多部落其中的一个,实际上是不是真的是他们干的,很难说清楚。

乾隆勃然大怒,派出了福康安和海兰察两位大将远征西藏。

整个远征的过程很是艰辛,既有环境的艰险,也有朝廷里政敌的掣肘,甚至海兰察还因为水土不服得病身亡。但结局还是美好的,1792年,入侵者投降，撤出了后藏，并且归还了抢劫的所有金银珠宝，从此年年向清朝进贡。一直到 1908 年，尼泊尔还在进贡，它也是清朝的最后一个藩属国，三年之后，大清就没了。

福康安在凯旋之前，制定了十八条西藏治理准则，名字叫《钦定藏内善后章程》，在此章程之上，还确立了金瓶掣签制度。此前，活佛转世的时候，都是通过占卜、降神等确认继位者，于是当地的大贵族常会上下其手，加以操纵。金瓶掣签就是在活佛圆寂之后，找到几个符合条件的灵童，把他们的用满、汉、藏三种文字写在签牌上，签牌放在金瓶子中，用"掣签"的方式确定谁是新的活佛。

那如果只找出来一个符合条件的，怎么办？办法是，那就再放空白的签进去选，如果选出来是空白的，那就证明没找对人，只能继续去找。

金瓶掣签可以说用了最简单的办法，防止了可能出现的舞弊行为。而且无人敢反对，因为如果反对，就等于说，活佛也无法确认自己的转世灵童。所以，这种办法让众多既得利益者无话可说。

就这样，福康安的功劳越来越大，他的官儿也越来越大，什么武英殿大学士、军机大臣、大将军，陕甘、闽浙、两广、四川和云贵的总督，可以说凡是有权有势的官帽子，他都戴过。

即便是这样一个人，也有政敌。他打廓尔喀的时候，就被人拖后腿，史书上说，"欲绝其饷，以令其自毙"——朝廷上居然有人想不给福康安运输军粮，让他和军队活活饿死。

那么，是谁有这么大本事、能力和胆子，和福康安掰手腕呢？

184. 和珅纪晓岚

拜电视剧所赐，敢和福康安掰手腕的这位，今天可谓大名鼎鼎，他就是和珅。

常常和他联系在一起的，还有刘墉和纪晓岚。好玩的是，无论是《宰相刘罗锅》，还是《铁齿铜牙纪晓岚》，大概都只有和珅、刘墉和纪晓岚三人都是乾隆朝的官员一条准确无误，至于其他内容，就都是"戏说"为主了。

一、刘墉敢和和珅斗吗

刘罗锅本名叫刘墉，民间传说他天生驼背，所以外号刘罗锅。这很明显是个传说，因为早在唐宋时代，就有所谓"身言书判"的选官标准，"身"就是体貌丰伟。如果刘墉天生驼背，恐怕他根本没有机会做到尚书、大学士这样的官。

不过"刘罗锅"倒也不是全无根据，因为他在八十多岁的时候，还拄着拐杖弓着腰在官场上混，嘉庆皇帝有时候开玩笑叫他"刘驼子"。大概因为老百姓只记得他老年官做大了的时候的样子，所以就管他叫"刘罗锅"了。

刘墉是大学士、军机大臣刘统勋的儿子，妥妥的官二代，不过他最高的职位不过是吏部尚书、体仁阁大学士，而没有进过军机处。《清史稿》

上说过，"大学士非兼军机处，不得为真宰相"，而和珅当过二十来年军机大臣，刘墉哪有资格和他斗法呢？史书上也记载了，刘墉"委蛇其间，唯以滑稽悦容"——这个刘罗锅面对和珅，只能以插科打诨来博得一笑。

那为什么今天称刘墉为宰相呢？原因是他爱好书法，是清代的书法大家。《清史稿》上说"墉工书，有名于时"，当时就有人称呼他为"浓墨宰相"，意思是说他写字擅用浓墨，是这个领域的宰相；后人以讹传讹，成了擅长书法的宰相。

至于为什么民间传说把刘墉作为同和珅斗法的主角，我觉得一个重要原因是，后来嘉庆皇帝清算和珅的时候，刘墉是主审官之一。不过，他也不过是"奉旨查办"而已。

再说纪晓岚，本名叫纪昀，"晓岚"是他的字。相比只大他5岁的刘墉，纪晓岚的出身就很平常，他父亲是偏远地区的云南姚安知府。30岁的时候，纪晓岚中了进士；到44岁，也仅仅是翰林院侍读。虽然说这个职位离皇帝很近，但说穿了，也就是一个陪着读书的文人角色；而且就在他当上翰林侍读两个月之后，就因为给犯了罪的亲家通风报信，而被剥夺了一切官职，流放到乌鲁木齐，史书上说他"漏言夺职"。

不过正是因为这次犯罪，主审案子的刘统勋，也就是刘墉的老爹，看中了纪晓岚的才华。1773年，乾隆开四库全书馆，刘统勋推荐纪晓岚担任总纂官，"总理编书之事"。

乾隆一辈子最想做的事情之一就是给自己贴上文化人这个标签，书、画、诗词……什么都掺和，而且是大张旗鼓地掺和。今天紫禁城宫殿内绝大部分的匾额、楹联都出自他的手；不过很可惜，一直到今天，也没人承认他是书法家，甚至还一脸嫌弃。很多古代的书画，乾隆一旦看中，就在上面题诗，然后劈里啪啦地盖章，什么乾隆御览之宝、三希堂之类，可惜也没几个人觉得他的章提高了原作的价值，反而觉得像贴了膏药似的看着碍眼。

更让人哭笑不得的是他作诗的癖好。许多皇帝都喜欢写诗，连朱元璋这样没上过学的，都有几首诗流传于世。乾隆在这方面更是当仁不让，古往今来，他是最高产的诗人。有人专门统计过，乾隆一生写过38630首诗，平均每天1.2首。神奇的是，他写的将近四万首诗，居然没有一句能够脍炙人口，不得不说他在诗词上真是没什么天赋。

这样一个喜欢附庸风雅的皇帝，自然也会把盛世编书当成一个梦想，明朝的朱棣编《永乐大典》，我当然得超过他！就这样，乾隆时开始了《四库全书》的编纂，而纪晓岚成了整部书的总编。

二、编纂《四库全书》

所谓四库，指的是经史子集。乾隆的目的是搜集和保存古今之图书，把自己塑造成文化事业的保护者和倡导者。前前后后在四库书馆工作过的学者达到了360多人，此外还有3800多人负责抄书。

《四库全书》总共收录了上自先秦，下至乾隆以前两千多年的重要书籍近3500种。包括了古代所有的重要著作和科学技术成就，甚至还有来自西方的建筑学、天文学等科学图书，《永乐大典》也被涵盖其中。

当然审查也很严格。明末清初那些反清的书，比如夏允彝《幸存录》和夏完淳《续幸存录》，一定要禁；那些和儒家唱反调的书，比如宋朝人王柏的《诗疑》《书疑》，质疑儒家经典《诗经》《尚书》，就被四库书馆里的学究们指责为"师心杜撰，窜乱圣经"，直接给封杀了。

这两类被称为"四库禁书"，合起来大概有2800多种。上面说过，《四库全书》收录的图书一共才不到3500种。这意味着这项文化工程要保存和禁毁的书籍几乎是一半对一半了。当然，禁书只有小部分被焚毁了，绝大多数还是被保存在皇宫里，只是禁止流通和誊抄而已；而且就像《剑桥中国史》说的，朝廷颁布了禁书列表，结果老百姓反其道而行，觉得这些被禁的书有特殊价值，从而小心地保存下来。《剑桥中国史》的结论是"禁令实际上是最有效的广告形式"。这话一直到今天，还是很有道理的，值得各大公司宣传部门好好研究一下。

除了禁书，《四库全书》最被后人诟病的，是这些清朝的学者肆意地篡改古书。

《永乐大典》和《四库全书》

《永乐大典》是类书，《四库全书》则是丛书。

类书，就是按照内容分类的大型百科全书，比如说某一个目录是"猴子"，那就把古书上所有提到猴子的内容，都摘录下来，放到这一章节的下面；至于说用到的古书上其他内容，可能就被摘抄到另一个目录下，也可能就此不要了。《永乐大典》就是这样的类书。

《四库全书》则是丛书，只分为经史子集四大类，然后将所有书全文归类，绝不分割。比如说《旧唐书》是史书类的，就全文照抄到《四库全书》的史部里。

为什么要篡改古书呢？因为清代统治者不够自信，或者说自卑。虽然到乾隆时，清朝的统治已经相当稳固，想要通过科举做官的文人铺天盖地，但他们凡是看到古书里提到蛮夷、胡虏、狄戎这样的字眼，仍然觉得这些人文化人在讲华夷之辨，在骂自己，所以全都要改。这就导致《四库全书》这种抄书为主的工作，竟然需要几百个饱学鸿儒，在纪晓岚的带领之下，干上十年。

举个例子就知道这种改法有多么荒唐，又多么费劲了。岳飞有一首著名的《满江红》，原作中有"壮志饥餐胡虏肉，笑谈渴饮匈奴血"的句子。《四库全书》里也收录了这首词，但是因为岳飞时的女真人是满洲的祖先，就只好改成了"壮志肯忘飞食肉，笑谈欲洒盈腔血"，改得不伦不类，而且和原词的音律不符。

就因为四库禁书和胡乱修改这两件事，后来的知识分子对《四库全书》骂声不绝，鲁迅和吴晗都说过类似"清人纂修《四库全书》而古书亡"的话。

说句公道话，《四库全书》虽然禁毁和修改了很多古书，但是它也抢救整理了很多失传了的古书。比如说《旧五代史》，乾隆年间本来已经失传了，是四库馆臣们抢救出来的。他们抢救的方法，现在称之为"辑佚"。"辑"就是整理，"佚"就是失传的古书，辑佚的过程就是在浩如烟海的古书里面，寻找所有引用过《旧五代史》内容的片段，然后编辑整理，还原这本书。

从这个角度上说，《四库全书》的编纂，当然是一件大好事。梁启超评论《四库全书》："实开辑佚之先声……虽复片鳞碎羽，而受赐则既多矣！"这话相当地客观，也算是为纪晓岚等人正了一次名。

1784年，《四库全书》初稿完成，一共抄写了七部。乾隆把它们放在了七个地方，分别是北京紫禁城文渊阁、沈阳故宫的文溯阁、北京圆明园的文源阁、承德避暑山庄的文津阁、镇江金山寺的文宗阁、扬州的文汇阁，还有杭州西湖的文澜阁。前面四个地方因为在北方，称为北四阁。到现在为止，这七部书还剩下三部半，三部完整的分别藏于台北故宫博物院、北京国家图书馆和甘肃省图书馆；远在欧洲的法国还有半部，是火烧圆明园时留下的残本，像宝贝一样藏在枫丹白露宫。

三、和珅升官为什么那么快

前面说了，刘墉在历史上并没有与和珅正面对着干，反而是"委蛇其间"，比较低调；纪晓岚在和珅面前，就更加顺从了。甚至可以说纪晓岚是和珅的忘年交，甚至死党，但绝对不是他的对手。究其原因，是和珅比这两位的地位高得实在太多了。

电视剧里，和珅、刘罗锅、纪晓岚和乾隆看起来好像年纪差不多，这是绝对错误的。历史上，和珅比纪晓岚和刘墉小了二十多岁，比乾隆更是小了将近四十岁，完全不是一个年龄段的。而且据说和珅的长相俊美，甚至有民间传说他长得和乾隆一位去世的妃子很像，还衍生出一些不经的故事来。

历史上，和珅父亲为满洲正红旗副都统常保，也算是官二代。可惜的是，他两三岁时死了娘，不到 10 岁爹也没了，家道中衰，他和同母弟弟也被整个家族欺负，幸好有个老管家刘全照顾他们哥俩，才没被饿死。后来他靠着自己争气，考上了官学，虽说人很聪明，不仅精通儒家经典，还学会了满汉蒙藏等多种语言，可是因为经常交不上学费，在学校里也是常受人欺负。

一直到某一天，他遇到了冯英廉。

冯英廉当时的职务是直隶总督。在清朝的官场上，一共有九个地方总督，分别是直隶、两江、两广、闽浙、湖广、陕甘、四川、云贵和东三省，都是威风凛凛的封疆大吏，其中又以直隶总督最为尊贵，因为他管理的是天子脚下，地盘虽小，地位却高。

冯英廉偶然之间看见和珅，觉得这小伙子长得也太帅了，叫过来一问，原来是家道中落的官二代，学问还不错。马上就问他，我有个孙女，嫁给你怎么样？和珅自然是千肯万肯。

就这样，和珅娶了直隶总督冯英廉的孙女，从此进入了官场。22 岁的时候，和珅当上了三等侍卫。很偶然地，被乾隆看见了，他也和冯英廉一样，觉得和珅这小伙太帅了，就聊了两句，随即惊奇地发现，原来这个他还精通"四书""五经"，绝对是人才啊！从此之后，和珅开启了开挂的人生。

1775 年，25 岁的和珅升为乾清门侍卫、御前侍卫，兼授正蓝旗满洲副都统，第二年就进了军机处。其后六七年，又不断兼任各部尚书、步军统领等职务。

《清史稿》对和珅的升官速度，用了"骎骎向用"这样四个字。"骎骎"是快马奋力奔跑的意思，意思是他升官的速度像坐火箭一样。

纪晓岚这时候正在四库全书馆里埋头编书，职位是四库全书的总编，但在和珅众多的兼职里，有一个是四库全书馆的正总裁。也就是说，即便不算其他官职，就在四库全书馆里，和大人一进来，纪晓岚也必须马上起身行礼，问一句大人有何贵干？

这里就要问一句，和珅为什么升官这么快？他满洲正红旗都统家庭的出身、帅气的长相、多面的才华和直隶总督的老丈人，这些都是升官的条件；但我认为，更重要的是，和珅恰恰是乾隆当时最需要的人。

1780年的时候，乾隆快70岁了，在皇帝任上干了45年，已经干不动了，却也还不想把岗位交给儿子，他怕万一儿子不听话，自己这个太上皇当得就没滋味了。这是乾隆的第一件心事，干不动，但还不放心交权。

同时，乾隆是一个好大喜功，穷奢极欲的皇帝，最喜欢的就是大排场，无论干什么，都必须是锣鼓喧天、鞭炮齐鸣。就拿几次下江南来说，每一次的名义都是"巡视河工，观民察吏"，可是每到一处，都是建造行宫，铺桥修路。走陆路，人马以万计数；走水路，大小船只数千只。吃穿用行这些的花费，可以说需要太多钱了。据说乾隆六次下江南，花了大概2000万两白银。康熙也曾经六下江南巡视，但只花了不到200万两，因为他每次只带300名侍卫。乾隆和爷爷康熙一比，简直就是败家子。而且整个清朝，皇上的花销很少动用国库，都是从内帑，也就是皇帝自己的私房钱里出，由内务府负责。乾隆皇帝这么大的开销，内帑的钱肯定不够花。这就是他的第二件心事。

清朝皇帝都喜欢微服私访？

清朝的皇帝，无论是康熙、雍正，还是乾隆，都没有微服私访的毛病，肯定也不会有人问他们："皇上，您还记得大明湖畔的夏雨荷吗？"带着一两个人就敢去江湖上厮混的，就算有，也只能是朱元璋那样来自民间的皇帝。现在电视剧上说清朝皇帝喜欢微服私访，那只是因为大家喜欢看而已。

乾隆的两件心事，导致他这时候特别需要一个忠心耿耿，有政治才能，在朝廷上无党无派，只听命于自己一个人，并且一定要会理财，能替自己的内帑增加大量收入的人。

事实证明，和珅就是一个这样的人。

第一，和珅忠诚。一般来讲，当大臣的，效忠皇帝是天经地义的，因为无论如何，都找不到比皇帝更大的了。天地君亲师，就算天地排在皇帝前面，那也是虚的，不会发工资给他。可现实情况是，有很多大臣，在效忠皇帝的同时，还有自己的小团体，甚至和皇帝的儿子、未来的皇帝勾搭，这是让皇帝最烦心的一件事。经过乾隆的观察，和珅无论当多大的官，都是把乾隆放在第一位的，为了乾隆可以得罪任何人，包括太子。

第二，和珅相当善于理财。当时绝大多数官员，脑袋里只有一个观念，财富来自土地，想敛财就是找农民搜刮，一旦有了钱就去买地。和大人却觉得工商业才是一本万利的买卖，他的投资涉及金融、地产、矿山、物流、医药等许多行业。康熙设立的专门和外国人做生意的广州十三行，更是被和珅一手把持，不允许任何人插手。在他接手内务府之前，内务府经常向皇帝报告，"本府进项不敷用，拟取户部库银以为接济"，意思是皇帝私房钱不够花，需要让国库接济；可是和珅上任不久，情况就变了，国家花钱，有时候还要去找内务府去借。这让乾隆不仅有了大把银子可以花,虚荣心还得到了巨大的满足。

就因为这个无人能比的能力,和珅虽然几次因为受贿或者飞扬跋扈而受到乾隆的斥责和处理,但事后还是官照当,威风继续耍。没办法,乾隆离不开一个能弄来银子的家伙。

不过在和珅源源不断输送给乾隆的财源里,有一股细流,却是无论如何都应该受到批判的,那就是议罪银的制度化。

什么叫议罪银?就是官员犯了罪,不用坐牢,也不用打板子,只要交钱就可以免除处罚,相当于交罚款。官员犯了错扣工资这种事,自古就有,为什么到了乾隆和和珅这儿,就要批评了呢?

两个原因:第一,古代罚款收上来的钱是放到国库里,和珅收上来的议罪银是交到乾隆的小金库里;第二,古代一般是扣工资,但和珅要求必须交现银,而且动辄上万两,还不打折。

这样一来,官员们马上就看清楚了,这哪里是行政处罚?明明是帮皇帝搂钱啊。那些心眼活不要脸的大臣就动起了歪心思,比如河南巡抚何裕城,有一次就上书说:臣前天不留神,把香灰洒到了奏折上,不巧洒到了皇上朱批的位置,这罪过太大了,自己"惶惶不可终日","自请罚银三万两"。明眼人一看就知道,何巡抚这就是变相给皇帝送钱,弄得乾隆都不好意思了,下旨说让他交一万两意思意思就算了。

其实,就算官员真的犯了罪,交钱保住了官帽子后,一转身也会利用手里的权力,把这笔钱捞回来,最终倒霉的,还是老百姓。所以说,议罪银这个制度,是乾隆朝一大败笔,后来和珅倒台之后,嘉庆废除了这个制度,实在是英明之举。

185. 英国人访华

除了对皇上忠诚，有理财能力，和珅的政务能力也很强。我们很难说他是一个卓越的政治家，但是不能否认的是，他确实有办事的能力。这一点不仅仅是中国人，就连外国人都很佩服。

这个夸奖和珅的外国人，名叫马戛尔尼。

一、访华的细节

1793 年，英国派出了一个超大规模的使团，正式对清朝进行访问，使团的最高领导是马戛尔尼伯爵。

1760 年左右的英国，打赢了七年战争，击败了法国；并率先开始了工业革命，以机器取代人力，以大规模工厂化生产取代个体的手工生产，从此逐渐取代荷兰和法国，成了世界上的老大。虽然在 1783 年，它不得不承认美利坚合众国在北美独立，脱离它的控制，但是这丝毫也没影响它在世界上的地位——到处都是它的殖民地，相当于到处都是它的原材料来源地和工业商品的销售网点；就算不是殖民地的，也都打开国门，和英国人愉快地做着生意。

可大清朝是个例外。大清当时既不是英国的殖民地，也没有打开国门，仅仅是在广州城外，弄了一个地方，叫作十三行街，和英国人做买卖；而且英国人还不能带家属，甚至连仓库都建不了，货物放在远离自己的船上，非常不方便。

英国上至政府，下至老百姓，向清朝或者委婉，或者直接地提过无数次意见，要求清政府对英国商人友好一点儿，放宽对他们行动的限制，关税也最好再降一点儿。清朝地方官员对此的回复是：谁请你们来了？不愿意待就走人吧！当然，这话是经过我的演绎了，两广的总督和巡抚老爷们肯定不会这么粗俗。

清朝官员有这种态度一点儿都不奇怪。在传统的儒家文化里，商人的地位很低，而来自英国的商人，相当于"蛮夷的二道贩子"，能给你一个笑脸，你都应该回家烧香感恩了，还挑三拣四，那肯定是不能答应的。

在这样的氛围下，英国政府感受到了来自民间商人的巨大压力。1773年，英国就有海军将领提出了从印度北上占领中国的构想，但被当时的首相老皮特给否决了。

否决的原因一点儿都不复杂——英国人心里没底儿。

那时候的英国，大部分人对中国有一种天然的尊敬。前面说过，欧洲最早了解中国，是从《马可波罗行纪》开始的，这本书把元朝的中国夸成了一朵花，欧洲启蒙运动时期的先哲们也经常不惜笔墨，表达对中国的赞美。再加上明朝末年欧洲列强在和中国打的几场战争中，没占到什么便宜，因此更加觉得中国神秘和强大。

到1792年，清朝在前面说过的廓尔喀战役中打败了尼泊尔，这更加让英国人认识到，和中国作战没有什么获胜的把握。因为英国曾经多次廓尔喀人开战，没有占到任何便宜。于是他们用A等于B，B小于C，所以A也小于C的方式一推导，就得出结论：和当时的中国打仗，最好的结局也许就是两败俱伤。

可是商人们的诉求也不能不管，毕竟，大英帝国全靠这些二道贩子维护海外的利益。所以，廓尔喀战役之后，几乎在第一时间，国王乔治三世下定了决心，派马戛尔尼带队，去中国探听虚实，打出的旗号是，给

"伟大的东方君主爱新觉罗·弘历"庆贺八十大寿。实际上,英国人搞错了,弘历生于1711年,中国人古时候出生就算一岁,这叫虚岁,乾隆皇帝的八十大寿早在1790年就过完了。

当然,名义不重要,重要的是目的。英国使团表面是希望改善英国商人在中国的待遇,促进两国商贸往来,暗地里却带着一个说不出口的目的,那就是法国人佩雷菲特在《停滞的帝国——两个世界的撞击》这本书里记载的:"在不引起中国人怀疑的前提下,使团应该什么都看看,并对中国的实力做出准确的估计。"换句话说,他们还负有间谍的任务。

马戛尔尼伯爵精心地准备了这次出访,不仅组织了800多人的团队,还预备了无数礼物,包括蒸汽机、织布机等原汁原味的工业发明,天体运行仪、望远镜等欧洲最顶尖的天文学仪器,还有榴弹炮、步枪、连发手枪等各种先进武器。除此之外,英国政府还赠送给乾隆一个"君主"号炮舰模型,"君主"号装配有110门火炮,是当时英国规模最大的战舰。

可以说,1793年的这次出访,英国人把他们所有能拿得出手的最先进的科技发明,都装在了船上。这样做有两个目的,一是展示诚意,二是炫耀,甚至威慑。在给乾隆的地球仪上,特意标明了英国当时在世界上的殖民地分布,以及英国开发出来的世界航线,潜台词是,迄今为止,我们打遍世界无敌手,就问你怕不怕?

1793年6月,马戛尔尼使团抵达澳门外海,随后沿着海岸线一路到了天津,这时候乾隆正在承德避暑山庄,英国人只能风尘仆仆赶往承德,但就在路上,他们和来迎接的中国大臣发生了冲突。

马戛尔尼在国书里说自己是大英国王的"钦差",可是中方说你们应该是"贡使"——进贡的使者。别的国家对于我们大清王朝,只有两个身份,一个是藩属国,另一个就是敌人,你们自己选一个吧。

这个称呼冲突还不是最激烈的,毕竟只要改一下就可以了。更麻烦的是英国使团成员如何给乾隆行礼的问题。清朝要求必须按照儒家规定的、传统的三跪九叩之礼来办事，双膝跪地，上身趴下，磕三个头，然后站起来，这样的动作要连续做三次，等于是跪了三次，磕九次头。

英国人一听就怒不可遏——这礼节我们没学过，做不出来。清朝官员说，不会我们可以教你。马戛尔尼坚决不同意。

这件事一直吵到乾隆接见他们的前一天。就在这一天，和珅出面了，他向马戛尔尼建议了一种折中的办法，那就是你们必须跪三次，但是可以单膝跪地，也不用磕头，只需要点三次头即可。马戛尔尼说这个可以，那我们要不要去亲一下皇帝陛下的手呢？和珅说，你要是亲了，也就不用回英国了。

这次会谈，和珅给马戛尔尼留下了很深的印象，他认为这位中国首相，是"成熟稳重的政治家"。

二、访华的意义

第二天早上，乾隆如约见了英国人。几乎所有英国人在随后的日记里，都记录了早上3点，在一片黑暗之中，他们走了几公里的路，来到灯火辉煌的避暑山庄，朝见乾隆的奇特感受。这也是英国人第一次见识到中国的早朝制度，早上3点就起来上班，令他们大感惊奇。

在随后的几个月里，马戛尔尼渐渐发现了一个事实，那就是他带来的这些礼品，并没有引起乾隆的很大兴趣，但他还是提出了六点要求，大致归纳起来就是：在北京设置英国商馆；允许英国商人在宁波、舟山和天津做生意；确定关税，不能随意加征；从澳门运到广州的英商货物免税或给予税率上的优待；在舟山附近划出一个不设防的小岛，归英国人使用；在广州附近划出一块土地，供存货、居住，且英国商人可以自由往来。

应该说，前几条还好，但要求在舟山、广州附近提供土地供其使用，则差不多是想要割地的要求了。在马戛尔尼心里，这是一个商业谈判，漫天要价，等着坐地还钱。可他没想到的是，乾隆想都不想，直接就拒绝了，六条要求一条都不答应。

就这样，马戛尔尼在多次要求谈判被拒绝之后，灰溜溜地踏上了回国之路。他来的时候是沿着中国海岸线来的，把海防看了一个遍，走的时候却顺着大运河南下，等于是横穿中国腹地，又把运河两岸的民情社会和军事情况全都观察了一遍。这些全都记录在英国使团的日记里。

马戛尔尼这次访华，对于清朝和英国意义十分重大。

英国，甚至整个欧洲，在马戛尔尼这次访华之后，都逐渐改变了对中国的看法。以前欧洲人敬畏中国，尊敬并且畏惧。伏尔泰甚至说过，"欧洲人应当成为中国人的徒弟"，在他们的脑海里，中国代表着繁荣、富强、文明，每一个人都像贵族一样彬彬有礼。马戛尔尼本来已经退休了，乔治三世给他很多高官他都不做，但是听说让他带团去中国，马上就收拾行囊，原因就是他对中国有迷恋情结，他曾说过，一辈子最向往的事就是去中国。

没想到去过之后大失所望，清政府给他们的印象是傲慢自大，腐朽不堪。马戛尔尼日记上说，清政府"好比是一艘破烂不堪的头等战舰"。清朝的军队居然是大刀长矛为主的冷热兵器混合部队，并且使用的热兵器还是明朝末年的装备，落后欧洲至少上百年。清朝的老百姓，很多是面黄肌瘦，食不果腹。

也就是从这一次访问开始，英国国内对清朝动武的声音开始大了起来。五十年后，他们终于动手了，这事儿后面再说。

对清朝来说，马戛尔尼访华，本来是他们认清世界，认清自己的好机会；也是最后一次不被欺负地、自主地融入工业社会的机会，因为英国人这一次带来了所有先进的技术，没有隐藏，而且他们的主要目的也是贸易，而不是开辟殖民地。

那么，为什么乾隆和他的大臣们没有被对方的科技所吸引，甚至震撼，从而走上富强的道路呢？原因有很多，网上最流行的看法，是乾隆因为对方没有真正行三跪九叩大礼，所以对对方带来的任何东西，提的任何建议都不感兴趣。这可能是原因之一，但是这里面还有一些更具体的原因。比如说乾隆看着英国人带来的天体模型，一个太阳带着包括地球在内的四个行星运动，便问，这是干什么用的啊？可是翻译水平实在是太低，憋了半天才说，陛下，这是计算二十四节气的。乾隆一听就没兴趣了，二十四节气我们大中华两千年前就算好了，你们英国人整这么复杂的玩意就为了这个？就连马戛尔尼后来在回忆录里都说，这次外交失败的根本原因之一就是"翻译水平过低"。

还有一个原因是，马戛尔尼提出来的条件里，有一条是想在舟山群岛里占据一两个小岛，乾隆马上就被刺激到了，这就是割地啊，那是万万不能答应的；连带着，把其他条件也一概拒绝了。

无论如何，马戛尔尼来了，又走了，在80多岁的乾隆心里，这只是一件极小的小事，而他正面临着一件很大的事情，那就是传位给儿子永琰。

三、谁继乾隆位

乾隆上台的时候就说过："若蒙眷佑，得在位六十年，即当传位嗣子。"原因是康熙皇帝在位61年，他不敢超过爷爷执政的时间。那时候他可没想过自己会活这么长，居然真的就让他熬到了85岁，当了60年的太平天子，现在就差不多到了他履行自己承诺的时候了。

永琰并不是他的嫡子，而是庶出的第十五子。

本来，乾隆上台的时候，想着让嫡长子接位是最理想的。原因有二：一是他和孝贤纯皇后感情特别好。孝贤纯皇后是满洲镶黄旗人，富察氏，15岁就嫁给乾隆，不仅长得漂亮，而且性格恭敬节俭，温婉大气。乾隆爱她，想把她生的儿子立为储君。二是按照儒家传统，嫡长子才是最正宗、最合适的继承皇位之人。可诡异的是，清朝前面几位皇帝，因为种种原因，没有一个是嫡子继位，乾隆不服气，觉得自己一定要破这个例。

基于上面这两个原因，他早早地把孝贤纯皇后生的大儿子永琏的名字写在了黄纸上，放在了乾清宫正大光明的匾额后面，这叫秘密立储制度。可惜的是，三年之后，永琏得病死了。

到了乾隆十一年，孝贤纯皇后又生下儿子永琮，乾隆马上就又拿出黄纸，把永琮的名字写了上去，再一次挂在了正大光明匾的后面。可没想到的是，这一次连三年都不用，头一年写上去，永琮第二年就夭折了。伤心之余，乾隆很自责："欲以嫡子承统，行先人所未曾行之事，邀先人所不能获之福，此乃朕过耶！"意思是，老天爷就是不让爱新觉罗的嫡子继承皇位，我一番瞎折腾，害了两个儿子的命，都是我的错！此后，乾隆很长时间都绝口不提立储的事情。

到了乾隆三十八年，乾隆62岁的时候，环顾左右，17个儿子也没剩下几个，左思右想之后，立了13岁的永琰为太子。当然，这次也是秘密立储，大家并不知道。

大家虽然不知道谁被立为储君，但是放到正大光明匾额后面这套仪式还要举行。于是，一段很奇葩的祈祷词就被记录下来了。据《清实录》记载，当天，小太监爬着梯子往上面放黄纸的时候，乾隆在下面向列祖列宗说了这样一段话："如其人贤，能承国家洪业，则祈佑以有成；若其不贤，亦愿潜夺其算，毋使他日贻误，予亦得以另择元良。"意思是，我选的这个儿子，如果祖宗们认为可以，就保佑他，如果认为他不怎么样，就快点儿把他收走吧，别耽误国家，我也好赶紧另外找一个。

也许清朝的老祖宗们真的就觉得永琰不错，此人无病无灾地活到了1795年，35岁。这一年乾隆84岁，正好当了60年皇帝，按照早年许下的诺言，他第二年必须下台了，不能超过爷爷康熙当了61年皇帝的记录。

老乾隆看着儿子永琰，心里叹息一声，天意啊！于是，这一年九月，乾隆在勤政殿，召皇子、皇孙、王公大臣等入见，指着永琰说，这就是太子，我明年就传位给他，年号我都替他想好了，就叫嘉庆。同时，他把永琰的"永"字改成了一个比较复杂的"颙"字，这自然是为了避讳方便。

第二年，1796年，大清王朝换了皇帝，也换了年号。可是很快大家就发现了，新皇帝就是一个摆设，乾隆是交位不交权，军国大事及人事安排都是他说了算，后宫之中，甚至还用乾隆的年号。

造成这个局面的原因当然是乾隆对朝堂的掌控，可是他也不是一个人。每次上朝时，他坐在儿子嘉庆帝旁边，而在他旁边站着的，就是和珅。这时候的乾隆已经86岁了，他说的话除了和珅谁也听不清楚。所以，和珅说的话，对于大臣来说，就是太上皇的谕旨；对于嘉庆这个新皇帝来说，就是老爹的训斥，没人敢反对。因此人称和珅为"二皇帝"，就连嘉庆，也只能讨好和珅，不仅赐给他大量良田美宅，奴仆婢女，还免除了和珅对自己的三跪九叩之礼。

在这样的情况下，和珅更加飞扬跋扈，宫里宫外都是他的人，结党营私，贪污受贿，肆无忌惮。史书上记载，就连他的奴仆刘全打死了人，也能大摇大摆走出刑部，官员们还得在后面恭敬地说，刘管家，您走好，千万别摔了。

1799年2月5日，农历大年初一，太上皇乾隆偶尔得了一场感冒。所有人，包括他自己都没当回事。可是两天之后，病情急转直下，他在大年初三，驾崩在紫禁城养心殿，结束了他对大清王朝63年零4个月的统治。

顺便说一下，乾隆去世那一年，距离北京一万多公里之外，也有一个人去世了。若是按照后世的名气来说，乾隆还比不上这个人，此人就是乔治·华盛顿，美利坚合众国的第一任总统。

乾隆是中国历史上寿命最长，实际统治时间也最长的皇帝，这个记录足以让他有资格下去和别的帝王们吹牛了。

总的来说，康熙、雍正、乾隆三朝，是中华帝国历史上的最后一个盛世，号称康雍乾盛世，简称康乾盛世，西方国家，包括日本对此也相对认可，称之为"High Qing"，"高大上"的清朝。

186. 和大人升天

在中国史学界内部,对康雍乾这一百三十多年的历史到底算不算盛世,一直有争议。

在我看来,康雍乾只能算半个盛世,或者说,是一个瘸腿的盛世。

一、所谓盛世

如果从开疆扩土、对外关系、国库府藏、人口增长、社会稳定这五个方面来看,它毫无疑问是一个盛世。经过康雍乾三代帝王的努力,清朝直接控制着北起外兴安岭和额尔古纳河,南至南海诸岛,西起帕米尔高原,东至库页岛的1300多万平方公里的土地。这是一个从秦始皇统一中国开始,没有一个朝代能达到的面积。其他朝代虽然也有过面积很大的时候,但很难说全都是由中央政府直接控制的,而清朝做到了。

有人可能说,这最多算是穷兵黩武,有什么用?或者说,占的地盘大就说明是盛世吗?关于有什么用,只举一个例子:东北大庆油田曾经养活了多少中国人,大庆出产的石油对新中国的工业建设发挥了什么样的作用?

至于说占地盘大算不算盛世,我们可以这样思考:这么多地盘,不是靠嘴上功夫就能挣来的,需要的是实力,是源源不断的后勤保证,是大量戍边的士兵和花费。康雍乾三朝不仅保证了这件事得以顺利实行,还保证了国库里面一直都是盈余。雍正年间的 1727 年，库存银已增至 6000 万两；乾隆时，国库常年库存都在 6000 万到 7000 万两，最高时达 7800 万两左右，史书上说，"为国朝府藏之极盛"，这样的繁荣，当然是盛世的表现。

而且国库里这么多钱，并不是靠加税或对老百姓强征暴敛得来的，靠的是奖励开荒、发展农业科技、兴修农田水利、禁止圈地、改革税赋等一系列有利于农民的政策。比如说农业科技，康乾时期从以前一年种一季粮食，发展到一年种两季，甚至三季粮食，而且亩产的收获率很高，小麦的收种比达到了 15 比 1，也就是种下 1 斤种子，能收获 15 斤粮食。同时期，欧洲最先进的英国，这个数据也仅仅是 10 比 1。

不单是不加税，在那一百多年，皇帝还经常下令减免税收。康熙在位 61 年，一共减免天下钱粮 545 次，换算成银子，达到了惊人的 1.5 亿两，可见那时候国家的富裕。

在这样的背景下，康雍乾实现了人口的巨大增长。根据现有的资料，顺治八年，也就是 1651 年，清朝人口是 4200 万，到了乾隆六十年的 1795 年，140 多年之间，人口增加了六倍，达到了惊人的 2.9 亿。这是一个奇迹，因为这背后不仅仅是吃饭的问题，还有出生婴儿死亡率的下降，以及人口寿命的增长。这两项都是巨大的系统工程，需要整个社会的进步才能实现。

不过，张宏杰教授在的《饥饿的盛世》这本书里质疑了这一点。他不是质疑人口，而是质疑人口的生存质量。吃土豆活着，和吃三文鱼享受生活，那当然是两个世界。而且他还引用了马戛尔尼的记录，说马戛尔尼访问清朝之后说过这里"遍地都是惊人的贫困""我们扔掉的垃圾都被人抢着吃"之类的话。

对于张教授的质疑，我首先要说，我们不能用现代的工业文明标准，去要求古代农业文明的盛世。在农耕时代的生产力背景下，人能活着就已经很不错了；吃饱，只能是贵族和少数发达城市平民的特权。这事儿即便在当时的欧洲也是一个难题，否则也就不会有同时代马尔萨斯的《人口原理》了，感兴趣的可以去看一看。

其次，引用马戛尔尼使团人员的记载，很多时候是没有意义的，因为他们既有对清朝的批判，也有大量的赞美。关于普通老百姓的生活，使团访华时所乘的"狮子"号的大副安德逊也说过下面这番话，用来描述他沿着大运河看到的一些农村风光："周围是各种富饶的农作物，广阔的草场上满布着绵羊和最肥美的牛。他们的园圃看上去可以供应家庭所需也能观赏，它同时生产大量的蔬菜和水果；这美妙的景色使我的眼光缭乱。"引用不同的资料，往往会得到完全相反的结论，所以，还是要总体来看。

不过，上面的辩证思考并不代表我完全反对张宏杰教授的结论，我和他一样，也不赞同把康雍乾时代称为完整的盛世。我认为最多算半个，不过我的理由不太一样。

我有两个理由：第一，在我看来，所谓盛世有三个条件，一是科技、经济、军事全面领先于当时的国际社会；二是文化思想具有强大的国际影响力；三是老百姓普遍具有强烈的民族自豪感和使命感。应该说，康雍乾时代也领先，也有国际影响力，但是局限在它周边地区，相比于欧洲，它实际上在很多方面已经开始落后了。

第二，几位统治者的眼光有问题。一个盛世的统治者，必然要具有超出同时代的眼光和魄力，汉武帝当年开辟的丝绸之路、唐太宗当年推行的民族融合，便是如此。可是清朝的这三位皇帝完全没有意识到他们应该完成的历史使命——让国家从农业文明进入工业文明，从土地文明发展到海洋文明。他们并没有意识到，一个新的时代已经来临了，这是一个依靠科学技术的工业化新时代，男耕女织的小农经济只会让整个国家落后于人，进而挨打，受欺负。

现在流行一句话：选择比努力更重要。有些事，你选择错了，越努力,就越差劲。在我看来,康熙、雍正和乾隆这三位英明神武、尽心尽力的皇帝,就是因为方向选错了,导致中国后来的种种灾难。

明朝时的中国在铸铁、枪炮、造船、丝绸、纺织、瓷器、航海等工业和科技上,在世界是处于领先水平的。我在我的音频节目《美国史话》里说过,郑和带着船队满世界跑的时候,欧洲人还在地中海里扑腾,明朝的工业产量占世界的一半以上,远远高于它农业产量在世界上的占比;但是到了清朝,因为《论语》《资治通鉴》这类书看多了,"重农抑商""重农抑工"的思想变本加厉,翻遍史书,也找不到这三位皇帝重视工业的证据,倒是经常看到他们巡视河道、视察农田、重视水利的新闻报道。无论国家还是民间,积累了大量财富之后,并没有像欧洲那样,流向工业和科技,除了开发土地,剩下的都进入了非生产领域,吃喝玩乐了。

康雍乾时代相比于明朝,工业发展不仅停滞不前,甚至出现倒退,工农业国内生产总值占世界的三分之一,但工业产值只占世界十分之一。明末的大规模工业萌芽和科技,很多都被直接扼死在襁褓之中。对外贸易方面,清朝的海禁比明朝的更严格,基本上就是闭关锁国,仅保留广州作为通商口岸,而且只允许政府参与贸易活动。

情况既然是这样,那是谁最先提出"康乾盛世"这个概念呢?粗略检索一下,这个词最早出现在1955年的《人民日报》。当时《人民日报》的社长兼总编辑邓拓写了一篇《论〈红楼梦〉的社会背景和历史意义》,里面说道:"清代的所谓'康乾盛世,嘉道守文'的整个时期,即是封建经济发展到烂熟的时期,也是它的内在矛盾和外部矛盾开始充分暴露的时期。"把"所谓"这两个字放到了"康乾盛世"之前,邓拓这里说的其实是反话,意思是康乾盛世名不副实,一直到改革开放之后,基本上学术界都是这个观点。换句话说,"康乾盛世"这四个字,是用来讽刺清朝的。可是1980年代之后,随着各种文章和电视剧的问世,这四个字经常单独出现,最终竟然完成了从讽刺到夸赞的词义变化,成了褒义词。

如果要总结一下，那么可以说，康雍乾时代是农业文明在中国历史上达到的一个新高度，三个皇帝确实治理得很好，是古代中国最辉煌的时期之一。但是，因为方向的选择错误，导致了在世界历史的大变革时代，没有跟上形势。这就好像是赛跑，中国在最后一个弯道，没有拐弯，而是选择了一条道跑到黑，不得不说，这是一件很遗憾的事情。

二、和珅下台

乾隆咽下最后一口气的当天，即位的嘉庆皇帝就任命和珅为首席治丧大臣，即刻进宫，为乾隆安排后事。和珅屁颠屁颠地进宫准备当好这个治丧大臣的角色，谁也没想到，他来是来了，却回不去了。

第二天，嘉庆皇帝再下圣旨，免去和珅文华殿大学士、领班军机大臣、步军统领等职位，同时被免职的还有福康安的弟弟福长安，因为他和和珅是一伙儿的。当然，嘉庆比较客气，说免职的原因是为了让他俩诚心诚意地给乾隆守灵。

事情到了这一步，傻子都看出来了，新皇帝这是要对和大人下手了。这时候，就看谁的反应快了，砰砰两声，跳出来两个小官——给事中王念孙和广兴，两个人几乎是同时弹劾和珅贪污受贿，结党营私。

正月初八，和珅被扔进了刑部的牢房；正月十一，嘉庆下令抄和珅的家。两天之后，抄出的和珅的家产据说相当于白银8亿到10亿两，这个结果令所有人都倒吸一口凉气。那时候，清朝一年的财政收入只不过是7000多万两，和大人一个人的家底，相当于清政府15年的收入，所以民间就传说"和珅跌倒，嘉庆吃饱"。正月十四，嘉庆说了一句："朕若不除和珅，天下人只知有和珅而不知有朕。"下令判和珅死刑。和珅的儿媳妇，嘉庆帝的小妹妹，固伦和孝公主，还有刘墉等人，纷纷上书说，对于和珅这样的体面人，应该让他体面地去死。于是正月十八这一天，嘉庆扔给和珅一根白布条，请和大人升天。

到了这个地步，和珅只能去死。在狱中，和珅写下一首诗，诗的最后四句是："对景伤前事，怀才误此身。余生料无几，空负九重仁。"意思是，想起以往的辉煌，我百感交集，之所以有今天，正是因为我出色的才华，现在没几天活头儿了，最难过的，还是辜负了先皇乾隆爷对我的厚恩啊。

一个忠心耿耿、忠臣孝子的形象跃然纸上。

这里就有三个问题：第一，嘉庆为什么要和珅去死；第二，和珅那么大的权势，怎么不反抗呢？第三，和珅怎么那么有钱？

这几个问题互相关联，并不复杂。嘉庆杀和珅的理由其实就是三个字——"二皇帝"，这是一个外国人马戛尔尼都知道的绰号，嘉庆帝对之咬牙切齿，痛恨多年。嘉庆皇帝每天上朝，名为皇帝，但是旁边坐着老爹乾隆，老爹的旁边还有一个和大人；更严重的是，老爹说的话自己一句也听不清，反而是这位和大人，全听明白了，然后以太上皇的名义对自己指手画脚。时间长了，别说嘉庆自己，就是大臣们也都有了一个疑问，上面这俩人，到底谁才是嘉庆的爹呢？进而满朝文武仰望和大人的笑脸，那绝对比看嘉庆的笑脸还要灿烂。是可忍，孰不可忍！仇恨，让嘉庆这位大孝子在老爹刚刚去世之时，就把他老人家最喜欢的宠臣送到了地下。

当然，单单从政治的角度出发，拿下和珅，清除旧的势力集团，也是新皇帝嘉庆愿意看到的。

第二个问题是，和珅为什么不反抗？

我个人认为，这里面有两个原因：第一是他没想到嘉庆这么快就对自己动手，简直是一分钟都没耽搁。我甚至觉得，和珅可能从来没想过嘉庆会对他动手。一个人在某一个位置上待久了，渐渐地，周围人的马屁他都觉得是事实了。和珅被乾隆宠信几十年，被大臣们赞美了几十年，他就真的以为自己有管仲、乐毅、诸葛亮等人的才华了，岂止是皇帝家族离不开自己，地球离开自己也不转了。所以，他可能自信满满地认为，嘉庆上台之后仍会像乾隆那样依靠、重用自己。

第二个原因当然就是实力不允许。和珅就算知道嘉庆皇帝要拿他开刀，也没办法，因为他手里没兵权。和珅脑袋上的官帽子一大堆，可是除了步军统领，其他都是文官职务，而且他也不像是福康安或者阿桂这些大将，带过兵，打过仗，而只在乾隆的仪仗队里混过。所以，他所能采取的对抗方式也就是联络党羽施压、找人求情、表忠心、交出家产、告老还乡或逃跑等，这些手段是不是奏效，要看皇帝的"恩典"。对于一个没有军队撑腰的"权臣"，皇帝想要他死，比碾死一只蚂蚁困难不了多少。

那和珅为什么没有事先跟嘉庆搞好关系呢？非不为也，实不能也。就在乾隆六十年，嘉庆被正式宣布为太子的前一天，和珅给嘉庆送去了一个玉如意：一是暗示，您明儿就是太子爷了；二是投靠，我和珅绝对像伺候老皇帝那样伺候您。

可惜这个举动非但没给他加分，还成了他二十条大罪的第一条，原文是："和珅于初二日即在朕前先递如意，泄漏机密，居然以拥戴为功，其大罪一。"这是标准的拍马屁拍到马蹄子上了。当然，你也可以说这是欲加之罪，何患无辞。

第三个问题就是和珅为什么那么有钱？

这涉及如何给和大人算家产的问题，以及是不是还有夸大的成分。今天说起和珅，都知道他是中国历史上最大的经济犯罪分子，甚至在全世界都排得上名号。按照抄家得来的财产，国外有人把他称为18世纪世界上的首富，可是在和珅的二十条罪状里面，涉及经济情况的，只有三条，而且官方的最终说法是，"家内银两及衣服等件，数逾千万"。这个数目和前面说的几亿两白银相差太大，原因何在？

其实，和珅被抄出了几亿两家财主要来自野史或者民间传说。中国第一历史档案馆藏有一份《和珅犯罪全案档》，据学者考证，很可能也是太监等人从官方邸报、小钞或道听途说记录下来的，内容真假难辨。

其实，除了"贪官"，和珅还有另一个很值得注意却常常被人遗忘的身份——"红顶商人"。

乾隆皇帝赏识他的最大原因就是他可以搞来钱。他利用手里的权势，做各种大小生意，当铺、银号、物流、矿山、房产等，还把持着广州十三行，跟老外做生意。这些生意的利润，很难讲哪些是给乾隆的，哪些是他自己的，如果把这些他控股的买卖都算成是他贪污的，那几亿两白银绝对是有的。

有一件事必须为和大人翻案，电视剧《铁齿铜牙纪晓岚》和一些讲历史的人，说和珅贪污赈灾的银子，这是完全不符合史实的，和珅从来没有贪污过赈灾的银子。事实上，他不仅不贪污赈灾的钱财，谁要是对赈灾钱下手，反而会被他狠狠地打击。乾隆五十一年，甘肃发生了特大干旱，乾隆派和珅去赈灾，发现朝廷拨下的300万两赈灾款没有全部到位，为此和珅大发雷霆，处理了一批贪污赈灾银的官员，还巧妙地让甘肃各级官老爷们"捐"了50万两白银，这些钱全都如数发给了灾民。

三、腐败问题

当然，即便和珅只是贪污受贿了千万两银子，那也是大清帝国一年税收的七分之一左右，还是把嘉庆皇帝的双眼晃得一阵阵刺痛。更何况，在这一年，四川白莲教起义的首领王三槐被招降后，押到北京被审理时说了四个字，"官逼民反"。这些都对新皇帝嘉庆刺激很大，他觉得他爹乾隆给他留下了一个大麻烦，那就是官员们贪污受贿成风。

这的确是康雍乾三代留下的一个大问题。社会承平已久，滋生了各种腐败现象。那么，为什么会这样？这里简单地谈谈我的看法。

古今中外，无论是皇帝，还是老百姓，都希望聪明人来当官，原因也简单，因为政府既要带领大家走向光明，又要和社会上各种黑暗面作斗争，要是官员们不聪明、没眼光、没手腕、没能力，怎能带领大家致富，斗得过邪恶势力？

问题是，聪明人首先是人。只要是人，就有七情六欲，也有老婆孩子，要是他赚的钱满足不了自己的需要，那怎么办？而且"满足需要"四个字还真就没有一个统一的标准，像海瑞那样，就着一个咸菜疙瘩，两口子能吃四大碗米饭的，真的不好找，十万个人里面，也没有几个。

社会上大多数人"满足需要"的标准是向他们周围的圈子看齐的。一个知县，要是他媳妇时常和县里大富翁的媳妇们逛街打麻将，那县里首富的标准就成了他们的标准。在这种心理的驱使之下，知县两口子可能就希望自己的收入和县里面的富翁是一致的。同时，这些能当上知县的人会认为，如果不是因为做了知县，自己也可以成为县里的富翁，甚至首富，这就会导致心理不平衡。

解决这种矛盾和心理不平衡的办法一般来说有三个：一是只让县里的富豪们当知县，你要是穷，就先去赚钱，赚够了钱再来竞争知县老爷的位置；二是无论谁当知县，都把他的工资提高到富翁的标准；三是把知县一家子都教育成甘于过老百姓日子的人。

大中华自古以来，采用的就是最后一种办法。事实证明，效果一般，很多官员，包括他的家里人，最后都走上了贪污受贿的道路。

嘉庆皇帝并没有意识到"教育"这条路有什么不好，他决心继续采取这个办法。那么，他是怎么干的，有没有效果呢？

187. 皇帝也抠门

和珅倒台之后，嘉庆皇帝决心继续用儒家的教育方式来治理贪污腐败，这就是"咸与维新"运动。实际上，他的办法就是召回一大批儒家的知识分子到朝堂上当官，包括了刘墉、尹壮图，还有他老师朱珪等人，让这些清廉的老臣天天给大家讲课。同时，他以身作则，把自己的生活搞得非常简朴，五十大寿禁止民间演戏庆贺，六十大寿又禁止给他送金珠玉器。

最出名的一件事是，乾隆活着的时候，新疆发现一块很大的美玉，乾隆下令赶紧送到京城来，可是还没等这块玉运到，乾隆就死了。嘉庆马上下旨说，无论这块玉运到哪儿了，就地抛弃，我这个皇帝以身作则，过简朴日子，不喜欢美玉这些东西。

很明显，嘉庆这种以身作则兼思想教育没有奏效。只要看一下接下来发生的几件事，就会知道为什么了。

一、怠政懒政

第一件事发生在嘉庆八年（1803），嘉庆亲政之后的第四年。一个因为喝酒闹事被辞退的厨子，在紫禁城门口拿着一把明晃晃的刀子，准备给嘉庆来上一刀。神奇的是，周围的所有侍卫都呆若木鸡，居然没有一个救驾的，最后是嘉庆帝的姐姐和驸马爷拉旺多尔济扑上去抱住了这个厨子，不然嘉庆的执政时间很可能就终止在这一年了。

第二件事发生在十年后的嘉庆十八年。嘉庆在承德避暑山庄的时候，大兴县有一个信奉天理教的，名叫林清，率领两百多名教徒，在皇宫一个小太监作内应的情况下，居然从东华门和西华门攻进了紫禁城，甚至一路打到了太和殿。危急时刻，当时正在上书房读书的嘉庆嫡长子绵宁，拿出皇宫不允许使用的火枪，爬上了宫墙，对准天理教徒开火，当场打死了两名天理教徒。林清等人害怕了，双方对峙了两天，天理教的这次造反才以失败告终。

第三件事是在嘉庆死的那一年，1820年，大清王朝六部之一的兵部发生了失窃案。说出来简直丢脸到家，兵部的大印居然丢了；更神奇的是，这个大印是在失窃半年之后才发现不见了的，最后也没找到，只能让礼部再刻一个了事。

上面这三件事说明，清朝到了嘉庆时期，已经不仅仅是腐败，整个官场的呆滞、怠政、懒政已经到了登峰造极的地步。在我看来，这些比腐败更加让人头疼。

当然，这件事的根本原因在于乾隆。乾隆从七十多岁开始，就抱着多一事不如少一事的态度，对大臣们干不干活，是不是有政绩基本无视，只关注他们的上贡。据史书记载，每到他生日或者冬至之类的日子，外地来京城上贡的车经常达到几万辆，各种奇珍异宝源源不断地汇集在京城，被他放在圆明园里。上有所好，下必甚焉，整个官场上很快就刮起浮夸奢靡之风，大家都不干正事。

多年的积习，靠着嘉庆皇帝上几堂课就想改变，那是根本不可能的。这种病必须要用猛药，绕过官场的这群老爷们，启用一个新的机构，一批新的官员来打击旧有的官僚体系。这种事，朱棣干过，办法是设立内阁；康熙干过，建立了南书房；雍正也干过，创立了军机处。可是嘉庆皇帝读儒家的书太多，读傻了，并不明白这个道理，反而处处都要依靠朝里固有的大臣。为了表现他的正大光明,他甚至还废除了情报机构粘竿处。

就这样,嘉庆成了一个端坐在紫禁城里的神,天天瞎忙活,史书上说他"宵旰勤劳,曾无一日稍纾圣虑",一天也不闲着,甚至死之前的一日,还在熬夜批阅奏章,在皇帝的位置上,发出一道道圣旨。底下的大臣们都恭敬无比地接旨,所谓"众正盈朝",然而他们嘴里唱着赞歌,一转身就把圣旨束之高阁,不干活的还是不干活,贪污的也照旧贪污。

与此同时,和明朝晚期一样,官员们又重新和资本勾结在了一起。最明显的例子是,"捐纳"几乎被制度化了。

捐纳,就是拿钱买官。这种事历朝历代都有,比如汉武帝当年就干过,但是把这事制度化、全面化,是在清朝。山西平遥蔚字票号首任总经理毛鸿,在乾隆、嘉庆两朝,曾捐出了大把银子,买回来"将军""大夫"等31个头衔,连县太爷看见了他,都要跪下请安;犯了罪,别说县长,就是知府也不一定好使,因为人家的级别在那里摆着呢。

面对这样的官场,嘉庆帝确实不知道如何努力。嘉庆十年(1805),嘉庆憋出一个办法来,带着所有文武大臣,到盛京,也就是今天的沈阳,忆苦思甜,或者说重走辉煌路。他领着大家对着努尔哈赤等祖宗的坟一个一个地拜过去,然后进行教育。在回来的路上,他写下了《守成论》,称:"以祖宗之心为心,以祖宗之政为政,率由典常,永绥宝祚,咸有一德,守之不变,丕基至于万世可也。"

有人说,这件事宣示嘉庆的执政方针转向了全面保守,可他以前其实也没什么执政方针,现在只不过是回头要按照爸爸、爷爷、太爷爷的办法治理国家,潜台词是,万一不行,责任也不在我。

果然,从这一年开始,嘉庆天天早上起来就读《圣祖实录》《世宗实录》《高宗实录》等,遇到问题,那一定是大喊一声,别忙,让朕先翻翻古书,看看俺爹怎么做的。

有一次,紫禁城失火,太监们为了防止有人趁机捣乱,把宫门全都关闭，扑灭了火。嘉庆当时很高兴，说有赏；结果晚上翻了一下书，第二天赶紧又说别赏了，因为乾隆时，宫里失火是要打开宫门，让外面的士兵来救火的。所以，昨天做错了。

复古复到这个份儿上，还能指望嘉庆有什么出息吗？

实际上，嘉庆当时所面对的，恰恰是千年未有之大变局。世界上，英法俄等国正以惊人的速度发展工业，就连北美洲的新秀美利坚都开始向工业化迈进了，可中国依旧"以农为本"，清朝前期发展带来的一系列问题也都发酵完毕，随时可能爆发。这些问题包括巨大的人口压力、社会矛盾日渐尖锐、鸦片不断流入中国、八旗子弟的生计、国库钱粮的亏空等，每一件都需要一些创新的思维去解决。在这种时候，嘉庆还一心想着问老祖宗们怎么办，那简直就是问道于盲。

1820年秋天，忙碌了一辈子，私人品德堪称完美，勤政风范堪称楷模的嘉庆帝驾崩在热河避暑山庄，享年60岁。关于他的死，民间有一种流行的说法，说他是受雷殛而死。

《清史稿》则说："戊寅，驻跸避暑山庄。己卯，上不豫，向夕大渐。"意思是，头一天在避暑山庄住下，第二天就发病，当天晚上就死了。

我个人认为，《清史稿》上说的应该是对的，因为嘉庆留下了遗嘱，说自己"迨抵山庄，觉痰气上壅，至夕益甚，恐克弗瘳"，就是说自己到了山庄就感觉不舒服，心口闷，到了晚上更厉害，恐怕是不行了。后代的历史学家认为，这就是中暑导致的心脑血管病发，是过去很平常的一种死法。嘉庆皇帝是清朝历代皇帝里最胖的，得这种病是很有可能的。

"越南"的由来

"越南"这个名字是嘉庆帝起的。1802年，大清的附属国安南改朝换代，新的国王阮福映说，要改国名叫"南越"。嘉庆帝听了之后，觉得历史上的南越包括广东、广西等地，安南要改名南越，那自然是不行的。于是，下圣旨宣布对方新的国名为越南，于是这个名字就一直用到了今天。

二、极致抠门

嘉庆死后，他的儿子绵宁即位，这就是前面说的，拿鸟枪打死了两个天理教徒的那位皇子。和平时代少有皇帝亲手杀死过人，这位绵宁算是其中之一。他上台之后，改名旻宁，这是仿效父亲，让兄弟们不必改名字，算是一种宽大之举，年号是道光。

道光是大清王朝第一个嫡长子即位的。前面说过，他爷爷乾隆当年有一个心愿，就是要为大清立一个嫡长子，可惜没如愿，于是绵宁小时候特别受乾隆喜爱，是被严格按照皇帝的标准来培养的。

从六岁开始，绵宁就要每天4点起床，去上书房坐着温习功课，到早上6点，老师来讲课，一直讲到下午2点，中间吃一顿饭。

下午2点之后，绵宁要继续学习满文、骑马、弓箭等，清朝著名的学者赵翼当时正好在皇宫里当差，感慨地写下了这么一句："我朝谕教之法，岂惟历代所无，即三代以上，亦所不及矣。"意思是大清朝教育后代的法子，简直是太严格了，太完美了，别说其他朝代没有，就算是夏商周以前的美好大同时代，肯定也没有。

赵 翼

赵翼首先是一位文学家，他和袁枚、蒋士铨一同提倡文学创新，反对拘泥模仿古代风格，三人并称为"江右三大家"，因为活跃在乾隆时代，又有"乾隆三大家"的雅号。赵翼还写过《廿二史札记》，是他看了中国古代的二十二部正史后留下的感想和心得。之所以是二十二部，是因为当时《旧五代史》和《旧唐书》还没有流传于世。这两部书，都是在修撰《四库全书》时抢救回来，然后才并入正史的。

道光皇帝上台的 1820 年，是一个什么年代呢？这一年对于中国来说，只不过是产生了一个新皇帝；可是对于这个世界，却完全可以用日新月异来形容。火车、电灯、电报、电话、电车、电影、留声机、X 光、打字机等，都是这个时代前后发明的，大炮和巨舰更是不断地刷新杀伤力的历史纪录。

如果把当时的世界比作一个大澡盆子，有一个老天爷在天上瞧着这个澡盆子。他就会发现，很多地方都咕嘟咕嘟地翻滚，剧烈地变动，唯有这个叫中国的地方，和几百年前一样地平静，政治、学术、社会结构、文化思想等，一切都没有变化。唯一的变化就是换了一个皇帝，而这个新皇帝最大的标签还是节俭，比他爹还节俭。

道光节俭到什么程度呢？可以说，前所未有。

道光过生日，不仅不收礼，也不摆酒席。据说有一年，皇后过生日，道光让御膳房杀了一头猪，说招待一下来给皇后祝寿的人，在每个人的菜汤面里面，放了一片猪肉。就这么一个举动，把过生日的慎成皇后感动得当场就哭了起来。因为道光规定，宫里面的嫔妃太监，不过节的时候是不能吃肉的。现在因为自己生日，皇帝破例让大家吃肉，这份爱确实很深沉，怎么能不让皇后感动得大哭？

道光的笔墨纸砚这些办公用品，丝毫不搞特殊化。平时吃饭，最多四个小菜，不允许超标。最神奇的是，除了外面的龙袍，其他衣服基本都是打了补丁的。

刚刚登上皇位的时候，道光就颁布了著名的《御制声色货利谕》，主要有下面几个内容：重义轻利，不蓄私财，停止各省的进贡，不再增建宫殿楼阁，等等。在这份上谕里，道光引用了孔子弟子有若说过的一句话："百姓足，君孰与不足？百姓不足，君孰与足？"意思是，老百姓富了，我怎么会穷，老百姓要是不富裕，我又怎么能富得起来？

纲领、口号都有了，再加上道光真的是以身作则，节俭到抠门的地步了，这一下，清朝官场的风气该转变了吧？国家应该好了吧？

答案是否。

表面上看，在皇帝的带领下，官员们全都开始节俭起来，上朝的时候都穿着打补丁的衣服，而且比谁的补丁多。那时候的朝会很像是金庸小说里的丐帮大会。一眼望去，从龙椅上坐着的，到下面跪着的，全都衣衫破旧，打满补丁，个个像叫花子。两个大官一见面，讨论的都是如何省钱，张尚书说我现在天天白粥就咸菜，李侍郎可能就回答，我们全家每天早早地就钻进被窝，都不花灯油钱。

很可惜，这些大多数都是做给皇帝看的。有史料记载，很长一段时间，北京城里的旧衣服卖得比新衣服还贵，因为都被官员们买了去，穿给皇帝看。据《清宣宗实录》记载，道光去检阅军队时，将领们完全明白这个大老板是什么样的人，就提前给手下打招呼，让手下都穿打补丁的战袍。结果道光看完后大喜，当即给大家升官。于是，欢声雷动。

节俭到这个地步，如果真的省下了钱，还算好；可问题是，他并没省下钱，这是为什么呢？

来看一段轶事。

有一次，道光召见一个叫曹振镛的官员，问他膝盖上的补丁花了多少钱。曹振镛随口说，花了3两银子补的。当时道光没说什么，回去就把内务府大臣找来问，为什么曹振镛两个膝盖的补丁才花3两银子，我的一条裤子打一个补丁要1000两银子？内务府总管的解释是，皇帝您的裤子用的是苏州特有的布料做的。合适的、能给你补裤子的面料必须去苏州找，需要耗费大量的人力物力，加起来可不是小数目。最后，内务府的工作人员扒拉着算盘子，给皇帝一算账，道光皇帝惊奇地发现，原来1000两补一个补丁，不仅不多，还少了。道光听完，默默无语，回到后宫之后，对皇后说，以后你领着后宫里的妃嫔，给我补裤子吧。皇后只能点头称是。

再后来，当道光问曹振镛，鸡蛋多少钱一个时，老曹就不敢回答了。毕竟，和内务府总管对着干也没什么好处。于是他回答道，我身体不好，吃鸡蛋过敏，从来不吃鸡蛋。

那么，内务府给道光的鸡蛋报价是多少呢？30两银子一个。要知道，当时北京城里的市场上，1两银子可以买几百个鸡蛋。

像内务府这样，明显把皇帝当傻子，放在清朝前面任何一个皇帝身上，可能早就人头落地了，但道光帝就是毫无办法。皇帝如此，大臣们自然是投机取巧的居多。曹振镛晚年，别人问他当官的诀窍，他的回答是："无它，但多磕头，少说话耳！"你可以说他是一个官场油子，也可以说，皇帝那模样，大臣们也只能是这水平了。

我觉得，对于道光，后来蔡东藩先生的评价非常精妙："徒齐其末，未揣其本，省衣减膳之为，治家有余，治国不足。"也就是说，他本末倒置，如果管理的是一个小家，自己节衣缩食还可以，但是治理国家，这是万万不行的。

道光皇帝除了水平不行，运气也不好。嘉庆上台的时候，除了国库里的7000多万两白银，还从和珅那儿搞来了数千万两的银子，所以嘉庆虽然也是一个平庸之辈，平定白莲教起义就打了八九年，花了2亿多两银子，但总体来说，帝国没啥事，有钱就可以平庸，可以躺赢，也可以任性。

等道光当上皇帝之后，账面上倒是还有2000万两银子，可一查库房，一大半都不知所终，而且是一笔糊涂账，什么时候丢的，怎么丢的，根本就没人知道。大清王朝经过乾隆末期和嘉庆一朝，不仅贪腐成风，而且几乎所有官员的所有心思都用在了贪腐上，拿钱还不办事。

三、鸦片肆虐

皇帝抠门，官员贪腐，老百姓在做什么？很不幸的是，老百姓这时候正躺在床上，任由一股股白烟在鼻子里面进进出出，据说这股白烟能让人飘飘欲仙，身强力壮，要啥有啥。是的，这玩意叫作鸦片，俗称大烟，或者烟土。

鸦片是从一种叫罂粟的植物里提炼出来的，本来是中亚出产的，后来慢慢地传到了全世界。到达中国的时间现在已经不可考，据说三国时华佗就是用它作为麻醉剂，但却要到唐朝才有史料记载鸦片从中亚进口到中国。这玩意引进后一直都当中药用，即便是民间有人当作日常的消费品，也是放在水里煮，然后喝那个水。宋朝时，流行把罂粟和茶叶放在一起煮，苏东坡就喜欢这玩意，曾经写诗说："道人劝饮鸡苏水，童子能煎莺粟汤。"莺粟就是罂粟，也就是鸦片。

16世纪末，哥伦布在北美看到印第安人吸烟后，就把这个吸食的习惯带回了欧洲。欧洲人把鸦片混在美洲的烟草里抽着玩，觉得很不错，当时强大的荷兰人就把这种混合品带到了全世界，其中就包括了当时的明朝。据柏杨写的《中国人史纲》，明朝万历皇帝三十多年不上朝，就是偷偷躲在后宫吸鸦片，"福寿膏"这个相当诱惑人的名字，也是万历皇帝给起的。

不过，这时候的鸦片还是和烟草一起吸食的，危害并不太突出，甚至很多中外医生还极力赞美，说它是"上帝给人类的最伟大礼物"。

事情的根本变化发生在明朝崇祯十年，就在这一年，崇祯皇帝下旨，"嗜烟者死"，谁再吸这种烟，就砍了谁的脑袋。崇祯并不是有先见之明，当时他并不是要禁鸦片，也并不知道烟草的危害。他之所以禁烟，是因为那时候把吸烟称为吃烟，而崇祯的祖宗是燕王朱棣，可以说整个家族就发祥于燕，"烟"和"燕"同音，你们现在要吃烟，那是什么意思？所以，必须禁止。

正是因为这个原因，不和烟草掺杂在一起的鸦片反而不在被禁之列。换句话说，烟不能吃了，但吃鸦片随便。这就造成了一个后果，那些暂时戒不掉烟的人，改成专门吸食纯鸦片了。

很快，烟民们有了两个惊喜的发现：第一，鸦片不和烟草混合在一起，直接往肺里面吸实在是太爽了；第二，一旦吸上，就离不开了，这和后来海洛因的发展过程几乎一模一样。海洛因在欧洲几百年都没大麻烦，可是到了美国，瘾君子直接拿起针头，往血管里注射海洛因，麻烦就大了。

道光时期，社会上吸鸦片的人非常之多。史书上记载："蔓衍天下，自士大夫以至贩夫走卒，群而趋之，靡然而不返。"道光皇帝可能也是一个瘾君子。这样说是有根据的，在道光的《养正书屋全集》里，他亲笔写下了这段话："外无所事，倦则命仆炊烟管吸之再三，顿觉心神清朗，耳目怡然。"这里的"烟管"，你可以辩解说是水烟袋，但我猜测是鸦片。依据现在清朝皇帝的画像，道光帝的瘦骨嶙峋应该不是基因出了问题，也不会是营养不良，至少每顿四菜一汤，基本营养还是有保证的，瘦成那个模样，很可能就是吸鸦片的后果。

不过有一点必须声明一下，清朝自从雍正皇帝开始，就不断地在严禁鸦片。1796年，嘉庆皇帝上台的第一年就明文规定：禁止贩卖、种植和进口鸦片。道光上台之后，也颁布了行政命令："开馆者议绞，贩卖者充军，吸食者杖徒。"也就是开烟馆的一律吊死，卖鸦片的要去充军，瘾君子们打板子，然后流放。

可是几十年下来，吸鸦片的人不仅没少，还更多了。

这里就有一个问题，既然国内都不让种了，这些鸦片来自哪里呢？

188. 林则徐禁烟

道光时期的鸦片，来自英国商人，首先是大名鼎鼎的英国东印度公司，它当时垄断了英国和清朝的所有贸易。东印度公司很清楚，清朝是禁止鸦片买卖的，所以它的办法是利用二道贩子。当时东印度公司控制着全世界最大的鸦片生产基地——印度，它在加尔各答把鸦片卖给大大小小的其他英国商人，然后这些人再买通清朝官员，贩卖鸦片到中国内地。

这些二道贩子当时有另一个称呼，叫港脚商人。这是一个相当古老的词，指那些在亚洲专门为大英帝国服务的商人。你可以说，这是一群英国的红顶商人，英国人当老板，印度人和中国人为他们服务，而且这些老板，或者老板的老板，大多数都是英国的议员老爷们，他们的公司统统叫作港脚公司。其中著名的有怡和洋行，这是罗斯柴尔德家族占股的；旗昌洋行，美国总统小罗斯福的姥爷就在这个洋行服务过，还赚了大钱；其他还有宝顺洋行、曼彻斯特商会；等等。

走私鸦片的规模有多大呢？在道光皇帝上台之前，这种行为还是偷偷摸摸的，每年4000箱左右。按照标准的东印度公司鸦片箱来算，大概是75公斤一箱，也就是300吨。因为鸦片的价格波动很大，很难估算到底值多少钱，如果取一个平均数，大概是180万两白银。

到了道光十八年（1838），这个数字涨了十倍，每年40000箱，而且价格也水涨船高，大概当年有2000万两白银扔到了鸦片上。从这一点来看，道光皇帝说的话确实一点用都没有，沿海的海关形同虚设，英国商人和当地的政府官员互相勾结，大量的鸦片通过走私渠道进入了中国。

后果相当严重，除了民众健康受损，农民不能种地，士兵不能打仗之外，还造成了大量的白银外流，国内物价飞涨，国库空空如也。

一、禁烟之争

面对这种情况，清政府有两种意见。第一种是弛禁，对鸦片进行宽松管理。1836年，当时的太常寺少卿许乃济上了一个《鸦片例禁愈严流弊愈大亟请变通办理折》，在这份奏折里，许乃济认为，对鸦片禁得越严厉，问题就越多，还不如不禁。他的办法是允许外国人卖鸦片，只不过不仅要收很高的税，还要以货易货，中国商人进口鸦片不能用银子买，只能用茶叶等商品和外国人交换，同时在中国境内允许种鸦片，这样时间长了，外国人无利可图，也就没有鸦片进口了。至于说国内抽大烟的，官员、读书人和士兵都应该禁止，但也不能严惩，否则会导致他们互相隐瞒不报，免职、斥退即可；其他普通老百姓，许大人的原话是，"海内生齿日众，断无减耗户口之虞"，大概就是说反正中国人口多，已经快4亿了，死几个没什么了不起。

许乃济说得有没有道理呢？这取决于你怎么看。

第一，本土生产鸦片，最后一定会让英国走私鸦片的商人无利可图，从而杜绝走私，也就防止了白银外流，这一点是有极大的可能性的。

第二，那时候鸦片在世界很多地方确实都不是非法的。在英国，以各种方式食用鸦片的比例甚至比中国还高。据当时的史料，1836年至1837年，清朝吸鸦片者有142万人，相当于总人口的1/245；而英国食用鸦片的大约有40万人，相当于当时人口的1/62。所以，开放鸦片并没有道德上的问题。不过，我们必须注意一件事，英国人是"吃"鸦片，大清的国民是"吸"鸦片，上瘾的程度和对身体的摧残完全不一样。

有一点也是确定的，即便按照许乃济的建议，也避免不了后来的鸦片战争，因为那场战争发生的原因，根本就不是鸦片的事儿，甚至可以说和鸦片基本上没有关系。

许乃济唾沫横飞地说了一通之后，他环顾四周，期待此处出现雷鸣般的掌声；可惜，他非但没有获得满堂彩，反而被一群大臣喷得狗血淋头。原因只有一个，禁烟是从雍正开始的一项基本国策。

此后，直隶总督琦善、湖广总督林则徐分别上书支持政府禁烟。林则徐在上书中直言不讳："若犹泄泄视之，是使数十年后，中原几无可以御敌之兵，且无可以充饷之银。"意思是任由事态发展，几十年后，不但我们的士兵没有战斗力，而且民间也没有银子可收了。

道光皇帝看了林则徐的奏折，一边点头称善，一边心惊胆战，你让一个吝啬到媳妇儿过生日才吃一碗肉丝面的家伙，一分钱都收不上来，那和要了他的命有什么区别？于是，1838年年底，林则徐被道光任命为钦差大臣，去广州查处禁烟。

二、林则徐禁烟

林则徐出身于一个极其普通的家庭，读书刻苦，智商和情商都很高，才得到了湖广总督这样的官位。他有一样特别好的品质，无论做什么事儿，都十分认真。皇帝让他去主持科举，修理运河，他都干得十分出色，这也是道光皇帝选择他作为禁毒先锋的原因。

当时的林则徐和道光，都认为禁烟只是中国政府和英国商人之间的事情，并没有意识到会导致相当严重的后果，倒是林则徐的好朋友龚自珍，在为他送别时写了《送钦差大臣侯官林公序》，提醒他说："无武力何以胜也？"并说："此行宜以重兵自随。"意思是，您去断人财路，不亚于谋人性命，拳头要是不硬的话，估计肯定不行，所以千万要多带点儿士兵去。从这篇赠序中可以看出,写出了"不拘一格降人才"的龚自珍,绝对是一个人才,只是官场上不得意罢了。

林则徐到广州之后,做了大量的前期调查工作,专门派人翻译《澳门新闻纸》以及南洋、印度、伦敦等地的外国人书报,最后整理出了一本书,叫《四洲志》。几年之后,林则徐的另一个朋友,大名鼎鼎的魏源写了《海国图志》,就是以《四洲志》为基础的。在那本书里,魏源提出了一个著名的口号,"师夷之长技以制夷"——要想打败洋人,就必须学习他们的长处。我们现在称魏源为中国近代开眼看世界的第一人,实际上,他是跟在林则徐后面"看世界"的。

1839年3月18日,林则徐正式通知广州十三行,让他们去通知所有外国商人,三天内交出所有鸦片,并且要写具结书,也就是在保证书上签字,保证以后永远不携带鸦片,"一经查出,货尽没官,人即正法,情甘服罪"。

可惜,这个命令被当作耳旁风,甚至还有传闻说,英国驻华商务总监查理·义律要带着一群英国鸦片贩子逃跑。

看到英国的鸦片贩子拒绝配合,林则徐一怒之下,封锁了英国商务会馆,断绝通信,断水断粮。为了搞清楚鸦片泛滥的情况,林则徐还剑走偏锋。他先是来到了广州越华书院,把自己苦思冥想出来的一副对联,写在了越华书院的大门上,上联是"海纳百川,有容乃大",下联是"壁立千仞,无欲则刚",表示自己不畏艰难,一定要禁烟的决心。随后,他把广州粤秀、越华、羊城三大书院的645名学生招入了"广州教育局",说是要"考试",可实际上,考生的卷子上却是下面这些问题:第一,你所知道的鸦片集散地及经营者姓名;第二,你所知道的零售商;第三,过去禁烟的弊端;第四,你建议的禁烟之法。

自古以来,无论是太学生,还是大学生,都是一腔热血之辈,看完了对联再看试题,觉得林大人实在是为民请命的好官,那就跟他干了。

于是大家都玩了命地写，拼了命地揭发。就这一件事，林则徐就掌握了商人们走私鸦片的规模、方式和人员，以及从中舞弊的清朝官员等几乎所有情况。

最终，在3月27日，义律和会馆里面350多名各国商人受不了了，答应交鸦片。

就这样，从1839年4月10日开始，林则徐和当时的两广总督邓廷桢、广东水师提督关天培一起，在虎门的沙角收缴鸦片，他这时候表现得很慷慨，大手一挥，说交上来一箱鸦片，我给你5斤茶叶。

接下来就发生了著名的虎门销烟，林则徐把收缴的鸦片全都集中在两个大池子里，先是用海水浸泡，再用生石灰搅拌。到6月20日为止，一共收缴销毁了1万多箱，共计237万多斤鸦片。

三、战争爆发

事情到此为止，本来没什么。一国禁止的东西，如果硬要往里带，被没收并且销毁，那无论在任何时候，任何国家，都是天经地义的，更何况还用茶叶交换。所以，美国、葡萄牙、法国商人不仅积极配合，写保证书，还围观叫好。

林则徐自然投桃报李，拱着手作了一圈揖，表示愿意与各国商人和平相处，友好贸易。可是话音未落，就发生了一件很偶然的事情。1839年7月7日，今天香港九龙尖沙咀一带，英国商人船上的水手因为无所事事，下船去附近的村子里喝酒，和当地村民发生了冲突，一名叫作林维喜的村民被英国水手给打死了。

事发之后，英国驻华商务总监义律试图用钱来平息这件事。要是乾隆和和珅两位还在，那肯定同意了——议罪银拿来，你们回家吧。可是林则徐不愿意，他坚持让义律交出凶手，由清政府审判，而且拿出了当时世界上流行的,瑞士法学家瓦特尔写的《万国律例》,说这上面说了,义律手下的这群水手没有外交豁免权,勒令他赶紧交人。

可是义律不仅不交人,还自己在自己船上审判五名行凶的英国人,最长的刑期是监禁六个月,最高的罚款是20英镑。也就是一条中国人的性命,最多可以换一个英国人坐牢6个月,交20英镑的罚款。然后义律命令这五个人马上坐船返航,回英国服刑,估计船到了英国,这几个家伙也就服刑完毕了。

林则徐很生气,一怒之下,决定和英国断绝贸易往来,并且开始驱逐英国商人。其实这时候,只要英国人赔礼道歉,林大人和大清的面子有了,也许事情就完了,清朝还是可以和英国愉快地做生意的。但一直等到1839年年底,大清也没等来英国人的认错道歉。于是,1840年1月5日,道光正式任命林则徐为两广总督,同时宣布,禁止一切英国船只进口,彻底断绝和英国的贸易。

这一下,事情闹大了。1月16日,维多利亚女王在国会发表演说,表示很愤怒;不久,英国外交大臣巴麦尊向英国国会报告了英国政府对华用兵的目的及军费预算,英国国会在4月初进行了表决。

这里必须注意的是,要是以为那些支持对中国动武的英国议员大声谴责中国销毁鸦片,那就大错特错了。他们的理由是,中国侮辱英国国旗,妨害英国商务,掠夺英国财产,危及英国人生命等,一条都没提鸦片的事儿;反倒是那些反对战争的议员,他们的理由才涉及鸦片,说大英帝国的国旗不应该保护毒品交易。

这只说明一点——英国人完全清楚,他们这些"绅士"向中国贩卖鸦片既是一种违反国际法的犯法行为,也是违反道德的下流勾当。

可是,很多英国议员在中国还有生意,断绝贸易往来的圣旨,严重侵害了他们的利益。最后英国国会以微弱优势通过了对清朝动武的决议。我们现在嘴里的"鸦片战争",英国人嘴里的"通商战争",终于爆发了。

从上面的描述可以看出，鸦片战争的导火索是清朝断绝了和英国的贸易，断绝贸易的导火索是义律包庇在大清领土上犯罪的英国人，而义律要包庇的英国人杀了林维喜，犯了死罪。

最后，如果有些人非要把林维喜被杀的原因归结到林大人销毁鸦片这件事上，那是不是得说，因为禁烟，英国水手们不再买卖鸦片了，所以才有闲暇上岸喝酒闹事？！很明显，虎门销烟和鸦片战争之间，隔着一大堆的偶然因素，无论林则徐是不是销烟，英国人大概都会发动这场不义之战。

1840年6月，义律率领英国军舰16艘，武装轮船4艘，运输舰28艘，陆军4000人，抵达广州海面。

道光皇帝之所以敢于和英国彻底断绝往来，有一个不大不小的原因就是林则徐在虎门销烟之后，和英国人打了几仗，像穿鼻之战、官涌之战，都胜利了，这让道光觉得英国人也没什么了不起。

可道光不知道的是，林则徐能取胜，是下了大工夫的。他从1839年年初到广州的时候开始，就着手建设海防，加固炮台，购买了很多大炮，还有一艘军舰。另一方面，英国人从海上进攻广州要走珠江口，这地方是一个喇叭口，越往里走就越窄，英国的军舰完全处在两岸炮台的火力之下，很难取得进展。

其中的玄机很快就被英国远征军看出来了，他们觉得，进攻广州绝对是下下策，所以采取了另一个策略：留下四艘军舰围困珠江口，骚扰广州，其他船只沿着中国海岸线一路北上，把战火烧到离北京更近的地方去，这样一来，就可以把压力直接放到道光皇帝身上。毕竟，英国人并不想占领中国，而主要是想逼迫清朝和他们做生意。

英军北上的第一站选在了舟山群岛附近的定海。战争的结果很惊人，英国人只用了9分钟，就彻底摧毁了定海的城墙和炮台，随后就是对定海县城的洗劫。两个当地官员倒也不是孬种，总兵张朝发战死，知县姚怀祥投水自尽。可是这又有什么用呢？这里只用一件事就可以说明当时清朝和英国的差别。攻破定海之后，英国人发现了一门西方铸造的大炮，上面清楚地写着铸造的时间，1601 年。换句话说，这是 240 年前，明朝人用过的老古董了，可是清朝人却还在继续使用。这一件事就让英国人明白了，在这个武备废弛的国家，想怎么打就怎么打。

随后，英军继续北上，一直打到了天津大沽口，并且向大清朝廷递交了《巴麦尊子爵致中国皇帝钦命宰相书》，这实际上是一份外交照会。其中，巴麦尊指责林则徐残害英国商人，请求道光皇帝给英国商人昭雪申冤，当然，"顺带地"，也提出通商、割地、赔款、道歉等要求。这是一通让广州城里除了英国商人之外，所有中国百姓和其他外国商人都目瞪口呆的说辞，一句话，巴麦尊在撒谎。

然而这时候道光皇帝恨不得麻烦离自己越远越好，指示直隶总督琦善"相机妥办"，琦善也明白道光的意思，就和英国人商量，你们能不能去广州谈判？要是答应的话，我可以代替皇帝答应你们，一定狠狠处理林则徐。

恰恰在这个时候，因为水土不服，英国军队里开始流行传染病，负责谈判的义律就坡下驴，表示愿意回到广州继续谈判，连琦善的回复都等不及，马上就离开天津南下了。其中原因自然是怕传染病大流行，可是道光不知道，他觉得琦善可真是一个人才，单凭一张嘴，居然一下子就把英国人打发到几千里外的广州去了。

于是，1840 年 9 月 28 日，琦善被委任为钦差大臣，代理两广总督。林则徐被撤职，发配新疆伊犁。

林大人听到这个消息，欲哭无泪，不过他也没认错。当他走到西安，和家人告别的时候，写下了这样的句子："苟利国家生死以，岂因祸福避趋之？"只要对国家有利的，我就不顾生死，又岂能有祸就躲，有福就上？很明显，他认为在广州做的没错，落得今天流放的下场，他也不后悔。

那么,琦善愿意接替林则徐吗?我觉得他是不愿意的。他到了广州之后,奉行拖字诀。无论义律提出什么条件,他都既不答应,也不报告给道光,来个模棱两可。事实上,他也不敢答应,比如义律说让清朝割让香港岛,用琦善的话来说,那是"天朝从来未有之事,其势断不能行"。是啊,大清什么时候割让过自己的领土?这种事,不用想都知道道光皇帝是不可能答应的。

琦善的如意算盘是,拖得时间长了,拖到英国人不得不回国,任务就算是完成了。

琦善算来算去,就是没算计到英国人会掀桌子。被琦善的拖字诀搞得火冒三丈的英国人在1841年1月发动了攻击,转瞬之间,就占领了大角和穿鼻两个炮台要塞。这一下,琦善害怕了,火烧眉毛只顾眼前,只好和英国人签署了《穿鼻草约》。当然,琦善是否正式签过这个协约,学者们还有争议,而道光皇帝肯定是没有批准这个协约的。

《穿鼻草约》主要内容有三点:第一是割让香港岛和港口,但是岛上的正当商税还是归清朝,只是让英国商人随便居住;第二是赔偿英国鸦片贩子600万银元,这里的银元指的是西班牙银元,一块大概相当于6钱银子左右;最后一条就是承认中英两国平等。

道光皇帝勃然大怒,下令逮捕琦善并且抄家,另外派了满洲贵族奕山、湖南提督杨芳赴广州,给奕山的头衔是"靖逆将军"。中国古代将军的名号是有含义的,如果是"抚远",那就是想要和平;可如果是"靖逆",那就是讨伐。奕山手里捧着这个新的官帽子,心里欲哭无泪,因为按照这个新官衔,他必须要打败英国人。

偏偏奕山胆小如鼠,到了广州,被英国人几门大炮一轰,吓得瑟瑟发抖,别说"靖逆",就连"静坐"都做不到了。另一位大将杨芳上了广州的墙头看了两眼,得出一个结论,英国军队的大炮之所以打得那么准,是因为他们有妖法。既然是妖法,那就没事了,因为降妖捉怪这事儿,咱中国人自古就在行。于是他赶紧去广州城里准备使用过的马桶,里面最好有各种未处理的物件,一起摆在城外的小船和小船后面的城墙上,下令只要英国的船舰过来,就把马桶打开对着他们。结果可想而知,大家不仅要躲避炮弹,还要躲避被炸得四处飞溅的有机物,狼狈不堪。

万般无奈之下,奕山和杨芳退出了广州城,壮着胆子请求义律带领的英军不要进入广州城,他俩立刻就支付《穿鼻草约》里答应的 600 万银元。义律想了想,居然同意了,奕山和杨芳大喜过望,马上就向道光皇帝报告,说英国人声泪俱下地跪在我们面前,向我们哭诉他们的冤屈,我们查明事实之后,让广州商人把欠英国人的 600 万银元支付给人家,英国人就退兵了。为了让老百姓生活得更好,我们就擅作主张,已经准许和英国人互相通商了。

道光看完了报告,以为香港岛不用割了,钱也不需要自己出,一切都已经过去,于是高高兴兴地下了一道圣旨,把奕山狠狠地表扬了一通。打了败仗,马桶水溅了一身,还赔了钱,但是报告却写得如此精彩。我觉得啊,奕山和杨芳要是活在现在,在任何公司做到首席执行官都得算是大材小用了!

189. 丧权还辱国

奕山和杨芳打不过英国人，却花言巧语，骗得道光皇帝以为和英国人的摩擦没事了。如果说道光端坐在紫禁城，两眼一抹黑好糊弄，那为什么英国人也不吱声？难道奕山和杨芳这一对活宝把义律也忽悠住，连香港也不要了？

一、丧权辱国的条约是怎么签下来的

英国人之所以同意不进入广州城，有两个原因。第一，奕山和杨芳说按照《穿鼻草约》向义律缴纳600万银元，这在义律看来，就相当于同意了《穿鼻草约》，那自然也就包括了割让香港岛。换句话说，双方对给钱这件事的理解不一样。第二，义律一直在望眼欲穿地等着英国政府对《穿鼻草约》的回复，伦敦那边不表态，义律就不敢有下一步的行动，既不敢扩大战争，也不敢撤退。

可他等来的是一纸免职令。道光皇帝不同意《穿鼻草约》，英国政府更不同意。香港岛的税收还要给你们大清，这还能叫割让？还有，600万银元打发叫花子呢？英国人认为，兴师动众，劳师远征，占的便宜太少了，不够本。

于是，璞鼎查爵士取代了义律，任英国远征军总司令。

璞鼎查到任之后，没有和清朝进行任何沟通，直接带兵北上，重新攻陷厦门、定海、镇海、宁波等沿海城市，清朝两江总督裕谦在全军覆没之后选择了自杀。

刚刚歇了一口气，一个补丁还没缝完的道光听说了这件事，气得差点一口气没上来，同时也是勃然大怒。到这个时候，道光还是没意识到中英两国当时的巨大差距，他依旧相信，凭着清朝的实力，绝对能打败这远道而来的几千英国人，于是紧急任命奕经为大将军，带着 2 万人去收复宁波。

最后的结果让道光大失所望，大清朝的 2 万精锐在 1000 名英国士兵面前不战而溃，别说收复失地，连阻挡一下都没做到。英国人拿下上海之后，沿着长江，进入了中国内地，最后更是占领了江苏、镇江，切断了运河大动脉，直逼南京城。

到了这一步，道光除了写文章骂人，也就无计可施了，只能派出了大臣耆英去和英国人和谈。当然，他心里也清楚，这一次，恐怕对方的要价要比《穿鼻草约》高得多了。

果然，最后达成的协约是把赔偿改成了白银 2100 万两，是原来 600 万银元的差不多 6 倍，而且香港岛必须割让全部主权。这也是中国向西方列强的第一次割地，让道光心里无比郁闷。除此之外，要开放广州、福州、厦门、宁波和上海五个港口给英国商人。要留意的是，在这之前，这几个港口也开放，只是不给英国商人而已。

上面这几条，就是中国近代史上最出名，而且也是一直被认为是丧权辱国的《南京条约》的主要内容，是 1842 年 8 月 29 日，清朝代表耆英、伊里布和英国的璞鼎查在英国军舰汉华丽号上签订的。

更加丧权辱国的是接下来的一系列条约。

《南京条约》要求开放五个口岸通商，可是具体怎样通商，并没有谈好。英国人要求再详细商量一下，拟定一个后续条约。于是耆英和璞鼎查就在 1843 年的 10 月，分别签署了《中英五口通商章程》和《五口通商附粘善后条款》，后者又被称为《虎门条约》。

其中除了通商的细节，还规定了下面四点内容：第一，英国人在中国土地上，无论是自己人之间，还是和中国人发生了任何争执，都不受中国司法管辖，由英国官员自己管理，换句话说，本来是给予主要外交官的领事裁判权，现在每一名英国人都可以享受到了，他们若在中国土地上杀了人，中国法官是没有权力审判他们的；英国的军舰可以在五个通商口岸停泊，目的是保护英国公民；英国人可以在五个通商口岸租地盖房子，只要房子盖好了，里面就等同于英国国土，中国官员管不着，这个在后世有一个众所周知的专有词汇，叫租界；第四，清朝以后给任何国家任何利益，英国自动获得，这叫利益均沾。

只要稍微具有一点点儿现代国家常识的人就知道，上面这几条规定极其丧权辱国。

因为这些都是英国单方面要求清朝的，所以也被称为片面最惠国待遇。那么，这些条约是英国人强迫签的吗？答案是，与其说是强迫，不如说是欺骗。

在与耆英的谈判过程中，英国人发现这位满洲贵族对国际事务几乎一无所知，比如说上面第一条的领事裁判权，是无论如何都不能扩大到外国每一名公民的，就连林则徐当年都义正词严地指责义律，打死林维喜的五名英国人没有领事裁判权，必须交给我们中国处理。

可是耆英的看法相当地奇葩，认为英国人的事儿最好由他们自己处理，这样会省很多麻烦；否则万一他们以处理不公为由，再来打我们，那多不划算。基于这个奇葩的认知，耆英简直是兴高采烈地、积极地、迫不及待地把领事裁判权给了每一名在中国的英国人。租界也是基于同样的思维——人家盖了房子，我们不想管，也不应该管人家房子里面的事儿，惹那个麻烦干啥？

《虎门条约》中英国人占的这个大便宜，几乎在一瞬间就传遍了全世界。最先反应过来的是美国人，当时的美国总统泰勒听到居然有这种好事,第一时间就派了一艘军舰来到广州,公然叫嚣也要签一个像英国那样的条约,不签就开炮。

耆英看见对方的炮管子,吓得要死,赶紧和美国签订了《望厦条约》。内容类似,领事裁判权、租界、片面最惠国待遇一样都不能少。

法国人一看,美国人一颗子弹都没浪费,就得到了和英国一样的待遇,马上也开来了一艘军舰。耆英签字的那只手稍微迟疑了一下,法国人马上就说,我们不谈了,现在就去打舟山群岛,然后去天津和你们的皇帝谈,耆英立马就软了下来,双方随后签署了《黄埔条约》。

在英、美、法三国之后,几乎所有的欧洲列强都像嗅到血腥的鲨鱼一样来到了中国,摆开军舰瞄准炮口,要求签约。其中包括了瑞典、葡萄牙、意大利、荷兰、西班牙、比利时、奥匈帝国、丹麦、普鲁士等,以前大清帝国根本不屑正眼看的这些国家,现在统统逼迫清政府签署合约;而合约里必须有一条,"利益均沾",也就是你给任何一个国家的好处,必须也给我。

客观地说,之所以有这样的后果,除了耆英这些大臣被吓傻了之外,还有一个原因,就是中国文化里对外夷一视同仁的心理。按照儒家理论,皇帝是管理天下的,外夷蛮邦,那也是天下之人,既然给了一个藩国这样的待遇,那对于其他藩国,自然是要一体均沾;否则,这个天子未免有私心了,而这是儒家道德所不允许的。

这个时候,中国的文人士大夫,还没有人怀疑过儒家的价值和正当性。所以令人惊奇的是,这些条约无论在朝野,都没有激起很大的水花,甚至很少有人去议论,但条约的后果很快就会显现出来。

二、如何看待鸦片战争

我们该如何认识这个所谓的"第一次鸦片战争"呢?在我看来,1840

年的这场战争，根本就不是什么鸦片战争。前面说过，入侵的英国人根本就不是以鸦片被销毁作为理由的，并且事后双方在一系列和议里提都没提"鸦片"两个字。甚至到了今天，英国人还是称其为"通商战争"，也就是为了做生意而打的战争。

为什么为了通商就要打仗呢？这涉及两个问题：第一，当时清朝上至皇室贵族，下到普通老百姓，根本就不买外国的工业品。乾隆皇帝当年对来访的马戛尔尼说过："天朝物产丰盈，无所不有，原不借外夷货物以通有无。"意思是，我们这里要啥有啥，本来就不需要你们英国的货物，这句话今天成了无数知识分子批判的对象。

站在乾隆这个农业帝国的帝王角度看，他可能真的觉得中国完全能自给自足，不需要西方那些奇技淫巧的工业品；但是英国人急需中国的茶叶、丝绸、瓷器等物品，这就导致英国商人只能带着一船又一船白花花的银子，到清朝去换这些东西。自己生产的货物卖不出去，银子像河水一样哗哗地流向了中国，这种长期大量的外贸逆差，搁谁身上，谁都受不了。

第二，英国人是如何看待第一个问题的？很不幸，他们认为是清政府造成了这种贸易逆差的局面。

英国人的想法是，如果清朝不是把对外贸易区域局限在广州这一个地方，并且只能和"十三行"进行交易，那么英国的商品绝对会走进中国的千家万户。秉持着这种想法，无论是乾隆年间的马戛尔尼访华，还是嘉庆朝的阿美士德使团访华，英国人一贯的要求是，在中国多几个地方做生意。

清政府出于传统和稳定的考虑，却始终不同意这种要求，最后大英帝国没有了任何其他选项，就选择了对清政府的战争。当然，人家不想和你做生意，你就开打，这种做法是不是符合道德和国际法，这也是不言而喻的。

现在有些人认为，没有鸦片问题的话，就不会有这场战争了，我个人的看法恰恰相反。如果英国商人没有发现鸦片可以赚中国人的钱，那大英帝国的坚船利炮可能在道光刚一即位就打过来了。正因为鸦片生意让英国人看到了一种不必深入中国内地,也能大赚特赚的买卖,所以在道光执政的前20年,两国才没打起来,而后果就是流入中国的鸦片从每年4000箱,涨到了每年4万多箱。

换句话说,这是一场早晚都会来的战争,就算是清朝可以继续容忍鸦片泛滥,只要英国人拥有绝对优势的武力,战争也会打起来,因为资本对于利润的追求是无穷的,它一定会打到你完全开放为止。

我这里想顺便再多讨论两个话题。第一个话题是,很多人认为乾隆皇帝当年让马戛尔尼下跪这件事做错了。我个人觉得,乾隆的行为本身并没有大问题,他只是错在对英国实力认识不足。其实大英帝国也有一套规矩,维多利亚女王留下的很多画像,都是外国使臣跪在她面前,双手捧上贡品,那为什么乾隆不可以这样要求呢?据说当年拿破仑也曾说:"觐见中国皇帝却要遵行英国的习俗,这是没有道理的。"

之所以大家会觉得当时乾隆做错了,是因为中国后来军事上失败了,很多人不自觉地认为,打仗输了,那就说明文化上也有问题,这是一种"以果推因"的评述。正如英国哲学家罗素指出的那样,科学落后使中国在与西方竞争中处于劣势:"一个英国人杀一个中国人,比一个中国人杀一个英国人要容易,所以我们的文化比中国的更优越,而乾隆则大错特错了,我们在战胜拿破仑之后,就一直在力图证明这个荒谬的命题。"

另一个话题是,我们有没有必要过度解读这场战争。不错,1840年的这场鸦片战争是现在史学界公认的中国近代史开端,中国从此进入了半殖民地半封建社会。从这时候起,大概一百多年的时间,中国社会处于一种激烈的变革之中。无数人才前赴后继,试图以各种方法让中国强盛起来。

这些都是事实,可是有些人却试图这样解读这段历史:中国在鸦片战争中失败了,是因为中国几千年的历史都是黑暗的、落后的、愚昧的、野蛮的，也就是把一盆污水，泼到了祖宗身上。我觉得这就是妄自菲薄了。拿欧洲的中世纪和中国唐宋元明比一下，谁黑暗，谁愚昧，谁更野蛮，是一件欧洲人都很清楚的事情。否则，法国启蒙运动的先驱伏尔泰又怎么会把那时的中国当作崇拜仰慕的对象呢？

三、"一匣二谕"

《南京条约》这一系列屈辱的条约签订之后，道光虽然生气，却并没有太多的危机感，因为他看到英国人一没有继续占领中国土地的意图，二没有推翻爱新觉罗家族统治的想法，甚至连清朝朝政他们都懒得搭理。因此道光和清廷并没有任何要改革的愿望，在他看来，谁来当太子的问题更重要。

1846年的春天，道光皇帝带着一众大臣，还有他的所有儿子，一起去南苑打猎。皇六子奕䜣张弓搭箭，嗖嗖发矢，猎获了很多飞禽。皇四子奕詝却左手拿着弓，右手拿着箭，"未发一矢"。

道光很奇怪，就问他为什么这样。奕詝回答："时方春，鸟兽孳育，不忍伤生，以干天和。"意思是说，春天来了，是动物们繁衍生息的季节，我不忍心杀死他们，因为这违背了老天爷的意思。

《清史稿》里记载，"宣宗大悦，曰：'此真帝者之言！'立储遂密定，受田辅导之力也。"道光皇帝当场大喜过望，说我这个儿子说的真是帝王之言啊！于是，心里就打定了主意，要立奕詝当太子，而奕詝这样做，是他的老师杜受田教他的。

我个人对这段记载存疑。主要理由只有一个：清朝历代君王，春天打猎是传统，奕詝的那位杜老师不可能不知道这个事实，所以他不可能冒险给奕詝出这么一个馊主意——你说春天打猎有伤天和，岂不是骂祖宗们残忍吗？万一道光发火，奕詝可能没事，但杜老师却只能到地下去当老师了。

不过这个故事确实反映了奕䜣和奕䜣哥俩的区别,那就是哥哥奕䜣比较宽厚、忍让、仁慈,而弟弟奕䜣却聪明、果决、能干。对于道光来说,这哥俩就是鱼和熊掌,如果可以兼得,合体成一个人就好了。事实是,他只能挑一个来当接班人。道光帝的这个选择绝对不像是上面《清史稿》里记录的那么轻松,而是相当艰难。

1850年的正月,68岁的老皇帝道光坚持为刚刚去世的恭慈皇太后守灵,结果自己得病了,病情发展得还很快。他自己也知道不妙,就把御前大臣僧格林沁、军机大臣穆彰阿,还有宗人府、内务府长官等重臣一起叫来,当众开启那个秘密立储的小盒子——镡匣。

打开之后,大家都吃了一惊,因为里面有两个命令:第一,封皇六子奕䜣为亲王;第二,立皇四子奕䜣为皇太子。在清朝历史上,这件事称为"一匣二谕",一个盒子,两道圣旨。

这种做法很不明智,是儒家最忌讳的。从周公制定嫡长子继承制和宗法制度以来,天下定于一,并且,维护这个"一"的尊严,是儒家一直提倡的。因为只有这样,天下才稳定,尤其是在帝国发生危机的时候,一个中心肯定是最好的制度。这一点,在古罗马帝国表现得也很明显,当国家遭遇外敌时,某一个执政官就晋升到"独裁官"的职位,单独行使所有权力,这是无数个血的教训得来的最优解。

现在道光在最威严的立储镡匣里,单独提到给奕䜣亲王的封号,那意思就很耐人寻味了。至少,大家都明白了一件事,在道光皇帝的心里,奕䜣和奕䜣是一样重要的;不过皇位只有一个,他只得用这个办法来提高六儿子的重要性了。这等于打破了"定于一"的潜规则,至于说这件事的后果,要等到十几年后才会看到。

2月25日,道光皇帝驾崩在圆明园清晏殿。即位的奕䜣钦定第二年的新年号为咸丰,他被称为咸丰帝。

历来对道光皇帝的评价都不怎么样,历史学家孟森甚至认为,"宣宗之庸暗,为清朝入关以来所未有"。也就是说,这位补丁皇帝,是清朝到此为止,最差劲的一个皇帝。我们讨论近代史,绕不过去的一个词就是"嘉道中衰",说的就是从1796年到1850年,由嘉庆和道光统治的54年间,清朝从全盛走向衰败的过程。

客观地讲,清朝的衰败是事实,那一系列和欧洲列强签订的丧权辱国的条约,就是铁证;而且国内百姓吸鸦片成风,经济停滞,每年增长的一点点生产剩余,全都被增加出来的人口抵消掉了,用《剑桥中国史》的主编费正清的话说就是,技术水平停滞不前,生产基本上完全是为了消费,陷入刚好维持人民生活的无休止的循环之中。

导致这一切的原因很多,但是从康熙末年开始的吏治腐败,绝对是最重要的一个。本来雍正皇帝上台之后,采取铁腕治理,官员的贪污腐败已经减轻了很多,可是好大喜功的乾隆皇帝在晚年的时候,彻底犯了糊涂,躺在康乾盛世的功劳簿上吃老本,导致贪腐行为像大草原上的野草,立刻铺天盖地蔓延开来。乾隆之后的嘉庆和道光两位皇帝本身能力又实在太差,虽然也兢兢业业,可是完全没有雍正那种魄力和手段,结果自己累得要死,还什么也干不成,因为他们好糊弄,底下官员串通起来,彻底把皇帝架空了。

朝鲜人写的《李朝实录》中,这样记载当时清朝:"大抵为官长者,廉耻都丧,货利是趋,知县厚馈知府,知府善事权要,上下相蒙,曲加庇护。"一句话,那时候清朝官场上,没什么好人。

新上任的咸丰皇帝对此心知肚明,他刚刚登基时不到20岁,年轻气盛,自然是有一股进取心,想做点儿事情。很快,咸丰就把他的老师杜受田从外地招了回来,还把吏部尚书、刑部尚书、礼部尚书、协办大学士之类的官帽子一顶又一顶地扣在了他的脑袋上。

同时,咸丰把和外国人签署了一系列不平等条约的耆英罢了官,也把道光留给他的首席军机大臣穆彰阿革了职。这两个人的确应该罢职,耆英昏庸怯懦，穆彰阿懒政怠政，从他们身上，完全可以看出当时清朝官场出现了什么问题。史书上这样评价穆彰阿："在位二十年，亦爱才，亦不大贪，惟性巧佞，以欺罔蒙蔽为务。"意思是说，这位道光皇帝在世时的第一重臣，不大贪污，也挺喜爱人才，但什么也不干，左右逢源，能瞒住道光一天，就混一天，这样的人霸占军机大臣的位置长达20年，清朝在鸦片战争中输得一点儿都不冤。

就在咸丰皇帝踌躇满志地想干一番事业时，老天爷却把一盆凉水泼在了他头上。

1851年1月11日，咸丰实际执政还不到一年，年号还停留在道光的时候，广西金田，一个自称天王的人，带着一群人造反了。

此人的名字叫洪秀全，这场运动被后世称为太平天国运动。

190. 金田太平军

洪秀全的本名叫作洪仁坤,小名火秀,1814年出生在今天的广州市花都区。后来为什么叫他洪秀全呢?这事儿还要从科举考试说起。

一、金田起义

洪仁坤生于一个农民家庭,家里兄弟不少,其他孩子都整天打鱼摸虾掏鸟蛋,只有他从小就整天读书,父母于是省吃俭用,把他送进私塾,学习四书五经。

不过,看起来洪仁坤不是考科举的材料,几次府试都没考过。前面讲过,科举成形之后,一共有六个层次的考试,依次是县试、府试、院试、乡试、会试和殿试,洪仁坤连第二级的考试都没有通过,连秀才都不是。

1837年,23岁的洪仁坤又一次参加广州的府试失败,随后生了一场大病。他一度昏迷,家里连棺材都准备好了,后来醒过来了,从此就变得神神道道的,说自己梦见了一位"皇上帝",封他为"天王大道君王全",派他在人间斩妖除怪。就这样,洪仁坤病好之后改名洪秀全。这个梦后来被称为"丁酉异梦",内容当然源自洪秀全自己的追述,恐怕有不少成分是根据他后来的思想认识改编附会的。

6年之后,洪秀全再次去参加广州的府试,又一次落榜。回到家后,他撕碎了所有孔孟的书，改信了基督教。

这应该是因为，他在广州的历次考试中，结交了很多朋友，其中就有中国近代第一位基督教牧师梁发。梁发写的《劝世良言》，对洪秀全有很深的影响。也许他觉得，孔夫子不保佑我，就是因为我是耶和华这一派的。于是，一句《圣经》也没读过的洪秀全开始自称是上帝的小儿子，耶稣就是他大哥，开始了宣扬基督教的工作，并且称呼自己的这个组织为"拜上帝会"。

不幸的是，广东当时也没几个人知道上帝是谁，更别说上帝家里的二儿子，所以，也就没几个人相信洪秀全。

幸运的是，他有一个同乡兼小学同学冯云山。冯云山当时是一个私塾的老师，也读过书，也在科举这条路上败下阵来，两个人算是同病相怜。

洪秀全和冯云山一商量，或许是觉得广州这地方仙气不够，上帝没办法施展法力，于是就来到了今天的广西桂平市紫荆山区金田村附近。可待了没俩月，洪秀全就回到广州，埋头写书去了。后来太平天国的《原道醒世训》《原道觉世训》等重要文献，都是洪秀全这段时间在广州写成的。在这段时期，他还跟着广州的传教士罗孝全学了几个月基督教，只是当他要求正式受洗的时候，罗孝全却无论如何不肯同意他对"丁酉异梦"的解释，不肯为他施洗。

就在这时候，一直在广西的冯云山给他来信了，报告说在广西的传教形式一片大好，让他赶紧回来。这一年是1847年。

冯云山算得上是太平天国运动的第一人，他在广西紫荆山这几年，不仅聚拢了很多信徒，而且质量相当高，其中就包括了后来大名鼎鼎的杨秀清、萧朝贵、韦昌辉、石达开等人，太平天国早期的诸王大多出自这里。

等到洪秀全回到广西，拜上帝会迅速扩大。他们的宗旨也特别简单，这时候已经了解了《圣经》的洪秀全，把《旧约》和《新约》改名为

《旧遗诏圣书》和《新遗诏圣书》，意思是，这是耶稣升天之前留下来的遗诏，这种解释相当符合儒家知识分子的口味。

他制定的十款天条也不外乎就是禁止杀人、淫乱、抢劫、偷窃、赌博等，如果说和以往中国历史上的聚众反叛有什么不同，可能就是他宣扬"入教之人，无论男女尊贵一律平等，男曰兄弟，女曰姊妹"。

拜上帝会组织规模的进一步扩大，引起了当地清朝官府的警觉，有一阵子冯云山被抓进了监牢，不久又放了出来。在这种情况下，洪秀全觉得如果想继续传教，扩大组织范围，可能只有造反了。于是，到了1851年1月11日，拜上帝会的一万多人在广西金田聚集，名义上是给洪秀全庆祝生日，实际上，就是发动起义，建号"太平天国"。

3月份，洪秀全在广西武宣登基称太平王，后来改为天王；12月份，攻克了广西永安州之后，太平天国开始封王。杨秀清为左辅正军师、东王、九千岁；萧朝贵为右弼正军师、西王、八千岁；冯云山为前导副军师、南王、七千岁；韦昌辉为后护副军师、北王、六千岁；石达开为翼王。

这群人中学问最大的冯云山还建立了最初的太平天国官制、礼制和军制，并推行自创的历法"太平天历"。接下来在两年多的时间里，太平军先后攻克了汉阳、岳州、汉口、南京等南方重镇。当然，他们也付出了极大的代价，西王萧朝贵和南王冯云山先后战死。

太平军之所以发展迅猛，和"闯王来了不纳粮"差不多，打土豪分田地这样的事对于当时穷苦的老百姓来说，就是天籁之音。据当时的文献《贼情汇纂》记载，"恨贼者虚，资贼者实，尤为可虑，或谓乡民处处助贼打仗"。可以说，民心在太平天国这一边。

1853年3月，太平军攻克当时的江宁，今天的南京，决定定都这里，改名为天京。随即，洪秀全颁布了著名的《天朝田亩制度》，全面规定了太平天国的土地、教育、司法等制度，提出最高纲领，是要建立一个"有田同耕，有饭同食，有衣同穿，有钱同使，无处不均匀，无人不饱暖"的社会。

可惜，荷尔德林有一句名言，"使一个国家变成人间地狱的东西，恰恰是人们试图将其变成天堂"。虚幻的理想主义最后带来的，往往都是灾难。太平天国理想的变异，是后话了。

二、林徐之争

咸丰皇帝在太平天国运动刚刚萌芽，还没有正式开始的时候，曾问过左右大臣，有人要造反，你们有什么好建议？当时他身边的大臣大学士潘世恩、老师杜受田等异口同声地说，这事只要派一个人去，马上就能平定。派谁呢？林则徐。

林则徐被贬到新疆伊犁之后，也没闲着，带着老百姓开荒、种地、兴修水利，几乎走遍了南疆，行程3万多里。新疆的大小官员对林则徐都很服气，伊犁将军布彦泰甚至冒险给道光皇帝上书，说林则徐这样的人才，如果您再次起用他，肯定对朝廷有巨大的好处。可惜，那时候道光帝正在补裤子省钱，没搭理他。

后来很多大臣持续上书，道光也觉得林则徐在新疆待的时间差不多了，才解除了他的流放生活，让他回到内地，继续当官。

林则徐再次当官的起点不低，是清代九大总督中的云贵总督。在这期间，他还提拔了一个年轻人，叫胡林翼。到了1850年，因为身体原因，林则徐退休了，又因为没钱，买不起北京的房子，只能回老家居住。就在他回家的路上，一个当地的举人求见，因为是学生胡林翼推荐的，林则徐宴请了他。

这位举人名叫左宗棠。

本以为不过是萍水相逢，敷衍一下，谁知道两人一见如故，从来不轻易夸人的林大人罕见地用"绝世奇才"来称呼这位姓左的读书人，且把自己在新疆搜集到的所有资料都给了左宗棠，说你好好看，将来必然有用。我们后面会知道，确实很有用。林则徐招待左宗棠的这顿饭，值得在历史上记上一笔。

这一年年底，在杜受田等人的推荐下，咸丰皇帝下圣旨命令刚刚回到家乡的林则徐去和太平天国打仗。因为患有严重的疝气病，林大人这时候只能躺在特制的轿子里去广西了，结果刚走到广东普宁，就与世长辞，享年65岁。

今天对林则徐的评价，理所当然是以赞颂为主，他是打击毒贩，抵抗侵略者的民族英雄，这就不必多说了；但负面的评价也不是没有。

负面评价主要是两方面，一是认为他禁毒手段太激烈，导致了鸦片战争；二是，从林则徐给家人的信里可以看出，他相当清楚英国人坚船利炮的厉害，但他对大众从来不说，反而宣扬一些诸如"英国人的腿不能打弯，上岸必败"，"英国人要是没有中国的茶叶，就会被吃的肉憋死"这类荒谬的言论，目的是让大家别害怕英国人。

当时对林则徐批评最厉害的，是福建巡抚徐继畬。此人写过一本书，叫作《瀛寰志略》，专门描述西方各国的情况，也包括了当时新兴的美利坚合众国。徐继畬认为华盛顿"不僭位号不传子孙"是一件十分了不起的事情，大为夸奖了一番。传教士把他的话刻到石碑上，运到美国，到现在还在华盛顿纪念碑上。

徐继畬对林则徐的最大指责就是说他为了得到一时的声誉和名望，不顾黎民百姓的安危。他的意思是，你林则徐明明知道打不过英国人，还要禁烟，还要主动挑事儿，这不就是只顾私名不顾大局吗？当然，林则徐对他也看不上眼，直接说他"卑言曲膝"，是个软骨头。

那么，我们要如何评价这件事呢？首先必须说明的是，林老爷子和徐老爷子，都是好人，也都是比较实在、愿意干实事的人。林则徐虽然禁烟，却大力保护对外贸易和进出口，美国商人对他的印象非常好；徐继畬虽然称赞了外国人，但鸦片战争爆发之后，他昼夜防守漳州，誓与城门共存亡，也是一个刚烈爱国之人。

所以，这两个人之间应该算是君子之争。如果仅仅就鸦片战争这件事来说，林则徐的失误在于始终没有把这件事上升到国与国之间的高度，对可能发生的严重后果预估不足；而徐继畬所说的，林则徐禁烟就是挑事儿，导致了鸦片战争，我前面已经分析过了，只要清政府不全面开放，战争就不可避免，和禁烟没关系。

中国什么时候开始收取商业税的？

1853年，清朝太常寺卿雷以諴在扬州驻军，手里没钱，生怕手下的士兵弄死他之后去投靠太平天国，手下谋士钱江就给他出主意，说可以向江苏各个城镇的商家筹集经费，买卖一百块钱，交一块钱，相当于收一厘的税。雷以諴采纳了这个计策，没想到商人们都不怎么抗拒交钱，很快就收上来不少银子。

咸丰皇帝知道了，马上就把这个办法推广到全国，他称之为"厘金"。这个"厘金"就是现在所说的商业税，再后来，就成了清朝地方政府最重要的一项财政资金来源，甚至超过了土地税，这在中国漫长的历史上也是第一次。这个叫"厘金"的商业税若早点儿出现，也许清朝的皇帝们就会重视商业，进而大力扶持工商业了。

总之，咸丰派林则徐去平定太平天国运动，而林则徐不幸在半路上去世了，不久咸丰皇帝的老师杜受田也因病去世。这样一来，年轻的咸丰帝身边既没有亲信可用，也没有能独当一面的能臣干将了。于是平定太平天国运动的重任，落在了曾国藩的肩上。

三、曾国藩的团练

曾国藩生于 1811 年湖南长沙的一个普通家庭，和前面提到过的胡林翼、左宗棠是同龄人。他在 27 岁那一年，考中了进士，随后拜在穆彰阿的门下。穆彰阿在道光时代虽然是一个庸庸碌碌的宰相，但是既然在那个位置，肯定就有政敌，当时穆彰阿的政敌就是林则徐。只不过穆、林两人斗法的时候，曾大人位低言轻，只有帮老师摇旗呐喊的份儿。

鸦片战争结束之后，林则徐被革职查办，穆彰阿占了上风，曾国藩也凭着喊两嗓子加油的功劳，步步高升，最后爬到了兵部右侍郎的位置。

到 1852 年咸丰上台，把穆彰阿革职。就在大家都觉得曾国藩也要跟着倒霉的时候，他的母亲去世了。按照那时候的规矩，曾国藩要回家守孝。就这样，他得以全身而退，回家给老娘服丧。谁也没想到的是，这次守孝成了曾国藩人生最大的转机。

为什么这么说呢？这还要从太平天国运动说起。林则徐死后，咸丰皇帝手里根本就没有能带兵去打仗的将领。这时候，他想出了一个主意，两个字，团练。所谓团练，是当时的一种地方民兵，是中央政府允许下，地方出钱操办、不脱离生产的武装。从周朝开始，历朝历代常能看见类似的组织。朝廷当然乐见其成，因为既不用朝廷花钱，还听朝廷的话，谁能不愿意呢？

咸丰皇帝下旨，让各省马上训练民兵，同时通报给各级官员，就地帮助地方组建团练。曾国藩也接到了这样的旨意，但他满脑子儒家思想，刚开始的时候觉得自己给老娘守孝要有始有终，半道上跑去带兵打仗，算怎么回事？

据《清史稿》记载，这时候一个叫郭嵩焘的湖南人出现了，他对曾国藩说："公素具澄清之抱，今不乘时自效，如君父何？且墨绖从戎，古制也。"就是说，你平时不是很有平天下的抱负吗？现在正是好时候。更何况，在服丧期间，遇到战争，穿上黑色的丧服去打仗，这正是古人所遵守的制度。

郭嵩焘的这番话很厉害，引用的是春秋时期晋文公死后，晋襄公把丧服从白色换成黑色，出去打仗的典故。说他厉害是指他非常了解曾国藩的心思，作为一个儒家的坚定信徒，你拿别的事很难说服他。但晋襄公的事儿记载在《左传》里，而《左传》是儒家经典之一。于是，曾大人一听，马上换上了一身黑衣服，说走吧，去打太平军。

就这样，曾国藩来到了长沙，和湖南巡抚张亮基一起开始训练民兵。史书上说他，"躬自演试，殚竭思力"。曾国藩作为一名读书人，亲自去检查枪炮的质量，登上战舰试射从外国人手里买来的大炮。他招募的所有士兵，一律都是湖南农村的穷苦孩子。这个策略，是从明朝戚继光那儿学的。《清史稿》上的原话是："取明戚继光遗法，募农民朴实壮健者，朝夕训练之。"最后，形成了一支看起来很厉害的队伍，他称之为"湘勇"，我们现在叫湘军。这是一支完全听命于曾国藩，并且只听他一个人命令的队伍。

顺便说一句，在湖北巡抚胡林翼的劝说之下，左宗棠这时候也在张亮基的手下做幕僚，一起和曾国藩训练民兵，只是地位不如曾大人。

那么湘军是不是从此一路势如破竹，扫荡太平天国呢？当然不是。实际上，曾国藩1854年2月第一次出征，出动大小战船240艘，将士17000多人，结果在岳州和靖港两次被太平军打败。尤其是靖港失利，让曾国藩又羞又愤，扑通一声投水自尽。当然，周围一群手下，谁又能眼睁睁地看着曾大人去死？曾大人很快就被救了起来。第二年，曾国藩又在江西湖口被太平军打败，又一次打算自杀，当然结果和上次一样，被手下劝住了。

可以说，团练虽然厉害，大清王朝从上到下都承认并且赞美团练在抗击太平天国时的作用，可是在1856年的秋天之前，最多也就是和太平军维持了一个互有胜负的局面。

形势真正发生转变,是在太平天国起了内讧之后。

四、天京事变

前面说过,太平军分封了五个主要的王,其中以东王杨秀清的权势最大,除了天王洪秀全,其他诸王都要听杨秀清的指挥。原因有二:一是此人确实有才,当时的人评价他"立法安民,民心佩服",又说"山川形势,颇能谙习",是既能打仗,又能搞内政的全能型人才。二是他比洪秀全还擅长利用人们宗教和迷信的心理。洪秀全只是说自己是耶稣的弟弟,上帝的儿子,杨秀清不仅仅说自己是上帝的四儿子,而且还利用传统的降神迷信,说自己被"附体"了。

而且,这种附体,大家还都要捏着鼻子承认。因为在运动早期的1848年,在冯云山被捕、洪秀全远在广州的低谷,杨秀清靠着这套办法,成功地稳住了即将解散的造反队伍。要是洪秀全等人否认杨秀清天父下凡的说辞,那太平天国的一整套宗教理论可就岌岌可危了。

此外,洪秀全占领南京之后,建造了天王府,从此之后就躲在天王府里过上了醉生梦死的生活。为了让自己放心,他连太监都不用,天王府里没有一个男人,所有重活,都由身强力壮的女人完成。

天王不见踪影,东王大事小事一把抓。很自然地,杨秀清的野心最后膨胀到了极点,他甚至假借上帝附体,把洪秀全叫到他的府里,封自己为万岁。这些事让洪秀全气得发疯,最后下了一道密诏,让北王韦昌辉和翼王石达开进京剿灭杨秀清。

石达开的步子迈得稍微小了一点,到达天京城的时候,韦昌辉不仅杀了杨秀清一家,还大开杀戒,杀了两万多人,都是他平时看不对眼的。石达开刚问了一句,怎么杀死这么多人,韦昌辉的刀就举了起来,吓得石达开连夜单身跑出了天京，随后，他的家人部属也都被杀。

石达开逃出天京后，立即起兵讨伐韦昌辉。韦昌辉穷途末路，于是开始攻打天王府。有两件事他没想到：第一，东王杨秀清经常上帝附体，而且劳苦功高，一直是天国的二号人物，确实有资格对天王取而代之，可你韦昌辉有什么资格和天王争雄？第二，他虽然已经杀了两万多人，但他因为滥杀不得人心，而天京城里东王的残部和效忠天王的将士仍然不在少数，最后韦昌辉的脑袋也被送给了石达开。

这场内讧在历史上称为"天京事变"，它对太平天国的影响不仅是死了几个王爷，死了几万人，更是造成了重大的心理上的打击，彻底粉碎了太平天国那种基于宗教神话之上的人人平等的理想，逐渐失去人心。到了1857年，石达开和洪秀全也闹翻了，带着队伍离开了天京之后，太平天国失败的命运就已经注定了。

这场内讧给咸丰皇帝带来了巨大的惊喜，不过他也没工夫兴高采烈地庆祝，因为他遇到了另一件更加棘手的事儿——英国人又打上门来，并且这次一起杀过来的，还有法国人。

191. 火烧圆明园

战争又一次爆发根本的原因是两个字：修约。

1840 年鸦片战争结束后，清朝由于自身的虚弱和对国际事务的一无所知，签订了一系列条约，让几乎每一个欧美的强国，都占了大便宜。不过，时间一长，这些条约本身的问题也显现出来了。比如，条约规定，普通外国人可以在通商口岸居住，但没写能不能就近去大城市里住，外国人说行，中国人说不行。尤其是广州，当时就很繁华了，可是条约上的通商口岸广州是不包括广州城的，一般的外国人开始只能住在城外；后来时间长了，他们就想进城居住。但在广东巡抚叶名琛的默许之下，广州市民拼死不让外国人进城，这就有了矛盾。再比如传教，条约上也没写哪些城市能修教堂，哪些不行，双方时有摩擦。此外，在洋人看来，五个通商口岸也实在是太少，这种影响赚钱的大事自然要认真对待。

因此，从 1854 年开始，英美法等国就提出修改条约，甚至说："各国条约章程，必求更改，否则恐致生事。"这话翻译过来就是，要么修约，要么开战。

一、天津条约

咸丰皇帝和叶名琛等官员们的办法还是拖，不拒绝，不回应。

1856 年，发生了两件事。第一件，一位名叫马赖的法国传教士，违反了中法《黄埔条约》的规定,深入到广西内地传教,跟他同行的还有一名叫曹桂英的年轻寡妇。在那个时代的老百姓看来,这种做法实在是过于"伤风败俗"了。最后马赖被当地人告到县衙,先是被处"站笼"之刑,死后又被砍了脑袋。除了违规在条约允许的地方以外传教和关于曹寡妇的风言风语,这个时候正值太平天国运动期间,地方官神经紧张,或许也是原因之一。

第二件事是广东的清朝水师查走私船,查到了一艘叫作"亚罗号"的走私船,并逮捕了船上十二名有海盗嫌疑的中国船员。麻烦的是,这艘船是在香港注册的。根据《南京条约》,香港当时已经由英国人管理,他们认为,清朝水师没资格稽查这艘船。这件事史称"亚罗号事件"。

对于英法两国,此时正为如何找借口逼迫清政府修改条约发愁,马赖的这场教案和亚罗号事件就如同及时雨一样,让他们找到了出兵的理由。很快,英法联合派出了远征军,再一次进攻清朝。

首先沦陷的是广州。叶名琛被抓之后,被送到印度的加尔各答。叶名琛开始以为是去见英国女王,竟然自己备齐了干粮,自称"海上苏武",欲"面见其王以理论"。可是粮食都吃完了,也没见着维多利亚。他坚决"不食周粟",不吃英国人的粮食,终于绝食而死,壮烈是真壮烈,也有气节,可终究是于事无补。

1858年4月,载有2600多人的英法战舰到达天津。这些家伙现在已经极其熟练了,都知道想要让清朝屈服,就去打天津,因为那里离北京近,大炮一响,清朝皇帝就听见了,然后要啥有啥。

果然,5月28日,咸丰派出了大学士桂良和吏部尚书花沙纳,准备和谈。可是到了天津才知道,原来等着他们的不只是英法两位老对头,还有俄国和美国,而且美俄的身份是调停者,也就是中间人。名为调停,实际上自然是唯恐来得太晚,占不到便宜。

于是桂良等人只好和美国、俄国分别先签了《中美天津条约》和《中俄天津条约》；随后，又和英国、法国签了《中英天津条约》《中法天津条约》。那么，美俄联手来打秋风，英法是什么态度，会不会有被人搭了顺风车的不满？当然不会。当时列强的主要关注点，是如何让清朝打开国门。在这一点上，他们之间没有任何利益冲突，反而参与的人越多，自己承受的压力和付出的代价就越小。

所有这些条约的主要内容就是增加通商口岸、赔款，开放传教、居住等。值得一提的是，俄国趁此机会，强迫清朝多签了一个《中俄瑷珲条约》。这个条约让清朝丢掉了黑龙江以北和外兴安岭以南大概60万平方公里的土地，还有乌苏里江以东40万平方公里的土地双方"共管"。这个条约清政府最初没有批准，但到1860年《中俄北京条约》签订时，终于不得不接受。这是中国近代史上丢失领土最多的一个条约，不过由于这里天寒地冻，和英美法没有任何交集，所以各国都无所谓，默不作声。

二、火烧圆明园

签好天津条约的第二年，英法美俄准备去北京参加换约仪式，也就是宣布以前的合约作废，从此按照新的条约办事了。可是他们不想按照清政府要求的那样，从北塘登陆去北京，而是再一次来到了天津，并且把武装护卫舰船直接开进了天津北河口。这不仅仅是一种自大，也是赤裸裸的羞辱——你们的内河，我们随时都可以来。

这一次，英国人和法国人失算了。他们不知道，清朝的僧格林沁早就把大沽口的炮台整修一新。僧格林沁是蒙古人，但他的名字"僧格"却是藏语"狮子"的意思。他是一个极端的主战派，一直都认为，这些外国人是没遇到自己，否则他这头狮子肯定把对方撕成碎片。这一次终于被他逮到机会，马上开始炮轰英法舰队。

英国和法国的舰队当然也立刻组织反击。谁都没想到的是，一场大战下来，英法舰队居然惨败，在付出了几艘主力舰被击沉，几百人死亡的代价之后，只能退到南边的杭州湾，然后向各自的政府求援。这也是清朝在鸦片战争之后唯一的一次大胜仗。

英法两国政府一听，怎么，大清居然敢反抗？马上决定扩大战争，派出了18000名英国士兵和7000名法国士兵，重新来到了天津。

僧格林沁和历史上无数人物一样，取得了成就之后，就有点儿飘飘然了。1860年9月17日，双方在通州谈判破裂之后，僧格林沁做出了一件看起来很强硬，实际上很无厘头，也很没意思的事情：他把对方来谈判的巴夏礼等39名使团成员全都扣留，押回北京，而且也没好好约束手下，导致有将近20人或者被虐待致死，或者被砍了脑袋。

当然，我们现在并不知道，这事儿是不是咸丰让他干的，不过从接下来咸丰皇帝下令开战这件事上来看，扣押使团的命令还真可能来自皇帝陛下本人。我觉得咸丰应该也是被前一年僧格林沁的那场胜利给刺激了，觉得大清不是不行，只是以前大意了。

可是事实是，"以前大意了"的那个，恰恰是英法联军，清军是真的不行。

双方在通州八里桥一场大战，僧格林沁全军覆灭，英法联军一路打到了北京。咸丰皇帝只能带着包括后来的慈禧太后在内的嫔妃逃到热河避暑山庄，留下了奕䜣全权处理和英法联军的事情。这是一口大黑锅，处理好了，皇帝用人有功，处理不好，就都是奕䜣的错误。

10月，英法联军攻占北京之后，以使团使者被杀为由，展开了近50天的疯狂报复，现在人所熟知的"火烧圆明园"就发生在此时。实际上，何止圆明园，包括清漪园、畅春园，还有玉泉山的静明园、香山的静宜园等多所皇家园林全都被抢劫一空，最后付之一炬。

其中最出名的就是圆明园。大火烧了三天三夜，300多名太监和宫女葬身火海。园子里凡是值钱的，都被抢走了，抢不走的，被当场砸烂。写出了《悲惨世界》的法国作家雨果公开发表声明,说这是"两个强盗的胜利"。

烧了圆明园之后,英法威胁要继续烧紫禁城。有着"鬼子六"称号,素来狡猾无比的奕䜣也没什么好办法,在绝对的实力面前,所有诡计都显得滑稽可笑。他只能赶紧和英法俄三国分别签订了《北京条约》。这份条约就是在承认天津条约的基础之上,又增加了割让九龙半岛、开放天津为通商口岸、增加战争赔款等条件。

那时候的通商口岸,外国是可以驻扎军队的,也就是说,以后英法等国的军舰停在大沽口是合法的了。这等于是把北京时刻暴露在对方的打击之下。

正是因为这一点,在条约签了,外国军队也撤了之后,咸丰皇帝死活不肯回北京。一来他觉得没面子,割地赔款,无颜去祖庙见列祖列宗;二来他觉得,从此之后,北京再也不是家了,那就是别人刺刀之下的囚牢。

最后一点原因是,和他一起来热河的大臣们,比如说肃顺,也不希望他回北京,因为奕䜣在和洋人谈判期间,以国家大事的名义把京城的人脉和权势牢牢地掌握在自己手里。这时候如果回北京,重病的皇帝咸丰肯定会被奕䜣控制,所以,咸丰和大臣就此留在了热河。

三、肃顺和慈禧

肃顺是咸丰一朝最受重用的大臣,有必要补充讲一下。

肃顺是爱新觉罗氏,一听就知道,他是最正宗的清朝皇室后裔。他祖上是铁帽子王之一的郑亲王济尔哈朗。这个铁帽子王位,一家子里只能有一个人继承,到了肃顺这一代,继承的人是他三哥端华。

肃顺成年之后,只能出府自谋生路。爱新觉罗家族经过很多代的繁衍，人口多如牛毛，像肃顺这样庶出的皇家子弟，当时北京城里一抓一大把，几乎没人把他当回事儿。他当时的家底儿薄到什么程度呢？冬天的时候，他都要把羊皮袄反穿，因为里面没有好的内衣，不反穿的话，会被羊毛扎得痒死。

杜受田死后，咸丰皇帝下旨求取人才，肃顺的三哥端华很偶然地向咸丰推荐了自己的这个弟弟。没想到的是，咸丰和肃顺很是投机，从此之后，肃顺开始飞黄腾达。实事求是地说，肃顺确实是很有政治天赋。此人很快就知道，要想改变清朝当时的状况，必须下狠手。十六国时的王猛曾说过，"宰宁国以礼，治乱邦以法"。肃顺的想法和王猛是一样的，他给咸丰的建议是："严禁令，重法纪，锄奸宄。"随后，就开展了一场轰轰烈烈的肃贪反腐运动。

肃顺从户部的那些"国企"，也就是某某银号入手，开始深挖贪污腐败，结果二三百人或者掉了脑袋，或者失去了工作。

接下来，他又奉命彻查"戊午科场案"，一路追查到了一品大员，文渊阁大学士柏葰。实事求是地讲，这个案子还真和这个柏葰没啥关系，是他的家人犯下的罪，可是在肃顺的坚持下，最后还是砍下了柏葰的脑袋。这事儿固然是政治斗争，但从此之后的三十年，清朝在科举考试上没有人敢于作弊，也是事实。肃顺的铁拳整治是见效的。

终咸丰一朝，最受宠，最有权，也最能办事的，就是肃顺，六部基本都在他的掌控之下，而且此人也确实有能力处理这些政务。

那么道光死的时候，一匣二谕，奕䜣被封为亲王，而且相当有才干，为什么咸丰不用他呢？

这里面的原因恰恰是因为"一匣二谕"这四个字。咸丰登基当皇帝之前，哥俩的关系很不错，咸丰小时候死了娘，是奕䜣的娘静贵妃把他养大的。两人从小玩到大，感情相当深厚。可道光的一匣二谕，给兄弟俩心中埋下了一根刺。

咸丰即位之后，必须执行他爹的遗嘱，封弟弟奕䜣为亲王，否则的话，他这个皇帝也别当了。可是封什么亲王，却让咸丰很是思量了一番，最后封奕䜣为恭亲王。中国自古就有一个成语，叫作兄友弟恭，是说做兄长的要友爱，当弟弟的要恭敬。可以看出，咸丰封他弟弟为恭亲王，意味深长，说是期待也好，说是警告也行。

可是他这个弟弟，偏不是一个恭敬的人。不久之后，奕䜣就向咸丰请求，他的母亲静贵妃现在还只是太妃，能不能给一个太后的头衔？老太太把你从小养大，现在病得厉害，睁眼熬得很辛苦，就等着这个太后头衔才能闭眼安心走人，原话是"已笃，意待封号以瞑"。

按道理说，对于这个请求，无论于公于私，咸丰都不应该拒绝。但让奕䜣没想到的是，当时咸丰却不置可否，既没答应，也没说拒绝。我个人认为，咸丰这时候有考验他这个弟弟够不够"恭敬"的意思。我不松口，你就要多求我几次，在这些求肯之中，自然而然地，就把你整得"恭敬"了；当哥哥的，皇帝的权威也就树立起来了。

咸丰没想到的是，奕䜣看见皇帝哥哥这个态度，根本就没有继续恳求，一转身就去了军机处，办理他娘转正为正牌太后的手续。奕䜣本身就是军机大臣，而且大家都知道老皇帝的一匣二谕，再加上咸丰即位以来，对他这个弟弟一直也都很谦让，军机处的大臣们根本就没有拒绝他的理由。

可想而知，当这道圣旨拟好送到咸丰面前时，他心里肯定是相当地愤怒，因为这意味着他弟弟说话和他一样好使了。不过他也没办法，面对即将要死了的、把他养大的静贵妃，他也是不可能拒绝的，毕竟中华帝国一直是以孝治国。

静贵妃升级为太后，心满意足地死了，但是咸丰和奕䜣之间的裂痕马上就扩大了。结果静贵妃一死，奕䜣就被剥夺了一切职务，重新回上书房读书。要学的，自然就是如何"弟恭"了。

除了肃顺外,对咸丰来说,还有一个重要的人是慈禧。

据说,慈禧的全名是叶赫那拉·杏贞,她的名字是否叫杏贞,正史上并没有说,所以我们下文就还是直接叫她"慈禧"好了;不过,叶赫那拉是她的姓,这一点确定无疑。

慈禧17岁进宫,那一年是1852年,也就是太平天国起义的第二年,咸丰刚刚当了两年的皇帝。

开始的时候,她被封为兰贵人。在清朝的后宫里,有品级的女人分为八个等级,分别是皇后、皇贵妃、贵妃、妃、嫔、贵人、常在,最后一等叫答应。贵人属于第六等,前面的五等都是有编制的,也就是有固定的人数限制,皇后和皇贵妃分别只能有一个,第五等的嫔最多也只能有六个,可是从贵人开始,就没有人数限制了。从这里可以看出,慈禧开始的时候并不十分受宠。两年之后,她才被提拔为懿嫔,正式有了编制。

又过了两年,1856年,懿嫔生下一个男孩,这既是咸丰皇帝的第一个儿子,也是他唯一长大了的儿子,名叫爱新觉罗·载淳。大家别小看这件事,因为咸丰是中国历史上最后一个生有子女的皇帝,而载淳这个孩子,自然也就是中国历史上最后一个由皇帝生出来的皇帝。

一年后,慈禧晋升为懿贵妃,到这个时候,在后宫的品级里,已经算是熬出头了。

懿贵妃除了生儿子,还有一个别人没有的本事,那就是她识字,并且书法还挺好。咸丰皇帝从小身体就不是特别强壮,个人命运更是奇差无比,摊上了一个最乱的时代,外忧内患不断。在这样的情况下,咸丰就经常让懿贵妃帮他批阅奏章。多数情况下,是咸丰想好了如何处理,让懿贵妃代笔;但有时候,实在太累了,也允许懿贵妃按照自己的想法发表点儿小意见。

这一幕大家熟悉不?如果不熟悉,我可以提醒一下——大唐武则天、大辽萧太后这两个历史上赫赫有名的女人,也是因为老公身体不好,让她们帮着批阅奏章的;而那两个女人,也都是在这样的情况下,逐步熟悉了业务,走进了政坛。

历史,常常会发生惊人的重复。

四、咸丰最后的岁月

补充介绍了肃顺和慈禧后,我们再来看看咸丰最后的岁月。

自从留在热河后,咸丰的生活中就只剩下四个字:醉生梦死。他身体本来就不怎么好,这样折腾下来,很快就更坏了。现在很多史学家都说他是想自杀,"以醇酒妇人自戕"。前面讲过,据说战国四公子之一的信陵君魏无忌就是这么死的。当然,他们到底是怎么想的,是不是真的想死,难有定论。

1861年8月20日,咸丰帝在热河行宫下旨,"立皇长子载淳为皇太子"。实际上,他也只有这个儿子,是慈禧生的。接下来咸丰的安排却耐人寻味,他先是说,"着派载垣、端华、景寿、肃顺、穆荫、匡源、杜翰、焦祐瀛尽心辅弼,赞襄一切政务",给5岁的儿子派了八位辅佐的大臣,这就是历史上著名的"顾命八大臣"或者叫"赞襄政务八大臣";接着又另外授予他的皇后钮祜禄氏"御赏"印章,授予皇子载淳"同道堂"印章,但这个印章是由懿贵妃,也就是慈禧掌管。

他的规定是这样的:国家大事,八大臣拿出主意,拟好圣旨,然后给皇后和懿贵妃看,同意的话,就盖上"御赏"和"同道堂"两个印章,只有完全走完这个流程,这道圣旨才算是生效。

两天之后,咸丰帝驾崩,庙号是文宗,享年只有30岁。

在整个中国历史上,把身后事安排得如此复杂的皇帝,差不多也只有咸丰了。从这里也许可以得出两个结论:第一就是他还真有可能是自杀，或者说早就知道自己要死了，否则仓促之间，想不出这么复杂的主意来；第二就是他确实是仔细考虑过，如何在他儿子还小的时候平衡权力，既不让后宫专政，也不让大臣们为所欲为。可以这样合理地猜测，咸丰希望的是在他儿子长大成人之前，没有任何专权的人或者集团出现；等儿子载淳亲政之后，手里握着"同道堂"印章，能够有最后的决断权，进而从容地收回权力。

那么，他的这套系统运行得如何呢？

192. 垂帘听政始

根据一些史料记载，咸丰皇帝驾崩前，肃顺等人曾经劝他"效钩弋夫人旧事"。钩弋夫人是汉昭帝刘弗陵的亲生母亲，是汉武帝晚年最喜欢的女人。可是汉武帝怕她在自己死后控制儿子，干预朝政，所以在去世之前，先把她害死了。

肃顺等人的意思很明显，但咸丰皇帝心软了，而且肃顺等人的建议反倒提醒了他：万一他死后，这些大臣欺负孤儿寡母，那可怎么办？于是，就有了前文说的八大臣辅政，两宫皇太后慈安和慈禧最后盖章的这么一个规定。

一、辛酉政变

慈禧是一个权力欲望极强的女人。她很快就发现，原来自己手里这个"同道堂"印章只不过是一个橡皮图章，肃顺说往哪个上面盖，她就必须盖；否则，八大臣就罢工不干活。

虽然慈禧也曾经跟着咸丰学习如何处理政务，但以这个活儿的复杂程度，怎么可能看几眼就学得会？最关键的，必须有大臣支持你。她毕竟是女人，总不能穿个旗袍，踏着一双恨天高的鞋，扭着腰肢亲自到江南传达自己的旨意吧？再进一步，慈禧联想到肃顺想让自己殉葬的传闻，新仇旧恨，一起涌上心头。

让慈禧欣喜的是，后宫权力最大的正牌太后慈安也对肃顺不满意，据说最重要的原因是她认为肃顺在热河给咸丰找来很多小姑娘，把他给累死了。

于是两宫太后此时可谓同仇敌忾，但如果外面没人支持的话，她们什么也做不了。正着急的时候，北京城里的恭亲王奕䜣来到了热河。

"慈安"与"慈禧"

"慈安"和"慈禧"两个称号既不是后宫的职称，也不是这两人去世之后的谥号，而是徽号。徽号就是后宫地位崇高的女性，比如太后、太妃等还活着时，为了表示尊重而用的尊号，比如"武则天"的"则天"。"慈安"和"慈禧"也是一样，是后来同治皇帝给两个母亲上的尊号。

慈禧为什么又叫西太后呢？因为咸丰皇帝去世后，慈安和慈禧在热河给他守丧这段时间，团结一心，都住在烟波致爽殿，只不过慈禧住在西暖阁，慈安住在东暖阁，所以才有东西两太后的说法。

奕䜣先是跑到哥哥的灵柩前嚎啕大哭。哭声一半是真正的悲痛，毕竟棺材里那个人是和自己一起从小玩到大的，很多史料都表明，奕䜣这个人，还是挺重感情的。还有一半就是怨恨，哥哥临死的时候，辅政八大臣里面居然没有自己的名字，很明显，这是怕自己成为多尔衮第二啊，对自己如此不信任，奕䜣是有怨言的。

哥哥虽然无情，嫂子们却是太热情了。

奕䜣刚刚哭完，后面已经传来两宫皇太后懿旨，招奕䜣觐见。在哥哥的丧礼上和嫂子们见个面，这事儿别人还真没什么好说的，所以肃顺等人也没阻拦。可这次见面的时间有点儿长，据说有两个小时，至于说了点儿啥，做了点儿啥，史书上没记载，可是从后来事情的发展，我们不难猜出来。

后来发生了什么呢？这次会面几天后，山东道监察御史董元醇上奏折，说请两宫皇太后听政。肃顺等顾命八大臣在朝堂之上坚决反对，说"本朝未有皇太后垂帘"旧例，而且他们不是心平气和地讨论问题，而是对着两个20多岁的小女人和一个5岁的"幼儿园小朋友"咆哮。史书记载，"声震殿陛，天子惊怖，至于涕泣，遗溺后衣"，声音大到把小皇帝载淳直接吓尿了，慈禧的裙子湿了一大片。

很自然，垂帘听政这事儿就没弄成，但是你千万不要以为这是没有意义的。因为这件事让大臣们表露了态度、站了队。奕䜣看出，至少带兵的僧格林沁、军机大臣文祥支持垂帘听政，是坚定的反肃顺派；弟弟醇亲王奕譞，也是和自己一伙儿的。于是他们心照不宣地拉起手来，先是任命奕譞为步兵统领，兼管刑部的善扑营。善扑营是一支直接听命于皇帝的内卫部队，一般认为，康熙时捉拿鳌拜的那群少年，就是善扑营的前身。然后，他们又给肃顺等八名顾命大臣挖了一个大坑。

这个坑是这样的：

咸丰死后，大家从热河的避暑山庄，护送咸丰的棺材回北京城。可是刚动身，慈安、慈禧就对肃顺说，这样走下去，小皇帝载淳身体可能受不了。原因是按照礼制，小皇帝如果跟着棺材走，必须每天在他爹的灵牌前磕头上香。一路上天气炎热，还时不时地下大雨，5岁的孩子确实很容易生病。肃顺等八大臣合计了一下，只能让慈安和慈禧带着小皇帝先回北京，这样就可以睡懒觉，不用大清早去磕头了。

于是，这两个女人带着载淳，只用了五天时间，就从小路回到了北京。

农历九月三十日，醇郡王奕譞在大殿之上，宣布了八名顾命大臣的罪状。主要有两个：第一，英法联军入侵北京和圆明园被烧的第二次鸦片战争，皆是肃顺等八个人的错；第二，他们擅自修改咸丰的遗嘱，阻止两宫太后垂帘听政，并且咆哮公堂，惊扰圣驾。

欲加之罪，何患无辞。这两条罪名，可能最适合用那句著名的"莫须有"来评价了。不过无论如何，肃顺在密云的行馆被奕䜣派去的人直接逮捕，押回了北京。最后的判决是，肃顺被斩首；怡亲王载垣和郑亲王端华被赐自尽，也就是留一个全尸；其他五位顾命大臣被革职。想当年端华极力推荐弟弟肃顺的时候，可万万想不到，有一天，哥俩会有这样一个结局。

客观地说，这个处理并不重；而且慈禧还让奕䜣派人烧掉了肃顺家里很多私人来信，对肃顺的党羽表示不再扩大株连范围。她甚至对外说，当肃顺得权时，我也心惊胆战，吓得要死，裙子都湿了。

一听上面这件事就知道，慈禧肯定看过小说《三国演义》，这就是曹操在官渡之战后的策略。实际上，慈禧这一次用得比曹操还高明，因为除了安定人心之外，慈禧还强调了一点——就是自己当年对肃顺也是怕得要命。仔细思考一下，当时慈禧可是皇帝的娘，怀里就抱着小皇帝，尚且被肃顺等人吓得浑身发抖，这么一来，那些尊崇"忠孝"二字的天下人会如何看肃顺呢？恐怕是异口同声的三个字：死得好。

上面这件事，史称"辛酉政变"，是晚清政治史上的大事；而这件大事的四个主要操盘手，慈安皇太后24岁，慈禧皇太后26岁，奕䜣28岁，奕䜣仅仅21岁。平均年龄不到25岁的四个年轻人，一举扳倒了手握"顾命"的八位老狐狸。不得不慨叹一句，政治这碗饭，是需要天赋的。

据说肃顺临死的时候骂声不绝，并且叹息说，想不到栽到了一个小女子手里。坦白地讲，他之所以失败，主要是两个原因：第一是他前面实行铁腕改革，得罪的权贵实在是太多了，导致关键时刻，很多北京城里的官员都选择了坐山观虎斗，即便是觉察到奕䜣、慈禧的阴谋，也没人去提醒肃顺，更没人试图阻止，不闻不问，乐见其成。第二就是肃顺人生太顺利，导致他自高自大，根本就没瞧得起慈禧和奕䜣这些年轻人。他自己都已经在宫殿上骂娘了，居然还敢放任两宫太后和小皇帝先回到奕䜣的大本营京城，这实在是败笔。

二、垂帘听政

1861年农历十月初九，5岁的载淳在太和殿登基，这就是同治皇帝。

现在有人说同治是"共同治理"的意思，暗指虽然载淳是皇帝，但他的亲娘、嫡母，还有叔叔，大家都有权力，所以共同治理。这肯定是胡扯。君权天授，至高无上，儒家更是讲究"定于一"，就算是真的大家一起管事，也万万不能说出来。"同治"这个词实际上出自《尚书》，"为善不同，同归于治"。

十一月初一，两位太后在养心殿挂了一个帘子，正式开始了垂帘听政。当时的情景是这样的：5岁的小皇帝在前面正中坐着，左边站着恭亲王奕䜣，右边站着醇亲王奕譞，三人后面是一个黄色的透明帘子，帘子后面坐着两个女人，国家大事，基本就是这几个人说了算。

慈禧和武则天有一点很像，她们都是那种骨子里十分强势的女人，同时又都嫁了一个柔弱的丈夫。唐高宗就不说了，咸丰皇帝本身的才能并不差，即位之初，就拿下了穆彰阿和耆英，也充分展示了他的政治手腕；可是面对太平天国和英法联军，他实在是有心无力，最后意志被摧垮，满心的苦闷只能对慈禧诉说，间接上，促使慈禧走上了政坛。

那么为什么奕䜣也默认了嫂子垂帘听政？

这事儿史书上没有说过，我个人认为，这里面有三个原因：第一，奕䜣并不是咸丰指定的辅政大臣，而慈禧和慈安手里却握着两枚印章，奕䜣必须也只能依靠两个嫂子，才能使自己的权力看起来合法。

第二，奕䜣得到了足够的权势和好处。我们看看从十月初一到十月初九这九天，奕䜣得到了什么。首先是被封为议政王、军机处大臣，兼内务府总管；其次是发双份薪水，这是一种荣耀，意思是你的才能比你的职位高多了，可是限于国家法规，不能再给你升职了，只能给你多一倍的薪水了；最后是女儿被封为固伦公主，这个头衔，是只有皇后生的女儿才能有的，慈安、慈禧这是告诉奕䜣，你闺女就是我们的闺女。得到了这些，奕䜣觉得自己有足够的能力掌控整个朝廷了，所以，他和肃顺一样，这时候并没有把两个嫂子看得有多么厉害。

最后一点是，这叔嫂三人的执政理念是一样的。

那么是什么理念？就是大清想复兴，想消灭太平天国这样的造反派，并且强盛起来，只能靠两点：一是和洋人全面和解，向洋人学习，甚至借助外国的力量；二是要依靠汉人官僚的力量，至于说八旗子弟，他们叔嫂和肃顺的观点一模一样，也认为他们是废物。

那么，想和洋人和解就能和解吗？答案是当然。

第二次鸦片战争之后，可以说资本主义列强从大清得到了一切他们想要的，大量的通商口岸、低廉而且随时可以按照自己意愿修改的关税、劳动力随便买卖、可以在内地城市居住、随便传教。对于它们来说，一个超级大的原料产地、成品市场正缓缓打开大门。这简直就是连做梦都能笑醒的前景。在这样的情况下，维持清政府的统治，是列强一致的愿望。一个被自己打怕了的政府，一个和自己签了无数有利于自己条约的政府，谁会希望它倒台呢？

同一时间，很多中国的有识之士也看出来了，要想富强，必须向老外学习。最早的，就是前面说过的《海国图志》作者，林则徐的好友魏源。他在1842年出版这本书的时候，明确说了："为师夷长技以制夷而作。"就是说要想打败"夷人"，第一步就是学习他们的长处。

还有林则徐的学生冯桂芬，他在1861年也写了一本书，名字叫作《校邠庐抗议》，明确提出"以中国之伦常名教为原本，辅以诸国富强之术"的理论。后世人称之为"中体西用"，就是治理国家时，礼仪制度还要用中国原来的东西，但是科学技术这些应用层面上的，要全面学习外国。

另一位主张向外国学习的，就是恭亲王奕䜣。他在1861年1月份，向咸丰皇帝上了一个奏折，《通筹夷务全局酌拟章程六条》，名字挺长，内容也不短，但其精华部分，就是八个字：学习外国，自强求富。只不过咸丰当时正忙于女色，再加上很快就归天了，这事儿当然也就没人管了。

现在奕䜣和他的两个嫂子大权在握，慈安不管事，慈禧却是非常欣赏和支持小叔子提出的这个纲领。就这样，一场轰轰烈烈的运动拉开了大幕，那就是持续了三十几年的清末洋务运动。

三、合围太平军

在这场洋务运动中，慈禧和奕䜣大量起用汉族官员。这些人既有能力，又乐于改革，个个都主动地在自己管辖的地区实行各种各样的洋务举措。其中最出众的，有前面说过的曾国藩、左宗棠，还有张之洞和李鸿章，这四个人合在一起，还有一个外号，叫作"晚清四大名臣"。

咸丰皇帝死的时候，左宗棠还跟在两江总督曾国藩的后面，学习如何训练兵勇，去打太平军。因为学习认真，工作努力，曾国藩就推荐他当浙江巡抚。当上了一方大员之后，左宗棠也在湖南招了5000人，组成了一支私人武装，称为"楚军"，也投入了和太平天国的战斗。

相比于曾、左二人，李鸿章算是不折不扣的小字辈。他生于1823年的合肥，比曾国藩小了12岁。他父亲李文安是一个死读书的知识分子，在李鸿章15岁那年才考上进士。这一次中进士，算得上是老李家祖坟冒青烟了，因为同时考中进士的，还有曾国藩，两人一见如故，关系处得极好。李鸿章22岁到京城参加会试落榜之后，就住在了曾国藩叔叔家里。1847年，李鸿章也考上了进士。

到了1858年，李鸿章又到曾国藩的幕府，负责起草文书。据说他经常睡懒觉，曾国藩教训他说："既入我幕，我有言相告，此处所尚惟一'诚'字而已。"吓得李鸿章从此之后，再也不敢偷懒了。

同治元年，也就是慈禧、慈安和奕䜣开始把持朝政的时候，李鸿章做了两件大事。第一件大事是替曾国藩写了一个奏折，弹劾当时的安徽巡抚翁同书，说他面对太平军吓得瑟瑟发抖，不战而走，给大清丢脸了。

奕䜣马上抓住这件事做文章，说翁同书"贻误取巧，苟且偷生"，要砍了他的脑袋。翁家是很了不得的，翁同书是安徽巡抚，他父亲是户部尚书、体仁阁大学士，弟弟翁同龢这时候正在教慈禧、慈安和小皇帝同治读书，不折不扣的帝师。

顺便说一下，为什么慈禧、慈安也要学习？因为她俩垂帘听政，阅读文件，批阅奏章，那都是需要有文化的，所以翁同龢特意为她们编了《治平宝鉴》，作为给两宫太后的教科书，定期讲解。

"鬼子六"奕䜣的目的很明显，就是想趁着这个机会，打击翁家。虽然后来翁同书并没有被处死，但官职还是没保住，和林则徐一样，流放新疆去了，他老爹也很快就郁闷死了。

这件事造成的最大后果，就是翁同龢从此恨死了李鸿章，两个人的明争暗斗持续了一辈子，间接地导致后来李鸿章的北洋水师得不到朝廷的全力支持；如果说得极端一点，因为这么一纸弹章，大清在甲午战争就输了，这事儿后面我们再说。

第二件大事就是他在曾国藩的命令下，回到合肥，招募了很多安徽人，组成了另一支私人武装，即"淮军"，并且在被任命为江苏巡抚之后，迅速采购西方大量枪炮，把淮军扩大到几万人，清一色的西式装备，随后进驻上海。

在此之后，太平天国就没有回天之力了。前面说过，1856年发生了天京事变，太平天国内部发生了严重的内讧。随后，唯一剩余的元老级将领翼王石达开，也因为天王洪秀全的猜忌，被迫离开南京，转战于江西、贵州、四川等地。1863年，石达开在清军的围堵之下，在四川大渡河前一筹莫展，最后为了让大多数部下活命，他率少部分人向四川总督骆秉章投降，随后被凌迟处死。

据说石达开在受千刀万剐的时候,神色自若,到死都沉默不语。后世对太平天国其他将领的评论有好有坏,可是唯独对石达开,一般都是赞美之词;就连他的敌人,包括曾国藩、左宗棠在内,都对他表示由衷地钦佩,说他"素得群贼之心,其才智出诸贼之上"。美国传教士麦高文在他的著作里,说石达开"性情温厚,赢得万众的爱戴"。总之,综合各种史料,他几乎是一个完人,可惜,没有遇到明主。

1864年,李鸿章的淮军、曾国藩的湘军、左宗棠的楚军,还有在左宗棠主持之下,建立的中英、中法混合部队"常安军"和"常捷军",从几个方向上,对太平军进行了合围。为什么外国人也参战了?因为这时候,他们已经绝对支持清政府,也想赶紧消灭太平天国,稳定局势,好做生意赚钱。

熬到了6月1日,南京城里的洪秀全终于顶不住了,吃了很多天野草之后病死了。也有说他是服毒自尽的,孰是孰非,已经很难确定了。这一下群龙无首,7月,曾国藩、曾国荃兄弟的湘军攻进了南京,洪秀全的尸体被挖出来挫骨扬灰,他的儿子洪天贵福逃出南京城不久被抓,随后被凌迟处死。轰轰烈烈的太平天国运动终于落下了帷幕。

现在所有史料都表明湘军在南京城进行了血腥的大屠杀,并且屠杀的对象主要是南京城的老百姓。后来戊戌六君子中的谭嗣同在他的《北游访学记》里记载了南京城老人对此的描述:"发匪据城时,并未焚杀,百姓安堵如故。终以为彼叛匪也,故日盼官军之至,不料官军一破城,见人即杀,见屋即烧,子女玉帛,扫数悉入于湘军,而金陵永穷矣。至今父老言之,犹深愤恨。"也就是说太平军来的时候,没抢也没烧,但政府军来了,老百姓却遭了大罪。从这时候起,曾国藩兄弟就得到了曾剃头、曾屠户的外号。

太平天国运动失败的原因主要就是两点:第一是目标不明,树敌太多。洪秀全这个连秀才都没考上的读书人,弄了一个不伦不类的拜上帝教会，反朝廷，反地主，也反外国人，更反对儒释道等中国传统文化。弄到最后，除了盼着"人人有地种"的穷苦老百姓，没有一个阶层是他们的朋友，全民皆敌。

第二就是太平天国领导层贪图享乐，鼠目寸光。这一点和黄巢有点儿像，一个是打下西安开始埋头深宫，不理政事，一个是占领南京就开始醉生梦死。到最后，连自己的根基——贫苦的老百姓都抛弃了他们，不失败是不可能的。

那么我们今天应该如何看待太平天国运动呢？可以这样说，从辛亥革命开始，一批又一批的现代革命家们都是热情讴歌太平天国运动的，今天天安门广场的人民英雄纪念碑上的浮雕，也有一幅是纪念太平天国的；可是同一时期的马克思却对太平天国持否定态度，他的原话是："除了改朝换代以外，他们没有给自己提出任何任务。"

我个人对这场运动的看法是，这是一场打着宗教幌子的典型的农民起义，既不要过高地评价，也没必要一味地贬低、批评。

那么，太平天国运动造成了什么后果呢？

后果主要是两个：一是对江南正在迅速发展的资本主义生产方式产生了极大的破坏，什么商品经济、手工业、小工业，在太平军眼里，一概是邪恶要铲除的，给弄了一个稀巴烂；二是因为这场运动，清廷在江南的势力几乎被扫荡一空，汉人官僚集团和他们的私人武装在地方上迅猛发展，随后这些人为了各自利益，开始大力提倡洋务运动。

那么，究竟什么是洋务运动，它又是如何改变清朝的？

193. 同治话中兴

洋务运动又称同治维新，或者说自救运动，后一个名称很形象地道出了这场运动的本质，而且这也是上至慈安、慈禧、奕䜣、奕譞这样的满洲亲贵，下至包括曾国藩、左宗棠、李鸿章等人在内的地方大员的集体共识。对清朝来说，已经到了不改革就只有死路一条的时候了。

一、洋务运动

上节说到的奕䜣给咸丰上书这件事，是洋务运动的开端，因为它直接催生了一个机构——总理各国事务衙门，简称"总理衙门"——的诞生，这是中国的第一个外交机构，职能近似于现在的外交部。以前，跟外国人打交道的事儿都是礼部和理藩院负责的，但它们只会用对待藩属国的方式来对待其他国家。平等交往？礼部和理藩院的老爷们怕是既不会，也不情愿。而现在奕䜣管理的这个总理衙门，就是新形势下按照比较通行的国际惯例处理外交事务的部门。

以总理衙门为起点，洋务运动逐渐发展开来，一共分为三大块。第一块是军事，这是重中之重，曾国藩曾经说过，"购买外洋船炮为今日救时第一要务"。没有坚船利炮，就会挨打，这个认识，中国人是用一系列惨败加不平等条约这些事实换来的，自然是铭记在心。其实从洋人那里购买枪支弹药，很早之前就开始了；就连太平军，都节衣缩食，从英法手里买武器。

不过比起传统的买武器,洋务运动了不起的地方就是它在发展过程中,又让一些有识之士认识到,买不如造。用李鸿章的话说,就是"制器之器"——能够制造机器的技术和器具——更加重要,曾国藩就说得更加浅显,他说:"师夷智以造炮制船,尤可期永远之利。"

在这种思想指导之下,曾、李派出中国第一个留美学成归来、毕业于耶鲁大学的留学生容闳到美国,去采办"制器之器"。随后,一系列的军工厂建立起来,曾国藩创建安庆军械所、李鸿章在上海创办江南制造总局,生产枪炮炸药;左宗棠在福州马尾创办福州船政局,专门生产轮船;张之洞在湖北汉阳创建汉阳兵工厂,成为大名鼎鼎的汉阳造的摇篮。林林总总,大概二十几个。

有了武器,也有了制造武器的工厂,下一步就是建立现代化的军队,因为历次和洋人交手,都输在了人家的坚船利炮之下,所以海军的建设就被提到了最高等级。在很短的时间内,清政府一口气创建了四支海军,左宗棠的福州船政局创建的福建水师、两江总督沈葆桢的南洋水师、两广总督瑞麟的广东水师,最后一个就是大名鼎鼎的李鸿章的北洋水师。北洋水师在这四支水师里规模最大,投资最多,一度号称亚洲第一,世界第八。当然,结局我们也都知道,这里略过,后面再说。

洋务运动的第二块就是民营企业,其实也不是完全民营,当时的说法是官督商办和官商合办。这种形式企业的诞生是两方面合力的结果。一方面,前面说的那些军工企业都是国家投入,不赚钱的,那么钱从哪儿来?洋务派们很自然地就在"求强"的口号之后,及时地提出了"求富",而且是必须先求富。就这样,一大批以赚钱为目的半官方、半民营的企业就诞生了。其中就包括了李鸿章筹办的轮船招商局、上海机器织布局、开平矿务局,还有张之洞的汉阳铁厂等。具体的经营方式就是朝廷向民间资本家招商,官方有地,有批文,有政策,但没有钱,商人则可以出钱入股，到时候利润分成。和朝廷合伙做生意，这自然是好事，商人们马上就响应起来，一个个都以为有利可图。可是后来证明，这种形式的企业有一个天生的弱点，那就是产权不清，最后造成了政府和商人相互扯皮的情况。

这种政府鼓励发家致富的过程，催生了很多民间资本家，个人经历相当富有传奇色彩。一辈子顶着"红顶商人"帽子的胡雪岩就是其中之一。这些人前后创办了很多民族资本主义企业，到了1894年，也就是洋务运动结束的这一年，中国已经有了100多家这样的企业。它们的老板们就是毛主席后来批评的，"既有革命性，又有妥协性"的民族资产阶级。

最后一块在洋务运动中得到发展的领域，就是教育，这属于副产品。这很好理解，和外国人打交道，引进先进技术的过程中，需要翻译、工程技术人员等，否则，你的驱逐舰开着开着，很可能就变成"潜艇"了。

在当时的科举制度下，清朝这方面的人才是零。从零开始的现代化教育催生了一系列学校，比较出名的有京师同文馆、福州船政学堂、天津电报学堂等30多个现代化学校。从1872年到1875年，清朝每年都向美国派出几十名幼童去留学。这些人学成回国之后，很多人都成了日后的精英，比如说修建中国第一条铁路的詹天佑，就是其中之一。

二、捻军、回民起义和阿古柏之乱

与英法暂时和平了，太平天国灭亡了，大清上下一心，专心致志地搞洋务运动，那么是不是整个社会和谐一片，国家富强了呢？

实际上并没有。

这段时间，地方上让清朝统治者很头疼的事情一共有三件：分别是捻军、回民起义和阿古柏之乱。所谓的捻军，是起源比太平天国还要早的起义军，主要活动在安徽北部及江苏、山东、河南这三个省，大多零散分散,很少和清朝军队正面对抗。可是到了 1865 年,也就是太平天国灭亡的第二年,他们在山东菏泽,击毙了清朝唯一对英国人打过胜仗的蒙古将领僧格林沁。这一下,引来了清朝的大举报复,在 1868 年被李鸿章和左宗棠彻底击败了。实际上,捻军基本上流动作战,主要是贫苦老百姓为求生活出路而造反,谈不上什么政治理念,对历史的影响主要是个"乱"字。

同治陕甘回民起义,是陕西和甘肃的回民造了清政府的反。

这两个省的回民也有不少信仰伊斯兰教的,但他们和新疆的穆斯林有所区别。新疆穆斯林很多是维吾尔族人,维吾尔族是由古代的回鹘人和当地其他民族融合而来;而陕甘两省的回族多是唐以后迁入中国的中亚、波斯、阿拉伯人和其他各族融合而形成的。

大清自从太平天国起义之后,南方的税收不上来,这部分税赋就被转移到了西北,尤其是陕西,更是税收的大户。《清实录》上记载,"京饷及各军饷粮,均赖山、陕西省接济"。压力山大加上宗教因素,再加上镇压太平天国、捻军的需要,清廷从这里抽调了不少部队,兵力空虚,也就有不少当地人乘机揭竿而起。不过他们和捻军一样,没有自己的目标、纲领,虽然从 1862 年开始,也轰轰烈烈了几回,但最终还是被左宗棠在 1873 年彻底打败。

此时的清帝国,可谓四处漏风。受到陕甘回民起义等内外因素的影响,新疆也发生了大规模的反清活动。有一个叫阿古柏的,是从中亚浩罕汗国过来的将领,趁乱占领了新疆大片土地,甚至还宣称成立了一个毕杜勒特汗国。当然,这时候伊犁地区被北边的沙俄趁乱占领,阿古柏打不过俄国人,不敢要伊犁。

沙俄入侵者口蜜腹剑,虽然占了伊犁,表面上对大清朝还很客气,说他们是怕伊犁被阿古柏占领,所以先替大清管着,等大清收回新疆之后,就把伊犁还回来。

沙俄这一招很阴险,因为他们断定,清朝应该是收不回新疆地区了。可是他们忘了，大清有一个左宗棠，而左宗棠手里握着一堆关于新疆的材料，那是二十年前，一个叫作林则徐的人在酒桌上给他的。

这事儿并不顺利。当时正值洋务运动如火如荼，朝廷上有很多人都不赞同在西北投入太多人力、物力。以李鸿章为首的一些大臣认为，在当时的清朝，应该以"海防"为主，西北地区可以不要了。左宗棠的意见是如果不要新疆，那里必然被英国或者俄罗斯控制，那么他们随时可以进逼陕甘宁，这十分危险；而且，新疆就这样不要了，外人肯定以为中国软弱可欺，可以预见的是，不久之后，俄罗斯就会打上门来。左宗棠这一派的观点叫作"塞防"。

"海防派"和"塞防派"两伙人吵得热火朝天，彼此毫不妥协。最后慈禧站了出来，坚决支持左宗棠，这才让"海防派"不说话了。最终的结局是很美好的，左宗棠很争气，只用了一年多一点的时间，就拿回了新疆，最后经过和俄罗斯艰苦的谈判，也拿回了伊犁。

关于伊犁的谈判，有一个很有趣的插曲。开始的时候，慈禧认为，既然俄罗斯说了，等大清拿回新疆，他们就归还伊犁，那这事儿就像是"把大象关进冰箱"一样简单，一共分三步：把冰箱门打开，把大象塞进去，再把冰箱门关上。于是她就派了满洲贵族崇厚去俄国首都圣彼得堡谈判，目的是以此来提高满洲贵族的威望和地位，不让汉人官僚专美。

崇厚用实际行动证明了"满洲贵族就是废物"这句话的正确性。他临走之前算了一卦，卦上说，这一趟出差可不吉利。所以他到了之后，就想快点签字，然后赶紧回家，拿过协议一看，上面确实说了会把伊犁给大清，就急匆匆签了字。可惜的是，这份被称为《里瓦几亚条约》的协议是一个骗局，协议内规定，除了伊犁城本身，周围的土地俄国都不归还，清朝还要向俄国支付大笔赔款。

慈禧、左宗棠等人勃然大怒，直接把崇厚关进了监狱，差点儿砍了他的脑袋。当然，这从另一方面，也证实了一件事——崇厚走之前算的那卦"确实很灵"。

之后，清政府拒绝批准条约，左宗棠带兵直接进逼伊犁，同时和中亚各国联系，摆出一副不惜和俄国大打出手的架势，甚至把自己那口早就准备好的棺材从肃州运到哈密，借以表示收复伊犁、血战到底的决心。

俄国这时候刚刚输了克里米亚战争，大伤元气，一看左大人要玩命，赶紧喊停，回到了谈判桌上。这一回，大清王朝的特使是曾纪泽，曾国藩的二儿子，最终拿到了一个还算令人满意的条约，收回了伊犁及周边地区。

我们必须实事求是地说一句公道话，慈禧和左宗棠两人在一百多年前，力排众议，驳斥了李鸿章的"海防论"，拿回了新疆，不仅在当时，就算是对现在的中国，也有着很大的战略意义，可谓利在千秋。

三、天津教案

曾纪泽和俄罗斯人在谈判桌前唇枪舌战的时候，他老爹，晚清最重要的大臣曾国藩已经去世好几年了。我认为，他应该是死于长期抑郁之后的中风。

事情是这样的。1868年，曾国藩调任直隶总督，两年之后，天津发生了一起和教堂有关的案件。起因是1870年的4、5月份，天津城内发生了多起婴幼儿失踪案，小孩儿在家门口玩着玩着就没了；到了6月份，法国天主教徒开设的望海楼教堂的育婴堂又莫名其妙地死了几十名婴儿。正在大家狐疑的时候，一名叫武兰珍的人贩子被抓住，她说她用来迷晕小孩子的迷药是一名叫王三的中国天主教徒在教堂西侧铁门口给她的。这一下子，天津市民的怒火马上被点燃了，大批民众到教堂门口示威。

当时清朝在天津处理外交事务的最高官员是崇厚，此人那时候还没进监狱,正是官运亨通的时候。他带着人来了个三堂会审,结果说既没找到王三,西边的大门也不是铁门。换句话说,武兰珍可能撒谎了。崇厚只能给法国人道歉,然后打道回府。

可是天津市民不买账,他们一不相信洋人,二不相信官府,只相信自己的眼睛和脑袋。于是,上万人开始围困法国教堂。

法国教士们没办法,只好又求救于法国驻天津的总领事丰大业。丰大业是一个急脾气,先是找到崇厚,咆哮着让崇厚派兵镇压天津市民。崇厚倒也不是不想派兵,可是丰大业这么颐指气使的,这个满洲贵族觉得面子上过不去了,就当场拒绝;于是丰大业对着崇厚家里的花瓶开了几枪,扬长而去,花瓶的碎片却把崇厚的脖子划出了血。

出了门的丰大领事又找天津知县刘杰派兵,刘杰表示无兵可派,丰大业再次拿出枪来,一枪把刘杰的管家高升当场打成重伤。

丰大业枪击崇厚是在崇厚的府里,枪伤高升则是在教堂外的浮桥上,上万名天津百姓正在热血沸腾地喊口号,回头一看,洋鬼子竟然向知县大人开枪。这还了得!这一下,丰大业算是捅了马蜂窝。

后果相当严重:丰大业和他的秘书当场被人活活打死;之后,已经完全失去理智的老百姓冲进法国教堂,残忍地杀死了里面的几十名教徒、修女和工作人员。不仅如此,天津城里的法国领事馆、英美的基督教新教教堂、俄国的东正教堂、西班牙的天主教堂,以及来旅游度假的外国游客,全都倒了大霉,建筑物被焚毁,财物被抢,人被杀掉。

可想而知,无论在什么时代,这种事都是必然惹起轩然大波的国际纠纷;更别说1870年,在外国人眼里,大清朝廷可谓一钱不值。6月24日,法国第三舰队、英国第五舰队开到天津,美、德、意等国军舰也向天津集结,七个国家的公使,以法国为首,向清朝总理衙门强烈抗议,并发出最后通牒,要求惩办肇事者,赔偿损失。

慈禧的办法很简单,让直隶总督曾国藩去处理,让两江总督李鸿章协助办理。

曾国藩嘴里说着臣遵旨，心里面怕是一边骂娘，一边害怕，他甚至在去天津的路上，写好了遗嘱，买好了楠木棺材。曾国藩这一生，多次自杀，多次写过遗书，整个就是一个抑郁型性格；而李鸿章根本就不露面，反正就是一个协办的，一切都是您曾大人做主。

之所以两人都是这副样子，原因是这事儿的确不好处理：想让洋人满意，一定要杀一群中国人；可是这么做，中国老百姓又岂能答应，政坛上的敌人又岂能不借机闹事？

思来想去，曾国藩最后的结论是，"愚民无知，遽启边衅，曲在津民"，这事就怪天津老百姓，然后又说，"杀人偿命，天经地义"。于是他按照这个逻辑，抓了80多人，其中定为死罪的20人，流放的25人。天津知府张光藻、知县刘杰，都被革职流放，一共向各国赔付46万两白银。

以当时的情势而论，这个判决并不算太严苛。毕竟育婴堂的事查无实据，而烧杀抢掠这样的事，无论受害的是哪国的民众，加害者都应该受到惩罚。可是消息传出去，就如同预料的那样，没等外国人说啥，清朝内部先不干了："诟詈之声大作，卖国贼之徽号竟加于国藩。京师湖南同乡尤引为乡人之大耻。"全国官员和百姓都骂曾国藩是卖国贼，这里面也包括了他的好友左宗棠。

李鸿章作为协办，也在骂曾国藩。他骂人还有另一层意思，就是撇清自己。正骂得起劲，慈禧又一道圣旨下来，免掉曾国藩直隶总督的职位，命令李鸿章继任，接手天津教案。这一下，李大人就有点儿傻眼了。

慈禧真是一个政治天才，她这么做有三个目的：一是安抚百姓，平息全国舆论；二来借机打击曾国藩这个位高势重的权臣；三是考验李鸿章，干得好，收为己用，用来取代曾国藩，干得不好，再派满洲亲贵出手，以妥协收拾乱摊子，顺便提高满洲亲贵的地位。

结果李大人干得挺好。

李鸿章已经看得很明白,想按照舆论那样,判中国人统统无罪,是不可能的。所以他的办法就是在曾国藩判的 20 个死刑犯里,减少了 4 个;据说,就算是这 16 个死刑犯,他也没杀,而是偷偷地换成了其他案子的死刑犯,来了一个李代桃僵,反正外国人也弄不清楚到底是谁杀的人。

于是李鸿章声名鹊起,大家都觉得,比起那个曾卖国贼,李大人还是咱们自己人。慈禧也认定了,李鸿章会办事。从此之后的三十年,凡是重大外交事件,慈禧都安排李鸿章办理。

可是老佛爷和李大人都不知道的是,法国人这次之所以那么好说话,没有像第二次鸦片战争那样打上门来,是因为在这一年的普法战争里,法国被普鲁士打得元气大伤,正在恢复中,所以才对李鸿章的各种小聪明睁一只眼闭一只眼。

"天津教案"对曾国藩的打击是巨大的,而且他很委屈。李鸿章后来的处理方式,实际上并没有脱离他定下的框架,只是细节上耍了一点手段。用李鸿章自己的话说,就是"痞子腔",可为什么人民群众对他俩的评价天壤之别呢?

其实,这是因为曾大人不懂心理学。要知道,他去处理的时候,正好是朝野群情激愤,用法国心理学家勒庞的话说,处于"无理性,盲目,智商低下"的时候;民众的激情来得快,去得也快,后来李大人接手的时候,大家闹事的心思已经淡了,再加上李大人对着曾大人一顿猛批,大家更是觉得李大人是来改正错误的。如此而已。

可是曾国藩自己却没办法从这件事里释怀。两年之后,1872 年农历二月初四,曾国藩在南京因为中风猝死,享年 61 岁。可想而知,天津教案对他是相当大的打击。

实际上,天津教案不仅仅是曾国藩的滑铁卢,从这个案子里,更可以看出当时中国老百姓和外国人之间紧张到极点的关系。后来的义和团之所以能发展那么快,与这种相互之间的不理解,也不想去理解,不无关系。

四、曾国藩"三不朽"了吗

现在提起曾国藩,很多人把他当作立功、立言、立德"三不朽"的圣人,《曾国藩家书》更是翻版再翻版,长盛不衰。之所以现代人这样推崇曾国藩,部分是因为最近一些年,大家发现很多著名人物,包括梁启超、蒋介石和毛泽东,对曾国藩都曾相当推崇,毛泽东早年甚至说过,"愚于近人,独服曾文正"。

为什么这些人都对曾国藩这么服气呢?原因只有一个,和他们早期受的教育有关。他们早期学习的内容都包括儒家"忠信笃敬"的很多内容,而曾国藩在自己所有的文章、笔记、家书里都宣扬,自己就是靠着这一套而成功了。这实际上可以说是更传统一点的成功学,或者说鸡汤学。

曾国藩要是晚死三十年,李鸿章后来遇到的事情,他一个不落,全都会遇上;而从天津教案来看,他能不能拿出李鸿章的"痞子腔",处理得比李鸿章更好,实在是要打一个大大的问号。更何况,他活着的时候,破城之后屠城的事情干了那么多,给他弟弟写信,直接就说,"克城以多杀为妥",甚至直接指导,对抓获的敌人"剜目凌迟"。这些事儿我们现在听着,怎么都不像一个圣人能干出来的。

五、同治中兴

曾国藩死后的第三年,1875 年 1 月 12 日,大清朝第八位皇帝同治帝在紫禁城养心殿驾崩,享年只有 19 岁。这位皇帝是清朝最短命的皇帝,同时也是几乎啥也没干的皇帝。他有两个能干的妈,还有一个能干的叔叔,他在死的前一年刚刚宣布亲政,仅仅是下了一道"恪遵慈训,敬天法祖"的圣旨,还没来得及把工作流程熟悉完,就归天了。

虽然他什么也没干,但还是赢得了"同治中兴"四个字。也就是说这段时间，清朝统治者干得比较好，对内平定了太平天国、捻军、回民起义，又收回了新疆；对外，和英法等国开始和平相处。最重要的，洋务运动看起来很成功，各行各业欣欣向荣，经济更是日新月异。于是就有史学家称之为"同治中兴"。

这里有两点我们是要注意的：第一，这个"中兴"的功劳是要送给慈禧、慈安、奕䜣这些人的，和同治帝载淳没什么关系；第二，就像美国汉学家芮玛丽总结的那样："一个文明看来已经崩溃了，但由于19世纪60年代的一些杰出人物的非凡努力，它终于死里求生，再延续了60年，这就是同治中兴。"一句话，回光返照。

194. 慈禧独掌权

关于同治皇帝的死，有两种说法，官方的说法是天花，民间野史的说法是梅毒。我个人倾向于野史的说法，理由主要有两个：一是几乎所有的民间笔记、野史，都说他死于梅毒，其中很多证人，包括御医、太监等，都是亲历者；二是"鬼子六"奕䜣的大儿子载澂在同治皇帝去世的前一年，被短暂地剥夺了一个月的爵位，据说是因为他和同治皇帝一起出宫嫖娼，被抓了现行，而这个说法，奕䜣是默认了的。其实，同治到底是怎么死的，现在一点都不重要了；重要的是，他没有儿子。这样一来，选择谁做接班人就成了一个大问题。

一、慈安太后弱势吗，是被慈禧害死的吗

慈禧在亲生儿子死了两个小时后，就擦了擦眼泪，把王公大臣召集到养心殿西暖阁开会，议题是，谁来当皇帝。

按照亲疏远近，当时最有可能入选的是两个孩子，一个是刚才提到的载澂，另一个就是以前抓肃顺的醇亲王奕譞的儿子载湉。

在慈禧的坚持下，刚刚4岁的载湉被当场过继给咸丰皇帝，以同治弟弟的身份被立为新皇帝，这就是后来的光绪皇帝。

为什么慈禧要坚持立4岁的载湉呢？表面的原因当然是16岁的载澂品行不好，小小年纪就出入花街柳巷，"望之不似人君"。深层次的原因则

很多：第一，载湉的娘，是慈禧的亲妹妹叶赫那拉·婉贞；第二，载湉的爹奕谭是一个老实本分的王爷，绝对不像载澂的父亲奕䜣那么野心勃勃；第三，载湉才4岁，慈禧可以名正言顺地继续垂帘听政。

那么，慈禧想选谁就选谁吗？是的。作为太后，她在皇帝人选上有最大的话语权。这是自古以来的传统，而正牌太后慈安在这个问题上，是支持她的，也不想让奕䜣成年的儿子继位。

长久以来，我们可能有一个印象，认为慈安一直被慈禧欺压。实际上，这不符合事实。咸丰皇帝死后，清朝的政治一直都是三驾马车的形式，慈安、慈禧和奕䜣互相制衡。

这一次立新皇帝，慈安和慈禧站到了一起，但也有慈安和奕䜣联手打压慈禧的时候。1869年，慈禧最喜欢的太监安德海，因为权势太大，周围人的奉承听腻了，就想出北京去享受外地人的马屁。他可能是得意忘形了，就没经过正常的手续，私自出京了。顺治皇帝曾经立下家法，"宦竖非经差遣，不许擅出皇城"，奕䜣马上抓住了这一条，让山东巡抚丁宝桢抓了安德海。当然，丁宝桢也不傻，他抓了安德海，并没有马上就杀，而是快马加鞭，去皇宫里请示，说臣按照老祖宗的教诲，抓了一个私自出京的太监，怎么处置，还要你们看着办。这时候，慈安敏锐地感觉到，是时候打击一下慈禧了，于是亲笔批示，"即行就地正法，不准任其狡饰……毋庸再行请旨"。直接给了一个终审判决，安德海就是一个太监家奴，慈安作为总领后宫的太后，砍了他的脑袋，绝对名正言顺，慈禧虽然无比郁闷，却说不出话来。

还有一次，慈安和慈禧一起去给咸丰烧纸，地上摆了两个蒲团，一左一右。很明显，下面人认为有两宫皇太后，自然就应该放两个蒲团。那时候以左为尊，也就是慈安要跪在左边的蒲团上，右边的是给慈禧留着的。可是慈安进去之后，扑通一声，跪在了右边的蒲团上。大家马上就明白了慈安的意思。第一，咸丰皇帝在慈安之前，还有一个孝德皇后，虽然已经死了多年,但慈安这一招表明了对她的尊重,这正是古代的妇德之一;第二,慈安这一动作,再次提醒了人们,慈禧从来都不是皇后,想和我并排跪着,她没那个资格。

同样,慈禧虽然尴尬无比,愣在当场,但也只能老老实实地站着,因为慈安又一次抓住了关键点,她无话可说,越说越尴尬。

有些读者可能觉得,这不就是斗气吗?有什么意义?说实话,意义太大了。

在深宫里的女流之辈,靠什么掌控天下?一个字,人。下面大臣如果不听她们的,她们分分钟就失去权力。可是靠什么能让大臣们听话呢?韩非子早就说过了,要靠"二柄",就是威权和奖赏。奖赏谁都会,但威权的建立,就很不容易。慈安能够在大庭广众之下打脸慈禧,后者还没办法反击,这就是威权。下面官员心里就会琢磨,东宫太后看起来很不好惹,那我在站队的时候,是不是要小心一些呢?只要大臣们有了畏惧心理,慈安的命令就会得到执行;而这反过来,又会让慈安的威信更进一步地加强。

言归正传。1875年,同治皇帝驾崩之后,慈安和慈禧两位太后联手,把醇亲王奕譞的儿子载湉过继给咸丰,成了同治皇帝的弟弟,也成了后来著名的光绪皇帝。

清王朝的这三驾马车一直维持到光绪七年,也就是1881年。这一年,44岁的慈安太后突然驾崩,农历三月初十早上发病,不到中午就神志不清,晚上就去世了。速度之快,令人咋舌。消息传出去之后,很多大臣都不相信是真的;又因为在这之前,慈禧已经病了几个月了,大家以为肯定是宫里传错了消息,是西太后慈禧归天了,而不是东太后慈安。

所以,现在就流传各种阴谋论,说慈安是被慈禧害死的,方法是下毒。

也许是为了使这种说法更加合情合理,有这么一个故事就被编造出来了,说咸丰皇帝死的时候,给慈安留下了一个小纸条,上面给了慈安随时可以诛杀慈禧的权力。可是慈安后来被慈禧迷惑，居然把这个小纸条给慈禧看，还当面烧掉了，说我们情同姐妹，一辈子我都不会做这样的事。慈禧从此却心里不安，想着慈安是不是还有另外的小纸条，于是最终下了黑手，害死了慈安。

编这个故事的人，大概以为慈安就是一个傻子。实际上，慈安的政治天赋并不差，如果真有这样一个纸条，她肯定不会轻易拿出来，更不会烧掉。

我个人倾向于正史，认同慈安确实是发病死亡，而不是被毒杀。理由有二：一是慈安死后，慈禧按照礼制，为其举办了中规中矩的葬礼，所有有分量的大臣，都瞻仰了慈安的遗容，遗体第二天才被殓入棺材。那时候，能让人暴毙的毒药，基本就是砒霜之类，如果慈安是被毒死的，不至于所有人都看不出来。二是同治、光绪两位皇帝的老师翁同龢有一个记日记的习惯，他在慈安26岁和33岁时两次记录了她"厥逆"，也就是突然晕倒。现代医学一般认为，这应该是轻度中风，换句话说，慈安应该是有脑血管疾病的。

无论如何，慈安的死，导致清朝权力结构中的三足鼎立变成了两虎相争。那么，奕䜣和他嫂子谁更厉害一些呢？事实证明，厉害的还是嫂子。

二、中法战争

光绪九年，也就是1883年年底，一支法国军队偷偷地向越南北部的北圻地区前进，目的是占领这块区域。虽然越南名义上是清朝的附属国，但从1856年开始，法国就不断地蚕食越南的地盘，今天一个村子，明天一个县城，偷鸡摸狗的事情没少干，但这一次对北圻的进攻，他们却十分地小心。

法国人之所以要进攻北圻,就像他们自己说的那样:"它是一个理想的军事基地,由于有了这个基地,一旦欧洲各强国企图瓜分中国时,我们将是最先在中国腹地的人。"由此可见,清朝国门大开之后,列强们马上就开始思索下一步的战略目标了。

法国人十分小心,也恰恰是因为这里的重要性,清朝在此地有重兵防守。不过以有心攻无心,加上军事能力上的差距,北圻还是很快易手。中法战争正式爆发。

这时候的清朝军机处,是处于奕䜣的领导之下,从内心讲,他是不想和法国人开战的。此人的外交策略就是和英法和平相处,至于说越南,放不放弃无所谓。可是奕䜣也不敢明目张胆地说这仗咱不打,因为丢掉越南不仅仅是丢脸,还会失去民心。自从同治中兴以来,将近20年时间积累了很多财富,国力也蒸蒸日上,民间早就弥漫着一种打败英法,一雪前耻的情绪,这个大众情绪问题也是奕䜣要考虑的。

奕䜣举棋不定,法国人却没有停下脚步。1884年,清朝在越南相继丢掉了太原、兴化、北宁等大城市,几乎全军覆没,被赶出越南。

到了这个地步,慈禧出手了,她以光绪帝的名义,用"委靡因循",也就是现在说的"不作为"罪名,罢免了奕䜣首席军机大臣和总理衙门领班大臣的职务,一撸到底,让这位"鬼子六"回家种地去了。同时被罢免的,还有奕䜣在朝里的班底、军机处里包括翁同龢在内的五名大臣,整个军机处被连窝端了,换上了包括光绪他爹奕譞在内的一众王公大臣。这些人执政能力比起奕䜣差了老大一截,当时民间评论这是"易中枢以驽马",用一批又瘸又瞎的老马把奕䜣换下去了,史称"甲申易枢"。这是慈禧发动的第二次政变,这一年她49岁,从此之后大权独揽。

那么,为什么奕䜣干不过慈禧这个嫂子呢?原因有四:第一,从名分上来说,慈禧是嫂子,是听政的君主,而奕䜣是弟弟,是臣子;第二,从性格上来说,奕䜣喜欢谋事,而慈禧更喜欢谋人,一个是实干家,一个是阴谋家；第三，奕䜣干掉慈禧的机会是在慈安去世之前，慈安一死，慈禧的权力自然就大了，何况她又马上和自己的妹夫、新皇帝的老爹、醇亲王奕譞搅和在一起，实力大大增强；第四，慈禧选择的时机相当完美，她在法国人几乎占领整个越南的时候发难，师出有名，无论是民间舆论，还是朝廷上的士大夫，都站在了她这一边。

拿掉奕䜣之后，慈禧第一时间派出了李鸿章，去和法国人谈判。

李鸿章这时候拥有清朝最大的军事力量淮军，可心里面也是不想打仗的。至于说是因为他认为清朝国力不行，还是不想自己实力受损，或者是不想看到别人借着对法战争再次掌握军权而崛起，那就不清楚了。反正他到了前线，三下五除二就和法国人谈妥了，承认法国和越南签订的条约，承诺清朝把在越南的驻军调回，开放中越边界贸易，实际上就是向法国开放又一个通商口岸。两家约定，三个月后派人谈判细节问题。

这本来是李鸿章对法国人的一次彻底妥协，按理说，法国人只需要偷着乐，坐下来等就行了，可是让所有人都没想到的是，法国人居然违约了。

双方5月11日签订的初步协议，还没等到8月份商量具体细节，6月23日，一支800人的法国军队，居然强行要"接防"在凉山驻守的清朝军队。清军根本就没接到军机处撤军的命令，自然不敢撤走。于是双方一场混战，法国人死了24个，清军伤亡加起来大概有300人。

这件事本来是法国人理亏，可是他们拼命渲染清朝违约，弄得法国人民个个义愤填膺，要和大清决一死战。就这样，法国远征军开始两路进军，一路从海上进攻台湾，另一路从越南进攻大清。

这一战，法国人在海上歼灭了清朝左宗棠的福建船政水师，击败了沈葆桢的南洋水师，但没完成占领台湾的战略目的，双方在台湾形成了胶着状态；陆地上一度打到了中越边境，可是两广总督张之洞派出爱将、广西提督冯子材，调集数万大军，在镇南关设下伏击，取得大胜。在接下来的几天之内,清军连续拿下了文渊城、驱驴、谅山、屯梅、观音桥等地,直接准备攻击河内。

就在这时候,慈禧老佛爷的懿旨到了,清法双方决定议和。

1885年6月9日,双方在天津签署了《中法新约》,中方的代表还是李鸿章,条约的内容基本上还是一年前李大人答应的那些条件,越南从此换了主人。换句话说,大家这一年是白忙活了,死的人也都白死了。

为什么清朝在取得了镇南关大捷,并且就要大举反击的情况下,还是签了这么一个和约呢?首先必须要说明一点,慈禧对于当时的情况是有着清醒认识的。中法一开战,她就说了,"若任其侵削,则滇、粤藩篱尽为他族逼处,后患不可胜言"。言下之意,越南我可以不在乎,但是这样下去,对方一定会得寸进尺,进而蚕食云南和广东这些内陆地区。所以,她觉得一定要打,还要打出大清的威风来。为此,她不惜拿出几百万两私房钱,支持军队,这事儿《清实录》和《清史稿》上都有记载。

可是打了一阵子,福建水师和南洋水师相继失败之后,她心里没底儿了,现在得知镇南关大捷之后,这个女人果断地喊了一声停。

应该说,慈禧其实做出了一个正确的决定。这有五个理由:第一,镇南关大捷的背后是数十倍于对方的兵力,如果法国人增兵,真打起来,清朝未必打得过,不如见好就收;第二,清朝当时财力吃紧,没有那么多钱财投入越南这个藩属国身上;第三,越南阮朝无论是大臣,还是老百姓,都存在着既反法国又反清朝的复杂心态,他们两不相帮的态度让清朝觉得付出代价不值得;第四,法国海军对台湾已经围困很久,相对于越南,台湾是大清本土,重要性要大得多;第五,胜利一场,马上和谈,对谈判应该是最有利的。

可惜的是,最高统帅老佛爷虽然做出了一个正确决定,但李鸿章作为外交人员,却没能利用大清最后一场大胜利在谈判桌上争取到一丝丝利益,甚至都没尝试去争,直接让镇南关大捷化为泡影。左宗棠气得拍着桌子骂李鸿章:"误尽苍生,将落个千古骂名!"

现在看来,左宗棠是对的,李大人后来的名声确实不怎么样。也不知道左宗棠是不是太生气了,反正一个月后,他就在福州去世了。临死之前,他给慈禧写了一份奏章:"越南和战,中国强弱一大关键也。臣督师南下,迄未大伸挞伐,张我国威,怀恨平生,不能瞑目!"这等于是把福建水师全军覆没的责任都揽到了自己身上,相当有担当。慈禧也很感动,虽然左宗棠连老佛爷的生日都不送个礼物,但确实是国之栋梁。她下旨给左宗棠一个"文襄"的谥号,还给了3000两银子的丧葬费。

左宗棠对清朝,尤其是同治一朝的贡献,可以称得上是第一。捻军、回民和阿古柏三大战事,基本是他平定的,而且此人眼光长远,格局很大,梁启超称赞他是"五百年以来的第一伟人"。

顺便说一句,现在在老外看来十分美味的左宗棠鸡,和他老人家没有任何关系,那只是台湾人借他名字创造出来的一道菜而已。

中法战争还改变了另一个人的命运。此人1866年生于广州,小时候在夏威夷住过几年,学了很多西方知识,后来年纪大了,回到国内,一心想着报考左宗棠创立的福建马尾船政学堂,为国家的海军事业贡献一生。可惜这个中国第一所海军学院被炸得粉碎,这个年轻人没办法,只好回到老家,人生轨迹从此改变。

这个人姓孙,名文,字逸仙,因为曾经自称中山樵,现在大家都叫他孙中山。关于他的故事,后面再说。

三、修建颐和园

三年后的光绪十四年(1888),载湉已经17岁了,慈禧太后遵守承诺,痛痛快快地给光绪皇帝举行了结婚大典,交还了政权。

光绪的这个媳妇儿是慈禧亲自选定的，是她的侄女。从现在留下来的照片看，这个新的叶赫那拉氏，后来的隆裕太后长得实在不算出众，还有点儿含胸驼背，但光绪没有话语权，只能接受。别说是他，那时候几乎所有的青年在婚姻上，都得听父母之命、媒妁之言。后来青年们造反那么积极，恐怕也有这个原因——找对象都不能挑一个自己顺眼的，不反你反谁？

婚姻也就罢了，慈禧的"还政"实在是让光绪不痛快，原因是以他亲爹奕譞为首的大臣们集体上书，请求慈禧取消垂帘听政之后，还必须继续训政。什么叫训政呢？按奕譞的说法，"一切事件，先请懿旨，再于皇帝前奏闻"。和垂帘听政相比，就差了一张帘子而已。

慈禧推辞了一番，很快就接受了训政的请求，而且还说了相当漂亮的一句话："何敢固执一己守经之义，致违天下众论之公也。"意思是我本来是坚决想遵守自己的承诺，皇帝成人之后就交权，但是为了天下人的幸福，我只能不守信义了，这叫公而忘私，相当委屈啊。

奕譞为什么要带头剥夺亲儿子的权力？想回答这个问题，就必须先问一句，慈禧真心想交权吗？无论今天有多少人为慈禧辩白，我的回答都是否。1888年的慈禧53岁，从心理学来说，正是一个人权力欲最强的时候，加上实际执掌朝政近二十年，得罪的人不在少数，为了安全，她也不想离开权力中心太远。从后来的事情看，她的手始终也没放开权杖。

再说奕譞，一方面他比奕䜣胆小得多；另一方面，他也知道，他不带头，自然有其他人带头，到时候，不仅他自己地位堪忧，还有可能连累到儿子。

不过奕譞还是有点儿小聪明的，当时因为中法战争中清朝海军一败涂地，大清正在如火如荼地建设北洋水师，他是总负责人，李鸿章是主办大臣。他要人有人，要钱有钱，于是琢磨了很长时间之后，上了一道奏折，说海军要想建设好，必须训练早，以前乾隆爷修建的清漪园里面有一个大湖泊，如果好好修理一下，就可以训练海军。

奕譞说的这个清漪园，是北京三山五园之一。三山指的是香山、玉泉山和万寿山，五园是围绕着三山修建的五个皇家园林，静宜园、明园、清漪园、畅春园和圆明园。清朝之所以会有这些皇家园林，根本原因是紫禁城实在是阴森压抑，清朝统治者都不愿意住，于是在北京周围大兴土木，修建园林，供自己享受。可惜的是，1860年第二次鸦片战争，英法联军几把大火几乎把五园都焚毁了。

现在奕譞说要重修清漪园，拿出来糊弄人的理由是操练水军，实际上是想给慈禧修一个颐养天年的好地方。他的如意算盘是，等园子修好了，慈禧搬到里面去乐不思蜀，对自己的儿子光绪的控制就会少一些。我们不知道慈禧是不是知道奕譞心里的这个小九九，但是她大笔一挥，准了。

既然是给老佛爷养老用的，名字自然要换一个好听的，最后，取"颐养冲和"之意，将这个清漪园改名为颐和园。"冲和"是道家的词，意思是元气、真气。让老佛爷在这个园子里淡泊地修养元气，外面的事情，我儿子光绪自己处理就好了。

两年之后，颐和园还没建好，奕譞自己先归天了。翁同龢接手了户部。前面说过，翁同龢是同治、光绪两代皇帝的老师，也是光绪帝最信任最倚重的大臣，慈禧也很尊重他。可翁同龢是一个老顽固，对于新生事物一概都是排斥的。他对洋务运动一反到底，而且最重要的是，他还特别小心眼，因为李鸿章曾经弹劾过他哥哥，他一辈子都对李大人恨之入骨。

翁同龢掌权之后，面临着两大工程，一边是北洋水师，一边是颐和园。他几乎是毫不犹豫地，把票投给了颐和园。除了上面的原因外，他和奕譞的心思是一样的，认为把颐和园建设得更华丽一些，慈禧训政的心思就会少一些，光绪的权力就大一些。

光绪十七年（1891），大清王朝户部尚书翁同龢决议，"南北两洋购买洋枪、炮弹、机器事,暂停两年"。

对于大清王朝来说,这个决定,也许是它二百多年历史中最性命攸关的决定之一。因为就在此时,一个新的敌人正在迅猛崛起,而且这个敌人的野心要比欧美列强大得多。

195. 兵败甲午年

1891年,大清户部做出了停止购买海军装备的决议。如果单从清朝自己的情况来看,这个决定没什么大问题:北洋水师的装备已经是亚洲第一,世界第八了,大家认为就算打不过别人,自保应该是没问题;而且当时和欧美列强也没什么矛盾,大家和和美美地做生意,为什么还要穷兵黩武呢?

问题是,谁也没注意到的是,就在大清的边上,日本正在进行着脱胎换骨的蜕变。

一、十年扩军

日本在明朝末年试图侵略朝鲜,被朝鲜和大明联军打了回去,其后不久就进入了江户幕府时代。天皇没什么权力,掌权的德川家族下了死命令,禁止日本人出国,国外的日本人也别回去,只准许中国人、朝鲜人和荷兰人在长崎这个地方做买卖,这就是著名的锁国令。这个命令一口气执行了两百多年,一直到1853年。在这期间,整个世界仿佛把日本给忘了。

1853年7月的一天,日本掌权的幕府首席老中阿部正弘得到报告,说江户海湾来了四艘黑色的大船,那是美国的四艘军舰,带头的是美国海军准将马休·佩里。佩里来日本,是因为美国人觉得,如果想在中国这口大锅里捞些肉吃,必须有一个根据地,日本是最合适的。所以他们的目的相当明确，要求日本必须开放两个港口给他们。

阿部正弘看见对方无比粗大的炮管子，耍了一个心眼儿，以将军生病为借口，要求多点时间商量。第二年2月，佩里再次带船来到江户湾，这次的军舰增加到了7艘。日本人无计可施，双方随即签下了《神奈川条约》。条约规定，日本开放下田、箱馆两个港口与美国通商，美国在日本拥有片面最惠国待遇。

在这次事件之后的十四年里，日本上下风云涌动，幕府时代逐渐结束，权力回到了天皇手里。1867年，也就是太平天国灭亡三年之后，日本明治天皇即位。明治天皇在位期间，日本首都迁移到靠海边的江户，改名为东京，推行了一系列改革，历史上称为"明治维新"。

日本明治维新的时间比清朝的洋务运动要晚好几年，而且清朝的基础也比日本好，至少，读书人就比日本多，可是我们都知道，日本明治维新比清朝的洋务运动效果要好得多。

1874年，也就是明治登基七年之后，日军就开着军舰到了台湾，一番烧杀抢掠之后，逼着清政府赔偿了50万两白银，才心满意足地打道回府。又过了五年，它向南吞并了琉球王国，把国王尚泰直接抓回东京，琉球从此灭亡，后来成了日本的冲绳县。

然后，日本又把目光投向了朝鲜。吞并朝鲜是日本人持续上千年的野心，早在唐高宗的时候，大唐军队就和日军打了一场白江口水战，日军大败而回，九百多年不敢觊觎朝鲜半岛；到了明朝，丰臣秀吉又试了一次，结果还是不行，又老实了两百多年。

到了这时候，日本开始蠢蠢欲动。英美是什么态度？其实，那时候日本之所以如此，有很大一部分原因是英美的默许甚至支持。日本攻入台湾的时候，后勤给养的船只都挂着美国国旗。英美支持日本的原因只有一个——让这个马前卒向朝鲜和清朝东北进军，去和法俄两国死磕。

有了英美的支持，日本很快就动手了。1884年，日本驻朝鲜公使竹添进一郎在朝鲜策划了一场甲申政变,然后利用朝鲜发生内乱的时机,把自己的势力渗透了进去。首相伊藤博文还和李鸿章签订了一个《天津会议专条》,其中最重要的一点是以后朝鲜有事,日清两国互相通知之后,都可以出兵,相当于朝鲜的宗主国从清朝一个,变成了两个。

实事求是地讲,这时候的日本,还没有实力去招惹清朝,但是李鸿章为了息事宁人,心甘情愿地在这个条约上签字,即便说不上卖国,但说他一句胆小怯懦、鼠目寸光应该是没错的。

袁世凯与"甲申政变"

"甲申政变"时,日本本来计划直接占领朝鲜皇宫,一举拿下朝鲜的,可是当时25岁的清朝武官袁世凯正好在朝鲜当"驻扎朝鲜总理交涉通商事宜",这个职位实际上是负责维护清朝对朝鲜的宗主国地位。三天之内,他就率军平定了政变。

袁世凯字慰亭,出生在一个官宦世家,属于李鸿章的淮军集团。他跟洪秀全一样,都在科举上屡战屡败,最后一气之下,也把"四书""五经"都扔了;但他跟洪秀全不一样的是,他没有去传教,而是学习班超,说了一番极有抱负的话"大丈夫当效命疆场,安内攘外,乌能龌龊久困笔砚间,自误光阴",投笔从戎了。

1880年,21岁的袁世凯投靠了淮军的吴长庆,后来吴长庆因为朝鲜动乱,而带兵入朝平叛,就把袁世凯也带进了朝鲜。接着就是这次动乱,让袁世凯走进了李鸿章的视野,这对于他后来的飞黄腾达,相当关键。

1892年,几乎与大清停止购买枪炮同时,日本提前完成了它的十年扩军计划,建立了一支以清朝为假想敌的军队,只是还比较孱弱,海陆军的装备都不如清朝。但是和清朝不同的是,在接下来的岁月里,日本全国节衣缩食买装备,尤其是海军,装备了很多新式装备,在很短的时间内,日本实际上已经赶上，甚至在某些方面超过了清朝，比如日本军舰的平均航速是北洋水师的1.4倍。从那时候起，日本就时刻祈祷，朝鲜那地方赶紧发生点儿事儿。

二、甲午战争

1894年春，朝鲜东学党号召农民起义，国内大乱。朝鲜统治者被起义军打得节节败退，赶紧向大清求援。

可是清军还没到，一方面被打得灰头土脸，另一方面担心外来干涉的朝鲜政府就和起义军签订了《全州和约》，清朝也提出要日军和清军一起撤出朝鲜。可是终于找到了机会的日本人怎么会轻易放弃？7月23日，日军单方面占领了朝鲜皇宫，组建亲日内阁，然后让新的朝鲜政府宣布废除与清朝的所有合约，驱逐清朝军队。

远在中国的李鸿章收到电文，顿感大事不妙，赶紧连夜向朝鲜派兵。

7月25日，悬挂着英国国旗的高升号载着1200多名北洋陆军，在丰岛附近，和日本的浪速号军舰相遇。高升号和船上的中国士兵都不知道的是，几个小时前，包括浪速号在内的日本三艘军舰已经不宣而战，击沉了北洋水师的济远号。现在看见了满载清朝官兵的运输船，日军自然是大喜过望，强令高升号跟着它往回开，意思就是，你们都是我的俘虏。

如此狂妄的浪速号，自然也有一个极其狂妄的船长，他就是被日本海军奉为"战神"的东乡平八郎。据说有两句名人名言是他说的，第一句是"一生俯首拜阳明"，王阳明是他的偶像；另一句是，"如果你的剑不够长，那就向前再跨一步"，这句话被认为是航空母舰诞生的理论基础。不过，第一句话大概不是他说的，他可能连王阳明的书都没读过。

高升号的英国船长觉得自己就是一个搞运输的，没必要和日本军舰较劲，就想答应日本人，可是船上的中国士兵不干了。于是，一场冲突下来,高升号被击沉,八百多名清兵和中外船员葬身海底,那个英国船长倒是被日本人救了上去,史称"高升号事件",或者"丰岛海战"。

按道理说,英国船被日本人击沉了,英国绅士们应该义愤填膺才对,可事实上没有。在英国政府的有意引导之下,号称"司法独立"的英国法院最终认定,击沉高升号,符合国际法。所以此事在英日之间,不了了之。

"高升号事件"发生三天之后,在朝鲜的日本军队向清朝军队发起进攻。又是三天之后,1894年8月1日,中国的光绪皇帝和日本的明治天皇同时向对方宣战。因为这一年是农历甲午年,这场被后世称为"甲午战争"的大战,正式打响。

甲午战争刚刚打响的时候,世界舆论都认为清朝能胜。这有两个原因:第一,对日本海军认识不足,大家以为清朝从1861年就开始了洋务运动,建造了很多生产枪炮的工厂,购买了无数先进的军事设备,按照海军最流行的吨位算法,北洋水师绝对是亚洲第一,比日本肯定要强大一些;第二,清朝无论是人口,还是资源,都是日本远远不能比的,只要打得时间稍微长一点儿,日本肯定吃不消,而4亿人口的清朝,就算是拖,也能拖死日本人。

可是我们现在都知道,这场战争清朝输了,不仅输了,还签订了一个极其屈辱的《马关条约》。

那么,为什么会输呢?限于篇幅,本书只描述其中的两场战斗,然后稍微总结一下。

三、平壤之战与黄海海战

战争一打响,日军就从汉城出发,直扑清军驻守的平壤。当时清军守卫平壤的有15000人,日军是20000人。虽然日军人数占优,但平壤城坚墙厚，易守难攻，一整天激战下来，日本损失了几百人，也只在城北拿下了两个外围堡垒，距离打进城里还有十万八千里。而且当晚还下起了滂沱大雨，这对于长途奔袭，弹药粮食都不足，还只能在城外露宿的日军来说，无疑是雪上加霜，相当困难。

据日本官方出版的《日清战争实记》记录，当时日军将领高层开会，形成的决议是必须速战速决，最多明天再打一天，第五师团的野津队长当场表态："明日之战，举全军以进逼城下，冒敌弹，攀胸墙。胜败在此一举！我军幸得陷城，我愿足矣；如若不幸败绩，平壤城下即我葬身之处！"

让这些日本人根本没想到的是，就在他们开会的时候，平壤的清朝守将叶志超派了一名朝鲜人冒雨给他们送来一封信，说愿意弃城撤退。同时，平壤各个城门都挂出了白旗。这些日本人当时就蒙了，第一反应就是这是陷阱，莫非是欺负我们没看过《三国演义》？等到明白过来对方真是跑路了，狂喜之下，会也不开了，赶紧带兵去追。就在这场追击战中，清军死了1500多人，还有几百人被俘，比白天守城死得还多，主将叶志超一口气跑了500里，渡过鸭绿江，回到了咱们东北。

为什么清军会做出这种丢人的事情呢？主要是因为白天的战斗中有一名清军将领战死，这人名叫左宝贵。

在开战之前，清军主帅叶志超就要逃跑，他当时是这么说的："不如各整队伍，暂退暖州，养精蓄锐，以图后举。"但左宝贵坚决地制止了他，说"敌人悬军长驱，正宜出奇痛击……大丈夫建业立功，在此一举"。有了左大人的坚持，各路将领也不好说什么，毕竟身为朝廷将领，一枪未发，就跑路，确实说不出口。

可是左宝贵在白天的守城战里，不幸被日军的大炮击中。这样一来，叶志超在晚上开会的时候，又开始说"养精蓄锐，以图后举"，也就是"赶紧逃跑"的时候，就没人反对了。所以我们说叶大人也不是一个人，整个清军上层贪生怕死，苟且偷生已经是常态了。

平壤之战的失利，直接导致了日本以极小的代价，占领了整个朝鲜，大大刺激了这些家伙的野心，随后日军跨过了鸭绿江，几乎没有遇到任何像样的抵抗，横扫整个东北。

再来看一场海战。就在平壤之战的两天之后，1894年9月17日，北洋水师的14艘舰船和4艘鱼雷艇，与日本联合舰队的12艘舰船在黄海海面相遇，著名的黄海海战打响。

据史料记载，这一天的12时50分，双方舰队相距5300米的时候，北洋水师旗舰定远号首先开炮。这一炮惊天动地，咚的一声，就看见整个水师的统领，北洋水师提督丁汝昌一个倒栽葱，跌落到甲板上。因为他当时就站在大炮管子上方的飞桥上，正在指手画脚，可是下面的管带刘步蟾已经下令开炮，这就是北洋水师旗舰上，提督和管带之间的所谓"密切"配合，可谓是相当地奇葩。

3分钟后，日本联合舰队旗舰松岛号一炮打中了定远号的主桅杆，上面用来向北洋舰队其他舰船发号施令的信号索具被这一炮彻底摧毁，丁汝昌也身负重伤。更奇葩的是，北洋水师居然没有预案，也就是平时训练根本就没"备用旗舰"：如果万一旗舰发不出命令来，大家怎么办？不知道。所以，接下来的几个小时，北洋水师各舰除了拿眼睛看着丁汝昌的旗舰，跟着进退之外，就没有任何配合了。

在这样的情况下，如果北洋水师能赢，那才是出鬼了。

整个战役中，最悲壮的就是北洋水师的致远号，在弹药打光，舰体受损的情况下，管带邓世昌毅然决定，开着这艘破船撞向日本的浪速号，也就是东乡平八郎那艘船。可惜的是，这种堂吉诃德式的进攻，没起到任何作用，致远号被对方的鱼雷中途击沉了。据《清史稿》记载："世昌身环气圈不没，汝昌及他将见之，令驰救。拒弗上，缩臂出圈，死之。"邓世昌实际上已经戴上了救生圈，可是他自己决心求死，就此牺牲。顺便说一句,管带就相当于舰长,与自己军舰共存亡的邓世昌,是北洋水师里,是唯一没有国外留学背景的舰长。

五个多小时之后,战斗结束,北洋水师损失了致远、经远、超勇、扬威以及触礁后被毁的广甲5艘军舰,死伤官兵600余人;日本舰队也不轻松,它的松岛、比睿、赤城、西京丸4舰受重伤,基本报废了,并且死伤官兵300余人。

可以这样说,这场战斗虽然日本赢了,但大清的北洋水师也绝对没有丧失战斗力,只要好好地总结经验教训,再和日本人打一场,胜负还真是不一定。但让人万万想不到的是,北洋水师居然退到了山东的威海卫。

以前我们讨论这段历史,都认为丁汝昌带队退入威海卫的刘公岛是受到李鸿章的命令,但最近的一些史料却表明,这事儿可能是丁大人自己的选择。李鸿章在给他的电文里,甚至质问他:"现船全数伏匿,将欲何为?"而丁汝昌的回电很清晰地说明了自己的观点,他说与陆军将领商量后,"据云除死守外,无别策……旨屡催出口决战,惟出则陆军将士心寒,大局更难设想"。意思是我就是遵照你们的旨意出去决战,也打不过,而且局势会更坏。

这个大错儿的责任应该由谁来负,恐怕还要争论下去;但无论如何,北洋水师龟缩在刘公岛这个决定是致命的,等于是把黄海的制海权拱手相让。

此后,日本人肆无忌惮地开始从辽东半岛花园口登陆,并进逼金州、旅顺。11月,日军进攻旅顺,北洋水师的6艘战舰"赴旅顺口探巡",但战舰停在旅顺口外观望了9个多钟头,对守备将士未作出任何援助就弃旅顺而去。结果旅顺很快失守,随即就发生了震惊中外的"旅顺大屠杀",日军连续杀了4天3夜,整个旅顺城,除了事先逃走的,被屠杀得只剩下36个人。这笔血债,中国人到现在也没地方找回公道。

四、《马关条约》

现在来总结一下，为什么甲午战争中国失败了？

这方面的文章很多。有人说叶志超贪生怕死；有人说刘步蟾和丁汝昌两个人互相看不顺眼，内耗严重；有人说，李鸿章坚信欧洲列强会调停，不好好打仗；更有一种流行的说法，说慈禧把钱都用在修建颐和园上，导致水师装备六年多没有更新换代。这里要澄清一下，实际上，慈禧修园子的那笔钱还真不是海军的军费，而是光绪的父亲醇亲王奕譞，以海军筹款的名义去当官的和富商那里要来的，总数不到三百万两。当然，既然以海军筹款的名义要来，却又拿去修园子，这本来就不对。再对比日本明治天皇，勒紧裤带搞海军建设，慈禧被千秋万载骂下去，一点都不冤。

上面这些理由，都可以算作是理由，不过我个人认为，它们不是重点，最重要的理由还是要回到《孙子兵法》去找，那里面有一句话，叫作"上下同欲者胜！"

光绪皇帝和他的老师翁同龢，以及一群书呆子都是铁杆的主战派，可是幕后掌权的慈禧，还有手握实权的李鸿章，却都是主和派。

这个分歧就产生了一件很可笑的事情：甲午战争清朝主要的指挥者是一个随时想跟对方和谈的家伙；而且，李鸿章和他手下的丁汝昌，丁汝昌和他手下的刘步蟾，每一个人对时局和战局的看法都不一致。整个大清，从光绪到前线的将士，没有一个统一的目标，也没有一个统一的指挥系统。

在这样的情况下，无论兵器行不行，结局已经输了。

反观日本，他们从上到下，目标极其明确，消灭北洋水师，彻底占领朝鲜，控制渤海湾。最后，他们终于是如愿以偿。1895 年 4 月 17 日，彻底战败的清朝派出了李鸿章，来到了日本的山口县马关港，两国签订了《马关条约》。

和这个条约比起来，以前那些被外国人勒索的钱财根本就是九牛一毛，这次的赔偿金额是两亿两白银。据说，本来是三个亿的，可是李鸿章在日本的时候，被一个日本浪人开了一枪，打在了脸上。虽然李大人没什么大碍，但这件事一发生，国际社会哗然，都觉得日本人实在不是玩意。日本人也就有点儿慌，一来怕那些已经眼红的欧美列强借口干预，二来也怕李大人真的一生气，甩袖子不谈了，回去了。

日本人怕清朝不谈了吗？我觉得是的。也许包括试图枪杀李鸿章的日本浪人在内，当时有一大批日本人觉得和清朝议和是浪费时间，直接打到北京，占领全中国就完了；可是，包括首相伊藤博文在内的另一批理智派日本人知道，别说他们没那个能力全面占领中国，就算是有，所有的欧洲列强，加上美国，都会站出反对。

据说李大人被枪击之后，并没有雷霆震怒，反而在知道三亿两减少到两亿两之后，还很幽默地说：我宁愿再挨两枪，可惜日本人不打了！

实际上，根据现在解密的史料，李鸿章的遇刺和赔款减少到两亿两，并没有直接关系。最根本的原因是，三亿两白银是清政府万万不能接受的。李鸿章在给国内的电报里就说了，"若不可，唯有停止谈判归国一途"，小日本恰恰是破译了这份电报，才减少到两亿两白银的。

两亿两也是天文数字了，清政府有那么多钱吗？当然没有，实际上，这也是光绪皇帝和李鸿章坚决反对三亿两的原因，没钱可赔。

令人想不到的是，赔款的消息一传出去，排着队来给清政府送钱的欧美列强就挤破了门。在随后的几年，向清朝政府贷款，就变成了各国外交人员最重要的任务。他们甚至不惜巨额金钱贿赂清朝官员，以达到签订借款合同的目的。

其中的奥妙自然就是借款利息和由此带来的好处。利息暂且不说，借你一万，实付九千，这是当时通行的惯例；至于说贷款合同上附带的开设矿山、预收关税等等，更是大便宜。

更令人痛恨的是，除了赔款，清朝还要向日本永久割让台湾岛、澎湖列岛与台澎附属岛屿，以及辽东半岛。从此开始，一直到1945年日本彻底战败，整整50年，台湾都处于日本人的占领之下。对于把台湾割让给日本，一百多年前的台湾同胞手里拿着菜刀、擀面杖，和长枪大炮的日本军队做了殊死搏斗，又想凑钱给日本人，自己把自己买回来，再归属大清。日本人用尽各种手段，才把他们慢慢镇压下来。

辽东半岛的命运却不一样。最后在俄国、德国和法国的直接干涉下，日本人让清朝多赔款3000万两白银，把辽东半岛还给了清朝。俄德法三国自然不是为了帮助清朝，只是辽东半岛的地理位置对于俄国和在山东有利益的德法两国实在是太重要了，岂能让日本人抢了去？

顺便说一句，很多人都不理解"势力范围"这四个字对于晚清的中国意味着什么，觉得人家也没宣布占领土地，就是喜欢在某个省做生意，怎么还不行呢？当然不行。因为列强的生意经是这样的，他们之间划好了各自势力范围，比如说山东归德国了，那么，整个山东的矿产、资源、铁路修建经营等，凡是赚钱的生意，清朝就只能让德国的公司来开发。这就是势力范围的真正含义。

除此之外，《马关条约》规定了日本在中国各式各样的特权，比如日本在中国驻军，还要中国给军费等。

前面说《南京条约》和随后的一系列条约，我们用了"丧权辱国"一词，但对于《马关条约》，可能这个词都不够用了。这份条约不仅仅是辱国，几乎是送国。相当于说，清朝的地、钱和老百姓，日本老爷看上了啥就拿吧，只要保住我们的皇帝，顺便再保住李中堂就行了。这也让列强们意识到，大清朝廷是没底线的，为了皇位的稳定，可以签署任何耻辱的条约。这就进一步刺激了各国的野心。

196. 戊戌频变法

1897年,德国借口两名德国传教士在山东被杀,直接出兵占领了胶州湾,然后在第二年强迫清政府签下了《胶澳租借条约》,"租"下了包括青岛在内的胶州湾,租期99年。从此,胶州湾成为德意志帝国海军东亚舰队的主要基地,一直到1914年,日本人强行把它抢了去为止。

德国在山东的行为,又让俄国有了借口,他们在1898年派出海军强行占领了旅顺和大连。理由比唱的都好听,说是帮着清政府抵御德国的入侵。就这样,在胶州湾签字仪式举行的21天之后,清政府又被迫在大连举办了一个《旅大租地条约》签字仪式,把旅顺大连又"借"给了俄国人,周边地区顺理成章地全都变成了俄国人的势力范围。

如果回过头看看1840年,就会发现,从那时起的半个多世纪过去后,什么也没变——都是先有一个国家大打出手,然后其他国家跟着打劫,只不过上次动手的是英国,这一次挥舞大棒的是日本。

一、戊戌变法的背景

甲午战争的失败和《马关条约》的签订是清朝30多年洋务运动的一个终点。这个时间点之前,大清朝的一个普遍认知是,我们是"器不行",买点儿洋枪洋炮就可以了,但事实证明,有了洋枪洋炮,还是不行。

那就要问一句,到底是什么不行呢?光绪皇帝这时候认为是"法不行"，大清的各种规章制度都不怎么样，必须变法图强。为了实现这个目的，翁同龢向他推荐了康有为。

翁同龢虽然是保守派的儒家正牌弟子，但他并不反对改革。想当年冯桂芬的《校邠庐抗议》这部明确说要向西洋学习的书，还是翁同龢递给光绪的。只可惜翁同龢心眼小，和李鸿章的那一点怨恨，让他一辈子都和李大人为敌，导致北洋水师几年没有进行武器的更新换代。在这一点上，翁同龢绝对是罪人之一。

康有为为什么能获得翁大人的青睐呢？

康有为，字广厦，1858年生于广东省南海县，所以后来人叫他康南海，甚至还有一个南海圣人的称呼。据他自己说，他在娘的肚子里待了11个月，至于他出生的时候是不是红光满屋，就不知道了。

康有为从小学习儒家文化，但21岁的时候去香港旅游了一趟，开了眼界。后来科考返乡路上又在上海买了大量描写西洋的书籍，从此就有了变革的思想。1891年，他在广州创立了万木草堂，公开招收那些愿意接受新思想的学生，其中就有梁启超，而且梁启超还是万木草堂的学长，康有为的大弟子。

1895年，也就是《马关条约》签订的那一年，37岁的康有为恰好在北京城里参加三年一次的会试。他听说签了这么一个丧权辱国的条约，热血沸腾，马上联络了很多参加考试的学子，给光绪皇帝上万言书。据他自己后来说，有上千人签字，史称"公车上书"。汉代时曾经以公家的车马递送应举者，所以后来就用"公车"代指举人入京应试。所以，"公车上书"就是一群要参加考试的学生们给皇帝写信。

康有为在上书里，提出了"拒和、迁都、练兵、变法"四个主张，建议不和日本谈判，废除《马关条约》，把首都迁往西部，加紧训练士兵，准备来一个持久战。当然，最重要的，是同时也要变法。

现在的史料表明，康有为这次上书，并不像后来他自己说的那样声势浩大，根本就没有一千人，可能最多也就是八十几个广东学子签了名。后来因为《马关条约》很快就签了，它根本没有送到光绪面前，就消失在当时的各种上书之中了。

不过虽然皇帝没看到，翁同龢却看到了。翁大人认为康有为属于可造之才，就在康有为考中了进士，当上了工部主事这个小官之后，主动去见了他，随后就把他推荐给光绪，这就有了康有为的再一次上书。

康有为在这次新的上书中说，如果不变法的话，"且恐皇上与诸臣，求为长安布衣，而不可得矣"，这样下去，恐怕大清朝的君臣就算是想做一个老百姓，都是做梦了。史书上说，光绪读了康有为的上书和进献的各种改革文章后，痛哭流涕，觉得康老师说得实在是太对了，一定要变法。

那么慈禧呢？这老太太不点头，光绪敢变法？的确，光绪要是想变法，第一关就是慈禧，他必须争得这位大清实际上的最高统治者同意。那么，慈禧同意吗？四个字：当然同意。作为最高领导人，国家屡战屡败，割地赔款，她脸上没光彩，心里也不会舒服。可是这个同意是有前提的，什么前提呢？各位接着往下看。

1898年6月11日，光绪公布《明定国是诏》，正式宣布了由自己主导的变法开始，史称"戊戌变法"，因为这一年是农历戊戌年。不过，随后发生的几件事就很耐人寻味了。

6月15日，皇帝又公布了几道圣旨，免去翁同龢的一切职务，削职为民，撵回老家种地，同时擢升荣禄为直隶总督兼北洋大臣，管控北京天津地区的所有军队。圣旨里还说，所有二品以上官员的任免，必须要去慈禧太后那里谢恩。

荣禄，满洲正白旗人，基本上没读过什么书，家里面世代军官，都是武将。但这些都不重要，重要的是，据说他从小就和慈禧太后认识，青梅竹马这事儿也许是传言，但总角之交应该是靠谱的。

只要知道了这一条，那对于隐藏在上面几道圣旨背后的故事，应该是用逻辑就可以推理出来。

　　这个背后的故事就是，慈禧支持改革的前提有两个：第一不能损害她的权力，第二要在她的监督下进行。免去翁同龢的职务，就是怕这位两个皇帝的老师借着改革进一步扩大势力，进而威胁她老佛爷的权力；让荣禄掌管京津的兵权，二品以上官员要面见慈禧听教训，这就是套在光绪脑袋上的两道紧箍咒了。

二、戊戌变法的经过

　　光绪皇帝是一个在深宫里长大的皇帝，除了老师翁同龢，他基本上就没有信任的人了。翁同龢一走，他的焦虑症立即就发作了，接下去怎么做，那是一问三不知。怎么办呢，他想起了康有为，就在翁同龢被罢免的第二天，6月16日，他在颐和园勤政殿召见康有为，给了他一个总理衙门章京的官儿，让他筹备变法的各种事情。

　　两个人说了什么外人不得而知，但接下来，在短短不到百天的时间里，光绪皇帝一共发布了180多道诏书，内容涉及教育、军事、经济、政治等多个方面。

　　前面说过，改革就是社会利益的再分配，只要是改，必然就会触及一些阶层的利益。光绪皇帝的这次改革也不例外。废除八股，改考策论，动了很多学子以及背后教育集团的利益，想当年梁启超四处宣讲这事儿的时候，就收获了无数臭鸡蛋，那些上纲上线的，直接骂他"背弃孔孟圣贤之道"。裁减旧式军队几十万人，裁减闲散衙门，准许旗人自谋生计等，让满洲贵族们火冒三丈，几十万人和他们的家属找你要饭吃，你怕不怕？

　　可就是这样的命令，光绪在三个月里，发布了180多道！下面的衙门就是只干其中的几项，都头疼得要死。于是，大家你看我，我看你，谁也不执行。不仅不执行，还有无数能在慈禧面前说上话的贵族直接跑到颐和园，对着慈禧一把鼻涕一把泪地大哭。当然，他们肯定不会说是因为自己家的二小子就要被撵回家，不能吃皇粮了，而是痛述光绪"败坏祖宗家法"，"迫害旗人同胞"。

也是这群人，从园子里走出来，一擦眼泪，就开始四处传播谣言，说老佛爷生气了，真的生气了，马上就要再度出山，废掉光绪皇帝。这样一来，本来就不想干活的官吏们，更是一个个像缩头乌龟一样，对什么改革变法装聋作哑、充耳不闻。

皇帝发布诏书，下面也说喳，奴才遵旨，可一转身就扔垃圾桶了。能怎么办？光绪也没办法，只能去找维新派商议对策。他在9月13日给维新派杨锐的上谕中，明确地说："朕岂不知中国积弱不振，非力行新政不可？然此时不惟朕权力所不及，若强行之，朕位且不能保。尔与刘光弟、谭嗣同、林旭等详悉筹议。"

光绪皇帝明明白白地把宫中的争斗和自己的尴尬地位说了出来，这时候，你要是维新派成员，会怎么办？

康有为的办法有两个：第一个是找老外求救，具体地说，是找当时正在北京访问的日本前首相伊藤博文。可伊藤博文这个老滑头模棱两可，不说帮忙，也不说不帮忙，反而提出一个要求，那就是"中美英日合邦"，也就是这四个国家合为一个国家，"共选通达时务，晓畅各国掌故者百人，专理四国兵政税则及一切外交等事"。明眼人一看就知道，这是一个大坑，大清连人家美日英三国的门朝哪边开都不知道，四国一合并，不就相当于人家三国把你瓜分了？

这么一条极其荒唐的建议，居然被维新派很多成员心悦诚服地接受了。接下来的两天，不停地有维新派上书，请求光绪皇帝接受这条建议。当然，这也不能怪他们，就算是一百多年后的今天，不也还是有许多人鼓吹中国要想文明富强，最好被殖民三百年吗？被打怕了，也穷怕了，弱怕了，自然地，什么奇思怪想都想试试。

康有为的第二个办法比较简单粗暴，那就是直接软禁或者杀死慈禧。康有为对着周围的一群书生拿出了一张小纸条，说这是袁世凯给我写的，前段时间，我在皇帝面前推荐了袁大人，他在这张小纸条里说了，如果我康有为需要，他将不惜肝脑涂地报答我。

前面说过，袁世凯本来在朝鲜，但甲午战争失败之后，他就撤回了天津。因为大家都认为他在朝鲜的表现不错，很有军事天才，所以无论是光绪，还是慈禧，都同意让他去天津和塘沽之间，一个叫小站的地方练兵。

袁世凯也确实有两下子。他以德国军队制度为基础，制订了一整套招募制度、组织编制制度、军官任用和培养制度、训练和教育制度，甚至还有粮饷制度，等等。后来也证明，他开始招募训练的这不到一万人，就是清末最厉害的军队，也是北洋军阀的雏形。

袁世凯是比较支持维新派的，他还是康有为强学会的主要成员，出钱出力，四处帮着张罗各种活动。变法开始之后，康有为马上向光绪举荐袁世凯，光绪顺手就赏给袁世凯候补侍郎的品级。因此，康有为觉得袁世凯可以依靠，想让他带兵包围颐和园，然后派一些人去软禁或者杀死慈禧。

更凑巧的是，袁世凯当天就在北京。最后大家一致决定，派维新派的第三号人物谭嗣同去联络袁世凯。

谭嗣同是当时的湖北巡抚谭继洵的儿子，妥妥的官二代。但谭公子却走上了维新的道路，他和当时湖南巡抚陈宝箴之子陈三立、浙江提督吴长庆的儿子吴保初、两广总督陶模之子陶葆廉，合称为"维新四公子"。当然，这个"维新四公子"也有别的说法，比如没有陶葆廉，而加上福建巡抚丁日昌的儿子丁惠康的。

要注意的是，我们不能说他们背叛了家庭，因为那时候的维新是皇帝支持，太后默许的。应该说，他们的行为是给家里面长脸了，只是时间短了一点。

谭嗣同的行动力应该是维新派里最强的，他曾经创建了南学会、事务学堂、武备学堂，还和别人合伙主办过《湘报》。如果给维新人物按照激进程度评级的话，谭嗣同无疑是 5A 级的。

现在听说有这么一个去劝袁世凯攻打颐和园的任务，谭嗣同二话不说，拿着一把手枪就去了袁世凯在北京的住所。了解了谭嗣同的来意之后，袁世凯当即表示，我可以为皇帝效力，但我有两大难题：第一，我的军队没有弹药，只有得到荣禄的批准，我才能领出弹药来；第二，我的兵在天津小站，离北京好几百里，怎么能悄无声息地走到颐和园？谭嗣同这样的书生一听就傻了眼，袁世凯说的确实是实情，怎么办？这时候袁世凯献计，说等过几天吧，到了秋季，慈禧和荣禄去小站阅兵，到时候我把他俩都控制住。

谭嗣同琢磨了半天，觉得也没有更好的办法，只能垂头丧气地回去。

谁也没想到，就在第二天，也就是 1898 年 9 月 19 日，慈禧太后突然从颐和园回到了紫禁城，一些消息灵通的维新派人士马上预感到大事不妙。康有为腿脚利索，在 20 日凌晨，实际上是 19 日的深夜就离开了北京，辗转跑到了加拿大。梁启超在这一天的下午也躲进了驻北京的日本使馆，算是给自己穿上了一件防弹衣。

紧接着在 9 月 21 日早上，慈禧宣布重新临朝听政，把光绪软禁在中南海瀛台。那里四面都是水，直径大概只有 160 米，博尔特十几秒的工夫，就能从这边跑到了另一边。从这时候起一直到死，光绪皇帝大多数时候，就是这个小岛上的岛主。

掌握政权之后，慈禧下令废除新政，同时搜捕康有为和他的弟弟康广仁。到了这个地步，戊戌变法彻彻底底地失败了。从 6 月 11 日光绪皇帝颁布《明定国是诏》算起，到 9 月 21 日的早上，变法持续了 103 天，所以它又被称为"百日维新"。

三、败因何在

最大的疑问是，9月19日，慈禧为什么突然从颐和园回到了紫禁城？

现在流行的说法是，袁世凯在18日晚上和谭嗣同聊完天之后，一转身就去向礼亲王世铎告密，所以慈禧才发动政变。

这个说法在逻辑上有一个巨大的漏洞：在21日的通缉令上，只有康有为兄弟两人，如果是袁世凯告密，那通缉令上至少应该有谭嗣同的大名，可是这时候根本就没人去抓谭嗣同。

谭嗣同这时在干啥？他正优哉游哉地待在北京城的浏阳会馆里，和江湖好汉大刀王五聊天。这位据说当时功夫最高的大侠劝谭嗣同离开北京，可是谭嗣同却说："各国变法无不从流血而成，今日中国未闻有因变法而流血者，此国之所以不昌也。有之，请自嗣同始。"我知道情况危急，不过如果死人是变法成功的先决条件，这事儿我来做。

谭嗣同这段时间还说过另一句话："不有行者，无以图将来；不有死者，无以酬圣主。"这里面包含的意思比较复杂，可以说是糅杂了忠君、激情、理性以及殉道等多种情怀，如果大家都死在这儿了，将来就没有人继续变法图强了，但如果我们全都一哄而散，让皇帝孤零零地被囚禁，天下人又怎么看我们呢？谭嗣同是准备把自己牺牲出去，让所有事情有一个圆满的结局。

那么，如果慈禧回城的原因不是袁世凯告密，那又是什么？现在的研究基本上表明，原因应该就是上面说的"中美英日合邦"。往好了说，慈禧认为这就是彻底出卖国家主权，是卖国，所以不答应；往坏了说，老太太不想和外国人合作，丢掉手里的权力。

无论如何，慈禧发动了政变，软禁了光绪。

到了这个时候，已经回到天津的袁世凯，才发现大事不好，主动地向自己的上级荣禄交代了谭嗣同和自己的谈话。慈禧这才知道，原来这些家伙不仅仅是要我的权,还想要我的老命。

刺杀太后,在古今中外那都是大罪。于是,浏阳会馆里的谭嗣同在9月25日被抓,慈禧连辩解的机会都没给这些人留下。9月28日,谭嗣同和康广仁、林旭、杨深秀、刘光第、杨锐等六个人在北京菜市口被砍了脑袋,史称"戊戌六君子"。

谭嗣同在牢里的这三天,写了一首诗:"望门投止思张俭,忍死须臾待杜根。我自横刀向天笑,去留肝胆两昆仑。"这首诗用了关于张俭和杜根的两个典故。张俭这个人,前面讲东汉党锢之祸的时候,详细介绍过;杜根也是东汉人,曾经三天三夜装死,才逃过了掌权的邓太后迫害。谭嗣同这首诗的意思就是,希望康有为和梁启超等人能像张俭和杜根那样,跑得越远越好,至于说他自己,横刀向天大笑,一死而已。

临死之前,谭嗣同又说了四句话:"有心杀贼,无力回天。死得其所,快哉快哉!"就在刽子手的刀要落下的时候,他突然喊了一句:"吾有一言!"刽子手赶紧向监斩官刚毅望去,但刚毅一言不发,刽子手也只能手起刀落,谭嗣同就此身首异处。他最后想说点什么,这个世界上永远没人知道了。

大多数人,包括我自己,都很敬佩谭嗣同,毕竟,为了信念而牺牲,不是一般人能做到的。

客观地讲,戊戌变法的维新派,包括康有为在内,全都没有成熟的变法理念,也没有稳妥的变法方案,更没有政治家的能力和手段,这也是事实。以前讲过历史上的很多次变法,大家也都知道,改革并不是一件容易的事儿,而大多数改革的失败,最终都是因为两个字:太急。戊戌变法的维新派在手段、能力、方案、谋划都不足的情况下,却以光速颁布了所有的政策,如果这样都不失败,那才真的是一场人间的奇迹。最后,当这些政策以光速反噬的时候,一切都结束了,除了一所京师大学堂,变法没有真正的成果留下来。

197. 八国起联军

戊戌变法的失败给清王朝带来一个严重的后果,让慈禧老太太在一群顽固保守派的拥护之下重新执掌政权,并且表现出对光绪的极度不信任。

一、慈禧和"友邦"的分歧

据《清史稿》记载,慈禧最耿耿于怀的,就是她名义上的儿子光绪帝,到底事先知不知道谭嗣同等人要除掉她。最终慈禧确定,光绪即便不知道具体步骤,也是知道计划的。所以,她一边悬赏十万两白银,捉拿康梁,一边决定要换一个皇帝。

慈禧大智慧也许不足,但小聪明和政治手腕绝对有余。她的第一步就是传出去一个消息,说康有为临走前,买通太监给光绪帝下了毒,现在皇帝已经离死只有一步了。

当然,这样只能骗一骗普通老百姓,高层官员是了解内幕的。两江总督刘坤一给慈禧写信说:"人情危惧,强邻环视,难免借起兵端。"这话翻译过来就是吓唬老太太,这样做,恐怕会引起国内国外一些反对派的干涉,给他们借口出兵。

有人反对,自然就有人支持。朝堂之上的守旧派大臣纷纷给慈禧点赞,觉得老佛爷英明,支持换皇帝,这除了是因为不赞同光绪的改革,还有私心在作怪。他们一算计，光绪不到30岁，慈禧都快60多岁了，正常情况下，谁先去阎王那里报到，是显而易见的。他们这些守旧派在和维新派斗法的过程中，已经把光绪得罪了，等将来老太太归西，光绪重新掌权，岂能有他们好果子吃？所以，现在一定要利用老佛爷把光绪彻彻底底地打倒。

就在守旧派和慈禧不断酝酿换皇帝的过程中，时间来到了1900年元旦。以英国为首的各国公使趁着向慈禧恭贺新年的时机，联合起来，向慈禧进言，说如果您无故换皇帝，我们就和你翻脸，再比试比试，你敢不敢？原话是"将为各国所不谅"，把慈禧老太太气得手脚冰凉。

为什么这些外国人不让换皇帝？首先必须搞清楚另一件事，那就是此时他们需要的是一个什么样的中国和一个什么样的中国政府。

毫无疑问，他们需要一个"自由"的中国。这种"自由"包括了他们的货物、人、思想、宗教可以自由地进出这个国家；他们进出口货物的关税随时可以"自由"地按照他们的意思调整；他们的考察队、古董商人、走私犯也可以"自由"地带着任何东西随时出入这个国家；甚至在这块土地上犯了罪，也可以随时"自由"地离开，回去接受"公正"的审判。

所有这些"自由"，如果没有一个所谓"开明"的政府来做保障，让他们直接面对中国老百姓，这些洋大人是既没有那个精力，也没有那个能力，更没有那样耐心的。所以，他们需要一个能够稳住中国局势，并且还能长久地提供上面这些"自由"的大清政府，这一点毫无疑问。

换掉光绪皇帝，弄一个新皇帝上台，却有了一种不确定性；这个政权能不能稳定交接，也是一个很麻烦的事情。列强们首先就不喜欢这种不确定性，假如因为换皇帝导致清朝内乱，洋大人们的损失可能会很大。

另外，如果让慈禧老太太一手遮天，另一种不确定性也出现了，那就是慈禧是所有顽固派的总后台。围绕在这个女人周围的，比如端郡王载漪、辅国公载澜、山东巡抚毓贤，还有监斩谭嗣同的那个礼部侍郎刚毅，这些人既不想变法，也不想和洋人合作，天天就琢磨着如何能把洋大人赶出去，关起门来，过自己天国上朝的小日子。慈禧和这些人在一起，难免在很多事情上，对洋人不那么配合，虽然都是小事，但肯定会让他们不舒服。

基于上面的考虑，这些外国人还是十分希望光绪能继续当这个皇帝的。可是在慈禧看来，你这就是赤裸裸地干涉大清的内政啊！慈禧的感觉没错，人家就是干涉你的内政。可是，你能有什么办法？

二、义和团的兴起

你还别说，这老太太还真有办法。

1900年1月24日，她以光绪帝的名义颁诏，说皇帝现在还没孩子，为了防止绝后，把端郡王载漪的儿子溥儁过继为子，称为大阿哥，这件事史称"己亥建储"。

"己亥建储"让洋人们无话可说，因为按照虚岁计算，光绪已经三十岁，确实不小了；但他们也都知道，慈禧虽然说是为光绪找一个儿子，但实际上，随时可以取而代之的意思已经呼之欲出。

慈禧对于自己的小聪明很得意，甚至给洋人们发了一圈请柬，请他们来参加这个建储仪式。结果一个来祝贺的也没有，老太太相当尴尬，但这还不是最让她生气的。更气人的是，四天之后，英、美、德、法这些家伙突然找上门来，要求慈禧取缔正在山东和河北活动的，一个叫作义和拳的组织。

说起义和拳，这事儿还要追溯到咸丰皇帝。1856年第二次鸦片战争之后，咸丰被迫签订了《天津条约》，条约有一项内容，允许外国人在中国任何地方居住，并且可以随便传教。

传教的外国人为了能更快地传播教义，不仅广开大门，来者不拒，而且当信教的中国人和不信教的中国人发生冲突的时候,他们或明或暗地胁迫当地的官府,让他们偏袒信教的中国人。要知道,当时各国为了进一步影响中国和中国人,对于本国的传教士是无脑支持的;而地方官员面对这些传教士,也畏之如虎,根本不敢反抗。

结果就是,中国不信教的普通老百姓普遍被欺负。信教的被欺负了背后有耶稣撑腰,不信教的被欺负了,官府不管,那就只能找中国的神仙。渐渐地,民间就开始流行各种神仙附体,而且这种神仙法术都有一个特点,那就是不怕洋枪洋炮。比如起源于山东曹县附近的大刀会,另一个名称就是金钟罩,意思是,我们都有金刚不坏的身躯,洋人的子弹打到我身上,反弹回去,能射死他自己。

既然有了这本事,那就不怕洋人了。有些偏激的老百姓就开始动手了,其中最著名的一件事,就是所谓的"巨野教案"。1897 年,两名德国神父被一群来历不明的人杀死,直接导致了德国出兵,抢占了胶州湾,这个前面说过了。

到了 1898 年,梅花拳一个叫赵三多的拳师,首次提出了"扶清灭洋"的口号,为了避免牵连梅花拳的同门师兄弟,他还特地把自己的门派改成了"义和拳",跟随他造反的民众也就成了所谓的"拳民"。不过必须说一句的是,"义和拳"这个称呼,在赵三多之前的一百多年就有了,并不是他首创;他的"义和拳"和后来我们熟知的义和团运动也很难说有直接的联系。

刀枪不入的神话传说,加上各种武术流派的推波助澜,民间崛起了各种各样的所谓拳会,专门和教会作对。因为实在过于错综复杂,要讲清楚怕是要写几大本书出来,这里只能简单说一下。到了 1899 年,山东、河北经历了史上罕见的大旱灾,拳民们趁机宣传,这些都是洋人的宗教闹的,口号是"天无雨,地焦干,全是教堂遮住天",等于是号召大家去拆教堂,把老天爷的脸再露出来,就能下雨了。

这时候的山东巡抚叫毓贤，他觉得可以利用一下这些拳民，至少可以让老百姓少一点儿信洋教。所以，他就对这些已经自称"义和团"的组织很是纵容。这样一来，山东的外国教会就倒了大霉，纷纷向各自国家的公使告状。随后毓贤就被免了职，袁世凯接替了他的位置。

袁世凯的眼光自然不是毓贤这种八旗纨绔子弟能比的，他一眼就看出来，任由这些松散的义和团组织发展下去，对于清政府而言后果不堪设想。于是，他采取了安抚和镇压双管齐下的手段，连削带打，把山东的义和团压了下去。

可袁世凯没想到的是，义和团就像是水一样，他这边一堵，就流向了河北和北京。那两个地方的极端的义和团组织很快就扩大起来，继续着对洋人的仇视，杀洋人，毁教堂，成了一些义和团团民的职业。

三、八国联军入侵

在这样的情况下，英、美、德、法四国在己亥建储的四天之后，跑到慈禧面前告状来了。可是你告状也要挑时候，慈禧当时心里正在生气，我请你们参加建储仪式你们不来，告状找我？没门儿。

于是，慈禧既不搭理这些洋大人，对义和团也采取不闻不问的放纵态度。这里的一个明证，就是被免职的山东巡抚毓贤被调到山西继续当巡抚之后，居然在原本没有义和团的山西，搞出了义和团，并且使用这些义和团员做护卫，杀了很多外国人。

必须说一句，我觉得要说慈禧这时候就想利用义和团打洋人，肯定不是事实；她可能只是没把义和团当一回事儿——既然这些拳民只打洋人，那我正好看看热闹，顺便出口恶气。

眼瞅着北方的义和团规模越来越大，在中国的洋人实在心里发毛，于是他们给慈禧的压力也越来越大。慈禧明白，她必须做一个决断。1900

年6月6日，曾监斩谭嗣同的刚毅亲自去涿州考察，想看看义和团到底是一个什么样的组织。

刚毅是顽固派中的顽固派。他到了涿州之后，驱散了阻拦义和团进京的清朝士兵，并对着义和团发表了一番慷慨激昂的讲话，充分肯定了义和团的行为。随后，他回到北京对慈禧说，义和团都是爱国的好汉。最奇葩的是，他特意强调"其术可用"，也就是说，刀枪不入这事儿是真的。这人后来和毓贤一起，被《老残游记》的作者刘鹗视为"清官比贪官可恨"的代表。

慈禧这时候就有点儿懵，你若是说她完全相信，那应该不可能；但你要是说她完全不信，也好像不是。将信将疑之间，她默许了义和团的势力进入了北京。

到了这时候，洋人也终于明白过来了，老佛爷这是要看戏，看自己和义和团之间的大戏。

于是，俄、德、法、美、日、奥、意、英等八个国家，在天津赶紧拼凑出2000多人的队伍，开往北京，说是去保护使馆；可是这在国际法上，属于在人家的土地上调兵，向人家的首都挺进，那和侵略也没什么区别。这一天是6月10日。

6月11日，日本使馆的书记官杉山彬，在永定门被刚刚调入京城的清朝正规军董福祥的甘军杀死，开腹剖心，然后纵马踩踏，死状极惨。这样的行为，居然受到端郡王载漪的嘉许。前面义和团的行动，清政府还可以推说是少数暴民的行为，现在政府的军队公然杀外国使馆人员，这当然是公然践踏国际和国家法律的犯罪行动。

到了6月16日，形势进一步严重，驻守在渤海湾的各国海军将领们一起开了一个会，决定占领天津大沽口炮台，然后以几万人的军队占领北京。

不过也就是在这一天，慈禧在御前会议上一度决定，保护使馆，解散义和团。

本来，如果事情到此为止，清朝或许还能稳定北京城内的局势，事情不会发展到不可收拾。可是第二天，天津大沽口炮台沦陷的消息传到了北京，同时传过来的，还有一个不知道真假的消息，那就是洋人说，这次一定要让慈禧下台，换上光绪帝执政。

慈禧马上就改变了主意，说义和团不用解散了，命令载勋任步军统领，也就是京城卫戍部队的司令，同时让刚毅、载漪、载澜等铁杆顽固派们统领义和团，准备抵御洋人入侵。

1900 年 6 月 21 日，慈禧以光绪的名义下了一道圣旨，这就是后来被广泛议论的《宣战诏书》。民间传说中，慈禧这老太太同时对十一个国家宣战。实际上，这道圣旨我反反复复读过两三遍，里面根本就没有什么宣战的字眼，至于说什么十一国，更是提都没提。

这个所谓的《宣战诏书》，先是说了一番自己的委屈，说"拳民、教民皆吾赤子"，但洋人们居然"不知感激，反肆要挟"，强占大沽口炮台。最后说，"与其苟且图存，贻羞万古，孰若大张挞伐，一决雌雄"——你们实在是太欺负人，我们只能拼命了。通篇也没提对方是哪一个国家，这算哪门子的宣战书呢？只能说是一份自诉书和动员书，说一下自己的委屈，再动员清朝官员们团结起来，保卫国家，因为对方八个国家的军队正在朝咱们的心脏，首都北京进发。

为什么它会被后世炒作为宣战书呢？答案非常简单，大清亡国的黑锅必须有人背，既然一致决定慈禧是这个背锅侠，那讽刺一下这老太太的无知和不自量力，就是一种"政治正确"。其实当时慈禧还是比较清醒的，虽然在顽固派的忽悠之下，处死了一些主和派大臣，但在这期间，顽固派想要去中南海瀛台杀了光绪，却被她坚决制止了；她还命令不要攻打各国的使馆，并且送去了瓜果蔬菜等慰问品。

坦白地讲，当时如果北京城里的清朝正规军真的要进攻那些使馆，那些外国人无论如何是不可能坚持到八国联军到达北京的。这不仅仅是一个常识，也是一个基本逻辑问题。

接下来的战争过程就不必说了，各国军队一路打到了北京，史称"八国联军入侵"。

四、南方各省为什么不救北京

有一件事值得详细讨论一下，那就是当慈禧给南方各省的总督巡抚下命令，让他们带着军队来救北京的时候，几乎没人响应。

这事儿还得从《宣战诏书》说起。慈禧的这道圣旨，按照流程，应该由当时的电信局负责发往各省的宣传机构，电信局的最高领导人是当时的铁路大臣盛宣怀。盛宣怀看了诏书之后，擅自提高了诏书的级别，只允许各省的总督和巡抚看，并且自己又写了一个意见书，说你们不要按照这个命令抵抗洋人。

盛宣怀是吃了熊心豹子胆吗，敢和老佛爷对着干？其实，除了胆子大，盛宣怀这么干，还有两个原因。

第一个原因是身份。我们现在说起晚清的红顶商人，经常会想起胡雪岩。实际上，晚清三大商人胡雪岩、张謇和盛宣怀中，比胡雪岩小了21岁的盛宣怀才是最了不起的那个。他创造了无数个中国第一：中国的第一个电报局、第一家银行、第一个近代官办大学、第一个股份制企业、第一个钢铁联合企业等，都是他搞起来的。盛宣怀和李鸿章的交情极深，李大人曾经说他"一手官印，一手算盘，亦官亦商，左右逢源"。这样的身份，手里握着无数人脉资源和金钱，官商两界同时可以呼风唤雨，他是有一些底气的。

第二个原因是他有眼光。盛宣怀很清晰地看到了一个事实，那就是洋人必胜，而胜利之后的洋人们也不会穷追不舍，只能和中国人谈判，到时候谁手里有实力，谁的话语权就大。

对于这一点，不仅盛宣怀，南方诸省的总督、巡抚们比北方的顽固派脑筋也要清醒得多，盛宣怀能看到的，他们全都门儿清。

甚至在慈禧下圣旨之前，一些人已经开始秘密地商量如何自保和善后了。这些人包括两江总督刘坤一、湖广总督张之洞、两广总督李鸿章、山东巡抚袁世凯、闽浙总督许应骙等等。他们当时的议题就是如何在打起来之后避免战火烧到他们的地盘；同时密议，如果北京城，光绪和慈禧一起都完了，如何建立一个共和国，由李鸿章做大总统来支撑中国的局面。

现在有了盛宣怀的电报，大家马上就由秘密筹划变为公开计划了。6月26日，刘坤一、张之洞在上海和列强商定《东南互保条约》，后来东南其他各省的督抚也纷纷加入。核心思想是，你和北京那个老太婆之间的恩怨，和我们东南这边各省，一点关系都没有，咱们互不侵犯。李鸿章在给慈禧的电报回文里说，"此乱命也，粤不奉诏"，冷冰冰地拒绝了这位清朝实际上的最高统治者。

不仅如此，李鸿章还让自己的手下给一个流亡在海外的人写信，说自己"因北方拳乱，欲以粤省独立，思得足下为助，请速来粤协同进行"。这个人就是我们前面提到过的孙中山。

1885年，孙中山因为马尾船政学堂被法国人炸毁，回了老家，他当时19岁。从那时候起，一直到1894年，他的生活就是学医、行医，以及和志同道合的朋友们讨论时政。

甲午战争时期，他也和康有为差不多，多次给清朝当权者上书，述说让国家富强的办法。康有为最后被翁同龢看中，引荐给了皇帝，可孙中山给李鸿章写的信全都石沉大海，他跑去北京想见李鸿章，也被拒绝了。

1894年11月，孙中山到了夏威夷，成立了一个组织，叫作兴中会，提出"振兴中华"的口号和"驱除鞑虏，恢复中国，创立合众政府"的纲领。从这个纲领可以看出来,孙中山和康有为不一样的地方是,康有为是保皇派,无论如何变法,皇帝绝对不能不要;可孙中山的主张却是把清政府和皇帝一起赶走。

1895年,秉持着这个理念,他在广州计划起义,但还没等动手,就被人告密而失败了,他也被迫流亡国外。他在日本的旅馆住宿时,偶然一次填写姓名的时候,写了一个日本的姓"中山",又顺手给自己起了一个"樵"的名字。从这时候起,中山樵就成了他的化名之一,这也是为什么我们今天称呼他为孙中山。

在这段时间,他曾遇到过"戊戌变法"失败流亡的梁启超,两个人谈了很多次联合的问题,可是最终没有谈拢。这是很自然的,康梁坚持保皇理念,最多能同意君主立宪制,可是孙中山主张暴力革命,他的目标是不要皇帝的共和制,那就完全不可能取得共识。

1900年之后,孙中山的反清基地转移到了香港,他的兴中会影响力也越来越大。所以李鸿章在东南自保时,会想着和孙中山合作,万一事情变糟了,或许可以借助孙中山的力量实现广东独立,但是这事儿很快就不了了之了。

没有了各省督抚的支持,北京的朝廷很快就支持不住了。1900年8月14日,八国联军攻入北京,慈禧、光绪等一众王公大臣只得匆匆离开北京,名为"西狩",到西边去打猎,实际上是仓皇西逃。

出于对义和团杀教民、烧教堂的报复,八国联军里面,除了日本和美国,其他六个国家都允许自己手下的士兵在北京烧杀抢掠,"特许军队公开抢劫三日"。刚刚在战乱中吃尽苦头的北京老百姓再一次倒了大霉,很多人自杀,尤其是以前支持义和团的八旗子弟和清朝官员,比如大学士徐桐自缢身亡,徐家妇女集体自尽,还有那个发现了甲骨文的王懿荣王大人,也和老婆一起投了井。

慈禧等人在西逃的路上,虽然也吃了不少苦头,但是和北京城里的老百姓相比，就算是在天堂了。为了收拾这个烂摊子，慈禧再一次起用了李鸿章，委派他为全权代表，去北京和洋人谈判，白眼狼也得用，因为除了李大人，她也无人可用了。

在给李鸿章和另一位议和大臣庆亲王奕劻的上谕中，有这样一句话，"量中华之物力，结与国之欢心"。这话本来的意思是，你们和人家谈判时，心里要有数，掂量下清朝的家底，用尽量少的代价，让列强各国满意。我这样说有一个证据，就是差不多同时，军机处给谈判代表的指示中有类似的话，"赔款各款，势不能轻，惟亦需量中国力所能及，或宽定年限，或推情量减"，"需量中国力所能及"这几个字，表达得就比较清楚了。可是后来许多人都把上谕中的这句话解读为"要用中国所有的物资条件，尽量满足列强的要求"，这样一来，慈禧的形象一落千丈，成了洋奴。

这里顺便说一句，还有一句很流行的话，民间传说也是出自慈禧之口，叫作"宁与友邦，不与家奴"。其实考证一下，这句话出自梁启超的《戊戌政变记》，而且梁启超也没说是慈禧说的。他本来写的是，他听说著名的顽固派刚毅在戊戌变法后说"我家之产业，宁可赠之于朋友，而不必畀诸家奴"。

中华帝国在晚清经受的深重苦难，慈禧责任很大。无论是维新派还是老百姓，都太需要一个明确的目标来释放自己的怨气了。一百多年来，所有黑锅都甩到慈禧身上，她在地下想必也是一把鼻涕一把泪，拍着大腿喊冤的。

198. 帝崩太后死

1900年,八国联军打进了北京城。无可奈何之下,慈禧再一次派出了李鸿章去和谈。

议和一开始,李鸿章就做出判断——列强并没有瓜分中国的野心,或者说,它们在权衡利弊之后,觉得保留一个清政府,是上上之选。其中美国最积极,7月3日,它向八国集团加上比利时、葡萄牙和荷兰这些国家发出了照会,明确提出:"保持中国领土与行政实体;保护各友邦受条约与国际法所保障的一切权利。"这就是大名鼎鼎的"门户开放"政策。意思很简单,谁也不能在中国"吃独食"。

这个提议很快就得到了其他国家的赞同。原因有二:一是联军遇到的抵抗还是挺顽强的,损失了大概2500名士兵,如果按照八国联军进入北京的2万人来算,损失达到了10%以上。当时的八国联军统帅瓦德西在写给德国皇帝威廉二世的信里就说,中国人"实际上,尚含无限蓬勃之生气",又说:"无论欧、美、日本各国,皆无脑力与兵力,可以统治此天下生灵四分之一,故瓜分一事,实为下策。"二是,当时中国的侵略者实在是太多了。八个国家,利益怎么分?好地方谁都想要,还没有一个有绝对实力可以震慑住其他国家的老大,那就只好不分,反正只要好处不少就行。

既然如此,李鸿章马上就做出了决定,广东自立这事儿,现在不用着急了;很自然,前面说的那个和孙中山广东独立的约定也就没了下文,不了了之。

接下来就简单了,不割地,不下台,洋大人都如此"慷慨"了,大清自然也必须得表现出"诚意"来。12 月 22 日,十一个国家联合向清政府提交了议和条款,以李鸿章为代表的清朝议和团队在 27 日表示全盘接受,不讨价还价。

9 个月后,1901 年 9 月 7 日,条约正式签订,因为这一年是辛丑年,所以称其为《辛丑条约》。

一、《辛丑条约》

《辛丑条约》比起以前的《南京条约》《马关条约》如何?那当然是列强下手更狠,嘴巴张得更大。

这个条约内容最主要有以下几个方面:

第一,赔款白银 4.5 亿两。列强们明明白白地告诉清朝,你们不是号称有 4.5 亿人口吗?那就一人赔一两,这不仅是赔款,也是一种教训和侮辱,提醒中国人以后不要"没事儿找事",招惹洋大人。

这笔钱清政府当然不可能立马就拿出来,列强们就规定,可以在 39 年内付清,但是利息是一分不能少的。粗略算一下,最后的赔款总额差不多是 9 亿两白银。不过后来中华民国成立,各国在 1927 年左右相继免除了后续赔款,并且有些国家还把已经收到的钱拿出来,用在了中国。比如美国,就用这笔赔款反哺中国,用在了清华大学的建设上,实际算下来,清朝赔偿了大概 6 亿两白银。

第二,北京到天津的军事设施全部拆除,外国人可以在北京和山海关之间驻兵。以前在天津大沽口驻兵,相当于拿着一把弓箭,瞄准了你的喉咙,现在就相当于把枪直接顶在了你的脑袋上。

第三,就是北京东城区一个叫东江米巷的胡同,从《辛丑条约》签订开始，正式改名为东交民巷。从此之后，中国人就不能住在这里了，改为外国的使馆区，由外国人自己派兵保护。

顺便说一句，这一年的 11 月 7 日，晚清各种条约的签订者，大清王朝的重臣李鸿章去世，享年 78 岁。他死前的最后一刻，还被俄国使者逼迫，试图签署一个对俄国更有利的条约。

近年来有关李鸿章是不是卖国的问题，有越来越多的人参与讨论。我个人认为，最主要的问题是，他的眼光和能力都有问题。当年他和左宗棠有一个是不是保存新疆的争论，结果左宗棠抬棺出战，曾纪泽在谈判桌上誓死力争，不仅保住了新疆，还让俄国没有办法在新疆设立据点，窥视陕甘。按理说，这件事应该让李鸿章有所触动，可是并没有。他在后来的朝鲜问题上，面对还没有崛起的日本，居然也采取了退让的政策，在《天津条约》里允许日本和中国在朝鲜享有同等权利，让日本大喜过望，为后来甲午战争埋下了隐患。

如果说这些都是眼光问题，那么，从淮军和北洋水师在甲午战争的表现，完全可以看出，他御下的能力有很大的问题。整个战争中，无论是海战，还是陆战，擅自行动，不听号令的比比皆是。

至于说忠心，请问一句，八国联军打进北京的时候，李大人只谋求两广独立，这算忠心吗？

有人可能会说，难道你看不见当时各国领袖都夸赞李大人吗？对于这个提问，我其实是想反问一句的，你难道没见过苏联解体之后，各国领袖都夸赞戈尔巴乔夫吗？有这样一个说法，是记录在美国人曼尼克思的《李鸿章回忆录》里面的，说李鸿章在欧洲和德国首相俾斯麦会晤的时候，告诉对方，有人称自己为"东方俾斯麦"，可是俾斯麦却慢悠悠地说了一句："没有人会说我是欧洲李鸿章。"虽然这本书是野史，不过其中想要表达的意思，也十分清楚，可以说代表了一部分欧美人的看法。

不仅是外国人，梁启超也有一句话评价李鸿章，他说李鸿章："居位之高之久，却乃使庞然硕大之中国降为二等国。"我个人认为，这句话比较客观，李大人身居高位达数十年之久，无论如何，大清王朝最后的衰败，他是有责任的；他在最后时刻用一句"我就是一个裱糊匠"来逃避责任，是说不通的。

二、如何看待义和团

《辛丑条约》的签订意味着由义和团引发的八国联军侵华事件的结束，那么，我们今天究竟应该如何看待义和团呢？

首先必须明确一点，义和团的兴起是一个必然的事件。

自鸦片战争以来，外国商品疯狂地涌入内地，严重地损害了民族经济。比如说外国棉布，价格只是中国土布的三分之一，质量还更好，那等待中国手工织布业的结局只有一个，就是破产。其他各个行业也差不多。清朝因为官员贪污腐败和历次战争的大笔赔款，也加剧了对老百姓的盘剥，税收越来越重，大多数农民根本就交不起。

就在这样的水深火热中，洋大人的传教事业恰恰也到了一个高潮，平日偷鸡摸狗的二流子，许多因为胆子大，爱冒险，成了最早加入洋教的人。这些人反过来仗着教会的撑腰，鱼肉乡里。当这些成为普遍现象之后，乡村里的农民需要一个出气口，需要找人为自己遭受的厄运负责。承受了他们这些怨气的，必然会是洋人。

问题是，这些从始至终都没有真正组织起来的"拳民"，在肆意发泄他们的仇恨同时，还被慈禧和顽固派们利用。开始是希望他们去和洋人拼个你死我活，后来又毫不迟疑地抛弃他们，任由洋人抓捕和杀害。

其实，当时很多外国人对义和团，也是抱有同情和欣赏态度的，八国联军总司令瓦德西应该算是一个；在遥远的太平洋彼岸，当时美国的著名作家马克·吐温可能也要算一个，他曾做过一次公开的演说，题目就是《我也是义和团》,中心思想就是义和团是爱国者。在他看来,为什么不让中国人决定,谁可以进入中国,谁不可以呢?很明显,中国人被欺负了,所以义和团就是正义的、爱国的。

现在很多人会说,义和团杀洋人,杀信教的中国人,还拆铁路,破坏公共财物,这不就是愚昧吗?这些行为当然出自愚昧和无知。问题是,在人类历史上,没有人引领的群众暴动又有哪一次不是愚昧和无知、破坏性极强的呢?就算是在现代,美国人还有洛杉矶大暴动,法国人还动不动在香榭丽舍大街上放一把火。所以,我们可以指责义和团的愚昧,但却万万不能把它和中国文化联系起来,然后得出一个结论,好像这样的事儿就只会发生在中国。

三、庚子新政

条约签了,外国兵也撤了,在西安的慈禧总算是长长地出了一口气,准备打道回府。

不过这老太太经过这一场劫难,看清楚了两个事实:第一,大清朝离彻底玩完只剩下一步之遥了。这个认知和八国联军没关系,而是从东南互保得出来的。各省的总督和巡抚公然违抗中央的命令,置朝廷死活于不顾,这在以前,那是不敢想象的。中央政府到了这个地步,说一句名存实亡,一点都不过分。第二,变法图强是当务之急,不改革,只有死路一条。

慈禧想变法,或者说她能变法的另一个原因是,朝廷之上的顽固派已经被一扫而空。这件事是洋大人们干的。《辛丑条约》明确规定,对一些洋人认定的战争罪犯,必须加以惩处。结果,端郡王载漪和辅国公载澜都被流放新疆;连带着,已经被指定为皇位继承人的载漪的儿子,大阿哥溥儁,被剥夺了继承人资格,赶出宫去;山西巡抚毓贤直接被砍了脑袋;

就连已经死了的吏部尚书刚毅，也被剥夺了一切爵位。

这样一番操作下来，慈禧身边的亲信几乎一个也不剩，当然，还有个李连英。

关于这位晚清历史上最著名的大太监，我一直都没讲。原因是，对于历史，他无足轻重，远远不像野史上描绘的那样，能在政坛上翻云覆雨。真实的历史上，李连英算得上是一个老实人。他在安德海死后获得慈禧重用，升为大总管，在宫中不仅不欺负别人，反而对所有人都很好，任何人犯错，他总是帮着美言几句。就连恨透了慈禧的光绪，对老佛爷身边的这个太监，也是赞赏有加，曾经说，若无李俺答，我活不到今天。这里的俺答是满语"师傅"的意思，李俺答就是李连英师傅。

也正是因为这种性格和行为举止，李连英在几乎所有人那里，都赢得了"恭慎"的评价，恭敬而小心谨慎。那为什么后来野史里李连英那么不堪？很简单，只有丑化他，才能更进一步地丑化慈禧。

既然大清顽固派已经被一扫而空，接下来的变法就是顺理成章的事情，1901年4月，还在出逃的路上，清朝就成立督办政务处，为全面改革做整体规划。首席军机大臣荣禄、庆亲王奕劻和两广总督李鸿章为三大主管，两江总督刘坤一和湖广总督张之洞为协同办理，史称"庚子新政"。

实话实说，这一次的改革从书面上来看，比前面的洋务运动和戊戌变法更加彻底，也更加激烈，内容涵盖了财政、军事、税务、工业、教育等几乎所有方面，但是最后真正实行下去的，只有三项，废除旧科举制度、建立新式学堂以及派遣学生出国留学。

为什么呢？因为科举考试到这时候已经名存实亡了，建立新式学堂和派遣留学生没有损害任何人的利益；可是其他改革就不行了，一来政府没钱，二来各省的督抚现在和春秋时期的诸侯一样，表面上对着清廷很恭敬，可私底下都各有小算盘，我行我素。

最后的科举

顺便说一句,从隋唐开始,实行了1300多年的科举制度,虽然在这时候被废除已经是人心所向,但最后给它致命一击的却是直隶总督袁世凯。这位年轻时在科举考试中屡屡碰壁的袁大人在1903年的奏折里说:"科举一日不废……中国永远不能进于富强,即永远不能争衡各国。"于是,1904年7月4日的殿试就成为最后一次科举考试,而中国历史上的最后一位状元的名字叫刘春霖,是慈禧太后亲自录取的。他和榜眼朱汝珍、探花商衍鎏都经历了日本侵华,也都经历了各种威逼利诱,让他们出来为日本人站台,可是这三位中华历史上最后的科举幸运儿,都以儒家士大夫的节操自守,富贵不能淫,威武不能屈,没有当汉奸。这一点,也足以让科举考试这个制度含笑九泉了。

最后一年科举考试的进士中,还产生了后来中华人民共和国的第一位最高人民法院院长沈钧儒,他也曾担任中央人民政府委员、全国人大常委会副委员长、全国政协副主席和民盟中央主席等。

庚子新政实行五年之后,在1906年9月1日,慈禧太后又放出了一个大招,她下诏说"预备仿行立宪",也就是她决定改变祖宗成法,走君主立宪制的道路。

我个人认为,这应该是慈禧真心实意的想法,并不是像后世所说的那样,只是为了安抚人心。她之所以要走这一步,主要有三个原因:一是她在1905年派出的五大臣考察团给她带回来的信息,让她彻底明白了这是世界的大势所趋;二是君主立宪制之下,爱新觉罗家族依旧可以享有皇族的权威和生活,让她很动心;三是发生在1904年到1905年之间的日俄战争给她的刺激很大。

四、慈禧的布局

那时候俄国异常贪婪，八国联军进北京的时候，俄国另外派遣军队进入中国东北，名义是保护自己的国民，实际上烧杀抢掠，什么坏事都做。在《辛丑条约》签订之后，俄国还拒不撤兵。清政府对此啥也不敢说，可是其他国家自然不干——说好了一起发大清的财，你怎么吃独食呢？英美德日法等国一致抗议，其中以日本最激烈，它在和英国结成同盟之后，于1904年2月6日向俄国发出最后通牒，宣布断绝日俄的外交关系。两天之后，日本海军在未宣战的情况下直接攻击停泊在旅顺港的俄国舰队。随后两国分别宣战，日俄战争爆发。

这场战争对于整个中国和所有中国人都是一个屈辱。为什么呢？只要听一听战争中一系列会战的名字就知道——旅顺要塞包围战、黄海海战、辽阳会战、旅顺会战、奉天会战等等。一句话，所有战争都是在中国境内打的，抢夺的是中国的资源，祸害的全是中国老百姓。

不过清政府对此已经麻木了，老百姓死活早就不放在心上了，让这群统治者震惊的是战争的结果：俄国几乎倾尽了全力，最后仍然完败在日本人手下，不仅在旅顺的远东舰队完了，万里驰援的波罗的海舰队也几乎全军覆没。

这场战争之后，俄国逐渐地退出了东亚的舞台，而日本则变得野心勃勃，不仅代替俄国驻军在东北，就算是面对其他列强，也是咄咄逼人，不肯退让。美国人是最先感受到这股威胁的，为此还订立了"橙色战争计划"，准备着和日本单独打一场，只不过后来形势变化，第一次世界大战爆发，这个计划就没用上。

即便日本在甲午战争中打败过清朝，即便它也是八国联军的一员，但清朝上上下下一直也不大瞧得起这个邻居。几千年来，日本一直是大中华的小弟弟，这是一个根深蒂固的观点，但在这一瞬间，这个观点被打破了,原来东方人居然可以打败蓝眼睛黄头发的洋大人!

这是一个令人惊奇,令人震惊的发现,也是一种鼓舞。马上,清朝的官员百姓就得出一个结论,"非小国能战胜于大国,实立宪能战胜于专制"。

当时俄国还是皇帝制度,而日本则是君主立宪。这句话的意思就是,君主立宪是一剂灵丹妙药,可以治百病。很快,大清全国涌现出一股立宪热。1906年五大臣考察完毕回国,在报告上也写道,立宪有三大好处——"皇位永固""外患渐轻""内乱可弭"。

在这样的形势下,慈禧深思熟虑之后,颁发了《宣示预备立宪谕》,开展"立宪运动"。我认为,这时候的她,应该是真心实意的。

到了1908年8月,她又颁布了《钦定宪法大纲》和《钦定逐年筹备事宜清单》。这份宪法大纲详细规定了"臣民权利和义务""议院法要领"和"选举法要领",基本上确立了"司法、立法、行政"三权分立的原则,并规定臣民们有言论、著作、出版、集会、结社、拥有财产、选举和被选举议员等权利。可以这样说,这是一份在内容上和美国宪法差不多的清朝宪法。最鼓舞人心的是,慈禧还批准了第二年,也就是1909年,举行地方咨议局和中央资政院选举,计划最多用九年的时间彻底实现宪政。

清朝最开始认为"器不行"而搞洋务运动,后来认为"法不行"而发起了"百日维新",到现在认为"制不行",就开始琢磨君主立宪制了。那么,这一次行不行呢?可惜,我们永远都不知道答案了,因为这事儿没搞成,慈禧就去世了。

1908年11月14日,皇宫里传出一个消息,光绪皇帝因病医治无效,驾崩在中南海的瀛台,享年37岁。

按道理说,光绪一直病歪歪的,他死了并不让人惊奇;可是接下来发生的事情,就十分让人惊奇了。因为光绪无儿无女,慈禧当天就下了懿旨,说让前一天,也就是11月13日才刚刚抱进皇宫的、年仅两岁的爱新觉罗·溥仪登基做新皇帝。仅仅过了一天，11月15日，也就是光绪皇帝驾崩的第二天，慈禧老太太也撒手人寰了，终年73岁。

这一连串的事情实在是过于巧合，不能不让人多想。不过在解谜之前，我们先来看看，这个溥仪是谁。

溥仪的父亲是醇亲王载沣，载沣的父亲是上一代的醇亲王奕譞，而载沣的大哥，就是清德宗光绪皇帝。所以，溥仪是光绪的侄子。

那么，慈禧为什么要立这个才两岁的小孩为帝？这并不是一时的心血来潮，实际上，在溥仪还没出世的时候，慈禧就开始布这个局了。

事情要从慈禧光绪母子俩逃亡西安的路上开始谈起。前面说过，荣禄是慈禧的绝对心腹，自从戊戌变法失败之后，荣禄就是首席军机大臣，可是这时候的荣禄，年老多病，说不定哪一天就死了。在荣禄之后，庆亲王奕劻就可能是最有权势的人。问题是，奕劻和当时的山东巡抚袁世凯走得相当近，而袁世凯也是东南互保的倡议者之一。换句话说，在关键时刻，他完全可能不听慈禧的命令。

这样一来，慈禧就必须再找一个同盟。思来想去，她看中了奕譞的儿子载沣，也就是光绪皇帝同父异母的弟弟。

她的办法就是联姻，把荣禄的闺女嫁给载沣。只要能生下一个儿子，这个儿子就算有了醇亲王府和首席军机大臣荣禄两家的人脉资源，到时候抱养过来，算作是同治皇帝的儿子，就可以顺理成章地接任光绪的皇位。

慈禧这样做还有一个原因，载沣继承了奕譞的所有缺点，用客气话说就是老实忠厚；如果不客气地说，那就是懦弱、优柔寡断，而且他的心思也不在政坛。一个不愿意从政的老好人，即便他的儿子是皇帝，到时候也跑不出慈禧的手掌心。

果然，一切都朝着慈禧预料的方向发展。载沣和荣禄的闺女不负厚望，婚后接连生下了两个儿子，这就是溥仪和溥杰兄弟俩。

可是，袁世凯、奕劻和她老太太越来越离心离德。控制着北洋新军的袁世凯，在奕劻的帮助下，军力扩展到了六个镇，简称北洋六镇。"镇"这个词用在军事单位上，是庚子新政之后的新词，从日本人那里学来的。一个镇大概有20个营，包括了很多兵种，你可以大概理解为一个机械化师。这六个镇里，有五个镇完全是袁世凯的心腹，段祺瑞、曹锟、冯国璋、吴佩孚等人，这时候都在袁大人手下。慈禧老太太看着这些人心里就犯嘀咕。

五、光绪之死

现在我们来解一下谜：光绪是怎么死的？

光绪皇帝身边有一个专门记录他言行，也就是负责写皇帝起居注的史官，叫恽毓鼎，他晚年写了一本《崇陵传信录》。书中说，11月12日，宫里的太监们成群结队地外出理发。为什么要集体出去理发呢？因为清朝有明确规定，国丧期间，不允许理发。太监们都说，光绪帝已经驾崩了，只是没宣布，赶紧先把头发理理，否则将很长时间不能理发，别让宫女们笑话了自己。

如果我们相信恽毓鼎的这条记载，就要问一句，为什么光绪12日死了，宣布的日期却是14日？由此又引发一个疑问，那就是光绪帝到底是怎么死的，或者说，是自然死亡吗？这个问题在野史中，只有一个标准答案，就是慈禧老太太把他毒死的。说得是有鼻子有眼，什么毒药混在了酸奶中间，派谁去送的酸奶，吃了之后光绪帝痛苦万分的惨状，都有描述。

至于说慈禧为什么要毒死光绪，民间传说的答案是，慈禧知道自己要死了，为了防止她死之后，光绪推翻她的政策，尤其是怕光绪对她进行清算，来一个"鞭尸三百"，所以才把光绪毒死了。

那么，这个说法是不是真的呢？

首先，光绪是被人毒死的，这是事实。"清光绪帝死因"专题研究课题组在 2008 年公布了一份报告，说根据现代刑侦和高科技手段对光绪帝头发和遗骨的检测，确认他死于急性砷中毒，换句话说，就是砒霜中毒。

那么，谁下的毒？很多专家学者都同意老百姓的意见，说是慈禧干的。他们的依据很多，比如《崇陵传信录》里面记载了这样的片段："时太后病泄数日矣，有潛上者，谓帝闻太后病有喜色。太后怒曰：'我不能先尔死！'"说的就是那段时间，慈禧也生病了，拉肚子，有人说皇帝听说您天天往厕所跑，乐坏了，结果慈禧大怒说道：我绝不会死在他的前面。

我个人对慈禧毒死光绪这事，有点儿疑问。

第一，所有史料都表明，在 11 月 15 日，也就是慈禧死的那一天之前，包括她自己在内，没有人预料到这老太太不行了，都以为她不过是一场小病，就连她自己，都没当回事，一直在工作，批阅奏章。只是 15 日当天，突然病情急转直下，下午就死了。按照这个事实来看，说慈禧预感到自己要死了，先下手毒死光绪，证据链就断了。

第二，如果是慈禧下毒，她不会在 12 日把人毒死，又秘不发丧，然后 13 日再去匆匆忙忙地把溥仪抱进宫。她应该是从容不迫地安排好溥仪，再毒死光绪，这样就不会搞出人死了不宣布这种让外界议论纷纷的事情，这不符合她超级阴谋家的一贯形象。

不过即便有上面两个疑问，从各方面的史料，以及两个人的关系来看，慈禧也是光绪帝死亡的最大嫌疑犯，这一点毋庸置疑。只不过我们说判定嫌犯还有一个标准，那就是谁是受益者，慈禧虽然也受益，但绝对没有下面这个人受益大。

此人就是光绪的大老婆，正牌皇后隆裕。

前面说过，光绪对这个女人，讨厌到了极点。按照各种史料记载，两个人应该是从来没有同房过，这导致隆裕的性格变得极其怪异，不仅因为小事就对光绪喜爱的珍妃又打又骂，而且有野史说她还虐待小动物，经常杀死猫咪发泄怨恨。

不过她越是这样，光绪越是不喜欢她。几乎后宫的所有人都知道，如果没有了老佛爷给她撑腰，光绪怕是立刻会废掉她为珍妃报仇。

这个女人的权力欲极强，在1908年11月这段日子里，慈禧和光绪都有病在身，整个后宫就是她在打理，没有人比她更有机会毒死光绪了。

光绪死了，对她有什么好处呢？很简单，光绪如果不死，那慈禧归天之后，隆裕必然被废，很大可能小命也保不住；但只要光绪在慈禧前面死了，那隆裕就是铁打的皇太后，慈禧归天小皇帝成年之前，她就是说一不二的人，你说这个收益大不大？

所以，谁是毒死光绪帝的凶手，是一件很难轻易下结论的事情。

199. 起义在武昌

光绪和慈禧都死了,光绪什么话也没留下,慈禧留下了遗嘱,让溥仪接任皇帝,由他爹醇亲王载沣任"监国摄政王"。按照字面的意思,既是监国,又是摄政王,权力不是一般地大,可以约等于皇帝。这个职位自古以来,只有载沣一个人享受到了。可是权力这种东西,字面上有多大并没有意义,它要看在谁的手里。自古以来,窝囊的皇帝很多,更何况载沣还不是皇帝。

载沣接受了任命之后,看看皇帝宝座上自己两岁的儿子,也琢磨着该干点什么。他开始实行历代中华帝国的明君都采取的办法,比如裁减宫廷开支,宣传执政为民,任用贤臣良将等,甚至还打出了一个很现代的口号,叫"为民造福"。

说起来简单,但所有这些政策,最后都要触碰到既得利益集团的奶酪。到这时候,就需要实力说话了。

一、袁世凯养病

当时朝廷上最大的势力,就是两个军机大臣——庆亲王奕劻和直隶总督袁世凯。一个根深叶茂,党羽甚多,另一个手上拥有兵权,而且野心勃勃。关键是,这两人还穿着一条裤子,袁世凯不仅不和奕劻争斗,而且对奕劻巴结得很。

在这样的形势下，载沣很头疼，如果想让自己和溥仪父子俩真正掌权，那么奕劻和袁世凯必须拿下一个。按道理说，拿下奕劻要容易些，一来奕劻没兵权，二来他是一个全国闻名的大贪污犯。

庆亲王奕劻的贪污腐败到了登峰造极的地步。下面的人一次性送他几十万两银子，他可以面不改色地收下。更令人想不到的是，每当有人拜访，他的门房都会收几两到十几两的"门包"费用，而到了年底，堂堂的庆亲王要和门房老仆一起关上门，扒拉着算盘分这笔钱。对钱痴迷到这个地步，还毫不避讳，这让深受儒家传统教育的老百姓很不适应，就给他的家起了一个当时很时髦的名字，叫"庆氏公司"，说您就和那些唯利是图的商人一个德行，这种称呼用在古代的官员身上，等于骂人。

对于这样一个大贪污犯，载沣却动不了，原因有两点：一是载沣家也是贪污"模范"家庭，他自己不一定贪，但他妈妈和媳妇儿——后者就是荣禄的宝贝闺女——也是和奕劻不相上下的大贪污犯。以这个罪名去动奕劻，最后很可能被人反咬一口，弄得自己也灰头土脸。

二是奕劻虽然没有兵权，但在满人内部势力极大，强行拿下他，极有可能搬起石头砸自己的脚。事情不成功倒是小事，万一激起奕劻集团的强烈反弹，自己和溥仪爷俩都有可能脑袋搬家。

动不了奕劻，那就只能动袁世凯。也恰在这个时候，有一些官员开始弹劾袁世凯，甚至远在日本的大通缉犯康有为都给载沣上书："先帝之丧，苟有可疑，袁世凯固贼也；即无可疑，袁世凯亦贼也。"就是对载沣说，光绪死得那么惨，可能是袁世凯下的黑手，就算不是他下的手，他也脱不了干系。

一时之间，满洲权贵内部吵吵嚷嚷，以恭亲王溥伟为代表的少壮派说，趁着袁世凯进宫来办事，一刀剁了最省事；载沣则认为，至少也得开个会，军机大臣们取得共识，再把袁大人推出去砍脑袋。

可是大家都小看了袁世凯，这边刚开完会，那边袁世凯就得到了消息。袁大人琢磨了一下，给朝廷上书，说自己"足疾"复发，要求回家去养病。这是主动示弱，奕劻和另一位军机大臣张之洞都站了出来，也不主张杀掉袁世凯，优柔寡断的载沣最后也点头同意。

于是，袁世凯逃过一劫，很潇洒地挥手和摄政王说了一句拜拜，仅仅是解除了军机大臣和外务部尚书的职务，回到了河南。外人看起来，这人从此就是天天钓鱼摸虾了，可实际上，他和北洋五镇的新式陆军一天都没断了联系，通过电报，遥控着这支清末装备最精良的部队。

二、皇族内阁

载沣当政的20世纪初的清朝，和中华帝国以往朝代末期面临的问题完全不一样。其他朝代，或者是吃不上饭的人多了，便风起云涌地造反，比如汉朝；或者是外敌入侵，自己实在打不过，只能灭亡，比如宋朝；当然，也有倒霉的，两者都有，比如说明朝。

可是清朝当时的情况是，既没有出现大规模的饥荒，也没有外敌一定要推翻你的政权，而是出现了全新的情况：老百姓收到的信息量大了，看到了外国的政权形式，看到了外国人的生活，更看到了清朝对外国软弱可欺，签订了一系列不平等条约，因而积累了几十年的怒火。

用通俗的话说就是，国家兴亡，匹夫有责。我中国大好河山，被你们这些统治者搞成这副样子，你们难道心不疼吗？而且当时的清朝官员，除了那个什么也不懂的溥仪，从载沣、奕劻往下，几乎没有不贪的，老百姓对此也是相当地愤怒。

就像前面说的，这时候社会上主要有两种意见：第一种主张实行君主立宪制，这是康有为等人的立场；第二种就是孙中山的同盟会所提倡的，走共和的道路。

君主立宪这条路因为皇帝不必下台,所以几年前就被慈禧接受了,这时候的载沣也是按照这条路在准备。于是隐然之间,有了朝廷和康有为这些海外保皇派合流的趋势。康有为等人在海外发表文章,开始大肆攻击孙中山的同盟会,说同盟会主张的激烈共和革命,是"徒骗人于死,己则安享高楼华屋"。最大的问题是,同盟会内部也不团结,陶成章、章太炎等人也攻击孙中山,发表了《孙文罪状》等文章。

在这样的情况下,同盟会里有一个人决定去冒死刺杀大清王朝的贵族,让全天下的老百姓看看,同盟会的人不是孬种。这个人就是时年27岁的汪精卫。

汪精卫的名字是汪兆铭,字季新,只不过后来在担任同盟会《民报》编辑的时候,根据《山海经》里面精卫填海的故事,给自己取了一个笔名"精卫",这才被后世称为汪精卫。

这次刺杀行动没什么亮点,纯粹就是一群书生在瞎忙活。短短一个月,刺杀的目标就换了好几次,从开始的庆亲王奕劻,到载沣的两个弟弟载涛和载洵,最后终于锁定了摄政王载沣,可是还没等动手,就暴露了,汪精卫被抓了一个正着。

本来大家以为,这一下汪精卫死定了。孙中山当时在纽约,都准备好给他开追悼会了,讣告、花圈也备足了。汪精卫自己在牢里也做好了死的准备,写下了"引刀成一快,不负少年头"的诗句。

可是负责审理此案的肃亲王善耆却认为汪精卫是一个人才,舍不得杀。在他的斡旋下,再加上载沣优柔寡断的性格,最后汪精卫被判了一个无期徒刑。

这段时间,孙中山的同盟会也没闲着。虽然他人不在国内,但是从1900年开始,大大小小十几次起义,包括惠州起义、黄冈起义、新军起义,还有大名鼎鼎的黄花岗起义,背后都有同盟会的影子。目的就是,绝不能让清朝的君主立宪搞成功。

不过，这些起义都没成功，而大清朝廷也终于在 1911 年 5 月 8 日推出了它君主立宪的第一任内阁。

所谓内阁，按照清皇族的理解，就是军机处，而内阁成员，只不过是换了一个名字的军机大臣。所以，内阁的名单一公布，军机处，这个运行了将近两百年的清朝最高权力机构就被撤销了。想当年雍正为了西北打仗，偷偷摸摸地设立了军机处，现在又悄无声息地被裁掉了，可谓轻轻地我走了，正如我悄悄地来。

不过对于清政府这份内阁名单，不仅是同盟会，就算是原来支持君主立宪的一些保皇派都不满意。因为一共 13 名内阁成员，只有 4 名汉人，其他 9 个满洲贵族里面，更有 7 个是皇族血统，姓爱新觉罗的。

大家一时之间议论纷纷，实行君主立宪之前尚且规定，各部的尚书都要两个，一满一汉权力平分，怎么实行君主立宪后，反而汉人都靠边站了？还有，不是说好了你们爱新觉罗家从此不管政务了吗？为什么内阁成员都是你们家的人呢？

公平地说，以奕劻为首的内阁并没有违反几年前制定的《钦定宪法大纲》，因为那上面没写皇族成员不能担任内阁成员。不仅是大清，英国、日本开始君主立宪的时候，一般也都是皇室子弟担任内阁成员。

虽然如此，同盟会那样的反清组织肯定是不同意的，那些没有分到权力的集团也不干。他们开动了所有宣传机器，宣扬这份内阁名单的不合理。这一下，所有觉醒了的大清子民们纷纷热血沸腾，讥讽这个内阁为"皇族内阁"。有人给清朝上书，"以皇族组织内阁，不合君主立宪国公例，请另简大员，组织内阁"，可傲慢的满洲贵族根本不理会，反而一概加以申斥——你们小小"草民"懂得什么？

很快，这些"草民"就告诉了贵族老爷们，他们到底懂得什么。

三、保路运动

"辛亥革命"这四个字，对于大多数中国人，可谓如雷贯耳。可是这件事的发生，实际上有着极其偶然的因素。尽管台湾和大陆的历史书，都对其赞美有加，我们还是应该问一句，辛亥革命到底实现了什么目的？它是不是像很多人说的那样成功？

事情还要从那份庆亲王内阁名单推出的第二天说起。1911 年 5 月 9 日，铁路大臣盛宣怀突然宣布，要把粤汉铁路和川汉铁路收归国有。

这是怎么回事呢？在 1901 年开始实行的庚子新政中，"要想富，先修路"是大家的共识。当时清政府要钱没钱，要人没人，本来是想依靠外国人来修路的，只是实际接触之后，发现这些外国人一个比一个精，提出的合同不仅苛刻，还常常很有欺骗性。他们甚至要求以整个铁路作为抵押，稍有问题，就可以宣布你们违反了合同，铁路归我们了。

在这样的情况下，清政府倾向于让民间集资，由中国人自己建造铁路。于是，"不借洋债，自行筑路"就成了潮流，随后成立了很多地方铁路公司，如广东潮汕铁路公司、川汉铁路有限公司等，上面提到的粤汉铁路、川汉铁路也是由这些公司承办的。

问题是，这些铁路公司虽然是大商人、大资本家合资组建的，但他们拿出来的钱，也不够修铁路的。怎么办？两个字——融资。

为了铁路顺利建成，清政府也帮着这些公司，号召老百姓捐款或者认购铁路公司的股票。这一点上，四川做得最极端，甚至以政府的名义，强行征收多余的税款，然后转手交给铁路公司。当然，这里面有没有官商勾结，那就不用说了。

钱终于是收上来了，可是铁路却修得乱七八糟，数年过去，铺了不到 10 公里。我们可以对比一下，40 年前，华人同胞在美国修太平洋铁路，一天就铺了 1 英里，也就是 1.6 公里，差距实在是太大了。

原因何在呢？我个人认为有三个原因：一是这些私人企业家对修铁路是外行，属于一哄而上，啥也不懂的盲目资本家；二是圈来的资金太多，大家觉得不修铁路，投到别的地方更赚钱，这就是资本家谋利的特性，他们没有社会性的考虑；三是官商勾结，监管几乎没有。所以，这些铁路工程大多数都是一地鸡毛的状态。

就在这样的情况下，盛宣怀宣布，铁路不让你们修了，我要收回来让外国人修，即便是最后被他们把铁路所有权收了去，可是他们也搬不走铁轨，我至少有使用权，比在你们手里烂下去强。

这事儿听上去很合理，可是盛大人的手段却大有问题。首先，他这个决定是以隆裕太后懿旨的形式发下去的，也就是说，前一天刚刚宣布君主立宪，皇帝不管事了，第二天就以皇太后的命令做这么一件事，这让大家很难接受；其次，盛宣怀拒绝用国库的钱支付铁路公司亏空的钱，宣布要找外国人继续修铁路，但是大家以前入股的那些钱就算白白赔进去了。

这样一来，原来投了钱的商人和老百姓肯定不干了。广州还好一点，四川一来亏损和贪腐极其严重，二来几乎所有的老百姓都投了钱，所以当铁路公司的大商人们问老百姓，政府不讲信用，还要把中国的铁路给外国人，你们答应吗？老百姓的回答就是震耳欲聋的三个字——不答应！整个四川随即就炸开了锅，开始了历史上轰轰烈烈的"保路运动"。

8月末，四川群众开始罢市罢课；到了9月，在川汉铁路公司股东会议的号召下，大家甚至停止交税，开始抗粮抗捐。

9月7日，面对着汹涌赶来抗议的群众，四川总督赵尔丰下令开枪，当场打死30多名群众，酿成了成都血案。

到了这个时候，孙中山等人的同盟会和它在四川的盟友哥老会出手了。

哥老会又叫袍哥会，与洪门、青帮并称清朝三大秘密社团。《清史稿》上说："蜀民失业无赖者，多习拳勇，嗜饮博，浸至劫杀，号为啯噜子。""啯噜"就是"哥老"，是方言里"结拜兄弟"或者"赌徒"的意思。

主编《清史稿》的赵尔巽，恰好就是赵尔丰的哥哥。他对哥老会这些人大概既不了解，也看不上，说他们都是没有正当职业的赌徒无赖。其实像哥老会这样规模极大的民间秘密组织，成员来源自然也是形形色色，极其复杂，很难说得清楚。无论起源如何，这些人后来受到洪门的影响，逐渐具有了反清的思想。

同盟会进入四川之后，由于都反清，两个团体就变成了天然盟友。这一次，借着"保路运动"，这两个社团很快就组织了几十万民众，准备干一票大的，占领四川。

清朝的反应很迅速。成都血案三天之后，总督赵尔丰被免职，换上了满洲贵族，正白旗的端方，命令他带着湖北的新军进入四川，准备平叛。

端方带走了湖北新军，湖北的清朝士兵就少了很多，这是一个简单的加减法问题。这里的革命党人有同盟会、共进会和文学社等，其中共进会是同盟会发展出来的，而文学社是一个单独成立的反清组织。这两家有一个共同的特点，即在湖北新军中的根基很深，主要的成员都是军人。据事后估计，当时在湖北武汉三镇的17000名新军中，大概有5000名是他们的人，只不过大家彼此不知道而已。

坚定走革命道路，一心搞共和的同盟会，一直不断地在各地进行武装暴动活动，现在拉着这两家想做什么，可想而知。革命党人看见湖北新军被抽走了很多，当然想要抓住这个好机会。

本来，革命党人把起义的时间定为10月6日，准备湖南湖北一起发动，可是因为湖南的革命党人没准备好，只好又推迟到了10月16日。

不幸的是，10月9日这天早上，共进会的领导人孙武等人在湖北汉口俄租界制造起义用的炸弹时，一不留神引爆了炸药，不仅自己被炸伤，而且闻讯赶来的俄国警察还当场抓住了几名共进会成员，连带搜到的革命党人名册、起义文告、旗帜和印信等，一起交给了清朝湖广总督瑞澂。

瑞澂这时候走了一步"臭棋"：他按照名册和口供抓了30多人，在10月10日早上当众处死了三名革命党人，发表了一番让大家出来自首的慷慨陈词，然后就没动静了。

就在这天晚上，"武昌起义"爆发了。

200. 帝国的谢幕

瑞澂犯了一个致命的错误,他仅仅是处死了三名革命党人,然后既没继续按照缴获的名册抓人,也没有在军营里实行收缴武器的戒严措施,迤迤然回家睡觉去了。

一、武昌起义

这样一来,那些手里还拿着枪的革命党人会怎么想?那个名册上是不是有我的名字?我要是自首,或者被抓,会不会像早上的三人一样,脑袋搬家?上千名士兵同时思考这个问题,其中会有多少是准备无论如何都铤而走险的,又有多少是竖着耳朵,随时准备跟着造反的?一句话,这就是一堆又一堆的"火药"在露天里放着,有一个火星子就可能发生一连串的大爆炸。

"火星子"终于来了。

当天晚上大概7点多,武昌一个工程营里一名叫陶启圣的排长查夜,发现很多人都不在营中;他正在生气,又看到班长金兆龙和士兵程定国正抱着步枪仰躺着,旁边还放着一些子弹。陶排长找到了出气筒,立刻大声骂道,你们两个家伙想造反吗?金兆龙本来就和陶启圣有矛盾,这时候也没好气地说,反,当然反,马上就反。陶排长可能平时跋扈惯了,不管三七二十一,上前就打,三个人厮打起来,结果程定国一枪打死了陶排长。随后,他又连开数枪,打死了听见动静赶过来的几名将官。

这就是武昌起义的第一枪,是一个小小的士兵在慌乱中为了自保扣动了扳机。接下来,第八工程营的班长熊秉坤站了出来,说我是革命军共进会的总代表,现在宣布,起义正式开始。

以上,就是武昌起义的爆发经过。我们简直可以说,后世大名鼎鼎的"武昌起义"是在计划破产,没人组织,人心惶惶之下,因为极度紧张而意外发生的一场事故。

可是前面说了,武昌军营里现在遍地都是"火药堆",一时之间,各营纷纷起义,在很短的时间内就聚拢了3000多人,并且拿下了楚望台军械库,获得了几万支枪,还有几十门炮,子弹无数。

当一众没人指挥的官兵乱哄哄地准备攻击总督衙门的时候,总督瑞澂的师爷张梅生劝他待在总督衙门就地指挥,说起义军就是士兵哗变,乌合之众,很容易被击败;但瑞澂的继妻廖克玉则力劝瑞澂赶紧逃出城去,躲到长江的邮轮上,指挥平叛。

如果瑞澂听了张梅生的话,那么这次武昌起义可能就是同盟会领导的无数次失败起义里的一部分。可不知道瑞澂是自己怕死,还是因为廖克玉的劝说,反正最后他跑到了长江上。总督衙门群龙无首,很快就被门外同样群龙无首的起义军攻破。现在有资料说,廖克玉这个女人跟革命党人有联系,此前就很多次把总督府里的情报送给革命党。民国成立后,宋教仁还曾用"民国西施"来赞扬她。

到了11日凌晨1点多,前后六七个小时的时间,起义军就占领了整个武昌。一天之后,汉阳和汉口的革命党人也闻风而动,武汉三镇全都成了革命军的地盘。

这群革命党人占领了武汉三镇之后,突然发现一个事实:他们没有领导人。前面说过,共进会领导人孙武前两天制造炸药时受伤,另一个领导人蒋翊武逃走,湖北革命党的其他领导人这时候也不在。那些全国性的革命领袖，更没有一个在武汉三镇，孙中山在美国，黄兴在香港，宋教仁在上海。

俗话说，火车跑得快，那全凭车头带，没有领导人是万万不行的。最后大家选定了当时湖北新军的第三号人物，陆军第二十一混成协的协统黎元洪。

革命党人起义，为什么要选一个清朝官僚做领导人？这个答案特别简单。虽然我们现在称他们为革命党人，但当时他们都是不折不扣的清朝士兵，而黎元洪平时对他们相当不错，知兵爱兵，和这些新军战士有着很深的感情。并且从平时的言论也可以知道，黎大人对革命党人，包括同盟会的这些组织，并没有仇视的心理。

10月13日，也就是起义的三天之后，黎元洪发表了就职演说，同意就任"中华民国军政府鄂军都督府大都督"的职位。

这里必须解释一下，这个很长的头衔意味着什么。所谓中华民国，是1905年同盟会在日本东京成立的时候，孙中山确定的新的中国国号，意思是建立直接民权制度，华夏这块土地上的所有权力属于人民。

所以，当武昌起义成功之后，革命党人就使用了"中华民国"这个称呼，创建了临时军政府。又因为起义军是在湖北，成立一个鄂军都督府也是顺理成章的。只不过这个时候，中华民国、中华民国军政府、中华民国军政府鄂军都督府指的都还只是武昌起义后占据的地区和建立的领导机构，黎元洪的这个大都督职位，相当于它的最高军事长官。

二、墙倒众人推

清廷自然不会看着武昌独立而置之不理，陆军大臣荫昌迅速赶赴湖北，他带领的陆军第四镇、混成第三协、第十一协为第一军，袁世凯手下的冯国璋率领陆军第五镇为第二军，摄政王载沣的弟弟载涛率领的京城禁卫军和陆军第一镇是第三军。三路人马迅速向湖北集结。

从10月18日开始,到11月27日,清军和起义军在武汉三镇展开了殊死厮杀,最后以清军重新占领汉口和汉阳结束,起义军只能退守武昌孤城,史称"阳夏保卫战"。

那么,革命是不是就此失败了?当然并非如此。局部来说,武汉这里好像是起义军吃了亏,可是就在这段时间,同盟会的大批骨干已经赶到了武昌,其中就包括同盟会里最能打的黄兴,以及笔杆子相当厉害的宋教仁;同时,同盟会的另一位骨干陈其美已经率军攻入了浙江杭州。

最能表明武昌起义不仅没失败,反而很成功的是下面这件事。在第一枪打响之后的短短41天里,湖南、陕西、江西、山西、云南、浙江、贵州、江苏、安徽、广西、福建、广东、四川这13个省,先后宣布脱离清政府独立。这样一来,加上湖北,一共有14个省跟清朝说再见了。当时山海关以南,满打满算才18个省,剩下依然对清朝效忠的,就只有甘肃、河南、直隶以及山东四个省。

墙倒众人推,大清这时候彻底地体会到了众叛亲离的滋味。这时候能依靠的,只有北洋新军了。关键是,进攻武昌的三个军里面,有两个军,也就是新军第四镇和第五镇都是袁世凯的嫡系。

摄政王载沣脑袋还是很清醒的,他琢磨了一段时间,说了这样一句话:"不用袁世凯指日可亡,如用袁世凯或可不亡。"于是,清朝在短短的半个月内,一连下了三道命令,10月14日,任命袁世凯为湖广总督;10月27日,任命袁世凯为钦差大臣,节制湖北水陆各军;11月1日,载沣宣布解散半年前才任命的内阁,同时任命袁世凯为内阁总理大臣。

到此为止,袁世凯就算是回来了,载沣等于是把朝政大权拱手相让。

袁世凯在清军攻下了汉阳和汉口,占据优势之后,却暗暗下了命令,让前线的冯国璋暂缓进攻武昌,想要议和。他为什么要议和呢?这里面有两个原因。一来袁世凯也不想当炮灰,他手下的北洋新军即便再能打,和全国此起彼伏的起义一直对抗打下去,那也是不明智的,现在有 14 个省独立,排着队一个个打过去,就算不被打死,也会被活活累死。

二来就是革命党人开始游说袁世凯了。首先是独立的一些省份相继表态,推举袁世凯担任筹备中的中华民国首任大总统。10 月 27 日,黎元洪也表达了同样的意思。11 月 2 日,美英两国华侨表态,支持袁世凯任大总统。11 月 9 日,同盟会二号人物黄兴以南方民军司令的名义,亲自致电袁世凯,说如果你能带兵驱逐满人,你就是中国的华盛顿,南北各省都会听您的命令。到了 11 月下旬,刚刚从国外赶回来的孙中山也表态说,为"求早巩固国基",我可以什么官职也不要,推举黎元洪或袁世凯任总统。

袁世凯这时候还是很清醒的,他意识到,革命党人拼了命地笼络自己,并不是看中了自己的才华,而是自己手上的北洋新军,是自己有实力推翻清朝。

基于同样的原因,大清贵族们这时候也是玩了命地拍袁大人的马屁,他们和革命党人一样清楚,只要袁世凯一个转身,把枪口对准他们,他们最好的结局,就是回大兴安岭打狍子去。所以,大清对袁世凯也是有求必应,就连袁大人要求废掉载沣摄政王的身份,隆裕太后都当场答应,而且载沣也没有片刻犹豫,马上脱下工作服,以醇亲王的身份回家养老。

当年从东北深山老林里走出来,纵横宇内,睥睨天下的努尔哈赤和皇太极这些人绝对想不到,有一天,他们千千万万的子孙们会看一个汉人的脸色,依靠他来苟延残喘。

袁世凯拿捏得很到位。他既不表态当总统,也不说效忠清朝,而是在 11 月 16 日重新组建了内阁。新内阁名单上以汉人为主,他自己当然是排在最前面的。这是一个信号,表明他是按照慈禧太后的既定方针办事,还是要走君主立宪制。

11月30日，双方宣布停战，开始和谈，史称"南北和议"。

三、南北和议

12月2日，革命党人向袁世凯抛出了橄榄枝，南方各省在组建新政府的会议中，明确提出："虚临时总统之席以待袁君反正来归。"意思是只要您放弃君主立宪，推翻清政府，"反正"了，您就是大总统。

但袁世凯还是没有接下这根橄榄枝。就在同一天，袁世凯在《时报》发表政见，高调宣布他坚持君主立宪制："余之主意在留存本朝皇帝，即为君主立宪政体。"但他同时也说了，愿意和民主共和一派，也就是革命党人，诚恳地合作。

这个条件是同盟会根本无法答应的。从1894年到此时，孙中山前前后后发动了将近三十次革命暴动，就是为了反对君主立宪制，走共和国路线。现在革命马上成功，曙光就在前面，想要他们回到君主立宪，这当然是万万不行的。

就在双方僵持之时，一些同盟会成员决定不再继续等老袁表态了。12月29日，革命党人连夜在南京开会，到会的代表虽然号称来自全国16个省，其实全都是同盟会成员，大家聚在一起，要选举中华民国大总统。

选举结果毫不意外，同盟会开会选举国家领袖，同盟会的老大要是不当选，那就是笑话了。就这样，孙中山当上了中华民国临时大总统。说是临时的，主要还是为了稳住袁世凯。孙中山也马上致电袁世凯，说因为东南各省"久缺统一机关，行动困难"，所以自己必须负起责任来，总统之职只是暂时担任，仍愿虚位以待。

对于这个说法，不仅袁世凯不买账，很多革命党人也觉得莫名其妙——孙中山不是正在和袁世凯谈判吗？为什么一夜之间，就宣布自己成了大总统了？《纽约时报》马上就发表文章，质疑这次选举的公正性。要是问，为什么万里之外的美国人对这事很关心？那是因为同盟会的很大一部分经费都是来自美国，其中有募捐的，有各种组织支援的，也有政府出的，人家花了钱，自然要关心一下。

不仅仅是美国，列强们也不满意。孙中山在1912年1月1日宣誓就任中华民国大总统，同时宣告中华民国成立，可是新政府在1月11日、17日和19日，接连三次向欧美各国提交国书要求承认，都没能得到答复，所有列强都保持了惊人的一致，不表态。

袁世凯的反应也很迅速，他在1月2日，直接撤销了唐绍仪的谈判代表身份，等于是单方面地中止了"南北和议"。

不过袁世凯也看清楚了，君主立宪是不可能了。无论如何，南方的革命党人是不可能同意的，如果真是这样，那他袁世凯就必须当这个大总统。革命不革命的，袁世凯只知道一件事，按照他们那个中华民国的组织结构，总统应该是最大的官。

孙中山这时候既得不到外国的支持，也没有能力打到北京去，在这种情况下，他反思了几天之后，决定让出总统的位置。

就这样，双方在1912年1月份，又重新在上海进行谈判。孙中山提出了事情的解决办法：第一，清朝皇帝必须退位；第二，袁世凯要绝对赞同共和，不要再搞君主立宪；第三，自己辞去大总统一职；第四，参议院选举袁世凯为大总统；第五，袁世凯当选之后，必须宣誓遵守《临时约法》。

孙中山这五条提议，是大张旗鼓登在报纸上，告知天下的。应该说，孙中山这个计策是很高明的。你袁世凯不是曾经高调表态支持君主立宪吗？我现在就告诉全天下，你正在和我谈判的内容，是完全颠覆君主立宪的。你袁某人的什么君主立宪信仰都是假的，你垂涎的，只是总统宝座而已。

孙中山知道，这五条一发表，清廷的所有王公大臣肯定是一片哗然——原来我们依仗的袁大人是这样一个货色，一边信誓旦旦地说要君主立宪，保证我们皇族地位，一边却想当共和派的大总统。

这一手，目的就是逼迫袁世凯立刻做出选择。这是一个两难的选择，袁世凯如果坚持当总统，就得罪了清廷贵族，极有可能发生内讧，这样就大大地削弱了对手的力量；如果坚持君主立宪，那双方谈不拢，革命党人自然就要继续革命。

就在这期间，北京还发生了刺杀袁世凯事件，事后查明，是同盟会干的，至于说是不是孙中山下的命令，那就不知道了。有史料表明，黄兴、陈其美等同盟会的人积极奔走于英日俄等国家借款，因为他们时刻准备着和袁世凯开战。只是各国连中华民国都不承认，自然也不愿意借给他们，最后空手而归，一分钱也没借来。

所有这些事实都表明，孙中山和同盟会当时是两手准备，不过这也十分清晰地传达给袁世凯一个信号，那就是如果他不同意，同盟会是不惜两败俱伤，也要和他打到底的。

在这样的情况下，经过了一系列的讨价还价和长时间的思考，袁世凯最后决定放弃大清。

1月26日，在袁世凯的暗示下，段祺瑞等北洋新军五十位将领发布了《北洋五十将乞共和电》，表态支持共和制度，逼隆裕太后表态。不久，段祺瑞再接再厉，发表了《乞共和第二电》，其中说，如果清朝贵族不同意退位，"谨率全军将士入京，与王公剖陈利害"，话说得文绉绉的，意思可就很粗暴：要不是愿意和平退位，那就兵戈相向，用刀枪来辩论一番吧。

到此地步，以奕劻为首的王公大臣，没有一个敢站出来反对，隆裕太后搂着小皇帝溥仪，一样束手无策。无可奈何之下，1912年2月12日，隆裕太后大哭了一场之后，用颤抖的手在《宣统帝退位诏书》上盖了章，宣布接受中华民国政府的《优待清室条件》，大清最后一个皇帝溥仪退位。同时宣布，所有清帝国的权力都交给袁世凯，让他组织临时共和政府。

四、帝国的谢幕

要说明的是，隆裕太后盖的这个章，是她的私人印章，上面的四个字是"法天大道"。所以从法律角度上讲，这个《退位诏书》并不合法，因为按照清律，大清皇帝有 25 个正式的印章，其中昭告天下的"大清受命之宝"和"敕正万民之宝"都可以用在这个退位诏书上。就算不用这两个，其他还有二十几个可用，但隆裕太后却选择了私人印章，其中的鄙视和不甘之情，可以说呼之欲出，甚至是不是有希望将来复辟，翻脸不认账的意思，大家都可以猜一猜。

在退位诏书里，有一段话是这样的："今全国人民心理，多倾向共和。南中各省既倡议于前，北方诸将亦主张于后。"很明显，所谓北方诸将，指的就是袁世凯和他的手下，我们今天也不知道这诏书是谁写的，但非常巧妙地，把对袁世凯背叛清朝的不满宣泄在纸上了，也不知道我们即将称为袁大总统的袁世凯是不是看出来了。

无论如何，隆裕太后盖了章，就标志着大清帝国统治的历史终结，这件事的意义当然非同小可。它标志着自努尔哈赤建后金，国祚 296 年的大清王朝从此退出了历史舞台；更重要的，它还标志着在中国实行了 2132 年的皇帝制度宣告结束。

写在最后

从三皇五帝开始,我们一路讲过来,这里我首先要说的,就是感谢大家的陪伴。谢谢你们的鼓励和支持,没有你们给我加油,我自己是很难完成这个艰巨的任务的。每当我想放弃的时候,是这些不断涌来的听友留言,让我满血复活,重新拥有了力量。尤其是粉丝群里的各位,正是你们的宽容和赞美,让我有信心,有勇气一路写下来,完成了《中国史话》这个音频节目,并最终有了《细说五千年》这部书。

真心地说一句,谢谢各位了。

这一路走来,在漫长的历史长河中,我们一起见证了无数次兴衰更替,改朝换代,有繁花似锦,也有山河破碎;有璀璨文明,也有黑暗血腥;有金戈铁马,也有浅斟低唱;有卑鄙无耻,也有正气凛然,但无论经历了什么,中华文明都是历久弥新,如同一棵坚韧的参天大树,深深地扎根在这片土地上,筚路蓝缕,历经磨难,代代薪火相传,成为全世界硕果仅存的原发文明。这,完全值得我们这些后世子孙的"温情和敬意"。

有人曾经问过我,你觉得历史上哪一位帝王最值得敬佩?说实话,我还真没仔细想过这个问题。但每当我听到这种问话的时候,脑中从来不曾浮现任何帝王的名字,倒是有一些"小人物"在第一时间会跳出来,比如不畏强权,即便牺牲性命,也要坚持在史简上刻下"崔杼弑其君"的齐国太史三兄弟,以及随后的南史氏;抗击匈奴,以几百人在西域力敌数万匈奴,回到玉门关仅剩13人的东汉校尉耿恭和他的弟兄们;守国之尊严,独自在漠北放羊19年,也不曾屈服,不曾妥协的苏武;还有南宋亡国之前,在崖山上悲壮一跳的十万军民等等;等等。

鲁迅先生曾说过,"我们从古以来,就有埋头苦干的人,有拼命硬干的人,有为民请命的人,有舍身求法的人……虽是等于为帝王将相作家谱的所谓'正史',也往往掩不住他们的光耀,这就是中国的脊梁"(《中国人失掉自信力了吗》)。如前所述,我们讲了很多这种大人物,可此时此刻,我想说的是,在我们中华民族的历史上,还有很多很多上面提到的"小人物"。他们很平凡,很多人不曾留下任何记载;写在史书上的,也有很多甚至连真正的名字都没有留下,但真正支撑起我们这个民族在几千年中,风雨兼程,砥砺前行的最主要力量,恰恰是这些和你我一样的小人物,普通人。他们前赴后继,秉承着"义之所在,虽千万人,吾往矣"的精神,在历史上留下了浓墨重彩的一笔。他们,也同样值得我们的"温情和敬意"。

时代的车轮滚滚而来,你和我,已经站在了历史这个舞台上。今日之中国,已经不是帝王时代之中国;今日之世界,也不是"四海之内"之世界;今日之天下,更是一个极其辽阔和复杂的天下。但愿我们都可以从中华文明里汲取力量、智慧和勇气,不负这个时代,不负我们这个国家的历史,让我们的后人在很久很久之后,提起我们的故事,也会默默地送上他们的"温情和敬意"。与大家共勉。

在书的最后,我想再次感谢大家的支持。很多人评论《中国史话》都曾用上"公正""客观""理性"等词汇。我只能说,这是我尽力想要做到的,但我却绝不敢说我给出了历史的真相,唯希望这个节目、这部书,能让你多一个角度审视历史,理解历史上的人和他们的故事。如果大家能从我的节目和书中得到一些滋养,感觉到自己的认知又拓宽了一些,我就很满足了。

谢谢大家。